兵法舞雪 著

少女歷史：
日本 ACG 萌文化哲學筆記

www.cosmosbooks.com.hk

書　　名	少女歷史：日本ACG萌文化哲學筆記	
作　　者	兵法舞雪	
責任編輯	宋寶欣	
美術編輯	楊曉林	
出　　版	天地圖書有限公司	
	香港黃竹坑道46號	
	新興工業大廈11樓（總寫字樓）	
	電話：2528 3671　傳真：2865 2609	
	香港灣仔莊士敦道30號地庫（門市部）	
	電話：2865 0708　傳真：2861 1541	
印　　刷	亨泰印刷有限公司	
	柴灣利眾街德景工業大廈10字樓	
	電話：2896 3687　傳真：2558 1902	
發　　行	香港聯合書刊物流有限公司	
	香港新界大埔汀麗路36號中華商務印刷大廈3字樓	
	電話：2150 2100　傳真：2407 3062	
出版日期	2020年11月／初版	

序一：從正面探討「萌文化史」的認真作

　　日本製作的動畫、電玩及其周邊產品在這三十年來，對兩岸四地的華人生活帶來很大的影響，我相信不只是本書的讀者，或者關心「萌文化」的朋友，以至對日本流行文化的人都對「萌文化」耳有所聞。

　　然而，以筆者所見，大部份熱衷於日本動漫和遊戲的愛好者，除了自己喜歡的作品的資料和周邊情報比較了解外，大多對其他作品和整體文化動向的發展和變化知之不詳。當然，可能不少粉絲會認為，這並不是他們要關心的事情，也不是他們作為粉絲的必盡之責。畢竟，他們是喜歡文化和產品，而不是整體探討，而恰恰在這點上體現了本書的重要性和可貴性。

　　事實上，即使是發源地日本國內，要找到一部很完整的談論「萌文化」、「二次元」的書籍並不容易。而且，更重要的是，即使到了現在，動漫、「萌文化」和「二次元」於日本仍然不被正視，在學術上和社會性探討方面，依然乏人問津。主要的原因乃是因為日本社會至今仍未視兩者作為「正道」，學術上鮮有認真從大眾文化的角度討論，更多的是以探討「病態」、「心理」的角度去對待；而對愛好動漫、「萌文化」和「二次元」的人士，則以一定的有色眼鏡視之，覺得他們在一定程度上存在「扭曲」和「不正常」之處。

　　就筆者所見，除了這種帶有着有色眼鏡的研究，其他相關的解說書或者是偏為研究類的書籍，也較少能有十足的維度和寬度去綜觀動漫、「萌文化」和「二次元」的「前世今生」。

　　由此可見，本書的意義和價值已是顯而易見。作者兵法舞雪作為一位愛好動漫、「萌文化」和「二次元」和大眾文化學者，將學術的十分嚴謹與對愛好的強烈熱忱混合為一，用最簡單易懂的言詞，以及從最基本的知識點着手，就算是對動漫、「萌文化」和「二次元」沒有很長資歷和知識的讀者，筆者深信只要讀完本書，便可從歷史，再到基礎知識，然後再從基本功，再學會大量「常識」。

　　大量文字描述說明，配合大量的圖片，本書深淺有度，相信不會讓讀者

感到枯燥難明，反而會有點「意猶未盡」。但筆者認為，這正正是作者想借這機會，吸引想了解更多的愛好者去重新認識這門愛好和學問。再者，筆者相信本書將會成為今後中文世界從正面、良性角度去普及動漫、「萌文化」和「二次元」的重要之作，期待能改變不少人的偏見和誤解。

胡煒權

作者按：胡煒權，筆者友人，日本戰國史專家，通日本古文，著有《日本戰國・織豐時代史》、《明智光秀與本能寺之變》、《解開天皇祕密的 70 個問題》等日本史，在日本東京國立一橋大學取得博士學位，現為山東大學歷史文化學院副教授。

少女歷史
日本 ACG 萌文化
哲學筆記

序二：ACGN 的矛盾——
是抽離、反省、對抗還是改革？

這是一部深入及全面探討日本 ACGN 御宅文化的作品，它的深入在於作者關心了這個文化的系譜：其「先祖、植根、萌芽、延續及繁衍」，這是一個文化現象的社會發展史。它的全面是在於作者舉了大量各種類型中的具代表性例子來分析其歷史發展中的不同社會條件、關係及價值信念的演變。

這個探索的出發點是「萌」，即熱衷這個文化的人表現出對這個文化的一個獨特的愛及其如何表現這種文化生活方式。

作者的探討有兩個中心點，第一個是女性中心，作品應用大量篇幅由明治維新開始，探討少女的社會發展史。這裏提到資本主義社會為了社會科技發展，由傳統社會的小大人（西方社會學及文化研究的成果！）到創造了青少年，以延長他們的複雜社會化及受訓。在明治維新後女子寄宿學校的出現，雖然她們最後還是要在畢業後結合入男性中心的建制成為婦人，但她們這段可迴避父權及男權支配的黃金時期的確非常值得珍惜，重要例子是以吉屋信子《花物語》為代表的「明治一大正少女文學」。不過這裏值得疑問，這個階層是否只有少數中產女性，二次大戰前，其餘大部份女性還是沒有太多經濟能力及文化水平的低下階層？

較自立的日本女性，一直到二次大戰後被廣泛市場化後才正式出現，1970 年代女性角色地位開始在大眾傳媒中突顯，作品有提到少年愛及少女愛漫畫的出現及普及。作品分析了不少如百合、男裝麗人及腐女子（喜歡男男，但生活行動是女女）的心態。作者在這裏特別引用了電子媒體帶來的信息爆炸、時空緊縮、去中心化及無限記憶等觀念，來申論 ACGN 文化不同載體形態的互相影響及共生關係。

第二個中心點是這個文化的特徵及價值觀。

作者述及腐女子文化強調「沒有高潮，結局及意義」的文本，猶如「無厘頭」，是反傳統美學規範，並反對傳統文化中種種滿足藝術規範要求的權

威性。作者申述男男愛的女性建構、反男性主導的男女性愛，都極為吸引。由早期少女漫畫到女性漫畫（市場化及家庭的），再到腐女子文化的發展，是對女性的文化社會身份認同及情慾滿足感的轉化，有相當動人的論述。

作品對「少女可愛文化、蘿莉控、正大控」都有細緻的論述分析。關於「萌的審美」問題，作者提出審美雖由情慾發動，但不是情慾發洩而是「昇華」。但「18禁」或「全年齡」的內容都真沒有發洩，只有昇華？

無疑，ACGN文化是二次元（即在虛擬及想像空間）存在，和三次元（生活現實）構成一個甚麼關係，其實是重要議題！作者對此花了不少篇幅加以討論。

書中有很多觀念及例子如「無口」（不和世俗及社會文化異類爭議）、「男兄長」（找出日本童年兄妹美好關係的延續）、「正大」、「老好人」，都有好的社會關係根源的分析論述。

這裏作者帶我們走到探索這種文化的社會特性及意義：ACGN的萌文化其實是一種次文化，它肯定和日本資本主義主流文化並立，它有市場價值，但肯定無法影響父權及主宰政治經濟的主流文化社會價值觀。書中提及御宅轉向拒絕「讀者服務」，即申明了其對主流的排斥性，但御宅及腐女文化其實是一種「自我抑制」的文化表現，不像主流文化具有正常人政治經濟生活主導及支配性的能力！

作者嘗試深入分析一些極引發人興趣的ACGN的表現形態，例如「傲嬌」，與西方藝術及電影文化的nonchalance接近，多表現為「紅顏禍水」，例如荷里活電影中Marlene Dietrich及Greta Garbo，作者提到中國文學的黃蓉及晴雯（紅樓夢），具有較高社會地位（在資本主義社會可以是道德意識）、怕受傷、高渴求的特性，但這明顯是融入和主流文化相似的價值觀了！

至於「病嬌」、「黑化」（冷酷）與暴走，就被解釋為，在無法改變生活現實及不會衝擊現實世界秩序的前提下，作出精神上自殘自毀及他毀的發洩。

日本傳統頭髮的「黑長直」代表束縛，流行的「雙馬尾」代表自由，傳統水手服代表逃避父權，女僕（侍者）代表逃避日本家庭，歌德蘿莉代表與

父權周旋。在這些文化符號中，似乎都看到女性對男權中心社會的意識形態作出鬥爭或抗拒。

　　如果 ACGN 文化的二次元境界代表自由的「妄想」，一種不受道德規範的自由想像（安全的妄想），它的文化社會意義應該是抽離社會主流文化的，但這類文化中也存在 Bad end/ Happy end 的轉化關係，這不正和主流及其它藝術文化的悲喜劇類同？作者相信它可「誘發思考更理想的生存方式」，展現「溝通、對話及互相理解」。那麼大家是否看到作者要梳理 ACGN 的矛盾？它是要抽離，還是反省、對抗或甚至改革生活現實呢？其實不少文化藝術都可能有這些不同的社會抽離、反省及理想追求的面向，它們甚至可以有一個昇華及社會反省批判的歷史發展。

史文鴻

　　作者按：史文鴻教授是我尊敬的前輩，是批判社會理論和文化研究的專家，年青時他留學於德國自由大學，此後在港台兩地院校作育英才。從本文所見，本書有甚麼優點、不足，都沒能逃得出史教授之法眼。本書獲史教授答允寫序，是難得之緣份。

序三：「萌化」作者成書始末記

想當年，來自香港的已當了奶爸的作者，選擇了我們的「性別與文學文化」這個方向來讀博士，無疑給我們專業方向注入了一個十分特別的成員——他實在地豐富了我們學生的成份與類型。也蓋因他在港工作的緣故，後來他來和我們面對面研討交流的時間也往往比較集中，從而也總能給我們帶來也很集中的衝擊力，因為你會發現他對學問的積累與沉澱，對問題的思考與探究，對研究的拓展與拓進，都有持之不懈的努力與創新性的追求。這樣的結果，最後是以他的博士論文《女性生存樹狀歷史研究》作為結晶而呈現的。

與這篇論文的命題一樣，作者的研究的確呈現出與眾不同的理論視野與方法，他另闢蹊徑，別有發掘。可以說，這是一個文本研究實踐與理論建構相互相承、互為促進而具有自洽互構的治學方法與成果。作者從自己感興趣的日本女性寫作中發現並意識到，這是一脈完全有別於男權話語體系而自在的女性文學傳統（日本少女文學），由此他形象地將其概括描述出女性生存的「樹狀」形態——你見過那種在巨石縫裏見隙生長、從而也迸裂出更大更多縫隙來滿足自己生長的樹木嗎？他認為這是女性生命在儼然鐵板一塊的、壁壘森嚴的父系男權社會秩序縫隙中，而發生的一種更自然的或更本真的生長狀態與形態。這是棵因天時地勢而會有所曲折、有所分岔，但絕對會拚命生存的、有相對自由的生長之樹，她由此構成了並存於他文化之中、也影響了社會的一道女性文化景觀。反之，由此而形成的這個「樹狀」婦女史觀，亦有助於人們反觀女性寫作、女性文學乃至女性生活：「在眾所周知的女性被壓迫史中，其實還存在着女性生活的多樣性，把這種多樣性呈現出來，不僅能避免『壓迫史』的盲點，更符合『把歷史還給婦女』的真實與真相。」此篇論文無疑顯示了作者敏銳的學術眼光和具有洞察力的思考，為性別文化研究提供了很好的實踐範例與參考。

畢業後的這幾年，作者在香港的工作與職業多變，但不變的是他對學問的矻矻不倦。他果然在自己創立的「婦女史觀」的指導下，攢着樹冠上結出

的異果，逆丫挦枝，順幹而下，其觸角頑強地探入土壤，挺進於廣袤的暗黑世界裏，盡其所能探察了具有世界影響力的日本 ACG 萌文化與「少女始源」的關聯。這自然是一個十分專業嚴肅的命題，但同時又是一個多麼具有時尚流行氣息的話題。至於為甚麼作者會有這種潛心致志，我想從小處着眼，應該與他養育了兩個「萌」女兒有關；從大處來說，日本的動畫（Animation）、漫畫（Comics）與遊戲（Games），對我們的孩子有過多麼普遍而嚴重的影響！記得成年後的我兒子，有天要特意飛到重慶去過週末，問他為甚麼，答曰，那裏有個洪崖洞。我們去過重慶的很多洞，譬如渣滓洞或芙蓉洞，而此洞又是何方？莫名其妙之下趕緊上網問了度娘，方知那是片房子。學經濟的兒子週末飛重慶去看這個，唯一動因來自於「據說它像《千與千尋》中的建築物」。

　　《千與千尋》是宮崎駿之代表作，宮崎駿代表了日本動漫的世界性成就，很多思想性文化性的高度頌詞給了獲奧斯卡終身成就獎的他，但其動漫形象之「萌」本質卻無緣提起。又聯想起 1958 年，激發高中生宮崎駿這輩子矢志動漫的日本第一部彩色動漫片《白蛇傳》，其序幕就有段唱詞曰：「大人們說這蛇多可怕啊，牠令人毛骨悚然，趕快丟掉！」可是我說，你看牠真的好可愛啊！「好可愛」，這就是如今到處都在模仿日語說的「卡哇伊」，亦就是「萌」。顯然是為了「萌」，這影片居然還很違和地把中國和西方兩種最具代表性的「萌」物——黑熊貓和松鼠，硬生生插入其中充任重要角色，以至於有觀眾評價說：「這哪是白蛇傳，分明是小胖傳（劇中黑熊貓名）。」而有意思的這些主創「萌」劇的人大多為男性。可見至少在「萌」你沒商量的強勁感召下，「萌」你超性別——本該要酷無上線的男性，卻在動漫中要「萌」無底線，而這樣的「萌」文化卻始於日本少女文學。這是甚麼樣的來龍去脈呢？這又是為甚麼呢？她究竟從何來，因何生，為何在，何所意，何所為，有何能，具何效……她蘊含了甚麼樣的文化信息與奧秘，反映了甚麼樣的社會與性別境遇，寄寓了甚麼樣的憧憬與夢想。她們是貨真價實的「美少女戰士」，不僅僅只是在口頭上喊喊「代表月亮懲罰你」。如果你也時不時地在這裏或那裏，不期而遇地、甚至毫無預兆地，被這個或那個擊中了你而「萌」化了——而且時至今日，這種「萌」文化因其返璞歸真之質有愈演

愈烈之勢，那麼如果你想知其然還要知其所以然，你真不妨來讀讀作者的這本書，它雖然理論，但足夠「萌」，足夠寓理於「萌」。

本書中自有不少真知灼見，思想的火花亮點劈里啪啦處處引爆。僅引數例：作者認為，「萌」之始源「少女」，是女孩逃避現行社會建制為自己創造的自我形象，換而言之，她們通過少女文學集體建構了屬於自我的少女身份。這個形象無視了父權制對女性的一切要求，從而表達了對父權制給她們安排的命運的不屈與抵制，「少女文學由始至終拒絕參照和模仿父權話語，直接做到了伊萊恩·肖瓦爾特（Elaine Showalter）所說的自我發現」，她不僅「含有大量顛覆父權社會意識形態的力量，間接讓日本父權社會隱隱作痛長達一百年」。作者藉此發現日本少女文學與西方女性文學之迥異。他以吉爾伯特和格巴（Sandra M. Gilbert and Susan Gubar）所著的被奉為西方女性主義經典之《閣樓裏的瘋女人》來說，「瘋女人」表徵了女性書寫中抗衡父系男權制的形象，「但這形象至今仍未能在充滿父權話語中的世界找到落腳點，沒有任何一名女性能通過自認為是『瘋女人』而在社會中立足。但少女文學則可以在作者與讀者的社會性互動中完成集體性自我建構，並形成重要的亞文化。」這是她區別於西方女性文學的獨特與獨具價值。我也用形象想像並描繪下：「在佈滿男權的石陣中，這棵本就因其社會批判性而生長起來的少女之樹，生長成極具藝術感染力／蠱惑性的『萌』之美感……等等。」對於後一點，我觸動巨深，由此我很想鼓動作者繼續研究下去：我們有沒有可能把這個「萌」文化，作為獨立於傳統的悲劇、喜劇、正劇之外的一種「萌」劇存在呢？它雖源於少女們，但是它又如何以可見速度地影響了、改變了這個世界的審美心態與情態，它幾乎達到男女老少通吃的地步，它創造了一個獨立於悲喜劇之外的另一種審美質素與功能，審美意境與效應，審美力量與價值，擁有了另一種的美學範疇與體系啊？

此著生成的過程，正是作者兩個女兒從女童到少女的成長過程。這部著作的出版，應該是作者的又一個孩子落生吧。在這樣的生活與研究中，顯然作者也被「萌」化了。他在書中無意透露說，他也不知道為甚麼師兄妹們會覺得他也很「萌」。然我從他的自述裏發現了這個「萌」化點：「女性自己表述對自己身體的感覺，這種事我有幸天天都經驗得到。事緣小女兒為自己

的屁屁作了一首屁屁歌……這曲子現收在我手機裏頭，成為報時音樂。只要成人不加阻撓，小孩子就是會如此表述自己對身體的喜悅，從而獲得樂趣。只是在學校中，如果有小孩子談論便便和屁屁，保管被老師罵到哭呢！」

嘿，最願學校的老師們都會讀到作者這本書，那麼只要 Ta 還葆有一點人初之性靈，那麼保管 Ta 不會再罵人，而只會有所領悟與喜悅。

是為序。

丹婭

於廈大海濱一米齋

2020・2・26

作者按：林丹婭教授，我在廈門大學唸書時之博士導師。她既是作家，又是性別研究與現代文學的學者，除此之外她更是一位生活上的演說家，只要老師在席，飯桌也能化為講壇。筆者着手研究日本動漫文化，並完成此書，全因林老師仙人指路一句話的指點。序文中老師引述了筆者好些說話，多出於筆者當年攻博時的論文習作，原本只有老師一個人知道呢！

自序：我們都是歷史的寵兒……

如果沒有你，這套書出版了，也沒有多大的意思。不管你姓甚名誰，又不管你是才剛開始體驗青春的學生，是隱蔽的老宅、老司機，是日本文化愛好者，甚至學者，這一刻，很高興你成為了這套書的讀者。

本書內容原是筆者博士論文（文藝學）的未發表部份。從性質上來說，它是研究結果，又是文藝評論。不過，在高明編輯的指導下，除了作為學術版的這套書外，本書已先行改版為《在二次元世界呼喚愛——日本 ACG 萌文化入門》，一本徹頭徹尾的入門級讀本小書。也許，你是讀過小書，只因意猶未盡，才再入手這本厚書？

本書是小書的進階版，文字量是小書的三倍多一些。對於日本動漫文化，正如林丹婭老師所講，筆者是用挖土的態度來研究的——從日本島歷史的起源、日本人的民族文化底蘊開始，更直接地採用哲學、美學、社會學、歷史學、人文科學術語，論述少女在上世紀初誕生的因緣，然後繼續談到少女如何領導了 21 世紀 ACG 萌文化之全球化。套用史文鴻老師的說法，筆者關心這個文化的整個系譜——植根、延續、繁衍。

沒錯，作為一個愛好動漫幾十年、快將成精的死宅，筆者不滿足於「只知其然，不知其所以然」。在互文性作用之下，日本動漫作者們，在每個作品中留下了巨量之伏筆和典故，指涉着他們自家文化更早的歷史因緣。很多動漫作品以日本歷史的傳說鬼神和人物事為主題——伊邪那美、八岐大蛇、織田信長、新撰組、女子學校等等，這表明日本動漫不是橫空出世的產物，而是出於日本文化的源流。因此，筆者相信，只要我們肯去挖掘日本文化的整個歷史，一定能挖出寶物。而且，只有去挖開歷史的石和土，才有可能知道，我們情不自禁喜歡的日本動漫，其本質究竟是甚麼。筆者特地誠意邀請胡老師寫序，因為胡老師是挖掘日本歷史文化的高手。筆者挖出的是草還是寶，胡煒權老師一定知道。

經過挖土式的研究，筆者領悟，ACG 是歷史送給我們這一代人的恩賜，

即使是柏拉圖、秦始皇、平清盛、亞歷山大大帝、邱吉爾，都無福享受，因為他們出生的時代對不上，他們終其一生都與美少女水手服戰士無緣。能在21世紀享受 ACG，表明你我是歷史的寵兒，應該為生於這個時代而感恩。

最後，本書得以出版，得感謝一些前輩與好友，包括黃子程老師、鄺子器老師，還有筆者在社交媒體朋友圈內的好多動漫萌友。在出版的過程中，黃子程老師和鄺子器老師特別給與了我很多指導和寶貴意見。黃子程老師說，他心儀於文化研究，羨慕我寫了日本文化研究的題材，又指我的研究大有可為，不會只是一套寫好了只能埋在圖書館等待封塵的書。筆者不敢如此奢想，挖土一定是辛苦的，寫的人辛苦，讀的人也要付出時間（提示：隨己意挑來讀，輕鬆寫意）。無論如何，一本書寫好了，有它自己的命運，能封印在圖書館內，已是福份。因為，書能跨越歷史，既能觸碰此刻正在讀着此話的你，也能透過圖書館，接觸五十年後某位學者而被引用，又或被送到一百年後某位少女讀者手上，使她與你因為此書而有所共鳴。當然，若讀者群眾要讓此書暢銷，筆者也是無法阻止的。

目錄

導論：
少女歷史

　　所謂「萌」，是一種美學層面上的經驗，很難用言語說明，就如美、可愛、清麗、崇高、奢華、悲壯、幽默、詼諧、逍遙、荒誕、哀怨等經驗一樣……

動漫店廣告．作者攝於東京秋葉原

1.「萌」與「萌」的根源

當代 ACG 文化流行的動漫、小説和遊戲，故事的中心往往是少女的故事。我們閱讀少女的故事，不是不知不覺地融化其中，就是為劇中少女出乎意料的行為、説話、想法所震撼。

「萌死了！」

無口、天然呆、傲嬌、雙馬尾，或者腿上展開絕對領域然後説出腹黑的説話，時而聯群笑語，談論着無關宏旨的日常事，時而黑臉、黑化，都使人感受到「萌」的波動，讓人禁不住高呼「萌死了」！

▲ 動漫店店面·作者攝於九州小倉

萌·主體·少女意志

在科學層面，少女指年齡在青春期前後的女性。在社會傳統層面，她們被認為是柔弱的，需要受到保護。可是，在 ACG 文化內，最能撼動人心的卻是少女。這樣的一種悖論，該如何解釋？弱小青澀就是力量？

雖然好像有點風馬牛不相及，筆者覺得《甘地傳》中一句話可以解釋少女的力量泉源何在。談及白人的暴力時，印度聖雄甘地曾經這樣說：「他們可以折磨我的身體，打斷我的骨頭，甚至殺了我。那樣他們將得到我的屍體，但不是我的服從。」甘地雖為男子，但他常常向人展現其瘦弱的身體，體質與少女相當。然而，甘地告訴世人，取他身體的，不一定能取得他的服從。服從與否，背後有一個自主的意志，這意志不被任何外在事物決定。同樣，少女或喜或哀或怒，同樣出於一個自主的意志，這意志不被任何外在事物決定。在哲學和美學上，這個意志素質，叫做主體性。傳統上，報章不報道少女的意志，因為少女意志在大人的世界裏被認為無關宏旨。然而，ACG 文化卻天天把少女意志拿來做故事文章，深受歡迎，展現了少女所持有的「萌力」。

所謂「萌」，是一種美學層面上的經驗，很難用言語說明，就如美、可愛、清麗、崇高、奢華、悲壯、幽默、詼諧、逍遙、荒誕、哀怨等經驗一樣，它不屬於知識論的範疇，是真是假，無關宏旨；它也不屬於價值論範疇，超越貴賤，無分善惡，腹黑屬性上帶點邪惡，但擁有腹黑屬性的孩子可以很萌。在真善美三個範疇中，「萌」屬於美，它讓我們感受到某種生命層次的衝擊，獲得某種說不出來的意義。

日本語中的「萌」

「萌」審美、「萌」文化源於日本。在日語，「萌」是「萌え」，唸作MOE。

日本人的百科網站《同人用語之基礎知識》指出，所謂「萌」，就是對某個喜歡的人物懷抱着極深的愛情時，用以表達自己情感的用語，該用語的定義仍然很複雜，但似乎是一種不伴隨勃起卻到了瘋狂程度的愛情。

中文百科網站《萌娘百科》對「萌」的説明，沒有提及勃起，畢竟華人對於公開談性有點忌諱，但説明更加詳細。

……御宅族和其他的 ACG 喜好者們將這個詞用於形容極端喜好的事物。最初，該詞通常只是對於女性而言，即用來形容可愛的年輕女性（女孩、少女等）……（現在）「萌」一詞可應用的性別、年齡段、物種等都擴大了。除了應用於人類女性外，也可以用於形容討人喜歡的男性，甚至非人類、非生物等。

ACG 次文化意義上的「萌」，其含義，具體來説，可以理解為「個人因着人物的某些特徵而由內心萌生出一種像燃燒般的共鳴感覺」。因此，……很大程度上是視乎個人因素的……每個人心中都有各自的「萌」。

「萌」經常與一般所説的「可愛」一詞表達的感情和意義相近，但並不等同於「可愛」。萌的意義要更加廣泛，因為除了「可愛」之外，還可以有其他各種各樣的特性來體現一個角色的萌。（《萌》萌娘百科）

◀ 動漫美女抱枕‧作者攝於東京秋葉原

＊萌可與勃起無關，也可以有關，藝術與人的本能息息相關，尤其是性本能。

少女歷史
日本 ACG 萌文化
哲學筆記

確實，「萌」並非只限於形容女孩子，只要表現的方式對上了，就連蛋黃也可以變得很萌，Sanrio 所推出的蛋黃哥，就是例子。

說起來，作者也曾經被大學裏的師妹以「萌萌噠」一詞形容。請不要問原因，我在她們眼中「萌」在何處，我並不知道。

總而言之，「萌」是動漫文化的靈魂之一。假如失去了「萌」，動漫文化就要打個很大的折扣，甚至不能成立。「萌」使人瘋狂、着迷，像愛情一樣，其對象不一定是人類，因此它雖然可以與人的動物性本能有關，卻又超越了人的動物性本能，純粹的性慾發洩片子，不能稱之為「萌」。

蓮花長於污泥，其美卻不自染。「萌」亦長於污泥，但它不拒絕污泥，更盡情地吸收污泥，把污泥中的養份昇華為美。

「萌」是人的審美經驗產物，可誘發強大的精神反應，屬於美學範疇，因此它不能以自然科學方法進行研究和說明，正如自然科學無法分析莎士比亞劇作因何感人，科學方法也無法分析「萌」。美學屬於哲學。要說明「萌」，只能採用哲學的語言和方法。

何為「萌」？「萌」在歷史上如何發生？「萌」的根源是甚麼？「萌」文化與御宅文化有何關係？本書將對這些問題一一提出解答。

本書的萌旨

「萌」是審美，享受它，毋須懂得深奧理論，只要把自己沉溺其中就行了。但如果讀者不甘心愛得不明不白，希望深入而自覺地認識「萌」，甚至向他人以理性一點的方式說明「萌」是甚麼，這本書能作你的嚮導。

本書將要給讀者說明一些美學觀念，提供一些社會數據、講述一些歷史故事。「萌」文化出於一群跨越時代的人。雖跨越時代，但他們擁有可相通的特殊審美體驗。研究「萌」，必須深入這些人的想法和歷史，直探這些人的主觀審美體驗，方法論上首重理解和體驗，並深入邏輯和歷史（楊春時2004：38-39）。具體來說，作者會採用各種資料，包括口述歷史、文獻考據等，試圖理解萌文化創始者的主觀審美體驗。

歷史是孕育人類審美經驗的溫床。「萌」雖然是當代 ACG 文化萌芽後

才有的一個説法，但追根溯源之下，可以在一群 20 世紀初日本女孩子之作文中，在寶塚歌劇團的表演中，在 1970 年代日本少女漫畫中，在 Sanrio 的吉祥物中，都能找到與「萌」同根同源的美。

美具有可傳達性，兩個人之間明明沒有約定，但卻可以對同一個對象產生相似的審美感受，這是美感的神奇之處，使我們毋須孤獨地享受美的體驗，而可以與朋友互相訴説它和分享它，產生一個共享的審美文化。「萌」也是如此，可以互相傳達、分享、討論，成為一整個社群共享的「萌文化」，而且它超越時空。一百年前一位少女感受到的悲哀，寫成故事，一百年後我們閱讀，也能感受到悲哀。因此，一種美能在歷史植根、萌芽、延續、繁衍下去，形成一種樹狀的歷史。追尋「萌」的起源，要求深入孕育它的歷史土壤，而在這片土壤中，我們不但發現了它的根據，還發現它所歸屬的一整個系譜。在那裏，既找到她的先祖，又找到她的姊妹。系譜的根源，是誕生於 20 世紀初的少女。系譜的枝葉，是百合、萌娘、腐女子、中二病、少年愛、可愛文化、虛擬歌姬、腦內戀愛、原祖御宅、男役女優、BL、同人文化、Cosplay、吐槽文化、新一代御宅、中國宅宅、歐美宅宅等等的審美文化。本書取名《少女歷史》，是要與讀者一起探索這一段源於少女的審美歷史。

昇華、超越與規範

但凡審美活動，都是對於人類原始本能的昇華，同時又是對現實的超越，指向充滿可能性的未來。所謂昇華，是一種把原始本能以社會可接受的方式誘導出來，化為審美經驗的一種過程。萌文化也是這樣的一種審美文化，既昇華本能，又使人超越現實束縛。總的來説，它是對社會有益的一種次文化。

在日本，萌文化是次文化，與日本社會主流文化分庭抗禮。經過長時間磨合，就結果而言，主流文化與萌文化達致一種主體間性的關係，兩者既保持距離，基本上互不干涉，但又互相認可、依存、共存，使日本社會維持了平衡。這個平衡相當重要，因為民眾在嚴謹主流社會約束中受到的壓力，在萌文化中獲得了排解和轉化。

萌文化本來只是日本本地的次文化。然而，它的傳播，剛好碰上了全球

化的浪潮。萌文化借了個便，就跨出了文化疆界，被傳播到世界各地去了。

　　研究萌文化，要求以一個包容多元文化的胸懷為出發點。由於它起源於日本，所以它的原型，完全是以日本文化為基礎而發展出來的。萌文化原型所適應的社會文化，是日本本地的社會文化。當它跨越文化疆界，為其他國族文化所吸收時，必然發生新一輪的在地化進程，再度轉化成為萌文化 2.0、萌文化 2.5、萌文化 4.0 等新版本，以求適應另一文化的底蘊。其中一個比較顯要的範疇，就是情色描述的程度。日本社會文化素來不怎麼排斥公開的情色描述，因此日本萌文化的形成，毋須太過考慮情色描述上的自肅。然而，進入其他文化區域，例如華人文化，基於文化上的差異，同類的描述或變成不宜公開，有較多禁忌、較高的規範要求。由是，在地化的發生，是必然、必需、必要的過程。

▶ 乳房布丁
＊在日本某些地區，乳房布丁可以公開售賣。

　　一般來說，在地化的發生，有三個層次。一是民間主導，二是官方審查，三是官民協作。在地化先在民間層面自然發生，中國宅宅把本地吐槽文化以動漫形式表達，就是萌文化在地化的一種表現。然後，當動漫形成產業，產生了工商業活動，有了較廣範圍的社會傳播，自然要求官方介入，給與一定程度上的規範。至於規範的界線應如何設定，才能活用這個新興產業，創造新的可能性，同時又使其適應本地社會的需要，在在考驗官員的智慧。於是，官民溝通、協作、共同參與研究、反思、評論、討論、實踐等等，就變得重要。只要有充足參與、溝通、協作，假以時日，必能達致一個較理想的在地化平衡狀態，使新興文化適應自身的社會，成為社會的營養。

　　然而，萌文化在自己起源的社會環境裏，也曾通過長時間的有機發展，

少女歷史　導論

才成為大致上符合起源地主流社會規範的次文化。它進入新的社會環境後，也將要花費一些時間，重新與當地文化對話，有機地、辨證地融合，從而完成在地化。在這過程中，讀者宜採取一個既謹慎而又諒解的態度，公允地看待這個文化的傳播與轉化進程。

2.「妳」的名字（一）：
ACG、動漫、萌、御宅、二次元

ACG 全球化

當代 ACG 文化，也稱為宅文化、萌文化、動漫文化，或二次元文化。它源於日本，在 21 世紀傳播到全球各地，北美洲、中國、東南亞、歐洲都有人受到感染，樂於成為御宅，是一種全球化的次文化。2019 年，全世界最有

▲ 西方動漫粉絲 COSPLAY・Tania Van den Berghen による Pixabay からの画像

名的宅民，不是日本人，卻是網名自稱 Melon Pan 的瑞士名人，人稱變態瑞士人或瑞士死宅。Melon Pan 在銀行工作，薪水甚高，興趣是做出各種誇張的動漫 Cosplay 行為，然後拍片上載網絡。他用金錢購置無數動漫變裝道具的行為，讓全球不少宅民羨慕不已。

在文化層面，所謂全球化，素來是指當代美國文化向全世界輸出，包括了荷里活文化、快餐文化、企業文化等等。可是，ACG 源於日本，它的全球化，並不是以美國為起點，可說是全球化浪潮中的一支異軍。

日本 ACG 文化非常獨特，即使是荷里活，也無法把它順利吸收。面對異地崛起的電影產業，例如香港武術電影，荷里活素來以吸納手法應對，將之兼收並蓄，使之變成自己的品牌，比如《廿二世紀殺人網絡》，就是把西方科幻題材糅合港式武打電影元素而成的作品。

日本 ACG 文化冒起，荷里活自然不會視而不見，想法子把它吸收起來，變成自己名下的東西。可是，過去荷里活改編製作過《攻殼機動隊》、《銃夢》、《七龍珠》、《生死格鬥》等 ACG 作品的電影版，卻水土不服，鮮少成功。

一位名叫月巴氏的網客曾經指出，荷里活翻拍日本動畫，總是完美地把原作毀容，文中所舉例子甚多，包括《北斗之拳》、《強殖裝甲加爾巴》、《哥斯拉》等。月巴氏的評語反映了宅民普遍的心聲。

月巴氏明言：「荷里活改編日本動漫（甚或其他國家作品）的問題往往是：夾硬注入屬於荷里活的主觀意識，而忽視懶理原作的靈魂。就像《攻殼》，如果不沿用那個以香港舊街道改成的未來城市風景，已經死得。」

月巴氏說出了荷里活的弱點。荷里活製片人精於商業計算，卻無法捕

▲ 外國人粉絲抽扭蛋．作者攝於
東京秋葉原
＊萌沒有種族國籍之別。

捉日本動畫的靈魂。宅民喜愛動漫，並不是單純因為「鹹濕」、「科幻」。《攻殼機動隊》故事夠科幻，戰鬥服夠性感，能充份突顯女性身體曲線，這都是事實，但這些元素並非日本動漫的靈魂。以為單單複製這些要素，拍成電影，便可折服宅民，那真是一場美麗的誤會。「萌」可以伴隨勃起，但勃起並非必要，情色只是日本動漫的靈魂所依，卻不是那個靈魂的本質。日本動漫文化中的情色，是像植物土壤一樣的東西，它是土壤、空氣、海水，其中的生命靠它孕育，但它卻不是其中的生命。

ACG 的靈魂

　　日本 ACG 文化的靈魂，是稱為「萌」的一種集體審美經驗，但「萌」是甚麼，卻不易說明。如果「萌」可以用錢變出來，荷里活就不會捉錯用神，把原作拍壞。可是，雖然難以說明，但凡是宅宅，都必定能辨認出「萌」。掛羊頭賣狗肉，吸引不了宅宅。螞蟻只對真正的糖有反應，對代糖沒有反應。宅宅也是如此，只對貨真價實的「萌」有反應。美國人並非不能拍出「萌」片，美國已故天才動畫師 Monty Oum 就曾經拍出了「萌」味十足的 3D 學園戰鬥動畫 RWBY，橫掃了全球的宅文化圈。關鍵是，即便是荷里活，想拍出「萌」片，必須先讓其編劇和製作人充份地、滿滿地在御宅文化中浸淫十年八載，令其思想言行變得與宅宅接近，像變態瑞士人 Melon Pan 那樣就沒錯了。「萌文化」雖然無分國界，但這不代表任何人都能成為光榮的死宅。

　　「萌文化」愛好者多為御宅族。一個文化在歷史中興盛起來，主因不在於那個文化的代表人物，而是在於它有一群生存處境接近、想法能夠互通的忠實實踐者、讀者、觀眾、參與者。日本動漫藝術創始於上世紀二次世界大戰之前，但至二戰後才急速發展起來，原因是戰後日本人普遍生活處境艱苦，只能在動漫中為自己構建和尋找在現實中不存在的終極理想世界。時至今日，日本社會雖然富裕了，但一般國民的生活壓力仍然十分高，這使得宅民繼續在動漫中尋找生存的意義，形成了一個強大的審美文化。曾經，有人稱這個文化為「可愛文化」、「御宅文化」，現在則多稱為「ACG 文化」。基於「萌」是御宅族在歷史中長時間反思自己全部審美經驗所求得的結果，作者認為把

這個文化稱之為「萌文化」最為貼切。

萌文化的命名

　　雖然「萌文化」是個貼切的名稱，但論實用性和適用範圍，筆者較推薦「ACG 文化」。說到底，雖然「萌」是硬核死忠宅民對自己文化的集體反思心得，但「萌文化」已被傳開到世界各地，接觸了更多「萌新」（可愛的新手），面向更廣大的非硬核受眾。對於廣大的新受眾來說，特別是為這個文化的經濟力所震撼的各地企業要員和政府官員，「萌」是他們難以理解的東西，但他們大都知道甚麼是動畫（Anime）、漫畫（Comics）、電玩（Game）。為此，面向廣大的受眾，「ACG 文化」這個詞語更加適合。

　　由國內宅民編寫的《萌娘百科》如此解釋「ACG」：「一般情況下，ACG 一詞特指日本的動畫、漫畫、遊戲產業，其中遊戲多指包含美少女要

▲ 御宅聖地秋葉原．作者攝於東京秋葉原

素的遊戲。」這個説明很好，因為沒有少女的 ACG，並不是 ACG 文化的 ACG。

在國內，「ACG」和「動漫」是相通詞語。「動漫」一詞，符合了「漢語新詞偏向二字詞」的原則。考慮電玩（G）都基於動漫畫（AC）製作而成，稱「動漫文化」也相當合適。

「ACG」和「動漫」，都是以文化媒介載體命名。動畫（Anime）、漫畫（Comics）和電玩（Game）皆為媒體。但論到「萌文化」的主要載體，其實還有所謂的輕小説（Light Novel），所以又有人取了 Novel 的 N 字，把「ACG」稱為「ACGN」。

其實，即使加上了 N（Light Novel），還是無法窮盡承載「萌文化」的全部媒體。NicoNico 與 Bilibili 是彈幕視頻，初音和洛天依是虛擬偶像和歌聲模擬軟體，Comiket 是同人誌即賣會，虎之穴是書店，秋葉原是御宅聖地，2ch、天涯論壇和 ptt 是御宅吐槽場所，推特是動漫信息分享網絡，Pixiv 是二創畫師練功和展出畫作的園地，御宅聚會必然少不了的 Cosplay，也是一種媒體。所以，我們就別太認真刁鑽，只要名字簡單易懂便好。

「ACG 文化」和「動漫文化」是面向外行人最方便有效的名字，「萌文化」是據美學反思而取得的名字，「御宅文化」則是據該文化的核心族群而取的名字。可以這樣説，御宅族的生活方式，就是推動「ACG 文化」和「萌文化」的最大力量。在日本，御宅族的生活方式，更在經濟學上產生了「御宅經濟」和「御宅產業」這兩個名詞。

「御宅文化」一詞，大概產生於 1980 年代，至今已有三十多年歷史。最初，御宅族躲在家宅中追尋自己的愛好興趣。很快，他們發現自己並不孤獨。他們通過同人誌即賣會等各種特殊而瘋狂的集體消費行為聯繫在一起。最為人所津津樂道的，是東京都有名的秋葉原電氣街在 1990 年代逐漸變成御宅族聖地。2019 年，秋葉原街道周邊滿是動漫產品商店，又有各種動漫主題女僕咖啡店，其地標建築秋葉原 UDX 駐有推廣動畫的東京動畫中心，隔一條街是唐吉訶德秋葉原店（連鎖雜貨商店），店內八樓即為有名女子組合 AKB48 的演出劇場。

▲ 漫展 Cosplayers．作者攝於香港
＊動漫角色服裝作為媒體，能夠一下子把空間重新定義。

御宅文化擴散到世界各地，向許多圈外人傳播，同時御宅文化自身也被稀釋了不少。本來，愛好動漫、電玩、輕小說是御宅的專利，但現在人人都懂一點動漫、電玩、輕小說、Cosplay，愛好 ACG 已非御宅族的專利，形成了流佈範圍更大的 ACG 文化。

「硬核御宅」並不只存在東京秋葉原。日本御宅文化向世界傳開，啟蒙了無數的海外受眾。在這些受眾之中，有人滿足於偶然欣賞一下動畫，這一類人屬於 ACG 文化。又有一些人，仿效日本御宅的認真態度，以瘋狂而專注的方式去愛各種 ACG 作品，在海外形成新的宅文化。在歐洲，行徑瘋狂的 Melon Pan 被稱為死宅，原因是他表述自己對 ACG 角色的愛的方式，已經青出於藍，比日本御宅族有過之而無不及。當然，因為歐洲人自身的開放文化使然，Melon Pan 的愛的形式少了一份大和文化的含蓄，所以已然是歐洲人自己的御宅文化。在中國，很多人也受到了日本御宅文化的啟蒙，並創造出屬於中國人的御宅文化。中國人仿效日本虛擬歌姬初音未來，在日本製作人的協助下，創造了屬於自己的虛擬歌姬洛天依。日本御宅的二創文化來到中國，結合了吐槽元素，又產生了各種有趣的吐槽角色，其中紅眼睛的北方醬，即來自日本的艦娘系列。她的許多吐槽梗如「然並卵」、「城會玩」、「活不過兩集」，無人不識，卻是日本所無，完全是本地品種的宅文化。在國家文化產業新政策出台後，

中日合作動畫製作愈來愈多，創出了日本所無的仙俠系列作品如《從前有座靈劍山》、《一人之下》等等。此外，中國電商文化與 ACG 文化相結合，亦催生了很多網上動漫商店，其經營者一般深諳動漫文化，達於御宅之境界。稱謂上，中國宅多棄了日本語中的「御」字，慣以「宅宅」自稱。

此外，ACG 文化也可稱為二次元文化，原因是 ACG 所指的三種媒體——動畫、漫畫、電玩，都是平面藝術，動漫少女在屏幕或漫畫頁面上展現各種的萌，有別於不那麼萌的現實人際關係。對於宅民來說，他們所愛的世界，與現實世界之間，有一道不可逾越的鴻溝，那就是二次元與三次元之間的境界線。宅民多單身狗，為此他們以戲謔方式「怨恨」在三次元世界有美滿人生的人（有男女朋友的人類），並稱之為現充（現實充實人類），也有 FFF 團和情侶去死去死團之說，「反對」一切現實世界的男女交往。其實這都是宅民對美好人生有所憧憬，以反諷的方式加以表達而已。所以，「二次元」一詞，飽含御宅對美好生存方式的追求，在宅民心目中蘊含高濃度的情感能量。

既然「ACG」是面向外行人的說法，「御宅」又太過於硬核，難於普及，如果我們想找一個詞語，可以同時面向外行人和內行人，可以考慮「二次元文化」，因為「二次元」意思簡明，又有深意，外行人易於理解，內行人則易於認同。

最後，讀懂 ACG 文化的內涵，就會發現「少女文化」才是它真正的名字。

3.「妳」的名字（二）：泛動畫文化

自從進入 21 世紀以來，中國對日本御宅文化的吸收，是全方位的上下互補。在下方，有電商把動漫產品生意做起，有網民自發做二創內容上載 AB 兩站。在上方，政府自 2004 年起便開始發佈政策文件，提出發展國家影視動畫產業的構想，國內一些綜合性研究型重點大學亦開展了對新媒體藝術的研究和教學工作。所謂新媒體藝術，主要指的就是動漫產業。

對於動漫文化，國內學者給了一個學名——泛動畫。

「泛動畫」一詞，針對了當代動畫文化出現泛化的綜合特徵。

廈門大學黃鳴奮教授對於「泛化」，有如此的說明：「不論在自然界、人類社會還是心靈空間中，精與泛經常都是相對而言的⋯⋯不論精或泛，都不只是某種對象、特徵或定勢，而是分別代表某種趨向或變化：相對於精的是提煉、鑽研、集中、收束等，相對於泛的是夾雜、遊玩、漫延、散開等。若就其範圍而言，泛總是大於精；若就其特性而言，精總是比泛純粹；若就其轉化而言，作為前提的泛可能是精的準備，作為結果的泛可能是精的實力的證明。」（2009a：1）

套用「泛」與「精」兩個概念，一幅文化地圖即躍然紙上。在地圖中間的是代表「精」的御宅文化，在外沿就是代表「泛」的 ACG 文化或動漫文化。無論是位於核中的御宅文化還是在外沿的 ACG 文化，其泉源皆是「萌」這一種共同審美經驗，因此兩者都屬於「萌文化」。

「泛動畫」一語，最初於 2002 年由世界動畫電影協會中國秘書長李中秋提出，至 2009 年以後逐漸通過一連串的學術討論被確立下來（黃鳴奮 abcd，2009）。

具體上，「泛動畫」有以下意義：

（一）動畫的用途變得廣泛，需要提出新範疇，「泛動畫」一詞在分類學上反映有關的變化（黃鳴奮 b，2009：1）；

（二）「泛動畫」概括了傳統動畫與新媒體動畫；

（三）「泛動畫」是一種信息運動。（黃鳴奮 a，2009：2）

另外，「泛動畫」作為一種「信息運動」，按黃鳴奮教授的說法，又包括了九種含義：

1. 動畫影響力從藝術領域擴大到經濟、政治、文化等領域；

2. 動畫受眾的心理反應從動畫本身的內容延伸至企業品牌、國家實力、文化價值觀等；

3. 動畫開發、傳播與鑒賞的制約減少，參與者之間的聯繫變得更多變而豐富，例如動漫文化中充滿各種二次創作，很多參與者同時擁有多重身份，包括作者、受眾、協作者、演出者、消費者、販賣者、管理者、評論者、再創作者和意見領袖等，參與者的身份關係發生根本上的改變；

4. 動畫作品跨越了媒體的界線,從單一媒體走向多元媒體,一個作品往往同時有漫畫版、動畫版、電玩版、輕小說、音樂、同人二創本子、二創插畫、角色扮演服裝、動漫商品等,沒有限定在單一媒體之內;

5. 動畫信息意義跳出單一原義,獲得多種解讀;

6. 動畫作品大量複製,喪失本雅明所說的「靈氛」(Aura);

7. 動畫業推廣和傳播,不再講究準確集中,而是重視分散普及;

8. 動畫的價值在藝術以外的各個社會領域得到普遍承認;

9. 作為範疇的動畫不斷擴展其外延、更新其內涵。(2009a:2)

以上九點,大都準確地描述了現時 ACG 文化在世界範圍廣泛傳播的情況。

「泛動畫」裏的「泛」字,點出了動漫文化的影響力如何向外滲透,點出了動漫文化產生了文化影響力的情況,點出了生產者與受眾關係的變化,點出了動漫內容滲透至其他媒體的狀況,點出了意義生產的多樣性、普及性和可變性。

然而,第六點提出複製令作品喪失「靈氛」,筆者並不同意。以虛擬偶像初音未來為例,她的所有形象都是虛擬的,並無複製品與真品之分,但在熱情粉絲眼中,無論是哪一個初音,都充滿靈氣。筆者認為,波德里亞以擬象論說明複製品或擬像物的價值,比本雅明的說法更有見地(Baudrillard 1976,1981)。

波德里亞提出,製作技術提升,改變了藝術複製品的地位。工業革命以前,仿冒品,例如不是達文西畫的蒙娜麗莎,就不具有價值。工業革命令產品量產,所謂原品只是複製品的藍本而已。舉例說,每一瓶可口可樂,都依照一條原配方複製而成,但沒有人會說自己手上那一瓶可口可樂是贗品。進入數碼時代,虛擬商品出現,它沒有實體,價值卻可能高於其他實體商品。虛擬偶像初音未來並無其人,但她的粉絲可以比一名真人歌手還要多。

文化來自人類的活動,因此它像人一樣,多元又多變,隨着視角的變化和時間的推移,它獲得了不同的名字。在本書中,當筆者提及「動漫文化」、「ACG 文化」、「萌文化」、「宅文化」、「御宅文化」或「泛動畫文化」時,基本上所講的都是同一個文化。

4. Girl Beats Boy! 日本動漫簡史 80 年

動畫由史前開始

動漫歷史，最早追溯到史前的舊石器時代岩畫，史前岩畫的主題多為動物，例如野牛、馬、鹿等，也有已絕種的動物如原牛。史前人類雖未有文字，卻有一定繪畫能力，他們把動物用自然顏料如赭石、鐵礦、木炭畫在岩壁上，還刻意為動物畫上多腿、多頭、多尾，表示動物奔跑、俯仰和搖尾的動作（Azéma & Rivère 2012）。也就是說，人類自古以來就有想把動態表現在畫中的慾望。這種繪畫慾望，在人類歷史上一直存在，不論哪個民族，哪個國度，哪個時點，都能找到各式各樣表現動態的繪畫。像中國北宋的《清明上河圖》，把橫幅五米多的繪卷打開，即如現在動畫中常用的搖鏡（Panning）所造成的感覺一樣。

▲ 動漫展展場內的一角，作者攝於香港，Retouch 強調對比
＊ACG 的近代史，是少女興趣取代男子興趣的歷程。

現代動畫技術之起源

及至現代，自 19 世紀西方發明攝影，才為現代動畫發展奠立了技術基礎。最初，把現代動畫技術發展起來的，是西方歐美人士。早期西方對動畫技術發展有特殊貢獻的名字包括了布來克頓（J. Stuart Blackton）、庫伯（Arthur Melbourne Cooper）、科爾（Emile Cohl）、科爾（Georges Méliès）、雷諾（Charles-Émile Reynaud）等，當然還有華特迪士尼（Walt Disney）和華納兄弟（Warner Bros.）。先有動畫技術，然後才有動畫，但光靠動畫技術，只能讓人驚詫一會兒，無法產生動畫文化，唯有像華特迪士尼這樣的創作人，以技術把

人物和故事活現熒幕，創造出令人難忘的角色，例如白雪公主、米奇老鼠，才算得上創造了動畫文化。

日本動畫的起點（1950-60 年代）

　　美國動畫文化的發生先於日本動畫，受到美國動畫文化的啟發，日本人才萌生了創造動畫的想法。據知，日本漫畫之父手塚治虫，年幼時甚喜歡迪士尼動畫。在手塚治虫出道前後，深為兩部動畫感動，一是迪士尼《小鹿班比》，一是中國萬氏兄弟製作的長篇動畫《西遊記鐵扇公主》。此後，動畫發展在中美日三地各自發展。在中國，動畫發展受政治動盪影響停滯了很長的時間，直至 21 世紀初才重新發展起來。美國動畫有如長青樹，一直為人津津樂道，但形成今日御宅文化的卻不是美國動畫，而是日本動漫。日本動漫畫何以能夠青出於藍？箇中因緣，實在耐人尋味。

　　日本動漫畫發展，始於第二次世界大戰以前，於二戰之後快速發展，並於 1960 年代開始與美國動漫畫分庭抗禮。

　　1945 年戰敗之後，日本人毋須再在軍事擴張上傷腦筋，專心一意作為戰敗國，重建國家經濟。日本人素來酷愛工藝美術，現在毋須打仗，終於能夠全身全靈投入創作。另一邊廂，戰後日本人家庭破碎，國民貧困交迫，亟需通俗藝術給與的心靈治療。如是，日本動漫畫事業發展自 1950 年代起步入直路，突飛猛進。

　　1960 年代，日本動漫畫多以男孩子為主角，以少女為主角的作品不多，像手塚治虫的《原子小金剛》（鐵臂阿

▶ 手塚治虫展覽，作者攝於香港
＊鐵臂阿童木，在香港播出時稱小飛俠。

童木／小飛俠）、藤子不二雄的《海之王子》、橫山光輝的《巴比倫二世》等，男主角皆是男孩子。及至 1970 年代，機械人動畫與英雄動畫發展至最高峰，主角幾乎清一色男生，少女角色只是陪襯花瓶，例如《鐵甲萬能俠》主角是兜甲兒，女主角弓莎也加只擔當支援角色。故事中的敵人，只能由主角機以絕招高熱光線解決。反之，女主角機木蘭號（日語原名アフロダイ A）性徵突出，兩枚裝填在胸部的乳房飛彈，謂之愛美神飛彈（笑）。兩枚飛彈性暗示滿滿，卻幾乎沒有實效，反映當時動畫故事仍然極之重男輕女。除了《鐵甲萬能俠》系列，《三一萬能俠》、《幪面超人》和《奧特曼》（鹹蛋超人）等，也是如此，主角必是男生，即使是強調團隊合作的《超級戰隊》系列，主角紅戰士也必定由男性擔當，從來沒有由女戰士擔當的紅戰士。

▶ 鐵甲萬能俠女英雄．作者藏品攝影
＊三位美人駕駛女性機械人支援主角，
　但戰力總是不足，戲份有限，
　脫不了英雄救美的橋段。

性別地位在作品中逆轉（1970 年代末）

由 1970 年代末起，日本動漫男女地位開始逆轉。元祖《機動戰士高達》1979 年首播，主角阿寶雖然是男生，但女性角色不再扮演花瓶，她們有自己的想法、個性，她們做出自己的決定，不為男主角所左右，甚至引導了阿寶的成長。娜拉如是，茜拉（馬莎妹妹）如是。女軍官瑪奇露達更是如此。對於阿寶，瑪奇露達有如母親、老師、前輩一樣，她不需要男主角救助，反而出於自己的意志和計謀，為了救助阿寶和木馬號而犧牲了自己。元祖《機動

戰士高達》的故事，深深地印在當時身為少男少女的觀眾心裏。

那麼，以少女為主角的日本動漫畫故事，在甚麼時候出現？又由甚麼時候開始取代以男孩為主角的故事成為主流？

◀ 高達模型・作者攝於香港
＊女性角色在高達故事系列中舉足輕重。

▲ 淺草雷門高達・作者攝於東京

▲ 動漫雜誌讀者投票活動・ANIMAGE，八卷六號，1985（德間書店）・作者藏品掠影
＊日本動漫雜誌所辦之各種讀者參與活動，促進了御宅族的集體身份認同。圖中所見1980年代上榜作品《機動戰士高達》和《超時空要塞》，女主角在故事中的活躍度和重要性，都已超過了1970年代的傳統機械人動畫。

▲ 少女版風神雷神，作者攝於東京成田機場

＊淺草雷門風神雷神

旅遊日本，東京淺草雷門幾乎是必訪之地，門前的風神雷神像，給人留下深刻印象。過去，淺草雷門曾以高達招徠旅客。然而，在萌少女之風吹起了的近期，風神雷神一度化身少女，在機場迎送到訪旅客。化身為少女的風神雷神，威嚴不減。

少女漫畫的起點（1938-1955 年）

　　少女漫畫最早可追溯至 1938 年松本勝治所作的《咕嚕咕嚕久留美妹妹》，《久留美妹妹》刊載於《少女之友》雜誌，屬於日常系短篇故事，故事是圍繞久留美妹妹發生的家庭趣事，與今日的櫻桃小丸子是同類作品。

　　1952 年，手塚治虫開始連載《原子小金剛》。翌年，他注意到了國內的少女讀者，於是為她們創作了長篇少女漫畫《藍寶石王子》。故事起於小天使的惡作劇。小天使把一顆男孩的心放進了小女孩的靈魂內，讓身為女兒身的藍寶石公主，變成了王子。國家規定只有男孩才能承繼王位，藍寶石公主自小就被當成男生養育成人，每天女扮男裝，化身王子，與企圖奪取王位的大臣杜立明公爵周旋到底。可是，身為女兒身的她，又無可避免地陷入了與

鄰國王子法蘭茲的苦戀。如此，手塚治虫就寫出了戰後第一個經典的少女漫畫。

◀手塚治虫展覽，作者攝於香港
＊日本漫畫之父，為小女孩讀者揮筆，成為日本少女漫畫之先鋒。

　　《藍寶石王子》故事以雙性同體為主題，主角同時兼有男女兩性的特徵。無獨有偶，戰後日本女性瘋狂迷戀寶塚歌劇團演出中的男役女優（扮演男性的女演員）。日本女性無論老少，都對曖昧性別角色情有獨鍾。

　　《藍寶石王子》建立了少女讀者群之後，第一位被譽為「女手塚」的女性少女漫畫家水野英子也在1955年出道。

　　水野英子曾創作《紅毛小馬》、《銀色花瓣》、《星之豎琴》、《FIRE!》等少女漫畫名作，又曾經與石森章太郎和赤塚不二夫等有名男性漫畫家合作，以 U.MIA 的筆名發表《赤火與黑髮》、《星悲》、《暗

雙性同體 Androgyny

　　社會性別研究之術語，意指一個人同時具有男女兩性特徵的狀態。在強調異性戀的主流社會，雙性同體往往被認為是對性別秩序的一種威脅，因而令具有這種特質的人在現實中受到排斥。然而，在文化藝術中，由於雙性同體擺脫了主流社會的意識形態，作為藝術形象，它卻又能令觀眾獲得難以言喻的解脫。反串是雙性同體其中一種藝術表現方式。

少女歷史
日本 ACG 萌文化
哲學筆記

闇之天使》等作品。水野英子把手塚治虫的電影式漫畫表現手法在少女漫畫中發揚光大。更重要的是，水野英子為少女漫畫注入了真正的女性視點，這是手塚等先代男性漫畫家永遠無法做到的事。水野英子的作品，無論在衣裝設計、髮型描寫、顏色運用和戀愛表現上，都把女性的感性在漫畫中昇華和發揮到一個前所未有的層次。

在水野英子以先，無論是手塚和石森，都意識到有必要為少女讀者畫漫畫，並且身體力行。手塚創作了《藍寶石王子》，石森章太郎創作過《水色之緞帶》。也許，他們都意識到自己身為男性的局限，又看見水野的潛能，就乾脆把她培養起來了。當時，手塚治虫、藤子不二雄、石森章太郎等初代漫畫家到東京工作，為了方便與編輯通宵達旦討論作品，不致妨礙鄰居，便一起搬到位於豐島區南長崎三丁目的常盤莊居住。從此，常盤居成為了初代日本漫畫家的搖籃，成為漫畫界的佳話。在早期眾多女性漫畫家之中，水野英子是唯一曾經在常盤莊生活過的女性漫畫家。

水野英子開始畫漫畫的契機，在小學三年級。當時，手塚治虫把創作漫畫的心得畫成漫畫，名為《漫畫大學》，這個作品讓水野英子獲得很大的啟發，並立下志向，想要成為漫畫家。幫助水野英子出道，讓她住進常盤莊，讓她與前輩大師共用筆名發表作品，可以說是初代漫畫大師的一番心意，也是一種儀式，他們要通過儀式，親手把少女漫畫家的棒子交給一位新晉的女性漫畫家。當然，培養水野英子的，並不只有幾位初代漫畫大師，還有編輯丸山昭。一幫老男人，共同培養出日本第一位優秀的女性少女漫畫家，有如父親們欣喜地祝福女兒成才一樣。這種光景，說明日本雖然是個父權等級社會，但日本人的兩性和長幼等級關係並不是鐵板一塊，尤其是在漫畫、文學、藝術領域，日本人普遍能夠超越兩性間和年齡間的隔閡，唯才是愛。話說，在日本發行的 5,000円鈔票上的，不是別人，而是年僅24歲便與世長辭的天才少女小說家樋口一葉。

日本初代男性漫畫大師們，愛他們筆下的少女角色，愛少女讀者，愛擁有漫畫才華的少女作者。在他們眼中，少女是日本的寶物。

▲ 日本漫畫家著作的漫畫入門
書籍·作者藏品攝影
＊右兩本作者是手塚治虫，左兩本
作者分別是高橋留美子與鳥山明。

花之二十四年組（1970 年代）

日本人對漫畫的愛，確實代代相傳。正如手塚的漫畫感動了水野英子，
水野英子的漫畫也感動了一些有潛質的女讀者，使她們在 1970 年代崛起成為
新一代的少女漫畫家。

1970 年代崛起的新晉女性漫畫家，大多生於昭和二十四年（西曆 1949
年），所以獲得了「花之二十四年組」的美譽。在她們之中，有青池保子、
萩尾望都、竹宮惠子、大島弓子、木原敏江、山岸涼子、增山法惠等，她們
每一位都曾經從自己獨有的視點出發，進行自由的漫畫探索與實驗，為少女
漫畫注入了新技法、新風格、新題材、新氣氛或新元素，把少女漫畫推至前

▲▶ 少女漫畫展品·作者攝
於九州小倉

少女歷史

日本 ACG
萌文化
哲學筆記

所未有的境界，例如科幻、奇幻、吸血鬼和少年愛等少女漫畫元素，都是前人作品所無。

　　花之二十四年組讓少年同性愛題材漫畫故事成為潮流，是最出人意表的發展。

　　竹宮惠子《風與木之詩》和萩尾望都《湯馬斯的心臟》，兩個作品都以學校宿舍少年男孩之間的同性愛為題材。有人問過作者為何寫少年愛。萩尾回憶說，她想過把主角寫成女性，並快速畫了幾個畫面，最後還是覺得把主角寫成男性比較自然（Thorn 2005）。

　　竹宮惠子的《風與木之詩》，自 1976 年開始連載，三年後獲得小學館漫畫賞少年少女部門獎項，象徵少年愛漫畫正式為出版業界所肯定。一般認為，《風與木之詩》創出了現在 BL（Boy's Love）漫畫的先河（Matsui 1993；Thorn 2004；Toku 2007）。其實，竹宮惠子創作《風與木之詩》，並不是一帆風順，在她構思作品之初，據說曾經因為作品中性愛描述的尺度引起爭議，令作品拖了九年才能出版。竹宮如此解釋她為甚麼畫少年愛。她說，當時只要畫出男女在床上四腿交纏，就會給警察問話，因此她索性改畫少年同性愛。她想，既然男對女不行，那就試試男對男吧！原來，在 1970 年代，間接促成少年愛少女漫畫誕生的，竟然是日本警察。

　　當然，竹宮只是說笑而已。實際上，少年愛漫畫受到廣大少女讀者歡迎，為出版商帶來了穩定的利潤。可是，少年愛故事的主角，明明都不是少女，與少女一丁點兒關係也沒有，何以能讓少女讀者如此着迷？

　　有論者嘗試解釋，指少女讀者在少年角色身上看見自己，少年角色在漫畫同性愛關係中表現的，是一種被替換了的女性氣質（Matsui 1993）。的確，在少女漫畫中的男孩子，並不是英雄機械人漫畫中的熱血剛毅男孩。在少女漫畫中，男孩子總是被自己心裏種種纖細的感情矛盾折磨，設定上雖是男生，氣質上卻更加靠近少女。

　　除了少年愛，另一個漸漸崛起的題材是少女同性愛，又稱百合。1970 年代山岸涼子《白色房子的兩人》、池田理代子《只有兩人》、一条由加利《摩耶的葬列》等都是百合少女漫畫的代表作。池田理代子經典作品《凡爾賽玫瑰》也含有百合元素。百合的歷史比少年愛更悠遠，可以追溯至 20 世紀初吉

屋信子所寫的少女小說。

可圈可點的是,少女愛和少年愛,雖然都關乎同性愛,但在審美品質上,這類故事與西方同性戀截然不同,也沒有任何繼承關係。它們純粹是日本女性畫家為了滿足自己和少女讀者而度身訂造的故事。少年愛的主題雖然是男性同性愛,但對象卻不是男同性戀者,而是日本國內一般的少女讀者。所以,日本少女漫畫中的少年愛和少女愛,是純粹在地文化,並非全球化下同性戀文化的延伸,兩者不可混為一談。同樣,也因為少年愛與少女愛是純粹的在地文化,日本業者並沒有主動把它們推出國外,所以這類故事具有很強的文化特殊性,首次接觸這類故事的外人,會感受到若干程度的文化衝擊,覺得不可思議。

漫畫鬼才高橋留美子（1980 年代）

◀高橋留美子自選複製原畫集～收穫星的小子們（小學館）‧作者藏品攝影

＊高橋留美子稱得上是1980 年代的漫畫界鬼才,擅長少年喜劇,但處理神怪和愛情主題,同樣駕輕就熟,甚為多產。作者按:很難想像沒有高橋留美子,自己的童年會變得何等的枯燥!

1970 年代,是少女漫畫迅速萌芽的時期。至 1980 年前後,少女漫畫逐漸把漫畫中少年和少女的地位逆轉。當時,喜劇漫畫家高橋留美子人氣甚高,她的作品主角雖然多為少年,例如《收穫星的小子們》（福星小子）的諸星當、《亂馬 1/2》的早乙女亂馬、《相聚一刻》的五代裕作,但有別於傳統英雄機械人作品,這些少年角色不再是決定故事流向的人物,高橋筆下的少女角色

每一個都甚具個性，而且能夠推動故事發展。一男多女的故事設定，素有後宮漫畫之稱，喻意男角猶如國王擁有一種後宮妃嬪，表面上為少男讀者提供福利，但隨着故事發展，少女人物鋒芒往往蓋過男主角，而且在所謂後宮之中，往往也發展出跳過男主角的少女愛關係。這個時期的漫畫發展，不只在技術上有進步，故事意識形態也逐漸蛻變，女性角色能動性逐漸提高，脫出花瓶角色的框框，走出了屬於她們自己的路。

少女角色受讀者愛戴，不是因為她們穿得少，而是她們在故事裏的行動，愈來愈難預測。受眾對她們的喜愛，不是單純出於身體反應，這就進入萌的境界了。《收穫星的小子們》少女角色十名以上——阿琳、阿蘭、弁天、雪女、阿忍、龍之介（女扮男裝）、面堂了子、櫻花、克拉瑪和飛鳥，儼如國王後宮。不過，主角諸星當享受的卻不是溫柔鄉，而是女孩子們的自把自為、鄙視的目光與無盡的作弄，包括了阿琳的無限電擊。

在高橋留美子的漫畫裏，少不了性別曖昧的人物。《收穫星的小子們》中的龍之介，明明是少女，父親卻把她當成男孩來養育，長大了穿一襲傳統男性校服，以布帶束胸，遮掩作為女性性徵的乳房曲線。在代表作《亂馬1/2》，少年主角早乙女亂馬，在練功時掉進受到詛咒的娘溺泉，遇熱水即變成女孩，但又可以隨時恢復男兒身。亂馬苗字為早乙女，似乎就是一個象徵，表示他生來注定又男又女。

又男又女的人物設定，並非日本獨有，我國戲曲也有花旦和反串。然而，對於性別倒轉為當事人帶來何種感受，日本動漫的描寫更為豐富細膩。如果男性追求女性，是因為女性擁有男性沒有的身體，那麼男性擁有

▶ 亂馬 1/2 手辦景品，
作者攝於東京秋葉原

少女歷史　導論

了女性身體後，還有必要追求女性嗎？想揉奶子，揉自己的就可以了。這就是《亂馬 1/2》故事中一個經典的梗。亂馬既然擁有了女性的身體，仍然喜歡有點男仔頭性格的女主角天道小茜，那麼這種愛，不就是超越了荷爾蒙力量的愛嗎？

美少女粉絲的「覺醒」（1990 年代）

1990 年代，少女漫畫家武內直子創作《美少女戰士 Sailor Moon》，把傳統的戰隊英雄系列完全顛覆，一個排除男性的全少女戰隊，首創了戰鬥美少女熱潮，改編動畫多達五個系列，無論主題曲流行榜、玩具銷售和收視率，在當時都創出新紀錄。《美少女戰士》並非沒有男主角，但故事主力描寫美少女戰士間的友情、關係和戰鬥，男主角地場衛的戲份幾乎是零。

《美少女戰士》對一些女性觀眾而言，兩位女角色天王遙與海王美智留之間的同性愛關係，才是最大的啟發所在。有粉絲稱，《美少女戰士》把曖昧的女同性愛帶入電視，讓她們深受衝擊、感動，然後「覺醒」了（Aoki）。

▲ 美少女戰士月野兔陳列手辦・作者攝於香港

＊美少女戰士是劃時代作品，是推進日本 ACG 全球化之王道作品。

所謂「覺醒」，意思就是體會到女同性愛情節的美好，從此成為這一類作品的粉絲。

《美少女戰士》大受歡迎，代表粉絲和作者都不約而同地覺得，少年英雄故事已經老掉牙，是時候淘汰了。在少女角色領跑的新時代，男創作人幾原邦彥於 1997 年領導 BE-PAPAS 團隊，創出經典作《少女革命歐蒂娜》。當時，《少女革命》動漫畫同時面世，動畫由幾原邦彥擔任監督，漫畫由齊藤

千穗負責執筆。

《少女革命》講述女主角天上歐蒂娜年少時曾為一位王子所救，從此作男裝打扮，憧憬自己成為王子，長大後歐蒂娜入學鳳學園，決心保護柔弱但隱藏革命力量的姬宮安茜，不斷與挑戰者決鬥。此作品被認為是百合傑作。

1998 年，另一部百合經典《聖母在上》（瑪莉亞的凝望）出自今野緒雪之手。今野並非漫畫家，而是小說家。《聖母在上》的舞台莉莉安女子學園，是 20 世紀初日本基督教女學校的寫照，故事關於學生會一些前輩與妹妹們的親密關係，這種關係以法語稱為 Sœur，意思是「姊妹」。當高年級的學姊看上了新入學的學妹，可把一串玫瑰念珠送給學妹，假如學妹接受，二人即結成「Sœur」關係。翻查歷史，這種關係並非今野所創，明治年間日本基督教女學校學生之間，確確實實流行過類似的風俗。由於小說大受好評，作品在 2003 和 2004 年分別被改編為漫畫和動畫推出，把百合純愛進一步發揚光大。

在 2000 年前後，《少女革命》與《聖母在上》兩個百合作品受到好評，與此同時，像《鐵甲萬能俠》那樣的少年英雄機械人作品買少見少，反映少女力量已超過了英雄，受眾厭倦了正邪對立的英雄故事，對少女內心的糾結更有共鳴。

步入 21 世紀，少女在 ACG 文化中的核心地位已經確立，除了 Boy's Love 作品之外，幾乎沒有哪個作品沒有少女。即使是《蒼天之拳》這類筋肉味十足的作品，也少不了少女角色。

趣味轉向（2000 年代）

ACG 作品重心由少年向少女轉移的勢頭，也可見於鎌池和馬的《魔法禁書目錄》。2004 年，鎌池開始連載《禁書目錄》小說，故事仍為後宮佈局。然而，因應讀者的審美趣味變化，作者於 2007 年推出外傳故事，把《禁書目錄》受歡迎少女角色、外號「超電磁砲」的御坂美琴升為主角，主力描寫她與三位同性好友（姬友）在學園都市守護愉快日常的故事，原男主角上條當麻降級配角，百合味十足，取名《科學超電磁砲》。設定上，御坂美琴對原男主角當麻雖有異性好感，但這種異性戀關係被女孩子之間的「友情」（姬

情）完全覆蓋，例如女主角好友白井黑子，就對御坂表現出瘋狂的戀慕態度，常以「姊姊大人」稱呼美琴。由《禁書目錄》到《超電磁砲》，故事重心在性別和戀愛取向上明確發生轉移，表明受眾的審美趣味發生了根本上的變化。鎌池和馬捕捉到受眾的審美趣味變化，在 2013 年內，他的小說單年大賣達 1,400 萬本。

◀ 黑子與姊姊大人．作者藏品情景攝影．Retouch 營造氣氛
＊日本作者與出版商對讀者趣味轉向十分敏感，《超電磁砲》為讀者提供了滿滿的百合趣味。

　　除了《超電磁砲》，厭男審美一度成為了動漫新作的慣例，像《K-ON》、《天才麻將少女》、《艦娘》、《少女與坦克》等故事，完全把男性角色排除，讓粉絲們得以忘我地沉浸在一個不存在雄性的愉快世界之中，女孩子之間你儂我儂，絮絮細語，把男性性衝動完全排除，讓人獲得出乎意料的治癒和溫暖，派生出所謂日常系和治癒系的作品路線。日常系和治癒系沒有宏大敘事，在故事中沒有人必須完成任何特定任務，世界在女孩子對話互動之間運轉，也可以不轉，轉快轉慢，完全隨意。日常治癒系故事，一般沒有男角，因為在日本社會男性被賦與了太多太多目的與任務，所以男角出現，必定破壞美好的日常，不但不治癒，還製造創傷。2009 年開始連載的漫畫《悠悠哉哉少女日和》，屬於日常系百合的經典，四個少女在偏僻鄉村生活，身邊幾乎只有田，學校只有一所，由於學生人數太少，老師只有一位，不同級別的學生，一同隨隨便便地上課。故事中並非沒有男孩，女主角之一越谷小鞠有一位哥哥經常串場，但為了不讓他的男性氣質破壞氣氛，作者刻意把他寫成無口（從不說話）。這種處理，似乎比閹割更加奏效。

少女歷史
日本 ACG 萌文化
哲學筆記

出乎意料，厭男的百合作品如雨後春筍出現，並沒有把男性受眾趕跑。也許，就連現實中的男孩子，也受不了現代日本社會給他們灌輸的男性氣質，因此收看日常百合動畫，反而得以在精神上獲得救贖。

魔法少女的經濟奇蹟（2010 年代）

▶MADOKA MAGICA CINEMA ISSUES，別 冊，MEGAMI MAGAZINE，DEC 2012（学研）·作者藏品掠影

＊《魔法少女小圓》是在 2011 年 311 地震前後播出的作品，作品主題是少女的絕望與救贖，陪伴了當年的日本人走過災厄，其價值不僅僅在於經濟。

　　2011 年，新房昭之與虛淵玄聯手炮製的《魔法少女小圓》，成為獲獎甚多的百合經典動畫作品，產品銷售額高得令人瞠目結舌，甚至在全球範圍創造出稱為「小圓經濟圈」的奇蹟。據統計，《小圓》推出 30 個月，便已經為日本帶來高達 400 億日圓的經濟收益，反映百合文化就如小圓的魔法弓矢那樣，超越了時空地域限制，接觸（救贖？）了日本海內外的宅民，達成了荷里活之外的另一個全球化進程。

　　《魔法少女小圓》是一部典型的百合戰鬥美少女作品，強調少女之間的互相依託——在殘酷功利的世界裏，世界只為榨取而賦與少女希望，只有同為魔法少女的另一個人，才能互相理解，並託付生命。《小圓》創造的奇蹟，為少女百合動漫立下了一塊耀目的里程碑。

誠然，少女崛起，並不表示少年角色不再有地位。對應少女崛起，逐漸被揚棄的，主要是背負着宏大敍事的少年英雄。所謂宏大敍事，大抵是拯救地球、殲滅邪惡、彰顯正義這一類主題。這可說是後現代的必然趨勢，現代社會提出的理念，後現代社會全盤質疑。自從《機動戰士》以來，備受質疑最厲害的宏大敍事主題，就是「正義」。故事中的野心家，總是以正義為由把自己的作為正當化，例如《機動戰士》馬沙為了「促進人類進化」而企圖使小行星墜落地球。《FATE/STAY NIGHT》衛宮切嗣以犧牲少數拯救多數為實踐正義的原則，結果使數不清的人喪命。「你的正義不等於我的正義」，像這樣的聲音滲透在新一代日本動漫的許多作品之中。當少年仍然糾結於正義，少女遠離宏大敍事，她們不是回歸治癒日常，就是為百合姬友而戰。總之，她們對拯救地球沒有興趣。

在《小圓》故事中有這樣的一幕——小圓和小焰與最強魔女戰鬥，兩人耗盡魔力，靈魂寶石混濁得無法挽回。當二人快要墮落成為魔女時，二人躺在瓦礫堆中，小圓對小焰說：「我們變成魔女後，一起把世界弄得一團糟也不錯呢！」由此可見，少女之間的愛，比他人口中的正義重要。

以少年為主角的受歡迎作品，其實不在少數，例如《刀劍神域》、《反逆之魯路修》、《機動戰士高達鐵血之孤兒》、《魔法科高校的劣等生》、《FATE》等，但在這些作品中，少年角色並非至高無上，有資格判斷他們的，不再是毫無疑問的正義和客觀戰力，而是他們身邊的少女，例如《刀劍神域》阿絲娜之於桐人、《劣等生》妹妹深雪之於哥哥達也、《FATE》Saber、櫻和凜之於士郎。在《反逆之魯路修》，近乎無敵的少年魯路修，他所有翻天覆地的行動，皆是為了身邊重要的女性，包括了不死巫女 CC、皇妹尤菲米亞和娜娜莉。也就是說，少年動漫作品的生命力，都源於作品中的少女。

步入 21 世紀，觀眾的後現代審美品格愈來愈突出，觀眾不再相信正義，更加看重日常。以無目的為目的之生活體驗，是少女的本質。逐漸，在新舊動漫作品的輪替之中，少年的中心地位逐漸被少女替代。

《喧嘩番長乙女》有一個醒目的副題——Girl beats boy，可說是形容當代 ACG 文化最貼切的一則批語。

Girl beats boy 的趨勢，不限於故事角色，也發生在創作人和受眾層面之

上。女性創作人增加，女性受眾主導動漫活動方向，而男生受眾走向草食化。Girl beats boy 一語，可謂概括整個 ACG 文化發展的方向！

5. 少女出於明治時代

明治以前無少女

在日本明治時代以前，世界上沒有少女。

此話怎講？

固然，自有人類以來，就有女童，即年紀小之女性。然而，在 ACG 文化中被發揚光大的「少女」，出於日本特殊的歷史時空之中，其實並不是普遍意義上的女童。

所謂普遍意義上的女童，只是以生理上的年齡和性別來定義。不過，我們知道，不同民族、不同文明、不同文化、不同地域、不同際

▲ 明治初年日本女童．PUBLIC DOMAIN/NYPL
＊女童像大人一樣工作，是小大人，不是少女。

遇的女童，她們的生活處境都不一樣。比方說，在澳洲土著部族長大的 10 歲女童、在二次大戰中被徵用在軍工廠工作的 10 歲女童、在古典中國農村 10 歲便當上童養媳的女童、在中世紀法國貴族中被養大有如公主一樣的 10 歲女童、在當代香港長大天天忙於各種補習和才藝訓練的 10 歲女童，她們的生存方式都很不一樣。至於本書所講述的「少女」，其原型是 20 世紀初明治時代於新興女學校長大的日本女童。這些女童的生活方式十分特殊，超越了我們的想像。

日本動漫中的少女，她們所表現出來的生活方式，讓很多動漫愛好者所憧憬，但假如我們把故事中的少女，換成天天趕補習的香港女童，故事中的

所有韻味即消失殆盡。所以，我們必須認識一個事實，「香港女童」與日本動漫中的「少女」，分別歸屬於兩個不同的世界，是截然不同的觀念。

今田繪里香是一位專門研究少女的學者，著有《少女的社會史》一書。她指出，在 17 世紀後期以前，世界上並不存在作為愛情與教育對象的「兒童」。今日我們稱為「兒童」的孩子，在中世紀歐洲，年齡滿七歲，便立即成為「小大人」，須與大人一起參與勞動。至 17 世紀，「小大人」才逐漸變成需要保護和教育的「兒童」（今田 2007：5-6）。

以上的概念，也許讀者一時無法領悟，因為在我們現代的語言中，並不存在「小大人」這種說法。對一般人來說，小孩子年齡未足，就是「兒童」，而「兒童」就是會買玩具的孩子、上街去必須有成人陪同的孩子、不得不去上學的孩子。現代社會對「兒童」定下了諸多的規範，不允許他們做「兒童」以外的事情，例如當童工。因此，現代「兒童」和 17 世紀「小大人」，雖然在生理特徵上相同，但他們的社會生存方式完全不同，所以「兒童」與「小大人」並不相同。所謂「小大人」，是必須參與成人勞動的孩子，他們不會上學，社會也不刻意立法保護他們。

同樣，正如現代社會沒有「小大人」，日本明治時代以前，世界上也沒有「少女」，因為 6 至 12 歲的女孩，只是「女童」，過了 12 歲成為「人妻」，或者成為吉原的「遊女」或「花魁」，即風塵女子。

明治時代孕育了少女

那麼，在日本明治時代，究竟發生了甚麼事，讓好些「女童」得以成為「少女」而誕生，然後又讓當代動漫作品不住地謳歌「少女」的故事呢？

話說，在明治維新以先的日本江戶時代，有兩種女童，一種長大於公家和武家，這一類女童，年齡滿足後被命定成為人妻，一生服侍丈夫，其性命不屬於她自己。另一種是一般農家女童，她們一生無名無姓，沒有苗字（姓氏），長大了就隨便跟誰一起生兒育女，並在田裏工作，也就是所謂的小大人。無論是前者還是後者，那個時代的女童並沒有享受春春期和體驗少女感情的機會，所以不叫做「少女」。

▲ 課後少女・少女之友創刊 100 週年紀念號，2009（實業之日本社）．作者藏品掠影

*一百年前的日本少女學生生活實況，並不容易還原。古舊照片雖然有不少，但在鏡頭前學生的舉手投足也會僵硬起來。想抓住當年女生校內生活的實然情景，還是參看當年少女雜誌的插畫比較靠譜。插畫師悄悄觀察了學生的動靜，然後親自把印象繪畫出來，相信能更好地捕捉到當年學生生活的日常。

然而，明治維新製造了契機，使「少女」出現。

江戶幕府垮台以後，新政府大力引進西方文明，為了文明開化，一度提倡男女平等，發展女子教育，結果在新政府和西方傳教士的努力下，日本開辦了不少女子寄宿學校（大滝）。

本來，日本女童的任務，就是在長大後成為人妻。然而，女子寄宿學校的出現，要求女童在嫁人以前完成學業，間接令女童「長大」的年限延遲了。這是一個簡單的加法。沒有學校以前，女童至 11 歲就算為「長大」了，但有了學校之後，女童必須完成學業才算為「長大」，那麼完成中學學業，女童一般已年屆 17 歲，於是「長大」的年限就延長了大約六年。

在畢業以前，女童就學，被允許專注於學業，暫時不被要求履行嫁人為妻的社會責任。本田和子稱這段學生時期為「延期償付」期。她說，學校宿舍雖然是「監獄」，剝奪少女的自由，但同時也成為了少女們的「避難所」，保護她們免受外界的傷害，讓少女們可以躲在學校宿舍內，編織夢想，有如把自己包藏在繭中，直到長大，被迫飛出繭外為止（1992：151，206）。所謂「延期償付」，意思就是女孩們欠社會的債必須償還，但償還的時期可以推遲一點。那個債是社會向少女們追討的，女童必須依照社會要求，在長大的一刻嫁人為妻，並為男人生兒育女，直至終老，這個債項才算得上完全清還。

正是因為明治政府推動女子教育，當時的日本女童才得以享受一段史無前例的在學青春時光。在學校生活，在畢業前毋須履行嫁人的社會責任，可以任意把握一節短暫的自由人生。那些努力在這個時間狹縫內享受青春的女孩，才是我們所講的「少女」。

也許，讀到這兒，讀者想要問：「嫁人不是喜事嗎？用得着把嫁人說的那麼可怕嗎？」

　　一般人認為嫁人是喜事，是因為現代社會已經普及了自由戀愛。在現代的制度下，嫁人是出於男女雙方共同的意願。我們習慣了在婚禮上，由牧師、神父或證婚人詢問新郎新娘雙方是否出於自己意願與對方結合。然而，日本古來的傳統婚姻，不是出於這一種自由戀愛。而且，日本傳統文化有所謂的「家制度」，高度規範了婚姻中的男女角色，日本女性作為人妻，生存所受的規範比我們在公司工作的有過之而無不及。

◀ 明治初年日本家庭 · PUBLIC DO-MAIN/NYPL

＊在日本傳統的家庭制度之內，妻子事事以丈夫為先。

　　日本NHK電視台一齣大河歷史劇《花燃》，講述日本人明治維新的故事，故事中有這樣的一幕。女主角阿文下嫁維新志士久坂玄瑞，兩人雖然屬兩情相悅而結合，但基於傳統規範，每當丈夫久坂回家，鏡頭都忠實地記錄着阿文下跪向丈夫行禮的儀式。在幕末與明治維新的交接時期，男女雙方出於自由戀愛結合，已是破格，但即使如此，也還破不了傳統規範的婚內男女關係。現代華人家庭沒有妻子向丈夫下跪這樣的家規，因此我們很難想像，一名女性在日本傳統家庭生存，是多麼的艱難。

　　也許，以「上班」比喻日本人傳統的「家」，讀者更容易理解。我們每天往公司「上班」，工作受到束縛，但下班回到家裏，我們就自由了。可是，對傳統日本女性來說，「家」才是她們上班的地方，而且在家上班，並無上班和下班的分界線。換言之，傳統日本女性嫁人之後，全日24小時受到嚴格規範，比返工還要辛苦。在日本社會研究裏，這種生活方式被稱為「家制度」

少女歷史
日本ACG萌文化
哲學筆記

或「家父長制」。

「家制度」在日本由來已久。在江戶時代，家制度與其所規範的兩性關係，在日本社會中已根深柢固。明治維新之後，日本社會迎來改革契機，改革家福澤諭吉一度倡議引入西方的家庭觀念，主張家族是夫婦親子和睦團聚的地方，而不是丈夫單方面支配妻子的地方，又提出婚姻應以愛情為基礎，是男女平等的結合（福澤：40）。不過，好景不常，改革家敵不過復古派勢力。男女平等組成家庭的美夢，在1898年宣告破碎。「家制度」不但並未廢除，而且變本加厲。

1898年，明治政府新民法出爐。其中，第四及第五篇多項條文賦與一家之戶主（通常為父親）在家中享有絕對權力，家族成員之婚姻、入籍、離家、居所，都由戶主決定。例如，第745條指明，如丈夫進入他家，或另立新家，妻子隨丈夫入家（第一コンサルティング株式會社2012）。本來，在江戶時代，只有武士階層的家庭實施家父長制，平民女性不受影響，但新民法卻把家父長制普及至全日本國民身上，令更多日本女性陷入父權家庭的網羅之中（申）。

二戰後，美國強迫日本取消「家制度」，但基於慣性使然，至今很多日本男性老人依然把「家制度」視為天經地義。

除了「家制度」，明治政府亦由1885年起借助儒家思想，在全國推行「良妻賢母教育」（大滝）。在歷史上，每當社會發展需要人口增長，女性就被要求犧牲自己的利益，做好生育和母親的角色。

對家制度的反叛

專研日本少女文學的學者，幾乎都同意「少女」身份在日本出現，是日本女孩對於「良妻賢母」身份的集體精神反叛。家制度尊崇家庭等級多於個人，未能提供真正的家（Copeland 2000：113）。「良妻賢母」觀念把女性困在家中，使女性屈從於丈夫，日本女孩為了暫時逃避這個壓迫，才把自己重新建構成為「少女」（Dollase 2003）。當時結婚對女性來說是一種義務，夫妻間的關係既不自由，也不對等，但女性覺醒，使她們別有追求，女校正

▶ 花樣校園・少女之友創刊 100
週年紀念號，2009（實業之日
本社）・作者藏品掠影・Set-
ting 花圈烘托

＊少女之友提供了難得的彩繪，讓
我們能在一個世紀之後瞥見當年日
本女孩子們的校園生活。她們穿怎
樣的校服呢？她們聯群結隊玩耍
嗎？她們的姊妹情誼深厚嗎？我們
全都想知道。

好讓年輕女性暫時割斷血緣和地緣的束縛，逃避結婚的義務（赤枝 2011：
188）。換言之，對當時的日本年輕女孩來說，畢業後的人生不屬於自己，所
以她們盡情享受求學期。在求學期內，家族暫時對她們撒手不管，不妨礙她
們做任何事，讓她們獲得片刻的自由。因此，所謂「少女」，就是一群處境
相近的女孩的集體身份，這身份包含了她們對日本傳統父權制度的全部反抗
與妥協。

　　觀眾欣賞日本動漫，常有這樣的一連串疑問：

　　「為甚麼這麼多故事發生在高中？」

　　「為甚麼故事總是關於青春？」

　　「他們用不着考試和做家課嗎？」

　　日本動漫吸引我們，是主角少女們那種在校內無憂無慮、完全沒有功課
壓力、自己喜歡幹甚麼就幹甚麼的生活。她們可以完全不介意功課壓力，全
心全意享受校園青春，原因只有一個——無論她們考得好還是考得不好，家
課有沒有做完，甚至出席率充足還是不足，畢業後的命運都是一樣——在家
作為妻子服役直至年老。求學期是她們整個人生唯一的自由時光，而且升上
高中，這個自由時光更是所餘無幾。趁這個時光盡情發夢的，就是少女。畢
業那天，就是少女時光的終結。

6. 第一代少女的青春饗宴

大和撫子

日本女性給外國人的印象，是溫馴、服從、賢慧的大和撫子。

這個印象不完全錯，這是日本社會文化使然。日本作為東方社會，對於國民的約束主要在家庭文化傳統上。大約自八歲起，日本人的家庭教育漸趨嚴謹，孩子在成長過程中，已明白長大後自己要背負何種社會責任。男孩會被要求繼承父業或者成為勞動者，女孩也知道自己將要嫁人，為一個男人生兒育女，並且為了做好這個責任而好好準備自己。

▲ 大和撫子・PUBLIC DOMAIN/NYPL
＊大和撫子，既是對溫柔賢慧日本女性的美稱，也是日本社會賦與女性的行為規範。

在西方國家，只有小量大學提供家政科課程，但在當代日本，在近 800 間大學裏，就有逾 50 間大學提供家政或相關課程，修讀家政科的大學生人數與理學、農學、藝術科相若。當然，修讀家政科的學生，九成以上是女性（總務省統計局 a & b）。由此可見，日本人對家政和主婦責任非常重視。可以這樣說，日本女性服從、甘願持家，是日本社會兩性高度分工的文化使然，對個人來說，是一種不可抗力。

然而，社會要求日本女性留守家庭，當良妻賢母，對女孩子來說，畢竟只是畢業後社會對自己的要求。在時限未到之前，這表示甚麼事情都可以做，她們完全自由，而且她們積極地用盡這個短暫的自由時光，不會浪費。自我約束？沒這回事。日本文化屬羞恥文化（見壹章 2 一節），這意味一切對個人的約束，都來自社會，個人不會約束自己。日本女孩也如是，只要沒有說不准，她們甚麼都會做。

延期償付

　　日本女童在畢業以前獲得了「延期償付」的青春時光，得以自由編織夢想，成為「少女」。然而，當時的教會學校生活，其實也挺辛苦的。

　　明治年間，由西方傳教士開辦的基督教女子寄宿學校，校規非常嚴格，一週七天的生活幾乎都有規定，週日須嚴守禮拜，參加主日學，守靜肅時間，在校內不允許閱讀報章，只允許閱讀限定的勵志偉人傳記，平日須要按更次打掃和協助做飯，說謊者罰以肥皂洗舌，盜竊者在全校學生面前接受鞭打的體罰。

　　然而，這些嚴格的校規，相對於未來嫁人之後的家規，都還是小兒科。對女孩們來說，依然值得謳歌。校規雖然嚴格，但同學之間的友情，卻甜如甘蜜。

　　在一週七天之中，女學生最期待週五來臨，因為週五晚上，學校容許學生外出購買小食，也可以攜枕到朋友宿舍留宿，整晚談心（大滝）。這就是我們現在所謂的睡衣派對吧？睡衣派對，是只屬於女生之間的美麗時光，是「家制度」的「家」以外的另一個平行世界。

　　對明治女孩來說，寄宿學校讓她們與世隔絕。於是，在這裏面，「結婚」、「相親」和「良妻賢母」等話題，也許還有人提一下，卻不構成即時的壓迫。於是，就學的明治女孩們，成為了世界上第一代「少女」。

御目姊妹

▶ 背景：姊妹愛・少女之友創刊 100 週年紀念號，2009（實業之日本社）・作者藏品掠影・Retouch & Setting 蝴蝶絲帶象徵
前方圓框：五月姊妹・少女畫報，6 月號，1920 年（東京社）・PUBLIC DOMAIN/ 菊陽町図書館
＊大正前後，少女雜誌製作人員擅長以攝影建立意象，配上小說故事和詩篇，供少女讀者們享用。

在學校裏，少女的青春，沒有交付男生。男生並不在場，即使在場，將來戀愛了，父母之命未必看上他。再者，即使父母之命批准二人結合，家制度也會把愛人變成父權巨獸——整天坐在客廳看報紙、不說話、經常搞外遇、回家讓妻子服侍。

這些結局，少女們都心知肚明，在難得的學校青春時光裏，她們寧可把青春交付給另一個自己——自己的學妹、學姊、或者女性教師。在明治年間，這種關係稱為御目，或者 S 關係，曾風行於當時的女學校。

御目，是明治女學生之間的一種獨特的交友關係。

1910 年，御目關係在日本各女校內廣泛流傳，形成風習，日本雜誌《紫》對此做了報道。據報，當時御目流行已有一年之久，開始於學習院女子部，後來傳播至東京女學館，再迅速擴散到其他女學校，包括東京第一高等女學校、三輪田女學校、成女學校與其他一些女子大學。

所謂御目，是女學生之間對親密對象的稱呼。當時女學生之間的御目關係，已發展出既定的儀式，儀式雖不像婚禮那般繁瑣，卻相當羅曼蒂克。話說，御目關係一般由學姊提出，當學姊看中新入學學妹，便請朋友代贈絲帶，如果學妹把絲帶繫在髮上，即代表接受，二人成為御目，日後以御目相稱。

今野緒雪在 1998 年創作的經典百合故事《聖母在上》，即以御目關係為藍本，寫出了讓人感傷但又溫暖人心的少女愛故事。只是，在小說中，御目之稱轉為了 Sœur（姊妹），信物則由絲帶轉為了十架念珠而已。

比起義務婚姻，御目關係更貼近西方羅蔓蒂克的愛情觀念，如此的關係沒有強制性，能體現近代新女性的主體性，以及她們對永恆、自由和平等親密關係的追求。

御目是百合的前身。百合，是日本 ACG 文化對女同性愛或少女愛的美稱。然而，百合並不是西方那種硬核式的女同性戀。在日語中，女同性戀有另一個稱謂，叫作蕾絲（レズ），略帶貶義。至於百合，跟「萌」一樣，是一種脫離性衝動的愛，含有西方女同性戀所沒有的感傷審美品格。可以說，百合有點像柏拉圖式愛情，雖不排除肉體親密，但女孩子間精神上的契合更加重要。

少女文學

　　除了學妹學姊互相締結親密關係，女學生也積極以文字書寫心中的感傷，竟形成了一股少女文學大潮。

　　少女文學嶄露頭角，始於少女小說作家吉屋信子。

　　1896 年，吉屋信子出生於新潟縣。1916 年，她開始在婦運雜誌《青鞜》投稿。同年，她在《少女畫報》連載短篇少女小說《花物語》，大受歡迎。

　　原來，在明治年間，出版業發展蓬勃，在 1900 年代就有了專為女孩子而設的專有雜誌讀物。《少女畫報》就是其中一冊這樣的雜誌。雜誌提供了小說專欄，也提供了少女讀者自由投稿的專欄。於是，少女小說作者和讀者，就有了一個以文字互訴感傷的平台。

　　十分奇妙，在雜誌上形成的文字空間，少女填滿其中的，不是喜悅的青春，而是無窮的感傷，感傷至讓編輯們苦惱的地步。

　　如果，感傷的文字能夠像泥土一樣，在名為少女雜誌的花壇上堆積起來，在其中孕育出鮮花，那片泥土上最美麗的一朵花，一定就是吉屋信子所寫的《花物語》。

　　到底《花物語》是怎樣的小說呢？

　　《花物語》全部 54 篇，其中《鬱金櫻》講述少女與學姊茜拉的故事（吉屋 1968）。

　　在故事中，有這樣的一幕——茜拉懷着滿眶眼淚，告誡學妹不要長大，然而學妹憧憬學姊，希望自己長大後，像學姊一樣，佩戴珠寶戒指、讀法國小說。學妹不明白，為甚麼學姊吩咐自己不要長大。

　　不久之後，茜拉離開學校，回國結婚，成為人妻，從此過着父權社會限定的人生。茜拉失去了少女的身份，成為婦人。這就是茜拉吩咐學妹不要長大的原因。

　　以《花物語》為代表的小說，又稱 S 文學。S 一字，兼有 Sister 姊妹（英語）、Shoujo 少女（日語）、Schon 美麗（德語）等義（Robertson 1998：19-68）。S 文學講述的故事，總是以花樣的語言和感傷來做敍述，講述少女纖細的內心世界，故事多關於女孩子間的感情。

《鬱金櫻》的故事主題，是典型 S 文學的主題，反映了當時日本少女們對現實處境的絕望和感傷。

吉屋信子自覺地知道，自己為何要寫這樣的故事。她曾如此剖白：「少女長大，進入青春期的沙漠。一個黑暗的大海，名為現實，在等待她們。女孩們，『作為日本的女兒』，被迫拿起銀色縫紉針。一艘稱為『因習』的老船帶着年青處女的『命』，無目地的漂流。」（1948）。她筆下故事中滲透的感傷，來自少女必須長大的事實。

有學者指出，吉屋信子的文字風格，與早期少女雜誌的少女投稿欄的文字風格吻合。從吉屋信子的年齡推算，當御目成風、早期少女雜誌火起來的時候，她剛好是一名女高中生。

川村邦光形容，這個年代的少女，形成了一個「少女共同體」（1993）。可以這樣說，吉屋信子既是這個共同體的一分子，也是這個共同體所孕育出來的一個傳奇。

7. 少女的作文，少女的動畫

本來，文學不是學科，單純自由寫作，即是文學。20 世紀初，一群日本少女作文，形成了一種文學。這些女孩，不停地在少女雜誌投稿，寫啊寫，爭相仿傚下，竟然寫出一種新文體，稱為美文。這種美文，又成為了吉屋信子後來寫作《花物語》的範本。少女通過作文，在文字裏灌注了自己的集體思念、一個集體的自我意識，學者川村邦光稱之為「少女共同體」。文學可以由學生的作文創造出來？這很匪夷所思，但卻是事實。

當時日本女學生的作文，水平如何？可以看看以下的例子。筆者先引日本語原文，閱讀其中的漢字，已可感受到文字中的意境。瞥過原文，再讀一讀筆者的譯文，就知其中奧妙。

13 歲女孩渡邊艷子的作文

逝く年の儚さを思ひながら、やがて楽しい初春の喜びに美しう微笑む人を、ベッドの中より垣間見た時、孤独と云つたような侘しさを感じました。ホープに満つべき少女の心、悲哀に溺れたくは御座いませんけれど、恐ろしい病魔に捉はれた身体、少女の夸も御座いませぬ。

〜渡边艷子

〔翻譯〕思想逝年之短暫，不知不覺，床榻中窺見在快樂初春的喜悅裏，懷着美麗微笑之人，其時即感覺所謂孤獨之悲涼。少女的心裏當滿載希望，不宜沉溺悲哀之中，然則身體為可怕病魔所纏，少女之驕傲再也無法留住。

〜渡邊艷子

渡邊艷子是誰呢？假如渡邊艷子今日仍然在生，她大約 115 歲。然而，回到她下筆之年，也就是 1913 前後，她大約 13 歲，仍是一名內心充滿感傷的日本少女。這段文字，節錄於日本 1913 年 1 月號《少女世界》雜誌裏名為《學藝室》的少女投稿欄。當年，渡邊的文章《逝年之夜》獲得乙賞，得到編輯嘉許（嵯峨 b）。當年，日本適值大正二年，日本全面展開西化及現代化已逾四十年，出版業興旺，刊物大量印行，即使是未成年女孩，也能花上少少的零用錢，購得屬於自己的少女雜誌，然後寫信投稿，由小讀者變成小作者。渡邊艷子的投稿文體，日本學者嵯峨景子稱之為「美文」，特色是具有感傷性和敍情性，在少女雜誌中廣為流傳。這種文體，成為當時少女的一種身份象徵，反映當時日本少女通過雜誌投稿形成了所謂的「少女共同體」（嵯峨 c），形成一種少女亞文化。

前文說過，明治以前無少女。準確一點來說，「少女」誕生於明治末年，由此而有的少女文學與其相關文化延續至 1930 年代，跨越了大正與昭和兩個時代。「少女」自明治年間誕生之後，其生存方式一直在文學和動漫藝術中為人所謳歌，直到今日。

>100 年的少女共同體

▶ 百年來信・少女之友創刊 100 週年紀念號，2009（實業之日本社），作者藏品掠影・Setting 以筆投書

＊少女之友創刊 100 週年，當年的讀者已經非常年邁，今日仍然來信祝賀。一封又一封的來信，交疊在一起，令我們彷彿看見了那個傳說中的少女共同體。一名女性，不管現實生活多麼苛刻，只要一日曾為少女，到老仍懷着少女之心。

　　2015 年，日本 TBS 電視臺 1 月起播送動畫《幸腹塗鴉》，在 1 月 9 日播出的第一集，故事描述兩名女孩的相識。涼是一名住家女孩，父母到海外工作，相依為命的外婆過世後，一個人在東京居住，在外婆指導下，涼做得一手好菜，但不知為何，她總覺得自己做的菜欠了一點東西。另一名女孩麒麟，老家在近郊，她希望到東京美術學校唸書，母親反對，於是改為走讀，經涼的叔母介紹，逢週六在涼的家中寄住。一天，麒麟病倒了，涼用心照顧了麒麟。以下是兩人在床榻的對話：

　　麒麟：我如何呢？（拉了拉涼的睡衣）

　　涼：欸？

　　麒麟：因為一個人吃飯的話，一定會覺得不好吃……

　　涼：一個人……（一怔）

　　麒麟：晚飯是要和重要的人一起度過的重要時間啊！如果你沒有那樣的人，我由今天開始……，就成為涼小姐，不，成為涼的家人吧！

　　涼：麒麟小姐……

麒麟：你可以直接叫我的名字啊！我可以成為涼需要的人……爸爸、媽媽、兄弟、姊妹，甚麼都可以……

涼：這樣說，當丈夫或者妻子都可以嗎？

麒麟：當然！

涼：那麼，當孩子也可以嗎？

麒麟：這個不行！（決絕地）

涼：看啊，麒麟，作業做好了沒有？說笑！（微笑着）

一個簡單的故事，一段親密自由的對話，只屬於兩個女孩子，中間沒有任何權力關係，也不是因為道德義務使然，在對話中建構了只屬於兩人的小天地。對她們而言，陪伴對方不是出於社會義務，隨便套個關係，甚至裝夫妻，只是陪伴對方的藉口。

這個動畫故事，改編自芳文社《漫畫時間閃亮亮奇蹟》（まんがタイムきららミラク）雜誌裏的同名作品，雜誌裏的漫畫故事，描述少女學生生活。這些少女學生生活的故事，讓人感受到滿滿的「少女」感觸。

◀ 麒麟與涼．作者藏品攝影．
Retouch & Setting 晨光下的兒童書桌

大正年間的《少女世界》與 2015 年的《漫畫時間閃亮亮奇蹟》，雖然相隔一百年以上，但讀者對象沒有改變，同樣是在同一片土地上長大的日本女孩，兩者都在表現少女的密閉生活空間意象，表現出同一種少女集體意識──「少女共同體」。

所謂少女的密閉生活空間，是相對日本嚴苛的現實社會環境而言，是一個短暫而美麗的自由空間，如學校之於明治女學生，是一個暫時逃避婚姻責任的避難所，是一個可以暫時忘記一切、盡情謳歌青春、自由編織夢想的繭。

在渡邊的投稿中，少女的哀傷逸出了社會規範——當歡笑變成義務，她們就以悲傷置換歡笑。在涼和麒麟的故事中，少女超越世俗的倫理角色，自己建立兩個人之間的關係。無論 100 年前，還是 100 年後的今日，少女仍然以高超的技術，帶着我們超速飆車，無視公路上名為道德的限速警告，巧妙地保持了平衡，直奔想像之外的自由世界。

8. 眼睛滿載星光的少女

▶ 佩佩／手塚治虫展覽展品，作者攝於香港，Retouch 逐級放大，強調眼睛光影層次
＊星光眼睛，象徵少女的憧憬，是戰後初代日本漫畫家賦與女孩子們的恩賜。

今時今日，少女已是日本 ACG 文化的核心。ACG 中的少女，視覺形象突出，身體曲線美麗，但令人留下深刻印象的，不但是身體所帶出來的性感，還有來自她們生存處境的悲哀、天真、希望、單純和生存掙扎。這些是少女精神，是萌。

慣看日本動漫，很易誤把動漫中的少女形象慣性地視為理所當然——色彩豐富亮麗的柔軟髮型、層次豐富閃着星光的雙眼、瘦長而幼嫩的女子身軀、繫上蝴蝶結的水手制服。我們以為，這就是少女，少女都是這樣。可是，在半世紀多以前，外國人不太認同這個形象。

手塚治虫憶述：「我曾經帶着這部作品（藍寶石王子）的卡通版到國外去，外國人看了都嚇一跳。與其說嚇一跳，不如說無法理解。他們看了以後，問我這樣的問題：『這看起來根本不像日本人嘛！』而且還問為甚麼眼睛長那樣，大大的黑黑的，裏頭還有星星。他們認為日本的女孩子應該是細細的鳳眼，單眼皮，臉長長的，輪廓不明顯，髮型像日本娃娃。」

當時，手塚回答外國人，説那是「日本女孩的憧憬」。當然，為了使外國人容易接受，手塚也給出一些開脱的理由，例如日本女孩子流行化妝、體

少女歷史 導論

▲ 藍寶石王子／手塚治虫展覽‧作者攝於香港

格愈來愈好云云。在手塚的說法中，「憧憬」二字才是重點。日本動漫中的少女形象，不是現實中的少女，而是一種審美理想。它創始於 1950 年代日本插畫師高橋真琴的少女畫，特點是富有裝飾性，少女眼中總是閃亮着星光。這種少女畫畫風廣受讀者歡迎，後來漫畫家將之發揚光大，成為了日本動漫文化獨有的藝術形象。

2014 年 7 月 12 日至 9 月 7 日，日本青森縣立美術館、靜岡縣立美術館及島根縣立石見美術館舉辦了稱為《美少女之美術史》的主題聯展。其中，在青森縣立美術館的宣傳單張上，對「美少女」作出如此的說明：

「美少女」，是世界注目的日本動漫中突出的形象。這不是現代固有的現象，所謂「少女」的存在，自古便在日本藝術中佔有重要的位置……今回，以「少女」為主題回顧過去至今的日本文化，不限於美術，也跨越文學、漫畫、動畫、塑像等各種各樣的領域，探索投射於稱為「少女」的這個概念上的現代日本人意識。

三家日本美術館舉行聯展，確立了「少女」在日本動漫藝術史中無可替代的價值。

9. 追逐少女——走進歷史迷宮

少女是暴走族，她們超速駕駛，在主流世界之外，形成了亞文化。也許，這個亞文化太過閃亮，竟然演變成主流世界以外的另一個主流世界，塑造出

一個產值非常可觀的次文化產業——御宅產業或 ACG 文化產業，令素來不把動漫畫放在眼內的日本社會精英嚇一大跳。

2013 年，《魔法少女小圓》僅僅在推出兩年半之內，錄得 400 億日圓收益（約 3.5 億美元）（高田 2013），預料影響力將繼續保持好長的一段時間。

▲愛麗絲夢遊仙境 / 模型・作者藏品攝影

《魔法少女小圓》是一齣典型的少女動畫，由新房昭之執導，SHAFT 社製作，被認為是少女動畫的巔峰作品。然而，任何巔峰作品，都建立在經典主題之上。如果荷里活《星球大戰》建立在武士傳統之上，那麼《魔法少女小圓》就是建立在少女傳統之上。

ACG 文化非從天而降，有其複雜的歷史根源。它的根源是複合的，既得力於當代電玩文化，也繼承了起於 1980 年代的御宅文化，又植根於二戰後多代日本動漫畫家的努力成果，其歷史甚至及於明治少女文學。

ACG 文化的本質不是創意產業，因為創意沒有根源，但 ACG 文化有深厚的歷史根源。以樹來打個比喻，經濟官僚看見動漫文化造就巨大經濟效益，以為只是技術成果，於是依樣畫葫蘆，學人種樹，隨便把樹苗插在淺土，以為就會種出黃金。誰知，動漫文化是千年古樹的果實，古樹不由人所種，而是自己跨越歷史在泥土中成長，其根深及地底，盤根錯節，不知伸延幾里之外。

「ACG 文化」也不是千年古樹之真名。如果古樹有名，說不定是伊邪那美。伊邪那美是日本傳說中的母神，生前與丈夫相愛，死後遭丈夫拋棄而生怨，故事象徵日本人兩性的和好與決裂。在日本歷史中，少女既服從父權，又一直與父權戰鬥不屈。所謂少女，也許就是伊邪那美的轉生吧！

巨樹盤根，地裏有洞，少女愛麗絲追蹤兔子，掉進兔洞迷宮，少女蹤影就不見了。本書就是兔洞，泥土就是歷史，巨樹就是文化。讀者翻閱此書，即是搭上時光列車，駛進歷史迷宮，探索 ACG 文化的根，追逐少女們的足跡。

壹之壤

日本歷史
Man Beats Woman

日本人延續一千八百年的家族歷史，是孕育今日 ACG 文化的土壤。

雛人形：PUBLIC DOMAIN/ パブリックドメイン Q

導論第 4 節 Girl Beats Boy，概括了近八十年日本動漫主題的走向。可是，現實中的日本歷史，走向卻剛好相反，是一個 Man Beats Woman 的父權歷史。

回顧少女的歷史，在現時點，「少女」正統治着二次元世界，一百年前，「少女」誕生於明治時代。然而，作為土壤把「少女」孕育出來的，則是再打上一千七百年的日本父權家族歷史。

▲ 吉祥物・卑彌呼女王（中間）・CCBY-SA2.1 JP
2015 kyu3/photozou.jp

日本最早的歷史，記載於《三國志・魏書・烏丸鮮卑東夷傳》。當時，日本被稱為邪馬台，其民族領袖名為卑彌呼，是一位以巫術治國的女王。在那個時點以前，有說日本一直處於母系社會狀態（李卓 1997：22）。直至 12 世紀，日本武家婚姻形式由招婿轉為嫁娶（同上：19），此後女性地位一直下降，男性地位一直上升，形成 Man Beats Woman 的歷史走向。

假如沒有高壓的日本父權家制度，也就不會有女性在精神上的反抗。女性精神上的反抗，建構了「少女」。有了「少女」，才有今日的 ACG 文化。換言之，在 ACG 文化的骨子裏，是日本人兩性鬥爭與磨合的歷史果子。

本章以「壤」字為記，是想要表明日本人延續一千八百年的家族歷史，是孕育今日 ACG 文化的土壤。但凡農夫都知道，要有好的果實收成，單靠勤勞耕作並不足夠，還得仰賴大地的恩賜——土壤。

為此，本書進入戲肉之先，先領大家走進歷史迷宮的最深處——日本家族制度之歷史。

1. 日本女性地位低？男性也不高

　　現代日本給世人這樣的印象──男人非常專橫，女性作為妻子非常順從。知名荷蘭文化社會學家霍夫斯塔德（Hofstede），在其文化分析中指出，日本男人氣質（Masculine）排名世界前列（2001）。事實上，霍夫斯塔德提出的男人氣質，是指一個文化之內男女兩性價值觀之差距，並不是我們所理解的大男人主義（n.d.）。事實上，日本文化強調男性競爭、決斷，女性謙遜、關懷，對男女兩性分工有相當高的要求，這確是事實。

　　戰後，日本男女兩性分工狀況，可見於女性就業狀況。二神枝保（Futagami）指出，現代日本勞動市場採取雙軌制度，快軌晉升容易、工資高，對應管理職位，慢軌對應普通文職。25 歲時，兩軌工資差不多。45 歲時，快軌工資已達慢軌的兩倍，雖說兩個晉升軌道都對男女兩性開放，但女性有育兒責任，令快軌為男性所壟斷。以 2008 年為例，日本女性平均薪酬只有男性的 67.8%（2010）。

　　雖然如此，日本女性地位低於男性的説法，筆者仍認為值得相權。

　　確實，女性賺錢比男性少。然而，對於日本人來説，工作成就並非人生的全部，家庭和育兒也相當重要。況且，戰後日本普遍流行一條不明文的規則──妻子全權管理家庭財務，丈夫應在出糧的第一天，就把薪金全部交付妻子，再由妻子給丈夫配給零用錢。

　　對於家庭的重視，西方人意識遠比日本人低。由於西方人把工作成就視為最優先，所以從西方觀點出發，我們很容易認為男性在職場上取得成就，或薪金較優厚，即對女性構成壓迫。然而，日本男人

▲ 打工·作者攝於二子玉川
＊「打工」即是散工，在日本非常普遍，晉升階梯非常有限。

有苦自己知。錢是自己賺的，卻被要求全數上繳太太，再由太太配給零用錢。到底是太太薪優，還是自己薪優，並不好說。

加藤嘉一是前北京大學日本人協會會長，在他的一篇文章中，他切實地描述了自己父母在家中的分工情況。他這樣寫道：

今天，許多日本家庭與中國大城市家庭一樣，夫妻雙方都工作，否則很難經營家庭生活。

就我自己的情況來說，我出生在日本農村，後來因為父親工作的關係全家就搬到了一個小城市。父親每天早上 7 點出門，晚上 11 點多才回來。母親則每天早上 8 點出門，晚上 9 點回來。顯然，母親的工作時間比父親少三個小時，但這三個小時基本是做家務的，我們三個孩子也輪流幫母親做家務，做飯、洗衣服、打掃衛生、遛狗等。我從 13 歲開始送報紙，比我小一歲的弟弟也是這樣，年齡最小的妹妹也是從高中起開始打工。反正，我家是全家工作，無論是賺錢還是做家務，都是大家一起做，取長補短，各自發揮自己的特長。但毋庸置疑的是，一家人中最辛苦的還是母親，睡眠最少的也是母親，因為她除了工作和家務之外，還要管理家中財務等眾多事務。那麼多年，我幾乎沒有看到過母親哪一天睡過五個小時以上。父親幹家務活兒的時間最少（他只是偶爾做飯，遛狗），但是他的勞動時間最長，賺回來的收入也最多。所以，我們都認同，他有權利少幹家務活兒。每天的晚飯、傍晚收衣服和遛狗的活兒都是三個孩子輪流承擔。母親主要負責的是做早飯和三個孩子的午飯、打掃衛生以及洗衣服，還有去超市買食物以及其他生活必需品。

如此一來，無論是男人還是女人，大人還是孩子，我們全家五口人的「家庭經營」狀況基本實現了均衡，沒人有過抱怨，忘了自己的任務就會被懲罰，通過相互施加壓力來認真完成。最重要的一點就是，母親憑甚麼承受最大壓力，承擔最多家務呢？其實，在日本，即使是「夫妻共同工作」的家庭裏，家務基本上都是由母親來全部承擔（我家有一些特殊，所有孩子同時打工、做家務的情況在日本當然也不太多）。因此，母親是最辛苦的，也是最受尊重的。但是有一個問題，只是尊重是不夠

少女歷史
日本 ACG 萌文化
哲學筆記

的。只要滿足母親的精神需求，母親就會心甘情願地承擔身體的辛苦和疲憊了？事情沒那麼容易吧！在日本，這個問題的解決有個關鍵的秘訣，即全家的一切財務權都掌握在母親手裏。

是的，在我看來，日本女性之所以願意背負最重的擔子，是因為她們能夠控制全家的「財政」。而且，據我個人了解，幾乎所有的女性都有自己的「小金庫」，可供自己自由支配。除了母親之外的家庭成員是怎麼拿錢的？答案很簡單，都是由母親來分配，作為「零花錢」，父親也不例外。比如，父親的月薪平均為 30 萬日圓，每個月要麼由公司直接匯到家庭賬戶上（由母親管理），要麼由父親直接把現金拿給母親。最後由母親來分配給父親，我估計是每個月 5 萬日圓左右。

我們一家五口人一起工作，從 2001 年到 2003 年期間，父親、母親、我、弟弟、妹妹的平均月薪大概為：30 萬、20 萬、10 萬、5 萬、5 萬，一共加起來 70 萬日圓（約為 46,000 元人民幣）。而母親給父親、我、弟弟、妹妹的月零花錢分別為：5 萬、1 萬、1 萬、5,000。母親自己到底拿多少，我們從來都不知道。我相信，母親用的錢都是為全家用的，她有責任把全家收入合理分配，儘量不造成財政赤字，包括貸款、房租、食品費、學費、油費、雜費等，但她至少可以自由分配這些，決定買甚麼，用多少錢。我們也曾背着母親開玩笑說，母親肯定從中拿些錢用在甚麼別的地方了，當然我們也不敢跟母親說。因為，在我看來，「除非有特殊情況，不向母親詢問財政狀況」似乎是日本家庭普遍的「潛規則」。

（2010）

加藤嘉一所敍述的，是當代日本典型基層家庭的生活。當然，日本上流社會有另一版本，太太不用上班，專心育兒，甚至家務也有傭人代勞，但那已非一般家庭。在一般日本家庭中，丈夫把收入全部或局部交由妻子管理，是無可置疑的傳統。神谷哲司做了一項日本人家計調查，發現絕大多數家庭，家計一律由妻子管理，所不同的只是妻子有無外出工作、丈夫向妻子上繳薪金比率不同而已（2010）。另外，在一個日本網絡發言區，有網民吐槽：「現今的結婚制度不是徹頭徹尾對男性不利嗎？」他所不滿的，即是由妻子管理

全部家庭財政的制度（コンドル 2014）。

那麼，我們到底可不可以說，日本是個十分大男人的社會呢？

所謂「大男人」，是外行人的説法，女性主義者習慣把「大男人」稱為「父權」。

學術上，日本確實是父權社會，但是日本父權制度既約束女性，也約束男性。在這制度下，無論男女，其辛苦之處都有如地獄一樣。女性固然薪金低，家務要做，又要打工幫補家計。男性勞動者也素有「社畜」之美譽。「過勞死」一詞出於日本。自 2005 至 2009 年間，日本國內因為過勞死而產生的索償件數，每年維持在 750 至 950 宗之間（厚生勞働省 2010）。為了對應過勞死造成的社會問題，日本政府甚至不得不在 2016 年通過了所謂的過勞死防止法。

由此可見，以「父權」描述日本社會，就字面意義來說，確實比「大男人」更貼切，因為話事的是父輩和男性上司，受約束的不只女性，還有數不清的「社畜」級別青少年男性和失敗中年，而且大多數的男性也無法主宰家中財務。當代日本人的「父權制」，顯然不是一般女權主義者所講的「父權制」那麼簡單。橫向兩性關係上的不平衡，只是日本「父權制」的其中一面。它還有更強大的縱向權力關係，由輩份、階級和金權建構出來。其實，當代日本是典型的集體主義國家，要求所有個體絕對服從集體，服從無男女之別，區別主要在於兩性之間的高度分工。日本父權與西方父權，兩者千差萬別。

2. 現代日本文化特色（橫向分析）

關於當代日本人的民族文化，相信沒有另一部著作，其權威性比得上潘乃德女士的《菊與刀》。1944 年，第二次世界大戰即將終戰。作為一個美國人類學家，潘乃德受命研究日本人文化，為的是協助美國軍方安排最佳的對日本勸降方式。潘乃德（2013）稱，她獲准使用一名人類學家能夠使用的一切研究方法，包括了訪問美國本土的美籍日本人、訪問大量日本戰俘，以及

參考各種文獻和日本人的電影，這些文獻有文學的、軍事的、政治法律的、西方人寫日本人的，還有日本人自己的傳記。潘乃德發現，日本人有強烈的自我表現慾望，傳記中會把日常瑣事及一切想法寫出來，異常坦率（21-24）。

◀露絲・潘乃德女士・PUBLIC DOMAIN/ LOC
＊潘乃德女士相信是最用心研究日本人文化的近代西方學者。

　　潘乃德既得到了美國政府和軍方的全力支持，她對日本人民族性的研究，自然無人能及。《菊與刀》成書於 1946 年，雖然距今已有約 70 年，日本社會雖已發生很大改變，但民族文化是歷史的積澱，到今日為止，《菊與刀》對於捕捉日本文化的精神，仍然是啟發性和權威性甚高的專著。

　　從《菊與刀》一書所提出的資料和觀察，筆者歸納出四點關於近當代日本人民族性的特質，與日本女性在近當代的生存處境密切相關，揭示出「少女」誕生的因緣：

　　一、羞恥文化與外在道德律；

二、報答恩情的集體社會網絡；

三、現實與自由領域之高反差特性；

四、個體之 U 型生涯。

一、羞恥文化與外在道德律

潘乃德認為日本人屬於羞恥文化。

她採用了羞恥文化和罪惡感文化兩個概念，來區分文化類型。

所謂罪惡感文化，即以良心律己，美國文化屬於罪惡感文化。罪惡感是個人自己內心對自己的判決，是內在的，可以通過懺悔和贖罪得到解脫，行善動力源於內心。然而，日本人並不以良心律己，而以羞恥心律己。羞恥感不同於罪惡感，羞恥感外在於個人，來自別人的批評，即社會對個體的判決。羞恥感來自他人的目光，不能通過個人的懺悔獲得解脫，要解脫恥感，有賴社會的接納。然而，只要罪行不被發現，羞恥感就不發生（217-219）。

潘乃德注意到日本人一個民族性格：「他們介意別人的評價，可是當他們的惡行不為人所知時，就會繼續作惡。」（20-21）這個觀察，完全符合日本人的羞恥文化。日本人素有瞞報過失的風習，但過失一被揭發，認錯最快的也是日本人。假如社會不原諒有關罪行，即產生莫大的恥感，為了恢復名譽，有關人士甚至不惜輕生。所以，日本人對名譽的着重，與羞恥文化是同一個錢幣的兩面。

日本人對名譽不尋常的執着，潘乃德稱之為「對名譽的情義」。所謂情義，是恩情的一種，在社會規範下，恩情必須償還。因此，「對名譽的情義」，同樣必須償還。任何人玷污自己的名譽，都必須「昭雪」，「昭雪」的方法很多，比較極端的是報復和自殺。據知，在江戶時代，為了名譽而報復殺人，為法律所允許，只要事先報官即可。

日本有一個家傳戶曉的故事，名叫《忠臣藏》，講述 47 名赤穗浪士為主公復仇。故事中，赤穗藩藩主淺野長矩受到朝廷敕使吉良義央羞辱，在江戶城內砍傷了吉良義央。按照情義，這行為本是合理，只因在將軍德川綱吉面前拔刀，算為不忠，於是淺野切腹，以昭雪不忠之名（潘乃德：196-202）。

淺野雖死，但由於吉良沒有伏法，淺野家 47 名家臣夜襲吉良義央報復，斬其首級祭其主公。最後，47 名浪士被命令切腹。《忠臣藏》故事至今仍為日本人所津津樂道，它體現了日本人對名譽和忠義的執着，支持着日本人民族的價值觀。

▶「忠臣藏」赤穗浪士四十七士之一・神嵜与五郎則休（歌川国芳）・PUBLIC DOMAIN/ パブリックドメイン Q

　　假如不知道日本人屬於羞恥文化，我們很難明白，為何日本人對名譽的情義如此執着。日本人的道德判斷不在己身，而在社會風評。所謂「昭雪」，實質上就是試圖恢復社會對自己的風評。試想想，評價永遠外在於自己，自我安慰一丁點用處也沒有，失去名譽，就不能立身社會，壓力何其的大。為此，日本人非常重視他人的評價，社會風評對個人的約束力非常強大。

　　再者，雖說日本人「惡行不為人知，就繼續作惡」，但傳統日本人抱有萬物有靈觀念（山折 2000），相信萬物有靈，也有很豐富的神話傳說。換做中國人的說法，日本人明白舉頭三尺有神明。換言之，對於日本人來說，惡行不會不為人知。就算人不知，鬼也知道，閻王也知道。正如潘乃德指出，二戰期間日本人常告訴自己：「全世界的眼睛都在注視着我們。」

風評與「空氣嫁」

　　所謂「風評」，相當於現代日本語所謂的「空氣」。「空氣」指社會上看不見、不明文，但實際存在、要求個人自己去領悟的社會成規。任何人不去讀懂「空氣」（即廣東話的「識做」），就會受到群眾非議和排斥。「空氣嫁」是在日本社會生存的基本要求。「嫁」在日本語中與「読め」（懂得閱讀）同音，因此「空氣嫁」是諧音語，意思近似「識做」。

此外，日軍又會擔心醜態給敵軍拍下，然後製成電影送到紐約放映（潘乃德：45）。換言之，日本人無時無刻不活在他人的目光之下，按照他人的目光而行事，時而獲得稱讚，時而逃避嘲諷。

潘乃德曾提及，日本人父母常以嘲笑的方式令孩子聽話（256-257, 266）。其實，同一種育兒方式，在華人社會同樣普及，但華人並沒有產生強烈的羞恥文化。一兩個嘲笑，不可能產生真正的恐懼。羞恥文化的產生，相信與另一個更強大的社會機制有關。潘乃德又指，對日本人來說，只有得到外人的承認，才能得到自己人的支持。個體受外人排擠，自己人也跟着反對他、懲罰他，直到外人不再排擠他為止（266-267）。這種特殊的機制，造成了「家國一體」（李卓 1997：31）的社會。對兒童來說，社會眼光即家人眼光，因為對待一個人，家庭與社會取態相同。

在「家國一體」機制之下，任何人都時刻陷於沒有退路，只能破釜沉舟的絕境。要麼成功，得到社會與家人的一致讚賞，要麼失敗，在家裏和社會都受到排擠。在這種環境下長大，日本人養成了對世界目光的極端敏感性，對稱讚異常渴望，對責難異常恐懼。在日本動漫中，失敗者逃家，去到沒有人認識自己的地方生活的故事，偶爾可見。比方說，漫畫《銀之匙》描述主角八軒因為受不了升學壓力而選擇到偏遠的農業學校升學，避開認為他是失敗者的父親。

相對的，華人兒童幸福多了，因為家與國對一個人的評價可以不同。小孩在外受欺凌或失敗了，回到家中，有老人家呵護，不會受到嚴厲的責難，甚至得到家人的保護，這就令華人與日本人對於外界眼光有非常不同的感受。當一個日本人受到社會指責，外間風評插一刀，家族跟手又一刀，這令個人承受雙重道德壓力。由此可見，在日本人社會生存，壓力不小。

不過，羞恥文化也有優點——道德力量對所有人的約束力都是一樣。

羞恥文化，就是把道德判斷交給社會的文化。既然道德判斷外在於所有個人，那就不會有誰可以公然違逆大家一起定下來的道德規範。男人戶主權力雖然比女性大，但他們也必須服從社會規範，不得任意妄為。丈夫必須把收入交給妻子管理，就是最佳例子。若有哪個男人違反這條不明文的規則，事件傳到鄰舍耳中，鄰舍就會議論紛紛，使他顏臉無存，難以再在社區立足。

所以，日本男人極其量只會抱怨，或為自己留少許錢，也不敢不把收入交給妻子。

此外，日本人家庭有所謂的「家庭會議」，就家族大事作出集體決定，而這種家庭會議，並非由族中父長輩一個人說了算。

潘乃德形容：「輩份和性別賦與日本人（父）極大的特權。不過，享有此特權的人，並非獨裁專政，而是對家庭其他成員負有責任和義務⋯⋯身為家裏地位最尊的人，父親和兄長必須為家庭事務或家庭成員作決定，並保證決定能夠被實行。當然，父兄並非擁有絕對權力。他們的一切行為都要考慮到家庭的榮譽，並對家庭的榮譽負責任⋯⋯日本人遇到重大事情就會召集家族會議，並在會議上進行討論。例如，如果某位家庭成員要訂婚，其他家庭成員可能會從很遠的地方趕回來參加⋯⋯此時，如果『家長』不重視其他人的意見，獨斷專行，就可能讓自己陷入尷尬的境地。」她進一步指出，德國人可以對妻子和兒女專橫，日本人迫使妻兒服從的強制性並不比德國人弱，但二者效果不同，日本人不會學習尊重專制權力（67-68）。也就是說，日本人尊重的是家族，而不是父親本人，父親只是家族的執行者而已，他自己同樣受到家族規範制約。

相反，西方社會的罪惡感文化，容許個人以自己的良心約束自己，但每個人對道德規範詮釋都不相同，善惡在乎內心，不在外頭。如此，只要不違法，過得了自己的良心，一個人便甚麼都幹得出。換言之，一位丈夫，只要真誠相信自己對妻子好，他毋須把收入交給妻子管理。也就是說，日本人社會保障婦女的不明文規則，在歐美國家難以成立。法治之於西方社會，比法治之於日本，更為重要，原因即在此。在日本，有羞恥文化的約束和協調，人與人之間的衝突，毋須全數交付法庭解決。在美國，法律服務從業員達就業人口 7.7%（Bureau of Labor Statistics）。在日本，全國律師人數不到 40,000 人，把所有法律相關工作人員算進去，推算總人數少於就業人口的 1%（Ota 2017）。

綜上所述，當代日本女性固然受到父權壓迫。不過，這個父權的本質，並不是單方面的專權。雖說女性受父權約束，但那個父權約束是全方位的，既約束女性也約束男性，並且為女性提供了一定程度的保障。然而，在兩性

高度分工的文化之下，男女兩性所受到的約束並不相同。

二、報恩文化

羞恥文化，形成日本社會「集體約束個體」的結構。日本社會另一特色是「報恩文化」，所謂報恩，不是感恩圖報的美德，而是跟羞恥文化一樣，同樣屬於強制性的道德行為準則。報恩文化同屬日本人社會的核心結構，使人互相約束和聯繫，令社會橫向地形成團結的集體。在《菊與刀》一書，潘乃德用了整整四章說明日本人的報恩文化，可見報恩文化是多麼的重要。

潘乃德指出，每個日本人都認為自己是「負恩者」，對不同的人有着償還不完的恩情，以致每個人都忠實地履行着各種報恩義務，沒有怨言（113）。

潘乃德發現，在日本人道德規範中，多數恩情都被動發生，令日本人一出世即背負着償還不完的恩情債。各種恩情，包括了皇恩、親恩、主恩、師恩，還有與不同人打交道時所接受的恩。至於須要回報的恩情計有五種，包括了三種義務和兩種情義。

義務：無法清還的欠恩

所謂「義務」，特色是直到死去也永遠無法清還的欠恩，是一生緊隨着個人而有的義務。

  a. 忠：對皇恩、法律和國家的義務

  b. 孝：對父母及祖先的義務（與家族義務密切相關）

  c. 任務：對工作的義務

情義：要求如數償還的恩情債

所謂「情義」，指的是受到了利益或幫助，須按所受益處如數償還的恩情債。情義，是即使不情願也要還的恩情，目的是為了免受世人非議，這一點與羞恥文化密切相關。但凡一個人，有了沒法清還的恩情，如果他不還債，

就會受到議論，使名譽受損，是一種差恥。

不過，情義不同於義務，義務永遠還不清，但情義的債可以還清，然後兩不相干的。

a. 對社會的情義：對君主、近親的義務，及得到他人幫助所欠下的義務。

b. 對自己名譽的情義：名譽受損時個體有義務挽回自己的名譽，方法包括遵從禮節、克制自己、否認失敗、嚴格對待專業等等，為了保存名譽，日本人甚至不排除復仇和自殺（124-126, 140-147, 150-169）。

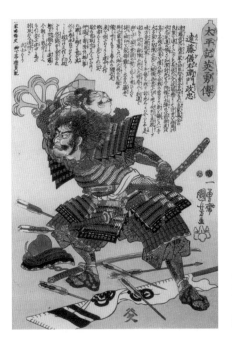

＊家臣對君主的責任，潘乃德將之歸類為「情義」，這種恩情還清的一天，是家臣或主君戰死之時？

近親孩子父母雙亡之照顧義務

日本人子弟，若父母因事雙亡，乏人照顧時，一般要求由近親代為照顧。父母雙亡，在我們看來或者不可思議，覺得是誇張的故事情節。但是，在地震天災頻仍的日本，父母雙亡發生的機率還是比較高的。《三月的獅子》和《白兔糖 USAGI DROP》等動漫故事，正是以這種悲劇處境為主題。主角失去雙親，只能由近親收養，但在收養的過程中，總會引發種種衝突和悲劇，造成主角的創傷。例如，有多家近親，但互相推卸責任（白兔糖），又或者主角被收養之後，影響到收養者家庭自家孩子在家中的地位（三月的獅子）。

潘乃德把照顧近親的責任，歸類為可還清的「情義」恩情債，值得商榷。對近親的情義，要求不及孝義，但同樣是終生家族義務，歸類為「義務」較為妥當。

日本天皇權力之謎

據知，日本天皇家系，是現存世界最古老的皇室，號稱萬世一系，從沒更替，可考據的第一位天皇是公元 4 世紀末的應神天皇，按日本古老傳說，天皇的歷史甚至可追溯至公元前 660 年的神武天皇。

然而，在悠長的歷史之中，日本國家實權長期由將軍大名掌握，天皇沒有直接權力。為何天皇無權，天皇皇室卻能維持萬世一系，長久作為日本人之最高君主而不衰敗？

潘乃德提出日本人對皇恩的責任，到死也無法還清，或多或少解開了日本天皇權力之謎。正因為人人都欠了天皇恩情，天皇能號召千萬國民對國家誓死盡忠。天皇的權力，雖不是實權，卻是無可替代的文化象徵權力。忠於天皇，是日本人與生俱來的義務，然而如何効忠，則由執掌實權的將軍或政府官員決定。這個權力模式，頗有三國時代曹操挾天子以令諸侯的味道。

問題是，要讓天皇一直保持如此神聖的位格，並不容易。天皇也是人，也會有做錯事的時候，當天皇做錯事為國民所見到，即有可能影響國民對國家的効忠。那麼，日本人如何解決這個問題呢？原來，在歷史長河中，日本人一直設法把天皇與國民完全隔離，使國民無法看見天皇出錯，塑造出沒有污點的天皇形象（潘乃德：132-134）。只有讓國民無法看見天皇，國民才能通過想像，構建一位值得他們無悔地効忠的天皇，想像天皇給與他們無限的恩惠。

被日本人視為國寶的日籍華裔作家陳舜臣，也有相同看法。他說，日本社會需要兩種人，一是擁有絕對權威的偶像，他不會失敗，在日本這個偶像就是天皇；二是負責指揮的領袖，他可以失敗，並在失敗時倒台。在日本江戶時代，那個負責指揮的領袖，就是幕府。日本一直奉行「天皇—幕府將軍」這種雙軌統治，在歷史中長時期保持了政權的穩定。每當社會發生變革，受影響倒台的只有幕府，不會波及天皇，令國家不致完全崩潰（113-115）。

換言之，天皇無實權，所以天皇不會做錯事，這就是天皇能夠長期維持完美神聖位格的原因。

左鄰右里的欠恩文化

天皇對國民、父母對子女、君主對武士、家族對近親的報恩關係，把日本人縱向地從上至下連繫起來。把日本人橫向地連繫起來的，則是鄰里間的施恩與欠恩關係，體現於日本人送禮和互相幫助的禮節之上。

關於送禮，潘乃德描述：「每過半年，日本人都會準備一些禮物，作為對半年內收到的饋贈的答禮。」日本人有很強的社區協作。在農村或一些社區工作小組，村長和組長會保管一份人際交往記錄簿，詳細記載在一些互助社區活動中，例如插秧、蓋房、結婚、喪葬等，何人曾為主人家提供了何種勞動或禮物。事後，主人家將根據這本記錄簿適當地還禮。還禮有還禮的規則——要求規格適中，禮物的價值不能過重，也不能太輕，過重會令對方覺得賺禮，使對方覺得欠了人情而渾身不舒服（146）。

社區互助協助，既提高了日本人的生產力，又提高了各家庭應對繁重事務的能力。更重要是，互助活動使人互欠情義，令日本人得以被橫向地連繫在一起，形成強大的集團。

日本女性活躍參與在這些互助活動之中，例如一起為參加者做飯，完結後負責點算所欠恩情，並決定還禮。如果是地區祭典，日本女性更可快樂地享受勞動，例如一起表演阿波舞，或在看店的閒餘穿上浴衣欣賞祭典煙花。這給與了日本人女性一個充滿交流機會的社會空間。她們得以與地位身份相近的人合作，建立起和諧的人際關係。

> ### 哲學概念：「生存」與「現實性」
>
> 「生存」和「現實性」是哲學和美學概念，「生存」指人在歷史中的存在，主要有自然生存、現實生存和自由生存三種形式。「現實性」指「現實生存」，強調人在現實生活必然受到社會約束。在美學中，審美所具有的超越性，往往針對人們的「現實生存」約束。所以，每個時代，每個民族，都有她自己獨特的審美文化，因為各時代各民族所受到的現實生存約束，都不相同。舉例說，發達地區華人喜歡收看爭產劇，是因為發達地區華人家庭普遍富裕，人倫關係往往受到財產繼承帶來的摩擦和約束所衝擊。這是發達地區華人普遍所面對的現實生存。

總括而言，報恩文化體現為縱橫交織的恩情網絡（中根1994：15）。這張網絡具有強大的現實約束力，屬於道德範疇，因為不管個人願不願意，恩情都必須償還。換言之，日本人積極互相幫助，既是美德，也是道德使然。因此，報恩具有現實性，日本人因為恩情的累積，在成年期大都負有相當多恩情債，不能完全按己意生存。與之相對，則是在互相約束之下所帶來的社會保障。

報恩文化超越金錢經濟

在報恩文化中，除了對皇恩（或國家）欠恩是單向關係，其他恩情都是雙向關係，尤其是還禮文化。還禮不但表示謝意，也表示當他人需要協助，自己也得參與勞動，完成互助的社會契約。此外，父親對兒女，也非單向支配，父親有權干涉子女的生涯決定，例如指定結婚對象，但同時因為對祖先的孝道，父親有義務責任養育和照顧子女。

哲學 — 經濟學概念：「使用價值」、「交換價值」與「異化」

「使用價值」和「交換價值」是經濟學概念，但也涉及哲學。使用價值是人通過勞動，生產了產品，供自己享用，使自己滿足的一種價值。交換價值，則是商人不使用商品，用以在市場交易，換來貨幣或其他商品。由於商人不親自享用產品，該產品對商人沒有使用價值，只有交換價值，商人與該產品的關係也較疏離，甚至發生異化。試想想，商人售賣珍珠奶茶，自己卻從不享用，那麼他與自己該珍珠奶茶產品的關係，就非常疏離，他甚至不知道奶茶的味道是好還是壞，或者奶茶有沒有因為材料存放不當而變壞了。所以說，當一個經濟只強調交換價值，忽略了使用價值時，人與世界、產品、勞動、交易對象的關係變得疏離和異化，並不理想，也不美麗。相反，如果商人肯在售出產品前親自嚐嚐，把奶茶的味道調校好，恢復奶茶對自己的使用價值，才出售奶茶與顧客，世界就變得不一樣。

所謂「異化」，亦是哲學概念，指一種因為關係疏離而產生的不理想生存狀態，「本末倒置」、「主體淪為客體」、「目的當成手段」、「重要意義被遮蔽」等狀況都帶來異化。此處提及的異化，是指現代資本主義社會過份強調交換價值，以金錢計算勞動，令勞動與助人的整全美好體驗被奪去，例如做飯，做飯的人不能同桌用飯，令人無法獲得直接使用價值，就是異化。

報恩文化非純粹金錢經濟，它使互助成為每個人的社會義務，且有直接使用價值，報恩文化不像純粹資本主義社會，只以市場交換價值決定一切。互助是義務，即使對方付不起服務費，也得幫助對方。再者，互助社區活動把日本人聚在一起，共同享受勞動和成果。女性為大家預備美食，既為鄰里所直接使用，她們自己也能一同享受。鄰里為主人家所做的義務勞動，主人家即時看見，因此倍加感恩。這樣，資本主義下人與勞動過程、勞動成果、勞動工具等的分離和異化，都被報恩文化擋下來了。所以，日本雖然是現代社會，奉行資本主義經濟，但它通過報恩文化保留了較古典的生存方式，抑制了現代資本主義經濟帶來的異化弊病。

日式父權：比起男權，親權更大

　　不過，報恩文化終究具有強制性，可能違逆個體的意願，導致異化。傳統上，日本人婚姻非基於自由戀愛，而是家族考慮。對日本女性來說，因為欠了父母恩情，她們不能拒絕父母指定的婚姻對象。她們被要求做個良妻賢母，完成傳宗接代任務，並為此放下自己的個性，這也是異化。

　　在日本人社會，家的首要功能，不是給與自由，而是滿足整個民族的集體生存要求。這是十分特殊的家文化。在華人文化和西方文化裏，理想的家是個人的避難所，一個人回到家中，理應獲得自由。但從很久很久以前，日本人就把家設定成跟工作場所一模一樣，約束多而森嚴。

◀ 日本傳統結婚服裝．PUBLIC DOMAIN/ パブリックドメイン Q

潘乃德如此描述日本人的婚俗：「日本人的結婚對象通常都是透過媒人挑選，身為婚姻當事人，男性對自己能否娶到一個好女人並不關心，真正關心的是他的家庭，他的家庭會關心能否挑選一個好兒媳。因為這份婚姻不會涉及金錢，媳婦還會被載入家譜，負有生育男孩、傳宗接代的責任。媒人會安排一個看似偶然的機會，讓年輕男女在各自父母的陪同下見面，但他們不會交談。有時，父母會替兒子安排一樁與利益相關的婚姻，女方的父母可以透過婚事得到錢財，男方可以透過婚事與名門望族聯姻等。當然，也有一些男方家庭看中女方的人品。善良的兒子為了報答父母之恩，就要接受婚事，不能違抗父母之命。婚後，兒子對父母報恩義務仍然持續。如果男方是家中長子，還要繼承家業，和父母一起生活。眾所周知，婆婆一般不喜歡媳婦，就會挑媳婦的毛病，就算兒子與媳婦的關係很好，婆婆也可以把媳婦趕回娘家，並解除婚姻關係。這樣的故事在日本小說、自傳等書中不勝枚舉。那些故事，通常都描寫女人遭受的苦難以及丈夫承受的痛若。當然，丈夫再捨不得妻子，為了遵守孝道，也必須順從父母意志，解除婚約。」（129）

以上的描述，點出了東方式父權社會的一個特色——女人既是父權社會的受壓者，並且年老後成為代行的壓迫者。比起西方橫向的男性壓迫女性，東方式父權社會傾向縱向的長輩壓迫後輩。

在傳統日本社會裏，年輕人，無論男女，皆無權自行選擇配偶。無論是結婚，還是離婚，都得依父母之言。再者，婆婆享有欺負和趕走媳婦的權力，這表示年輕女性完成生育義務之後，便掌握壓迫下一代年輕女性的權力。東方式父權社會，通過長幼等級，賦與年老女性代行父權統治之權，使年老女性成為父權制度的共犯。基於孝義的制約，年輕男性無權保護妻子免受婆婆針對。

由這一點看來，日本父權制度，既與西方父權制度相異，也與中國傳統父權制度不盡相同。在中國傳統中，有所謂「三從」之婦德，即未嫁從父，出嫁從夫，夫死從子。然而，日本孝恩甚大，母親不一定從子。由此看來，日本的父權制度，似乎是傾向親權至上多於男權至上。

少女歷史
日本 ACG 萌文化
哲學筆記

三、約束與自由之高反差

日本人社會另一特色，既容許國民享受最高度的自由，又施加最極端的人身約束，形成極高反差的人生生涯。

簡言之，日本人社會給與兒童與退休老人最大的自由，對青壯年人要求最大程度的服從。為了說明情況，此處筆者採用社會語言學概念「領域」（Domain）來加以說明。

從敬語看規範與自由

所謂「領域」，由參與者（身份）、場合（地點）、目的（話題）三要素構成，例如教堂和街上是兩個很不同的領域。教堂較莊重，參與者帶着信徒身份，懷着宗教目的，說話規範也較多。在街上，參與者只是路人身份，除了路過、休閒逛街，沒有特別目的，不要求莊重，說話規範少，比較隨便自由。

因應領域改變，人的說話方式改變，社會語言學家說：「語體改變了。」每個社會領域，都有對應的說話方式——語體（Spolsky 2009：3-4），或莊重，或隨便，有時術語多多，有時是粗言穢語為主。在同一種語言之內，往往有多種語體，有較莊重禮貌、規範多多的說話方式，例如致辭用語，也有較粗俗、幾乎沒有規範、任由人發洩情緒的說話方式，港式粵語粗口即是這種語體。

日本語的敬語語體，素以講究規範聞名。在日本社會生存，必須懂得使用敬語。日本社會有嚴格規範，素未謀面的人初次認識，或後輩對長輩說話，如果不使用敬語，即被視為無禮。為此，日本學生上學，面對新同學，少不免感到不安，因為不知道該不該使用敬語。同學之間的親密程度，由初相識起到成為好朋友，每個階段之間，界線都十分模糊。當同學之間雙方都允許對方不使用敬語，他們之間的關係即屬非常親切。日本人言談上的這一種尷尬和彷徨，對外人來說是匪夷所思的。

一般來說，學生在校，與親密的同學（身份）到屋頂共用午飯（地點），聊到玩樂的話題（話題），可以採用較自然而親切的說話方式。至於上班（場

合）與上司（身份）報告工作（目的），自然必須使用規範多、較不自由的敬語。前一情況，社會規範少，所以它構成了一個自由社會領域。後一情況，規範多，所以它構成了一個非自由的社會領域，又稱現實社會領域（彭卓鋒2016：65）。

視自由度而言，華人和西方人的家庭較自由，偏向自由社會領域，但傳統日本人的家，為男女都設定了繁複的規則，使家變得如同工作場所，所以屬於現實社會領域。

潘乃德《菊與刀》為我們提供了大量關於日本人社會的寶貴資料，這些寶貴資料，若以「領域」、「規範」、「自由」、「現實」等概念來加以梳理，可以讓我們對日本社會得出更透徹的了解。其實，日本人文化迥異於華人文化與西方文化，其中重要一環，是日本人對社會領域的設定和區分，做法別樹一格，與別不同。

現實社會領域：嚴格遵守等級制度

日本人不僅用禮儀確認人與人之間的等級差別，而且行使禮儀時，還必須考慮雙方的性別、年齡、家庭關係、交往歷史等。即使年齡、性別、身份、地位相同的兩個人，在不同場合也要表示不同程度的尊敬⋯⋯

▲ 鞠躬禮儀・PUBLIC DOMAIN/ パブリックドメイン Q

美國人在家庭生活圈內不怎麼拘泥於禮節。他們一回到家就會扔掉形式上的禮節，日本人不一樣。他們從小在家裏要學習禮儀，觀察禮儀⋯⋯在日本人的家裏，妻子要給丈夫鞠躬，孩子要向丈夫鞠躬，弟弟要向兄長鞠躬；日本女孩不論年齡大小，都要向兄長和弟弟鞠躬。鞠躬不僅是一種形式，還意味着受禮的一方對鞠躬人的事情有權干涉、過問，並對鞠躬的人承擔起相應的責任。

> 日本人的封建制是以性別、輩份、長幼順序為基礎，這是他們家庭生活
> 的核心。（61-62）

以上的描述，是潘乃德依據 1946 以前的訪談而寫的，今日距離二戰結束近七十年，現代日本家庭核心化，封建家制度觀念已變得稀薄，家族之間鞠躬的要求已非絕對。然而，戰前日本人確實生活在家國一體的環境之內，道德規範覆蓋全面，幾乎所有領域都充滿封建道德禮儀，連家也不例外，自由度低。事實上，作者曾經在東京親眼見到一家眼鏡店，在市街上，早上開店之時，由店長率領一眾店員向街上顧客鞠躬，反映以鞠躬禮表示卑下地位的習俗，在當代日本仍然存在。

不過，根據潘乃德的調查，日本人社會的主要生活領域，包括家和工作場所，自由度雖然十分低，但日本社會文化也設有幾乎完全自由、幾乎沒有規範的社會領域，潘乃德把這些領域稱之為日本式的人情。

寬容的自由社會領域：日本式的人情

> 日本人卻對感官享樂持寬容態度，這無疑令人驚訝……日本人不譴責私欲，因為他們不是清教徒。他們也認為肉體享樂是好事，值得培養。他們追求享樂，尊重享樂，但又認為享樂要適可而止，不能干擾到人生重大事務。（176）

在這一段敍述中，「享樂」和「人生重大事務」，構成了兩類型截然不同、反差非常之大的社會領域，寬容的「享樂」屬於自由社會領域，「人生重大事務」包括了為家和工作貢獻自己，所以令家和工作場所充滿規範，成為現實社會領域。

那麼，潘乃德所講的寬容享樂自由領域，到底有哪些呢？她列舉了以下幾項：

（1）湯（熱水澡）

不管他們在洗澡方面如何節省費用和勞力，都不會減少入浴這個環節。在城鎮中，一些公共浴池像泳池那麼大，他們在裏面一邊洗澡，一邊談笑風生。在農村，往往由幾名婦女輪流在院子裏燒洗澡水，其中幾戶人家也會輪流入浴。他們不在乎洗澡時會被別人看見。

「湯」是熱水浴在日語的説法。潘乃德形容，日本人泡的熱水澡，溫度可達華氏 110 度以上，在熱水中他們盡情享受熱水，出浴時渾身通紅，全部人入浴結束後就全家一起享受晚餐。潘乃德還引用了日本人的説法，指泡熱水澡是「年齡愈大，情趣愈濃」（176）。而在日本動漫畫中，更經常有表現洗熱水浴，甚至是洗溫泉浴樂趣的情節，例如赤松健《純情房東俏房客》和山崎麻里《羅馬浴場》。在華人社會，女孩子身體不可以隨便裸露，

▲ 溫泉天國・PUBLIC DOMAIN/
パブリックドメイン Q

是一種道德規範，但在日本人情裏，洗澡時身體給人看見，沒有同樣的規範，所以沒有問題。不明白的人，也許以為這是無恥，但其實日本人在家和工作場所之內，已有數不清的規則要遵守，在洗澡這個文化行為上放寬一點自由，可説是一種補償或者平衡

裸露身體禁忌之社會功能

裸露身體之禁忌，作為道德規範，具有防止風化案的作用。在這方面，伊斯蘭教徒做得比華人更徹底。隨便裸露身體，容易導致風化案，不倫關係令人對新生嬰兒與父親的血緣關係產生疑問，不利家族繼承，因而社會道德往往把裸露身體定為禁忌。然而，日本文化接受無血緣關係的男孩作為養子繼承家業，所以即使風化案帶來了「野種」，也不影響家族繼承。也許是這個緣故，日本人文化的性禁忌較其他民族文化為少。

少女歷史
日本 ACG 萌文化
哲學筆記

（2）睡覺

> 日本人還喜歡睡覺。不管哪種姿勢，他們都能舒服的睡着。有時，
> 甚至在我們根本不可能入睡的情況下，他們也能睡得很香……

潘乃德引述了一位外國日本通的說法：「在日本，你千萬不要認為今晚的睡眠是為了明天的工作。睡眠就是睡眠，不要把它與消除疲勞、休息、保養等聯想在一起。」潘乃德把日本人對睡眠的態度，與美國人眼中的睡眠觀念相比，指出美國人認為睡眠是為了提高工作效率（179-180）。這表示，日本人的睡眠確實屬於一種自由生存方式，因為睡眠不帶功利目的，睡覺只因自己想睡，具有充份的主體性，而美國人為了功利目的而睡覺，睡眠只是增加工作效率的手段，睡不着就要服用安眠藥，強迫睡眠，因此睡覺對美國人來說，是一種現實生存（因為是強制而非自由的行為）。

從哲學角度來看，目的是主，手段或工具是客。把睡覺當作目的，即為睡覺而睡覺，睡覺和睡覺的人就是主體。把睡覺當作達到另一目的之手段，即為了別的原因而睡覺，睡覺和睡覺的人即淪為客體。如果是為了工作才睡覺，那麼睡覺和睡覺的人便淪為工作的奴隸（客體）了。很諷刺，對於提升工作效率，適量睡眠是有用的，但這種有用的睡眠，是屬於不自由的生存。相反，因為想睡而多睡，對於工作是無用的行為，但卻是出於人的自主性，所以是最自由的生存方式。換言之，無用者自由，有用者不自由。當然，也有出於己意自願受他人約束的生存狀態，這種狀態也不能說是不自由。

無論如何，筆者十分認同日本人對睡覺的態度呢。

（3）性享樂

日本人對待性享樂的態度，最令華人詫異。對於日本人來說，參與性風俗事業的男女性，不需要感到羞恥。在華人社會，性工作者遊行爭取法例保障，往往蒙着頭不想被人看見，但在日本，從事性風俗工作的 AV 女優和男優（女優即女演員），可以很平常的在媒體上露面出鏡。在日本，性風俗工作甚至可以與慈善工作結合。日本 SKY PERFECT 收費電視每年舉辦《24 小

時電視：色情救地球》，通過安排女優讓男人摸胸來換取慈善捐款，已舉辦多年，十分有名。對此，日本社會極其量只譴責主辦單位「假慈善」，卻不會譴責賣肉籌款的女優。

潘乃德提出的第三種日本式人情，即是性享樂和浪漫主義的戀愛。

> 浪漫主義的戀愛也是日本人培養人情的方式，並成為他們的一種文化習慣。不過，這種浪漫的戀愛形式，與他們對待婚姻的態度，要履行的義務完全相反……日本人喜歡閱讀和談論為情而死……在性享樂方面，日本人既沒有甚麼禁忌，也不太愛談倫理道德……他們認為，像其他人情一樣，只要把性放在人生的低微位置就可以了，人情不是罪惡……

▶ 日本江戶時代之性文化．
PUBLIC DOMAIN/LOC

潘乃德指出，對於日本人來說，妻子與性享樂屬於兩個不同的範疇，妻子屬於義務的世界，性享樂屬於消遣的世界，因此戀愛與結婚不是同一件事情。她又引述一段日本雜誌上對結婚的論述：「在我們這個國家，結婚只是為了生兒育女，傳宗接代。其他任何目的都會扭曲婚姻的真實含義。」（180-184）

說到這兒，日本人奇特的性文化，就得到充份解釋。簡言之，在日本社會，結婚和生育是家族事業，因為是事業，所以要認真對待，加以規範，這就令家變成了一個現實社會領域，因為家是有外在目的的存在，所以家與性享樂不能混為一談。為此，日本富裕男人娶妻後，收情婦極為平常，以致日本有專業情婦這樣的職業。情婦對日本富有男人來說是自由戀愛的對象，是他們的自由社會領域，妻子則是為家族義務而有，所以屬於現實社會領域。

此外，這也解釋了為何日本雖然屬於羞恥文化，但女性從事性風俗事業毋須羞恥。因為日本人只對社會非議的事感到羞恥，社會不非議之事，就毋須羞恥，做甚麼都可以。既然性享樂屬於自由社會領域，雖然低微，但不是禁忌，沒有人非議，那麼做 AV 女優也好，當情婦也好，日本女性都可以堂堂正正去做，用不着羞恥。

由以上這一點，我們也看到，在日本人道德系統中，基本上不存在貞操觀念，而貞操觀念，無論在西方還是中國，都是父權制度管轄女性的重要防線。按潘乃德的說法，在日本社會，女性只有在當上妻子後，對待其他男人的勾引要有所避忌，因為有對丈夫忠貞的義務，但無論如何，日本人不會像西方那樣，把女性簡單地分為貞女和蕩婦，女性身份愈低微，或年齡愈大，她們享有的性自由就愈大（275-277）。日本以家族為主要社會構成單位，但卻不重視女性貞操，究其原因，筆者相信與日本人家族傳承的形式有關。簡單來說，繼承家族不要求血緣關係，孩子是否親生並不是太重要，於是相對地，在性方面，日本人的道德規範也比較少。

日本江戶時代之婦德觀念

江戶及明治時代日本官府曾一時提倡儒教倫理，也一度提出了女性貞操議題，但儒教倫理及貞操觀念只是暫借的思想，並未在文化中植根。到了江戶後期至明治中後期，儒教思想即被本居宣長等日本國學家所倡議之復古神道取代。

上面提及的熱水澡、睡覺和性享樂，屬於日本社會中三個不同的自由社會領域，除了這三樣之外，潘乃德還提到了同性戀和醉酒，都是日本社會道德規範特地為日本人留下的自由生存空間，只要這些活動不影響到「人生重大事務」的履行，例如傳宗接代和繼承家業，即給與最大的寬容。外國人對日本人文化感到稀奇或難以接受，是因為外國文化給這些領域添加了很多規範，並不自由。

只有採用社會領域的概念，我們才能發現，日本人的現實領域和自由領域，反差非常之大，但又互相鄰接。以家為例，日本人的家平常屬於現實領域，規範嚴格，但換個時點，到了入浴和睡覺時份，則容許個人脫去一切社會枷鎖，盡情享受。尤其是入浴的習俗，經常見於日本文藝作品之中，相

信入浴對於日本人來說，正是超越現實束縛的美好時光。也就是說，入浴在日本成為了一種生活審美。

　　同樣，醉酒和性享樂對於日本人來說，也不傷風化，因為他們的道德規範刻意地留空了這些領域，讓日本人在緊繃的現實生活可以找到片刻的自由，稍作喘息。事實上，除了潘乃德所講幾項，日本人的節日祭典、神社參拜活動，也有若干的自由性，日本人以享受的態度對待節日祭典和神社參拜活動，充滿熱情，這些活動像西方的嘉年華會一樣，都屬於突破現實關係的自由領域。

四、高反差U形人生

　　除了家、工作、洗熱水浴、睡覺、性享樂這些領域之外，日本人的高反差生存，也出現在年齡這一個向度之上。既然輩份決定社會等級，那麼日本人在不同的年齡階段，自由度也有所不同。年齡成為自由度變化的一個重要的縱軸因素。

　　潘乃德把一個典型日本人的人生，形容為U型人生：「他們的人生發展曲線猶如一條淺U字型。他們的幼兒期和老年期都有很大的自由度。幼兒期結束後，他們的自我約束力就會慢慢增強，直到結婚前後，其個人自由度最小，也就是U字的最低點。他們整個壯年期的自由度都會在這個最低點上，並持續好幾十年，然後自由度再慢慢增加，在U字型上所佔的空間慢慢上升。六十歲後，他們再次可以像在幼兒期那樣，不再為羞恥心和名譽煩惱。」潘乃德把日本人的人生曲線和美國人比較，指出美國人的人生發展不是U型，而是剛好相反的倒U字型（n字型）。美國人最自由的時期是壯年，受約束最多的反而是幼兒與老人（248）。

　　這表明了一點，任何社會為了現實生存的物質及生產需要，都必須對個體施加一定程度的約束，日本人只是把這些約束全都加在青壯年人身上而已。因為各種社會義務，日本成年人在其壯年期，基本上幾十年內都得以現實方式生存，受到相當多的約束。然而，對於幼兒和老人，日本人則給與了他們

最高度的自由。

當然，社會約束大，物質生產不一定相應提高。比方說，美國人約束幼兒和老人，顯然不會有甚麼生產作用。

無論如何，潘乃德發現，一個日本孩子長大，首次被施加約束的年期，大概就是青少年期，也就是快要成人的年期，與日本少女被迫離開學校嫁人為妻的年齡是相符的。這解釋了日本少女文學的意義所在。對日本人來說，他們在幼年期享受到像天國一樣的自由世界，幾乎沒有任何社會枷鎖，但當他們長大，達到適婚年齡，人生發展自由度就突然進入 U 字型的第一個急下坡。日本少女文學和日本動漫畫，總是謳歌少女和少年高中時代的青春生活，因為那段時光，很可能就是人生中最後的自由領域。假如他們能活到老年，他們可以再次獲得自由，但那已是四、五十年之後，屆時他們也到了風燭殘年。再者，日本人壯年期工作壓力相當大，也有不少風險，沒有甚麼能保證他們能在老年期之前，毋須過勞死，或碰上不得不自殺來昭雪恥辱之事。成年期的現實，像日本刀架在他們頸項上，高中三年級畢業禮結束之日，青春便告完結，他們得像成年人那樣，開始把各種社會責任扛在身上，不得有任何怨言。

日本人三個人生階段的生存方式，在潘乃德以下文字中表現得淋漓盡致：「對孩子來說，他似乎可以獲得祖母的疼愛，也能得到母親的疼愛，祖母卻可能會利用孫子來壓制媳婦。年輕的媳婦有討婆婆歡心的義務，這也是媳婦一生中最大的義務。所以，即使媳婦對祖父母嬌縱孫子的行為再不滿意，也不敢提出異議。」（258-259）

我們也可以嘗試從羞恥心的培養去了解這個 U 字型人生發展。對於兒童行為，日本成人相當寬容，比如男孩以生殖器互相揭醜，日本人會說：「孩子們不知道甚麼是羞恥」，「所以他們才是幸福的」。（264）潘乃德指出，「不知恥」的幼兒期，是日本人重要的回憶，令他們毋須為未來描繪天堂，因為他們在幼兒期已享受了天堂（278）。日本人幼兒期的快樂，是他們長大後能夠享受樂趣、擁有自信，以及不受罪惡感轄制的原因（282）。

幼兒期的自由時光，大約在八、九歲左右開始結束，即所謂「童歡」的終結，但完全失去自由的情況，還是到達了適婚年齡才會發生。無論男孩還

是女孩，擺在他們眼前的社會現實，就是「一旦長大，就失去自由」。潘乃德記述，日本女孩自由度很大，日本女孩可以穿鮮紅的衣裳，可以和男孩一起玩耍、吵鬧、不服輸（268）。女孩子是日本動漫中經常出現的一個審美意象，而且常被描繪為天真、無邪、可愛、萌、美好、燦爛，受到憧憬，因為像天堂一樣的幼兒期，世上絕無僅有，只此一家。宮崎駿動畫中的女主角們，比如波妞、千尋等等，都是這樣的女孩子。

五、日本藝術之高反差表現

總括而言，日本人社會以刻苦的現實生存為主軸，以一些較自由的生活文化和人生階段調劑人情，例如熱水浴、睡眠、性享樂、天真童年和老年自由時光等等。如果世界有哪個地方奉行最大限度的 Work Hard and Play Hard 原則，相信那必定是日本。在日本人社會裏，有着最高反差的約束與自由。這意味甚麼？

在演員訓練裏，有挑戰最小聲與最響亮聲音的台詞朗讀訓練。在合唱團訓練裏，有最低音域與最高音域的詠唱訓練。同理，從事文學和藝術創作，要求作者兼有最大約束與最高自由的人生體驗。

日本人生涯就像音域練習一樣，為日本人帶來的最高反差的人生體驗。換言之，每個日本人天生就被賦與優秀的文學藝術底子，這令日本人在文學藝術發展方面顯得特別出眾。

前文提過，每個民族對自己的社會，都有不同的劃分方式。華人社會崇尚文以載道，意思是文學須為道統服務，做文學的學者，兼具社會責任，因此華人文學並非絕對和純粹的自由領域。當然，文學又分高雅文學與通俗文學。通俗文學規範少一點，也比較自由。但無論如何，總的來說，華人文學屬於具有現實性的社會領域，較強調社會責任，自由度或多或少受到一些制約。相對，日本人社會把文學藝術設定為跟性享樂一樣的自由社會領域，文學和藝術很重要，但並非「人生重大事務」，所以規範相對少，構成了日本人盡情享受「妄想」的一個無限自由社會領域。

日本人的文學和藝術，幾乎百無禁忌。唯一禁忌，即日本人要求文學和藝術別影響「人生重大事務」，所以無論日本人在文藝上如何奔放，如何狂妄，日本人並不會把文字藝術，拿來與現實世界混為一談。對日本人來說，二次元與三次元兩個世界之間，存在一條深不見底的鴻溝。所以，在日本語的輕小說中，革命故事可以寫得天翻地覆，但這種天翻地覆，並不會變成現實。日本是個奇妙的國度，即使日本首相支持度低於 10%，首相也不一定下台，社會仍然穩定。日本人可以對首相完全失去信心，但他們不會輕言革命，說要推翻政府，只要社會根基還是穩定的，日本人會繼續遵守現實社會規範。

　　日本人擁有最高反差的生存經驗，意味他們有潛質在文藝作品中寫出反差最大的故事。在日本人的文學中，既有最大的約束，也有最大的自由，能以最高的自由超越最大的約束，令人崇敬。日本文學巨匠芥川龍之介《地獄變》，就是高反差文學的表表者。《地獄變》故事中的畫師良秀，為了自由繪畫，可以撇棄所有道德約束，達至最自由的化境，可以若無其事地繪畫屍體，也為了繪畫痛苦神情而讓毒蛇攻擊弟子，因此畫技高超。然而，他也受到社會的最大約束——他心愛的女兒當宮女，無法陪在他的身邊。一次，主公讓他在屏風上畫地獄，他畫不出，要求火燒一位真人貴婦模特兒。結果，主公讓他的女兒當上火刑的模特兒。良秀畫出女兒在地獄痛苦的景象。他笑了，但翌日晚上，他自盡了。《地獄變》這樣的故事，基於道統使然，相信華人文學家較不容易寫得出來，因為必然受到自己的道德良心制約，考慮到社會責任，也會擔心寫出來後有人仿效。然而，日本文學家沒有同等的包袱，他們寫得出，也不擔心有人仿效，因為日本人大都明白，在文藝與現實之間，有一道不可逾越的界線。

　　當然，高反差體驗，從來不是衡量文藝的唯一標準。文藝領域十分廣闊，文藝走哪一條路，是各個民族文化自身的個性選擇。華人文學推崇文以載道，是另一種文藝發展方向。文以載道要求情理兼備，考驗着人類互相說服之能耐，又是另一種藝術境界，比如華文武俠小說，總是做到既宣揚俠義精神，又向讀者展現超脫現實兩難的逍遙人生，既載道又怡情。

　　高反差生存，是所有日本人的共同生存體驗。這使得出於日本人手中的 ACG 文化，縱使是量產的通俗藝術，也具備相當的衝擊性。即使在水準十分

一般的作品，也能看見高反差生存的影子。日本一集簡單的 24 分鐘動漫製作，隨時一發入魂，令人頃刻感動得淚流滿臉。

物哀

日本文學素來有一個獨特的審美範疇——「物哀」。

所謂「物哀」，可理解為幽靜之美，但其具體內涵卻不是如此簡單。

日本國寶級華裔文學家陳舜臣，曾引述日本國學學者本居宣長，指出物哀是「所見所聞，所接觸之事，心中有感而發的歎息之聲。」陳進一步解釋，「歎息」斷絕前後聯繫，又舉一例：「有一個商人，一邊走路一邊擔心期票的期限。忽然，抬頭一看，一枝梅花伸出牆外，枝上的花蕾含苞欲放——『啊……』」在此例中，商人的歎息就是物哀。當商人離開，他又再擔心期票，因梅花而起的歎息和物哀就消失了，只留下餘韻（39-40）。

陳舜臣解釋，「物哀」就是日本人的人生，充滿斷絕。一會兒是絕對自由的人生，一會兒即變成絕對的束縛。對日本人來說，經歷斷絕和驟變，只能吐出歎息，就是他們的人生，就是「物哀」。

在日本動漫裏，突如其來的大災難，是常有的情節。很多故事描述少年少女，在壓倒性的災難來臨之時，親眼目睹城市消失，親友面目全非，然後得繼續生存。世界的驟變、自由與現實的急速更替，就是「物哀」。

最後，關於日本人文化，有一點值得注意。日本成人雖被賦以相當沉重的社會義務，但他們不認為自己被迫，總是強調為忠、孝和情義而死是自願自覺，是為了達成他們自己的理想。所以，日本人的現實生存，既是受壓，帶有客體性，但同時又屬於自願，帶有充份的主體性，非常弔詭。日本人經常表現出一種把自己視為工具的態度，例如戰爭中的自殺式神風攻擊，明明連自己將要成為棄子而犧牲，卻自稱自己渴望如此。實際上，日本成人常常表現出自我與社會制度的同一。當他們執行制度要求時，他自己就成為了制度本身，一切相關人士，包括自己，都視為工具。在西方哲學中，主體就是主體，客體就是客體，一個人不是主人，就是奴隸，涇渭分明。但在日本人的哲學觀念中，沒有這種主客對立，他們自己可以同時身為主體和客體，十分超越。主客二元對立的哲學觀，在日本人身上不完全適用。

◀櫻花‧作者攝於九州西
海橋
＊每年 4 月櫻花盛開，花開
花落不過十天，總是勾起日
本人的物哀之情。

3. 日本家族的歷史（縱向分析）

　　《菊與刀》向我們揭示了近當代日本文化的主要結構，以及在這結構中，
日本人（特別是日本女性）受到何種程度的社會約束或壓迫。

　　日本以封建等級制度建構社會，傾向把家與國視為一體，以羞恥心和報
恩文化約束個人的行為。對於成年人，社會施以最大的約束力，但也在日常
生活中留下一些自由社會領域空間，讓個體獲得一時的休息。

　　筆者認為，日本人擁有近乎天國一樣的童年，在社會隙縫中留有相當自
由的生活空間，是日本人審美文化發達的主要原因。

　　不過，潘乃德的《菊
與刀》屬於共時分析，只能
勾畫出近當代日本社會的情
況，未能反映日本社會在歷
史中的縱向變化。比如，日
本人家庭觀念的變化、日本
傳統家族觀念如何塑造現代
日本企業文化等，都只能採

縱向斷代分析
Vertical / Diachronic Analysis

　　縱向斷代分析，是一個分析角度，重
視歷史與時間變化，相對於橫向共時分析，
考察範圍較聚焦。例如，本章考察日本歷
史上男女權力關係之變化，即屬於縱向斷
代分析。

用縱向的歷史分析才看得出來。

日本人的「家」制度和「家」意識，與日本傳統的封建等級制、家父長制度一脈相承，它包含了強烈的男尊女卑思想在內。這種制度對女性的壓迫，恰恰就是日本動漫少女角色反差萌的來源。「美」是超越現實約束的一種精神體驗。現實生存充滿束縛，是「理不盡」的，是無可奈何的，但少女總能在束縛找到突破口，帶來反差萌體驗。少女的在學期同性愛就有這樣的萌點。長大嫁人是必須的，是理不盡的，但在畢業前，少女是自由的，可以出於己意，盡情在學姊或學妹胸前撒嬌和哭泣，編織短暫的美夢，這是對現實窘境的超越，也就是百合動漫的萌點所在。為此，想要了解「萌」，必須先了解日本歷史上的「家」，是何等的嚴格和理不盡，又要了解日本人選擇這種「家」制度背後的無奈。

論到對於日本傳統家制度的研究，李卓《家族制度與日本的近代化》（下稱《家族》）一書，提供了相對詳盡的歷史資料，並點出日本歷史上的政治經濟力量變遷，如何塑造今日日本人的「家」制度和「家」意識。此外，李卓以女性作者的身份，特別關注了日本女性在歷史中的生存情況，對我們考察「少女」的起源尤有助益。再者，《菊與刀》1946 年成書，《家族》1997 年成書，對於近當代日本社會及日本女性的生存狀況，《家族》的記述參考價值更高。

《家族》對日本家庭制度之考察，從西元前 300 年的彌生時代開始。為了確實把握日本家族的歷史發展脈

「理不尽」 (Rifujin)

「理不盡」是常見的日詞，一般翻譯為「不合理」、「不成道理」，但從漢字構詞來看，原意更可能是道理太多，因此無法達成理性的要求。此詞含有勸人看開一點的意味，意謂「世界是理不盡的，不合理的，不要妄想推倒現實世界，請接受現實，並在現實中找尋出路吧」！

其實，一般人認為至理只有一種，其實是個誤區。人類把很多理想設為至理，並沒有注意到各個道理之間存在矛盾，在現實中不可兼得。華人俗語說，「忠孝兩難全」，即是點出忠義和孝義兩者雖然都是至理，但在現實中卻有矛盾，難以兩者兼得。現代社會，既講究透明開放，又同時講求保護個人私隱，其實兩者互有矛盾，難以兼有。日本人以「理不盡」一詞來表達現實的局限，著實是民間智慧。

絡，該書分析了日本每個時代的家庭與婚姻制度、經濟政治環境和女性生存情況。筆者彙集這些資料，對照日本歷史年表，重新整理出一組歷史時代對照表，分別為表一（甲）、（乙）及（丙）。大體來說，日本家族的歷史變遷，按特徵有三個主要時期：（一）母權社會時代；（二）武士家族家父長制時代；及（三）近代日本。

《三國志》邪馬台國＝大和國？

邪馬台是陳壽在《三國志·魏志·烏丸鮮卑東夷傳》記載的國名，一般認為是日本國的前身。由於「邪馬台」音近日語的「大和（yamato）」，有學者認為邪馬台國即是大和國，前者是後者的音譯詞。此外，《魏書》亦記載了邪馬台國卑彌呼女王的事蹟。當時日本未有文字，其歷史只能由先有文字的中華文明史書代記。為此，《魏書》成為了日本人追尋自身文化起源的重要典籍之一。

一、大和時代：最後的母權社會

「起初，女性本是太陽。」這一句話，出於日本婦運先鋒平塚雷鳥，載於 1911 年婦運文學刊物《青鞜》創刊號的序言內，典故出自日本神話。在日本神話中，天照大御神代表太陽，是女性。在日本歷史中，卑彌呼女王是第一位有文獻記載的民族領袖。史上第一位民族領袖，與神話中的最高神祇，兩者均為女性，相信不是巧合，而與上古日本（BC300-AD200）為母系社會（李卓：22）有關。有日本史學家甚至認為，卑彌呼即天照大御神（和辻；井沢）。基於日本以太陽為民族象徵，平塚雷鳥說「起初，女性本是太陽」，相信就是強調女性在上古日本曾經擁有過的地位。

▲ 神埼駅北口前之卑弥呼像．CC BY 4.0-2017 そらみみ / WIKIMEDIA COMMONS

表一（甲） 日本歷代女性生存狀況及其背景

年代（約）	土地/經濟基礎	政治/社會	家族制度/經濟主體	婚姻制/女性生存
BC300-AD300 彌生時代	中華文明傳入，生產力上升； 階級社會；奴隸制。	奴國進貢漢朝 邪馬台國	母系氏族	母系社會 訪妻婚：一夫多妻；女性為婚姻主體。
AD300-AD800 大和時代	土地私有，貴族世襲； 大化改新（AD645）：班田授受、統一賦稅； 公民公地/土地國有制；維持約一百年。	豪族掌權，列島統一； 豪族蘇我氏亡，孝德天皇立，效唐中央集權（AD645）。	氏族	女性仍為生產主體 民間招婿婚；女方父親主持婚姻，父權夫權上升，貴族流行訪妻婚至平安時代（AD645後）。
奈良時代	土地生產力下降；鼓勵開墾承認墾地私有；向莊園領主制過渡（奈良時代末）。	小土地資產階級名主出現，土地寄進，產生武士階級（8世紀中期）。	鄉戶（AD715） 氏族瓦解，武士團產生，漸形成武士總領制家族。	
AD800-AD1200 平安時代	莊園領主制	武士階級興起。 源平合戰源氏勝（AD1185）	武士總領制家族，總領地位由嫡子繼承，家產由諸子均分。	女性仍為生產主體一夫一妻制度。 武士行嫁娶婚；公家行招婿婚；招婿婚漸被取代。

　　卑彌呼統治日本列島，約在西元2世紀，當時中國剛好進入三國時代。當時，卑彌呼作為邪馬台國女王，曾對魏國朝貢。魏書記載了當時的朝貢清單，清單內有「生口」一項，「生口」即奴隸。這表示當時邪馬台國已經進入了奴隸社會階段（陳壽：857）。

　　《魏書》記載：「其國本亦以男子為王，住七八十年，倭國亂，相攻伐歷年，乃共立一女子為王，名曰卑彌呼，事鬼道，能惑眾」（856），又載卑彌呼死後：「卑彌呼以死，大作塚，徑百餘步，殉葬者奴婢百餘人。更立男王，國中不服，更相誅殺，當時殺千餘人。復立卑彌呼宗女壹與，年十三為王，國中遂定」（858）。記載指，邪馬台國本有男王，但男王不能平定國家，始立卑彌呼，而卑彌呼死後，又有人擬立男王，結果再失敗，卑彌呼之女壹與13歲即位，始定大局。這表示，西元2世紀的日本，是男王與女王相爭之年代，並非完全的母系社會，推測當時為母系社會之晚期。另外，卑彌呼「事鬼道，能惑眾」，反映當時的日本為巫術社會。

　　卑彌呼女王死後，在緊接的大和時代，到西元645年大化改新為止，當時主要的婚俗為訪妻婚。所謂「訪妻婚」，意即男女結婚後並不同居，各居

母家，由男方造訪女方來實現婚姻生活，男方可短期留宿女家，又可暮合朝離，留種不留人。男女雙方生育的孩子，一律由女方照顧撫育。在這種婚俗中，女子是婚姻的主體，社會地位較高（李卓：17-18）。對於邪馬台國的男女地位，《魏書》記載：「其會同坐起，父子男女無別」，又記「其俗，國大人皆四五婦，下戶或二三婦。婦人不淫，不妒忌。」（856）「其會」所指應是家庭或會議，「父子男女無別」意味當時兩性權力對等，沒有差別。所謂「國大人皆四五婦」，即一夫多妻，但這種一夫多妻制不同今人納妾的一夫多妻，當時日本並沒有「妾」的觀念。在母系社會裏，丈夫只有借種的功能，並不擁有妻子。「四五婦」之說，很可能只是陳壽一廂情願的理解。李卓指一夫多妻是訪妻婚的特徵，而在訪妻婚中男性所有妻子地位相同（17-18）。

高群逸枝在《日本婚姻史》一書提出，日本古代的訪妻婚有如下特點：（一）男女方財產由各家自身的氏族管理，互不往還，即婚姻不牽涉財產轉換，與財產完全無關；（二）男方向女方求婚的過程，由男方在門邊呼喚女方，雙方互通歌謠，由女方答允即結成姻緣，結婚後才由女方告訴族長，即當時訪妻婚是以自由戀愛為基礎的；（三）子女由女方養育，男方不能介入，即子女屬於母家，不屬於夫家，男方對子女不能行使任何權力；（四）離婚非常容易，只要男方不再造訪女方，或女方把男方趕走，即是離婚，過程不需要宣言，女方可以再接受新的丈夫，所以說當時是多夫多妻社會，相信更加貼切（高群：32-51）。

大概同一時期，日本與中國已經展開了朝貢關係。一般人以為朝貢是純粹一方向天朝稱臣，其實不盡然。朝貢雖然區分國體高下，但它更是兩國間互相認可的一種官方貿易活動。藩屬國提供貢品，天朝提供賞賜，作為交換，完成貿易，各取所需。上古時代邪馬台國向魏國朝貢，從而獲得古代中華文明較先進的技術，生產力也得到提升。究竟當時邪馬台國從魏國獲得甚麼？我們可以看看《魏書》：「今倭水人好沉沒捕魚蝦……種禾稻、紵麻、蠶桑、緝績，出細紵、縑綿。其地無牛馬虎豹羊鵲……有屋室、父母兄弟臥息異處……出真珠、青玉。其山有丹、其木有楠、杼、豫樟、櫟、櫪、投橿、烏號、楓香、其竹筱、簳、桃支。有薑、橘、椒、蘘荷，不知以為滋味。有獮猴、黑雉。」（855）

由此等描述可知，邪馬台國有農業，有漁業，但無畜牧，有相當多的土產如真珠、青玉和各種香料木材，當時有屋室，居所固定，可見是一種農耕配合採集的經濟模式。相信獲改進的技術主要是農業、軍事等。農業重要性的增加，令操控土地的方式開始對經濟基礎構成重大影響；軍事的完善，促進日本諸島在大和時代的統一。

　　原始初民的生存方式，難敵嚴苛大自然，人口死亡率高，尤其是男性，只能靠增加生育補充人口，為此女性作為生育主體，社會地位較高。但文明改進後，人口存活率上升，生育重要性稍降，反而以男性為主體的物質生產變得重要。文明技術自中國引進後，男性在勞動時存活率獲得提增，生產力上升，生產主體遂由女性轉移至男性，生產重點也由生育轉向物質生產。推測這是父權在大和時代逐漸上升的主要原因。

　　由大和時代開始，到西元 645 年大化改新以前，日本的土地已漸確立為貴族世襲，形成土地私有制度。與此同時，訪妻婚也逐漸演變為招婿婚。招婿婚仍然以女方為婚姻主體，因為男方須住進女家。然而，這也使婚姻由夫妻分居，演變為夫妻同居。此時，女性擇夫，開始須得父親批准（李卓：18，22）。由是，父權上升。再者，夫妻同居，父親開始有權力過問子女養育事務，女兒長大擇夫，自然也受到地位上升的父親所管轄。

　　由於以女性為主體的經濟生產力未發揮到最大，由彌生時代到大和時代，女性仍維持較高社會地位，當時訪妻婚和招婿婚流行，與女性地位高企有關。

　　大化改新以後，大和國仿大唐實行中央集權，行土地國有制，取締氏族，改行鄉戶制度。中央集權使國家維持了短暫的穩定。

　　至奈良時代，生產力提升達至瓶頸，國家鼓勵墾荒，承認墾地私有，結果令土地國有制名存實亡，演變為平安時代開始的莊園領主制度，使地方力量開始冒起。在新形勢下，政治權力由中央移至地方，武士階級成為保護私有土地的重要力量，從此武士階級興起，男尊女卑的嫁娶婚開始流行（李卓：14-20）。經濟制度改變，自平安時代開始，招婿婚逐漸為嫁娶婚所取代。在嫁娶婚之中，男家取代女家變成婚姻主體，母權終於讓位於父權，直至現代。

　　「起初，女性本是太陽」，此語寄託了現代日本女性對古代失去了的母權的無限緬懷。

二、武士時代：父權家族社會的確立

日本的家父長制度，最早可以追溯到大和時代的氏族社會。李卓指，氏是大和國家的社會基本單位，一條村由多個氏組成，一個氏由多個家庭組成，氏內有官職，有祭祀，有固定居住地，有奴隸。氏有如一個父家長制大家族，家族首長稱為氏上，有血緣關係的成員稱為氏人，無血緣關係者為部民、部曲或奴婢（18，22）。

▲ 鶴城歷代城主之家紋．CC BY-NC-ND 2.1 JP
2014 きむつべ /photozou.jp
＊家紋是日本武士家族之重要象徵記號。

所謂大和時代，大概是西元 250 至 538 年，對應古墳時代和飛鳥時代。當時日本最重大的變化，是佛教的傳入，以及氏族由興盛走向滅亡。

在大和時代末年，適值蘇我氏和物部氏長期爭鬥。蘇我氏支持佛教，物部氏推崇本土神道宗教，兩派形成神佛大戰，而兩氏族的政爭結束於西元 587 年，最後蘇我氏得勝，佛教從此得勢，在日本廣泛傳播。蘇我馬子所建造的飛鳥寺，就是當時佛教勝利的證明。政爭結束後，蘇我馬子擁立自己外甥女額田部皇女為推古天王。

大和時代的氏，是一種階級社會組織，氏內有奴隸，既有血緣關係構成的組織，也有模擬的血緣關係，讓無直接血緣關係者併入氏族之內，形成強大的豪族，其內部階級關係複雜（李卓：21-23）。換言之，潘乃德在近代日本文化中觀察到的社會等級關係，在大和時代已有跡可尋。若由這時期計起，日本人家族的歷史長達接近兩千年，歷史根基甚深。

表一（乙）　日本歷代女性生存狀況及其背景

年代（約）	土地／經濟基礎	政治／社會	家族制度／經濟主體	婚姻制／女性生存
AD1200-AD1603 鎌倉時代	莊園領主制（莊園由御家人管理）	幕府時代開始；公武二重政權；御家人制度；地方勢力抬頭兩次抗元戰爭。（13世紀末）	武士總領制家族，總領無法號令庶子。	女性不再是生產主體。 嫁娶婚流行，通婚圈擴大，出現對等政治婚姻；家產一般不傳女方；招婿婚在個別地區留存。 由幕府時代某個時點起出現納妾習俗。
室町時代	家產繼承方式變化，轉向長子單獨繼承家產家業，即家督制。	大名領國戰爭	武士總領制轉向家督制，由一子繼承家產家業；傘形連判出現，大名領國形成。	
戰國時代安土桃山時代	封建領主土地所有制		家督繼承制（由長子單獨繼承家產；町人家族次子可分得家產開設分家）	

直至西元 645 年，日本朝政一直為蘇我氏壟斷，天皇家族沒有實權。後來，皇室中大兄皇子聯合貴族中臣鎌足發動政變，刺殺蘇我入鹿，最終令皇室重掌權力，孝德天皇繼位，遷都難波京，亦即大阪，並改元大化，取「偉大變化」之意。孝德天皇期間推行的大化改新，包括了當時一連串的社會政治改革，除了廢除氏族專政外，亦效法中原大唐國實行中央集權。實踐上，大化改新以鄉戶取代氏族。所謂戶，也就是小家庭，而鄉則是把多個小家庭組合起來所得的單位。鄉戶形成一種較橫向、階級性較低的社會組織。這種組織，倒有點像今日日本農村或商店街的互助組織。簡言之，通過大化改新，日本由分權走向統一和集權。

武士家族崛起·日本家父長制度確立

然而，大化改新廢除氏族，只維持了百餘年，地方武士勢力即告興起，代替原來的氏族，瓦解了國家的中央集權體制。新興的武士家族，以總領為首，所以又稱為武士總領制家族，恢復了氏族的階級性，成為新的縱向家父長制度組織。由於武士家族與氏族的結構相當相似，有日本史學家認為，這是古代氏族制度的復活（豐田：15）。玉城肇說，武士家族的制度是日本「最

▲ 武士集團（Tetsudōin）·PUBLIC DOMAIN/NYPL

典型的家族關係」（1），不但幕府時代平民和商人追隨仿效，連明治政府制
訂新民法，也以它為原型。

　　武士家族大約興起於奈良時代，即西元 8 世紀。當時大化改新不到百年，
中央集權無法維持，土地國有制開始失控，土地落入地方豪族手上。李卓指，
早期武士組織有各種稱謂，如「一族」、「一門」、「一流」等，族內以核
心血緣家族關係為主，旁及遠親如甥、侄、堂兄、姻親，也收養子模擬血緣
關係，容許優秀族外人用郎從的身份加入，以增強一族之力量。武士組織的
首領稱為總領，對內他統率族眾，對上向幕府負責，所以這時期的武士制度，
稱為武士總領制。無論是大和時代的豪族，還是奈良時代的武士家族，內部
主從關係，既有血緣關係，也有模擬血緣和非血緣關係（23-24）。

　　至西元 12 世紀末，源賴朝建立鎌倉政權，出現了御家人制度。所謂御家
人，即是服務將軍的武士。所謂「家人」，本是貴族及武士首領對部下的稱
謂。在將軍與御家人之間，有着「御恩」與「奉公」的關係，將軍任命御家
人合法守護土地、授與新領地、向朝廷申請官位等，皆為「御恩」。御家人

平時擔當京都、鎌倉的警備工作，為將軍修築御所，戰時自備武器出戰，平日履行經濟義務，則為「奉公」。將軍與御家人之間，雖有主從關係，但同時是一種交易關係，御家人奉公，全因為將軍能給與御恩，但當將軍經濟拮据，無法再給與御恩，御家人即可能拒絕奉公。簡言之，御家人是地方武士勢力，將軍以御恩來換取地方勢力的奉公。這就是鎌倉時代的宏觀政治結構。

由奈良時代起，武士家族一直維持到江戶時代末期，也就是幕末時代。期間，由鎌倉時代走向室町時代，再由室町時代走向戰國，再由戰國統一走向江戶時代，武士家族的勢力和角色也在變化，其過程是「合—分—合」，武士家族先脫離中央統治，走向割據自立，經過戰亂後，最終再度稱臣於單一個最高權力，以謀求家族的生存。

總的來說，上千年來，武士制度主宰了日本人的生活。武士家族不單單是日本人的家庭，也是日本人最核心的政治、經濟和社會單位。在政治層面，武士家族向幕府負責。在社會層面，武士家族以自己的家名和家格立足於社會。在經濟層面，武士家族有自己的家業、家職和俸祿（李卓：26）。正因如此，日本人的家族與社會同構。社會的現實需要和要求，能迅速滲入家族內部，這種社會結構，一方面提升了日本社會的經濟生產力量和效率，另一方面則令家族成員承受相對大的社會壓力。

終極父權統治：武士家督制度

由平安時代過渡至幕府時代，武士家族制度發生過一次重大變化，產生了一種極端的父權制度，那就是在室町時代，取代了總領制而出現的家督制。

家督和總領，就表面稱謂來看，都是一族之首長，看似沒有分別。但是，在總領制下，總領地位雖然由嫡子繼承，但財產則由諸子均分。相反，在新生的家督制之下，無論首長地位還是全家之家產，全由長子一人單獨繼承，繼承人稱為家督。此一轉變，實現了家長、家產和家業三種繼承權之統一（李卓：25-26）。這一種新的武士家族制度，實現了家族內最高的集權，把家族所有權力集中在家督一人身上，把日本家族式父權統治推至巔峰，也成為了後來明治民法論爭中被指為日本傳統「醇風美俗」的家父長制度。

那麼，為甚麼好端端的一個總領制，來到足利氏統治國家的室町時代，就演變成更加專權的家督制呢？

也許，這可以怪罪到蒙古人頭上。

話說，鎌倉政權於西元 12 世紀末由源賴朝所建立，當時源氏採用御家人制度，由將軍給與御恩，換取御家人的奉公。即是說，武士服務主公，前提是獲得御恩。然而，13 世紀末，元朝蒙古大軍兩度侵略日本，雖然在惡劣天氣的助力下，蒙軍敗退，但蒙軍勢大，幕府抗蒙耗盡國庫，逐漸無法支付御恩，難以維持御家人奉公。換言之，元軍之侵略加速了御家人制度的崩潰。

本來，在舊總領制下，家產均分，養成了諸子強烈的獨立傾向。家族分裂，家族總領管不了庶子的情況，十分普遍。當幕府經濟拮据時，武士家族獨立之勢就更加熾烈。鎌倉幕府倒台，足利氏建立的室町政權，也不長久，只維持了大約一百年左右，日本就迎來了地方勢力割據、互相攻伐的戰國時代。在室町時代的百年之間，社會持續動盪，先是南北朝對峙，後有德政一揆的揭竿起義和應仁之亂，說明了當時的社會制度並不完美，難以維持社會穩定。

於是，家督制應運而生，武士家族選擇了進一步集權的生存策略。武士家族總領制失敗，在於家產諸子平分，削弱本家力量。家督制犧牲諸子的利益，讓長子一人成為家督，單獨繼承家族的全部地位與財產，緩解了家族分裂的問題，終令政治形勢稍為穩定下來。

在室町時代誕生的武士家督制度，決定了日本傳統父權制度與西方父權制度之間最重大的差異。西方父權制度只是單純的「男性壓迫女性」、「男性把女性物化」的父權制度，但日本傳統父權制度，則是「壓迫所有人」、「把所有人物化」的強大父權制度。家族權力集中在一名家督身上，家督為了家名和家族命運，可以做任何決定，必要時犧牲族內的任何人，包括家督自己，否則遭人笑柄，家名受損，為羞恥文化所不容。日本傳統武士家族制度，是日本獨有的一種父權制度，並非單純憑「男／女」二元對立結構可以充份解釋。

平安時代女歌人文化繁盛

　　武士家族制度的出現和變遷，伴隨着婚姻制度的改變，對日本女性生存影響深遠。首先，在平安時代末期，日本人婚姻形態發生重大改變，嫁娶婚取代了招婿婚。招婿婚以女方為婚姻主體，嫁娶婚以男方為婚姻主體。李卓提出一樁婚事做例子，說明當時招婿婚受到嫁娶婚威脅的情況。

　　「12世紀末，關白九條兼實的兒子與武將一條能保的女兒結婚。一條能保主張舉行嫁娶式的婚禮，而九條兼實則堅決要求實行舊式的招婿婚，雙方相持不下。最後還是武家服從了公家，舉辦了招婿婚式的婚禮。」（19）

　　在平安時代，即使在招婿婚中，女性擇夫已受家父干涉，但結婚後始終毋須離家從夫，女性仍然是婚姻的主體。然而，進入幕府時代，武士地位上升，代表父權利益的嫁娶婚，旋即取代了代表母權利益的招婿婚，從此女性被要求嫁夫從夫，進入等級森嚴的武士家族組織中生活，受到諸多家規所束縛，不能自由生活。

　　到了江戶時代，家督繼承制確立，父家長作為家督，成為一家之中的最高權力者，情況變得更加不堪。女性在家可以擁有權力，但其權力次於父權與夫權，也只有在生育男性子嗣後，到年長以後，才有可能獲得一定程度的親權。再者，不管取得何種權利，有關權利都被要求優先為家族最高利益而使用。

　　具體上，武士家族的家父長制度出現前後，女性的地位差別有多大呢？

　　首先，讓我們看看平安時代的女性情況。

　　當時，訪妻婚仍然流行，女性仍是婚姻的主體。在這個時期，在貴族宮庭長大的女子，都有接受文化教育的機會，這些女子有足夠的閒餘時間進行文學創作，為日本早期文學發展留下了豐碩的遺產。在鎌倉時代，歌人藤原定家曾編集有名的和歌歌集，稱為《小倉百人一首》。他依年代先後，在天智天皇到順德天皇期間，選出100位歌人各一首作品收入歌集之內。結果，在100位歌人之中，女性歌人即佔了21個席位，雖然仍是男性歌人為主，但女性作家能在文學領域佔上席位，這在世界其他文明的早期文學發展中，包括中華文明在內，都是少見的。與此情況相似的，也許只有女性也能成為哲

學家的希羅文化。

作品獲收入《小倉百人一首》的女歌人，包括清少納言、和泉式部、大弍三位、赤染衛門、小式部內侍、伊勢大輔和紫式部等。清少納言創作了有名的《枕草子》，紫式部創作了有名的《源氏物語》。當時著名女歌人十分之多。除了《小倉百人一首》之外，也有《列女百人一首》歌集，純粹以女流歌人作品編集而成，又有所謂《女房三十六人歌合》的文學辯論會。《女房三十六人歌合》是一種文學遊戲，讓競賽雙方辯論哪些女歌人所寫的和歌最好（大伏）。在西方社會，女權主義文學批評家肖瓦爾特（Showalter 1999）著有成名作《她們自己的文學》，該書投訴男權社會壓迫女性，使女性文學家無法建立自己的歷史（13）。可是，遠在東方的日本，早在平安時代，就已有一大批成就耀目的女歌人建立了女性文學的傳統了。

《小倉百人一首》的女歌人作品，多為詠頌或哀嘆男女戀愛的和歌，比如小野小町之歌「好花轉瞬即飄零，只恨空空渡此生。傷心紅淚何所以？連綿細雨不能晴」、伊勢之歌「難波舄之蘆，葦節短兮良宵短，豈非如君言」、

▲清少納言・高畠華宵
（1933）・PUBLIC DOMAIN/
パブリックドメイン Q

和泉式部之歌「病榻沉沉與日增，芳魂欲斷我傷情，今世來生長相憶，猶望伊人再一逢」（藤原等），都與戀愛相關。其中和泉式部在有生之年，曾以有夫之婦之身份，與兩名親王相戀，她與敦道親王的戀情即載於與紫式部《源氏物語》齊名的《和泉式部日記》之中。雖然和泉式部的戀情令她與丈夫離緣，又與父親斷絕關係，但也顯示出平安時代貴族女子對戀愛的追求，以及她們享有戀愛自由。

武士時代之日本女性

到了幕府時代，比如戰國時代和江戶時代，武士家族家父長制度已經確立，婚姻以一夫一妻的嫁娶婚為主，女性已然失去婚姻中的主體地位。

在戰國時代，為了一族之存續，大名的女兒往往被視為政略婚姻中的籌碼，是同盟間議和的象徵，說得難聽一點就是人質（大塚：11）。例如織田信長就曾把 9 歲女兒許配給德川信康，又把妹妹阿市許配給淺井長政。淺井長政背盟敗於信長之後，阿市又在其他大名的仲介下嫁給柴田勝家，一生受到戰爭政略的擺佈。

到了江戶時代，雖然沒有了戰爭中一族存亡之大義，但家父長制度並沒有放鬆對女性的壓迫，採用了來自中國的儒教倫理強化對女性的轄制。江戶時代中期，柏原清右衛門與小川彥九朗以貝原益軒《和俗童子訓》卷五《教育女子法》為藍本寫成《女大學》，作為女子教科書教育女性遵守儒家婦德，守則共十九條，包括了三從七去之教導，其中一些條文如下：

1. 婦人別無主君，以夫為主君，敬慎事之，不可輕侮，婦人之道，一切貴在從夫。

2. 大凡女性在心性上的毛病是不柔順、怒怨、長舌、貪心和智淺。

3. 女人屬陰性，和夜晚一樣黑暗，所以女人比男人愚笨。

4. 對夫之詞色應殷勤而恭順，不可怠慢與不從，不可奢侈而無理，此女子之第一要務。夫有教訓，不可違背。疑難之事問諸夫，聽其指示。夫有所問，宜正答之，返答有疏者，無禮也。夫若發怒，畏而順之，不可爭吵，以逆其心。女子以夫為天，若逆夫而行，將受天罰。

5. 萬事自忍辛勞而勤之。

6. 既嫁就要以夫家為自己的家而事之，不要被休掉。（貝原：203-204）

表一（丙）　日本歷代女性生存狀況及其背景

年代（約）	土地 / 經濟基礎	政治 / 社會	家族制度 / 經濟主體	婚姻制 / 女性生存
AD1603- AD1868 江戶時代 幕末時代	封建領主土地所有制	德川統一全國； 幕藩體制； 公武二重政權； 倡儒家道德。 黑船來航 （AD1853）	家督繼承制 家為幕藩體制之基礎單位。 家：家名、家格、家業、家產、家職。	公家與武家以嫁娶婚為主。 平民婚姻相對自由，此時平民尚不能使用苗字（姓氏）。
AD1868- 現在 明治時代 大正時代 昭和時代 戰後重建 平成時代	建設近代工業、國防、教育，經濟現代化； 半封建寄生地主所有制； 社會改革滯後；資本主義商品經濟； 家族式財閥壟斷資本。 廢除寄生地主制，農村實行耕者有田制度； 第一產業人口大幅下降，第二產業人口上升，第三產業人口大幅上升；快速城市化。	明治維新；廢藩置縣、取締武士階級、四民平等； 明治民法論爭 二次世界大戰 日本戰敗 （AD1945） 現代日本	平民採用苗字； 武士家制度結束； 明治民法使家制度推行至全國；核心小家庭增加。 盟國軍事佔領下頒新憲法廢除封建家制度； 核心家庭進一步增加； 社會少子化；家意識仍然殘留。	公武階級解體；資本主義興起。 兩性關係重新洗牌： 國家興辦女子教育、廢除蓄妾、新民法下女性地位下降。 兩性關係再洗牌； 女性家庭地位受新憲法保障而提升； 女性獲得參政權。

　　《女大學》是江戶時代普及於平民百姓的女訓書，書中充滿對女性之輕蔑，要求女性嫁夫後事夫如事主，以夫家為家，反映當時武士階級的家意識，已由上而下在民間普及，日本社會上男尊女卑之風也被推至新高點。

　　有趣的是，江戶時代町人文學之父井原西鶴寫下多部膾炙人口的小說，如《西鶴織留》、《好色一代女》、《好色五人女》、《浮世榮花一代男》等。學者發現，井原筆下絕少貞女角色，反而違反《女大學》女訓的惡女角色多不勝數，有的追求自由戀愛，有的要求離婚，有的不孝順父母，有的不追求生子只要求性愛。也許，正是因為儒教倫理充滿了壓迫，井原西鶴的作品才大受歡迎，反映出當時日本庶民對儒教倫理的抵抗（趙）。

三、近代日本：新秩序下的家父長制度

經過 17 至 18 世紀的啟
蒙時代，世界進入現代，資
本主義經濟體系席捲世界，
西方世界以武力要求東方國
家開放門戶，容許自由通
商。最初，日本德川幕府實
行鎖國，但極其量也只能堅
持至 19 世紀中葉。當時，
日本國內商品經濟活動日益
活躍，資產階級興起，幕藩
體制已經動搖。1853 年，美
國海軍培里準將駛來四艘現
代化戰船，船上大砲合共 63
門，逼令日本開國。由於這
些戰船當時是黑色塗裝，日
本史稱「黑船來航」。1854
年，日本終於答應與美國簽
訂《日美神奈川條約》，打
開國門。其時，日本國內政
治發生翻天覆地的變化。維
新志士推行「王政復古，

幕藩體制

幕藩體制是日本 17 世紀由德川家康建
立、由幕府和藩國共同統治的封建制度。幕府
相當於中央政府，藩國相當於地方政府。幕府
與藩國的差異，在於幕府首腦稱征夷大將軍，
是全國政權的控制者，而且將軍直轄領地比任
何藩國都多。天皇任命將軍，但實際對將軍沒
有管制權。幕藩體制的建立，與此前戰國時代
終戰時的形勢有關。德川家是當時的勝者，成
為將軍。其他勢力獲分封為藩國，首腦稱為大
名，亦即是藩主。將軍親屬成為親藩大名，封
於全國要地。此前隨德川家征戰的忠心家臣，
成為譜代大名。在戰爭中降於幕府者，較不被
信任，成為外樣大名。各藩藩主必須定期到江
戶參謁將軍，幕臣需要貢納，幕府亦壟斷對外
貿易，全國主要礦山如佐渡、伊豆的金礦，
主野、石見的銀礦，還有全國的交通要衝，都
由將軍統管，從經濟上使幕府權力得到充實，
避免國家因為中央積弱而再次分裂。社會制度
上，給與武士享有最高特權地位，之後以士農
工商順序排列。本來，商人是最容易藉金權崛
起的階級，把商人置於社會階級底層，可見德
川幕府為了穩定政權，使國家維持統一，幾乎
甚麼機關都已經算盡了。

尊王攘夷」運動，德川幕府在 1867 年答應「大政奉還」，把政權交還天皇。
1868 年，倒幕派擊敗幕府軍，成立明治新政府，積極引入西方文明，推行維
新，正式展開日本的現代化步伐，史稱「明治維新」。

廢除公武階級

明治維新的推手，即明治新政府的骨幹成員，主要來自薩摩藩與長州藩，在江戶時代多為下級武士與商人。他們認為，現代化不再需要封建政府和武士階級，把廢除武士階級視為首要任務。在維新期間，廢除武士階級的政策，包括以下多項：

1. 四民平等（1869 年起）：

公卿改稱華族，大名改稱士族，原來町人、農民和賤民合稱平民。所謂四民平等，即皇族、華族、士族和平民之間不分貴賤。基本上，四民平等是新政府提出的一個政治理想。新政府把這個理想貫徹到底，自 1869 年起，它陸續實施了許多具體政策，包括公武易名、三族通婚、武士廢刀、平民稱姓、騎馬、服兵役等等，最終把公家和武家兩個階級完全消除。今日，日本國內大抵上只有兩個階級——平民和皇族，不過在文化層面，現代日本社會仍存在對賤民（部落民）的歧視。

2. 普及教育（1870 年起）：

明治政府由 1870 年起引入西方教育制度，興辦大中小學，1872 年頒佈學制，推行全民普及教育，重點設辦女子學校，賦與女子接受教育的權利。

3. 廢藩置縣（1871 年）：

取締舊藩主的權力，讓藩主交還領地，重新設立地方政府。廢藩置縣初期，武士俸祿改由中央政府支付，而不再是藩主，這就解除了藩主與武士之間的主從關係。廢藩置縣並不是一下子就完成的改革，而是陸續完成的。1871 年設立置縣 72 個，至 1888 年置縣增至 78 個。今日，日本設一都（東京）一道（北海道）二府（大

部落民～舊世代殘留的歧視

部落民是過去封建時期賤民階級的後裔，主要包括阿伊努人、琉球人，從事宗教上「不潔」的工作，如殯儀業、屠夫、皮革、拾荒者、小丑等，居住於對外隔絕的村莊或貧民區，又稱非人、穢多。1871 年日本封建階級制度廢除後，部落民在法律上被解放，但文化上仍然受主流社會歧視。據知，現今仍然有人出於歧視，私下購買「部落民」資料，以免不小心把部落民招入家族或公司內。

阪府、京都府）並 43 個縣份，下設市、町、村。

4. 秩祿處分（1876 年）：

通過 1873 年開始的「家祿奉還」以及發行「金祿公債」，至 1876 年完成處分，全面廢除士族、華族以及維新功勞者的賞典祿金，一方面解決明治政府的財困，另一方面亦收瓦解舊武士階級勢力之效。

5. 廢刀令（1876 年）：

禁止武士佩刀，令武士階級失去作為最重要身份象徵物的日本刀。

文明開化思想傳入

► 一萬日圓鈔票上的福澤諭吉．PUBLIC DOMAIN/ パブリックドメイン Q
＊明治年間，福澤諭吉積極推動日本文明開化，是西化運動的重要推手。

在以上一連串政策之下，幕府時代遺下的舊武士階級在不到十年內即被明治政府連根拔起，加上在「文明開化」的論述下，封建家族制度受到西化知識分子的大力批判，傳統家制度也迅即解體。1868 年，明治教育家福澤諭吉，本着文明開化理想，率先把西方家庭觀念引入日本，主張「家族」是「夫婦親子和睦團聚」之場所，又說「但凡世上人情之厚相交之睦沒有甚麼可與之相比」（福澤：390）。福澤此說，強調了英語中的「家庭」觀念，否定了日本傳統家父長制度中的「家意識」，認為家庭是「愉快溫情的家」，而不是強調服從、貶抑個性的家。兩年後，福澤諭吉又出版《勸學篇》，批判江戶時代儒教倫理對婦人提出三從七去之規範，指出婚姻應以愛情為基礎，是男女平等的結合（福澤：40）。福澤的這一部著作，當時發行達 340 萬部，對社會衝擊很大。除了福澤以外，另一位啟蒙思想家森有禮，也批判了傳統家父長制的婚姻模式，譴責在舊制度中「丈夫恰似奴隸的主人，妻子無異於賣身的奴隸」（大久保：241-244），提倡男女雙方自願的婚姻。在福澤等明治啟蒙思想家的努力下，新政府廢除了一些復古的江戶法例，例如承認納妾、

少女歷史
日本 ACG 萌文化
哲學筆記

把妻妾視為丈夫二等親的《新律綱領》。不過，啟蒙運動無法完全消除朝野中的復古聲音，女性因為啟蒙思想而獲得的自由，維持不到三十年，即在1898年宣告結束。1898年，明治政府頒佈新民法，再次確立了家父長在一家中的優越地位。也許，由1868年到1898年的這三十年期間，只是社會變革的混亂期，因為政治勢力洗牌未完成，日本女性才一度獲得短暫的自由希望。

明治民法論爭：復古力量的反擊

日本明治維新，其實是一個眾聲喧嘩、新舊思想劇烈衝撞的歷史階段，明治維新初期，主張西化的聲音佔優，但當維新取得成果之後，要求復古、摒棄西化、還原日本優良傳統的聲音逐漸抬頭。要求復古的一派，大抵包括了帝國議會上掌握實權的官僚、地主、財閥，他們對封建時代的家制度念念不忘，反對過份的西化，令明治新民法的制定工作一波三折。

明治民法的編纂工作起於1870年。江藤新平曾經嘗試以法國民法為基礎編寫民法，最終被迫辭職。及後，法國法學者伯阿索那多起草了第一部民法，並於1890年公佈，史稱舊民法。本來，舊民法預定1893年實施，但未到實施日，就引起了復古派大力反擊以及日本法學界內部的激辯，史稱明治民法論爭。復古派指控舊民法欠缺國家思想、擾亂倫常（星野：29），而他們所謂的倫常，基本上就是日本傳統的家父長制度。是次論爭，復古派採用英國法學來捍衛家父長制度，佔了優勢，為取消舊民法提供了強力的依據。1892年，帝國議會決定延期實施舊民法。1893年，梅謙次郎、穗積陳重及富井政章等人受命重新起草民法，放棄以法國民法為藍本，參照德國民法，加入適應日本傳統的內容，編成新民法五編，於1898年實施（李卓：39）。

在新民法五編之中，第四編及第五編明確地賦與一家之戶主（通常為父親）在家庭中的絕對權力，包括了各家族成員之婚姻、入籍、離家的同意權以及指定居所之權力，又設立了與江戶時代家督繼承制非常相似的條文，規定了繼承的順序，是以近親為先，以男子為先，以婚生子為先，及以年長者為先，而繼承內容包括了前戶主的所有權利、義務、家譜等和最少二分之一的財產。雖然新民法沒有指明女性不能當上戶主，但民法第四篇及第五篇多

項條文均已默認了父親或丈夫的戶主地位，如第 745 條指明，如丈夫進入他家，或另立新家，妻子隨丈夫入家（第一コンサルティング株式会社）。

家父長制普及全日本

這就是說，明治維新針對的，只是舊武士階級特權，但推動維新的「閣下」們，並不想放棄封建時代武士階級所留下的家父長制，而女性在明治民法的規制之下，被迫重返父權家族生活。更糟糕的是，明治新民法把家父長制普及到全國所有人身上。

本來，在江戶時代，家父長制只是公家和武家的制度，極其量也有一些財閥家族採用，但農民百姓沒有稱姓，也沒有財產可以繼承，家父長制與平民無關。當時，平民百姓住在城市，一般租用長屋共同生活，近似於大和時代由眾多小家庭組成的鄉戶。家父長制本不適用於平民。然而，因為四民平等，公武兩階級已被去除，家父長制內嵌於明治新民法，其規限的對象，自然變成日本全國國民，而民法第四、五編所載的家父長制，即變成全國國民都要遵守的制度。此法後來遭人詬病，指它把本來只屬於封建時代武士階層的家父長制，強加於新時代日本全國國民身上（申）。

理論上，平民屬於無產階級，由於平民男性沒有資產，他們沒有必要因為財產繼承問題而控制婦女之生育（Engels: 78）。這一個觀點，可以從日本人使用苗字（姓氏）的情況得到印證。本來，在德川幕府時代，農民和町民不許稱姓，苗字只屬於公家和武家（日本法務省）。既然苗字是日本封建家庭體制和財產繼承權的象徵，那麼日本江戶時代及以前的農民和町民，作為無產階級，不被允許擁有苗字，就不奇怪。我們可以合理地推想，在日本明治以前，平民雖然很窮，但他們沒有嚴格的家庭體制，平民女性也許會捱餓，但她們不會受到太大的父權壓迫。

然而，明治新政府在革除武士階級特權的同時，也引進了西方資本主義經濟，其中影響至深的一項，就是 1874 年實施地租改正條例，確立土地私有產權。本來，在封建社會，只有特權階級可以擁有土地，而且土地是世襲的。新法例讓土地可以自由交易，特權階級已經消失，任何人只要能積累足夠財

富，都可以擁有土地不動產。當平民有了土地財產，他們實質上即脫離了無產階級，從此繼承財產問題就關乎每一個人，從此每個人都需要苗字，作為財產繼承權的記號。如果國民沒有苗字，就太不方便了。因此，明治政府於1875年頒佈《平民苗字必稱義務令》，要求全國民稱姓，相信並不只是純粹為了西化而實行的政策，而是實際配合社會改革的政策。

明治政府於1875年要求平民稱姓，夫婦同氏制則於1898年確立，即一家一姓，雖然條文表明家姓可從夫，亦可從妻，由夫妻二人協商決定，但按日本人的習慣，大多數家庭均採用夫姓（日本法務省）。可以這樣理解，明治時代家父長制和苗字制度的普及，其實是伴隨着無產階級的消失而出現的。

父權統治下的「良妻賢母」教育

由是，本來生活相對自由的日本平民女性，突然被賦與一個全新的身份——良妻賢母。這身份要把女性綁縛在家中，接受父權的絕對監控。這一改變起於1890年至1910年間，當時國家主義抬頭，政府把「良妻賢母」女子教育正式列為國策，積極向在學女子灌輸儒家思想中的「良妻賢母」觀念（Rodd；大滝）。從這時開始，即便在民間，也變得對女性貞操非常重視，跟江戶時代的性開放民風形成巨大的落差（週刊ポスト）。

日本明治末期社會對女性貞操的重視，亦可見於鹽原事件。1908年，當時的日本婦運先鋒平塚明正與藝術家森田草平交往，3月21日晚森田突然萌生殉情念頭，企圖殺死平塚，結果二人獲救，殉情失敗。事件受日本媒體廣泛報道，引起社會輿論。然而，輿論的焦點並非殉情，而是平塚的貞操是否已經失去。

在幕府結束統治與明治新民法頒佈前的三十年，是家父長制的短暫真空期。其時，啟蒙思想全面進入日本，就這三十年，日本國內產生了一股婦運力量。鹽原事件中的主角平塚明，正是當時第一批日本婦運先鋒。福澤諭吉等改革家，早在1868年（明治元年）即提倡女性啟蒙，但在新政府權力反覆洗牌之下，明治政府約在1885年就開始推行連串反撥政策，包括推行「良妻賢母」教育，立法禁止女性參與政治集會等等。到了20世紀初，日本婦解運

動已經成形，努力與保守勢力周旋，互有勝負。1916 年，保守力量逼使婦解刊物《青鞜》停刊，但婦運組織也於 1922 年繼續公開地爭取女性合法參政權。

李卓指出，明治新民法所捍衛的傳統家父長制度，在明治後期至大正時期，愈發適應不了資本主義商品經濟的發展，傳統家族逐漸被小家庭所取代（52-53）。在資本主義商品經濟發展下，大量人口由農村湧入城市工作，愈來愈多人離家在外工作，與戶主（父家長）分開，難以按法例住在戶主決定的居所。到了 1920 年，日本單一對夫婦為核心的小家庭比例已達 54%，而民法構想中的傳統大家族只餘下三成多（上野 1994：80）。本來，在 1920 年代末，明治政府打算修訂民法，比如限制戶主對家族成員的住所指定權和婚姻決定權，但最終卻因 1929 年全球經濟大蕭條波及日本而作廢。自此以後，日本走向軍國主義，並發動了第二次世界大戰。直至 1945 年日本戰敗，盟軍在日本進行軍事範制，強迫日本改革，民法中的家制度才得以去除。

明治紡織女工悲歌

在「良妻賢母」教育和父權家族民法以外，父權社會加上資本主義工業經濟，也帶來了對日本女性勞動力的嚴重剝削。

資本主義工業社會對廉價勞動力有殷切的需求。日本傳統家督繼承制度令非長子及女性家族成員成為家族累贅，這些人無法繼承家業，當日本轉為資本主義社會後，他們正好成為資本家所需要的廉價勞動力。

據統計，1898 年日本女工在紡織業佔全部勞動力的 77%（安藤：77），但在日本工業發展之初，勞動制度未確立，女工單方面受到了資本家的嚴重剝削。高橋保指出，初時日本紡織業資本家採用低薪、長時間勞動及深夜工作三種政策對待女工，而由 1886 年起的幾十年間，發生了多起女工示威及勞資糾紛事件，女工頻頻從工場逃亡（2006）。有調查指出，大正初年全國紡織女工 50 萬人，每年約有 9,000 人死亡，6,300 人死於肺結核（森末：161）。對於日本明治時代紡織女工的悲哀生活，細井和喜藏所著的《女工哀史》記載了很多讓人吃驚的故事（2009）。

如此，我們看到明治維新時代新的經濟模式和制度，給日本女性帶來了

多重壓制和剝削，包括了「良妻賢母」的道德要求、普遍化家父長制度下的卑屈地位以及資本主義工業的勞動力剝削。

同盟軍佔領下的日本

戰後，美軍對日本的佔領政策之一，是令日本無法再成為美國的威脅。1946 年，美軍以同盟軍的名義對日本進行軍事佔領，日本政府公佈由同盟軍草擬的《日本國憲法》，廢除舊有的《大日本國憲法》。另外，天皇也在同盟軍安排下發表《人間宣言》，親自否定自己的「現人神」身份（否認天皇即神）。這個安排相信與潘乃德的研究關係密切，因為潘乃德注意到了日本人對天皇的忠誠非比尋常（137），因此天皇不能被視為戰犯來對待，而且必須留在舞台之上，美國只須令天皇按自己的意思對日本民眾說話，即能有效掌控戰敗的日本。

筆者認為，日本戰敗後對美國畢恭畢敬的態度，對原子彈襲擊沒有太大怨恨，很大程度上是潘乃德的功勞。日本人注重他人的批評，這是羞恥文化使然。以潘乃德為代表，美國人表現出用心「看」日本的濃厚興趣，中國人數千年來與日本為伴，卻鮮少對日本表示出「看」的興趣。對日本人來說，美國人比中國人更重視他們。筆者相信，這是過去日本長期親美的其中一個原因。

同盟軍的佔領對策，雖然沒有直接廢除日本傳統家制度，但提升女性地位的措舉比比皆是。首先，由同盟軍草擬的《日本國憲法》第 24 條，提出了西方的婚姻價值觀，指出「婚姻基於男女雙方之合意即得成立，且須以夫妻享有同等權利為基礎，以相互協力而維持之」，而對於家庭各種決定，「應以個人之尊嚴及兩性平等為依據」（李卓：225）。第二，1948 年頒佈新民法，把明治民法親屬編第二章「戶主及家族」部份全部刪去，即戶主權力和家督繼承條文從此消失。第三，婦女的地位在法律層面得到提升，比如獲得了與男性平等的離婚權及確保對子女的親權。第四，盟軍總司令麥克亞瑟下達五大指令，包括賦與婦女參政權、鼓勵成立工會、教育自由化、廢除專制機構、經濟制度民主化等，間接制約了傳統家父長制度在社會上的影響。

戰後日本的女性生存情況

　　同盟軍強制日本進行社會改革，對戰後日本女性的生存情況影響很大。

　　根據日本國內的調查，踏入 21 世紀，日本人的家意識已相當淡薄，像養子繼業、妻從夫等源於家制度的觀念已不流行。比如，在 2010 年日本區的《亞細亞·太平洋價值觀國際比較調查》中，受訪者中認為沒必要由養子繼承家業的佔 54.2%，贊同的不足 20%，認為妻應從夫的受訪者只有 34.1%，不認同者 64.8%，而即使是男性，不認同者亦達到 65.8%（吉野，二階堂）。另一方面，在《日本人的國民性調查》中，受訪者結婚比率在 1998 年、2003 年及 2008 年都高於或接近 75%，結婚比率相當高，而認為家族最重要的受訪者則由 1958 年到 2008 年一直維持上升，於 2008 年達到 46%，是各選項中最高，反映在日本國民心目中家族之重要；對家庭感到滿足者，由 1973 年至 2008 年，一直維持在 80-91% 之間，女性受訪者之滿足水平同樣在這個範圍之內（統計數理研究所：項目 1.2b，2.3c，2.7）。由此可見，戰後當代日本人已然脫離了傳統家制度的轄制和約束。

　　至於戰後日本小家庭的生活狀況，以及女性在新的家庭結構下的生存狀況如何，也有線索可尋。同樣在《日本人的國民性調查》中，1958 年只有 27% 女性表示願意重生為女性，64% 希望自己是男性，但到了 1968 年，想成為女性之女性，已升至 48%，希望自己生而為男性者降至 43%。至 2008 年，希望自己是女性之女性超過 70%，希望成為男性之女性不超過 25%。另外，在 2008 年，認為女性樂趣多於男性的女性，達到 56%，認為女性比男性辛苦的女性，只有 37%，另有 42% 女性認為男性比女性辛苦（統計數理研究所：項目 6.2，6.2c，6.2d）。由此可見，當代日本的女性生存狀況，至少從日本女性自身的

▲ 當代日本女性·作者攝於東京迪士尼

角度來看，已然大幅改善。

然而，家意識變得淡薄、女性生存狀況改善，並不代表日本傳統家制度已經完全消失。李卓指出，「家族主義的社會關係已經滲透到日本社會的每一個角落」，比如企業和政治的人事制度，是以傳統家族制度長幼差序原則為綱領的資歷制，一個人「在集團內工作時間的長短與他的地位高低成正比」，工資按「年功序列」計算，「在政界，代代從政就是一種資歷。在議會選舉中，政治家的後代大多數都能穩操勝券」（242，252），這些情況都反映出家父長制度在戰後日本不是消失了，而是從家庭領域轉移到企業和政界等不同的社會領域去了而已。

對於日本政界，戰後日本人一直抱持否定和消極的態度。同樣在《日本人的國民性調查》中，錄得這樣的資料：

1. 從 1973 年起至 2008 年，對社會不滿（部份不滿及不滿）的比例一直維持在 60-70% 之間；

2. 在 1998、2003 及 2008 年，不支持任何政黨的受訪者近 60%，獲得最多支持的自民黨支持率也只停留在 19-26% 的水準，表示民眾普遍沒有信任的政黨；

3. 當被問及如果政治家優秀，為國家着想，比起國民議政，是否信任政治家讓政治家去辦事較佳，反對者比例由 1978 年 51% 上升至 2003 年 68%，2008 年的比率為 66%；

4. 被問及最重要的東西為何，2008 年只有 1% 受訪者把國家和社會視為最重要，視工作和信用最重要的也只有 2%（統計數理研究所：項目 2.3d，2.7，8.1b，8.7h，8.7i，8.7j）。

通過這些資料，可知戰後的日本政府一直弱勢，日本國民普遍對政府及政黨持不信任態度，對於社會及國家不滿意程度相當高。究竟戰後日本民眾對於社會的不滿，是否與家父長制度移植於政界和企業有關？我們不知道。然而，可以肯定，當代日本國民對社會感到不滿。所謂文化藝術，對我們的意義，就是批判和超越現實的不足，在稱為文化藝術的沙盒中，去想像和尋找理想的可能性。正正因為日本人對現實感到不滿，日本人所創造的想像世界，才更見閃耀。

貳之籽

明治—大正「少女文學」

　　日本少女文學，成為了少女文化的種籽。種籽長出樹苗，樹苗長成巨大的樹幹，成就次世代的少女文化，開花結果。

少女畫報

少女畫報封面，9 月號，1916 年（東京社）· PUBLIC DOMAIN/ 菊陽町図書館

◀少女插畫故事·少女畫報，8
月號，1912 年（東京社）·
PUBLIC DOMAIN/ 菊陽町図書館

　　源於日本的 ACG 文化，並不是憑空而出，而是有根源的文化。正如荷
里活《星球大戰》構建出來的絕地武士傳說，是根植於世人心中的西方中世
紀騎士傳統，日本 ACG 則根植於日本本土的少女傳統，而這個傳統的源頭，
最早可追溯至明治時代。

　　1900 年，日本社會帶着三十年明治維新的成果，重拾一度失去的國家自
信，昂然步入 20 世紀。當時的日本社會，處於封建與現代化之間的夾縫。西
方傳入的文明開化之風，一度解除了女性在封建時代所受的束縛。然而，日
本國內復古力量對男尊女卑的封建制度念念不忘，將之頌讚為醇風美俗。日
本現代化取得成果後，復古力量即重新得勢，並把沉重的父權枷鎖再次壓在
女性身上。

　　父權統治，並不是日本獨有的現象，它在西方社會有更加長久的歷史。
面對父權統治的壓迫，現代西方女性以激烈的女權運動作為回應。但是，日
本文化與西方相去甚遠，在羞恥文化的作用下，日本女性較難在現實層面作
出同等的反抗。

　　其實，踏入 20 世紀，日本國內曾經孕育出一股思想先進的婦運力量，但
這股力量一直在社會中備受批評和打擊。1911 年，女權雜誌《青鞜》創刊，
出版不到五年，就在各種壓力下被迫停刊。1923 年，原青鞜社社員伊藤野枝
因為發表較激烈之社會評論而遭憲兵虐殺。在政治層面，當時日本婦運力量
在逆境中，確實曾為日本婦女爭取到一些權利，但當時日本女性對父權最強
的反抗，卻是由女學生在不自覺的情況下，通過無意識的集體行為和文學交

流而實現的。這一股集體無意識，在暫時與世隔絕的校園自由滋長，形成了川村邦光所說的「少女共同體」（1993）。

可以這樣看，「少女共同體」是當時日本女孩子們的一種集體身份意識，它來自少女們對父權命令的兩種對立反應——不屈與依從。不屈與依從，雖然矛盾，卻在女孩子們的內心形成了一種追求生存的動力，推進了少女文學的發展。假如，日本女孩對父權社會的要求唯命是從，日本女孩不會成為「少女」，只會由「女孩」直接變成「婦人」或「良妻賢母」。又假如，日本女孩對父權社會激烈反抗，誓死不從，日本女孩也不會成為「少女」，只會成為被主流社會批評為「壞亂風俗」的「新女性」或「婦運分子」。然而，「少女」既非「良妻賢母」，亦非「新女性」，而是在兩者夾縫中誕生的閃亮的存在。

「少女」身份的誕生，最早可追溯至明治年間的 1900 年代，或者更早一點，而讓「少女」開花的，則是吉屋信子在 1916 年開始連載的少女小說《花物語》，時值大正五年。大抵，當日本人提及少女文學，所指的就是以吉屋信子《花物語》為代表的文學傳統。

所謂的「少女共同體」，為甚麼能夠成立呢？第一，明治—大正年代的日本女孩，她們擁有共同的生存處境，就是無法逃避父權統治下身為女性的悲傷命運，但同時，她們又在結婚前共享一段美好自由的學生時光。第二，因西化而傳入的女權思想，讓她們主體意識覺醒，意識到自己的處境是悲慘的。第三，少女雜誌和少女小說的流行，讓她們之間有了交流的平台，可以用文字互訴心事，印證她們作為少女的共同經驗。

如果，少女們只有共同經驗、共同的覺醒意識，但卻沒有文學，她們的經驗無法昇華，也無法記載在文字中。然而，有了文學，她們可以把自己心裏的一切哀傷化為文字，獲得形式，向他人傳達，甚至向活在 21 世紀的我們

傾訴。

文學，是一部時光機器。我們找到它，打開它，從裏面出來的，是名為「少女共同體」的特異存在，她們來自日本的明治—大正年代。

日本文壇巨匠夏目漱石，曾在生前把大正年代稱為大正浪漫年代，原因是西方浪漫主義思潮傳入日本，至大正初年在日本民間盛行，又得以在文藝界發酵起來，體現在一批進步思想家的言行之上，與逐漸步向保守的日本政壇分庭抗禮。大正浪漫的特徵，是對個人解放與新時代理念的追求。在這一層意義上，「少女共同體」的誕生，可說是當時日本女孩子們的大正浪漫。

1. 明治—大正少女之哀痛

明治—大正少女文學產生的背景，是當時日本的父權社會制度。

父權制是普世現象，然而父權制在不同文化中，有不同體現。在日本，父權制度體現於以下四個方面。

1. 外在社會風評（羞恥文化）制約所有人的行為，不論男女；

2. 家族是社會、政治、經濟的基本單位，現實社會束縛體現於家庭之內，家規嚴格有如上班；

3. 以家族為社會主體，家族利益至上，為了家族利益，往往要求家族成員犧牲個人自由，尤其是女性；

4. 日本傳統家族，以長幼差序和男尊女卑兩大原則，構成族內等級關係。

年輕女性在長幼差序和男尊女卑原則下，都位列最低等級，對於家族賦與的生育、養兒、相夫責任，基本上完全無力抗拒。這樣的文化體制，是父權制度的一種特殊體現。觀乎歷史，這樣的一種父權體制，在日本明治末年至昭和前期，對於普遍日本女性的壓迫，可謂達致了頂峰，變得最為嚴苛，而本章所要講論的明治—大正少女文學，其實就是當時的日本女孩子們，以眼淚、寫作、閱讀、女生之間的感情，對嚴苛的父權制度作出的反抗與妥協。

父權統治邁向歷史巔峰

▲明治時代・東京・文明開化・PUBLIC DOMAIN/NYPL

　　明治和大正，對日本男人來說，是他們取得民族自信，步入光榮的年代。
明治新政府在推翻德川幕府後的三十年間，積極推行新政，為了維新做了很
多工作，並在前人的艱辛努力下，取得了可喜的成果。這些工作，包括了（1）
在國內打了多場硬仗，平服地方反抗力量；（2）經濟上克服了多個難關，例
如把群馬縣發展為養蠶製絲基地，在各地修建鐵路；（3）外交上取消西方國
家的不平等條約等。可以說，到了 1900 年之後，日本進入了明治維新的收成
期，執政的日本男兒回顧自己的努力成果，態度上也逐漸由謙虛轉為自喜，
政治上也開始由積極歐化，轉為排斥歐化，要求復興日本國粹傳統，包括傳
統的家族制度。

　　在這個轉折的過程中，最具標誌性的話題，要說是鹿鳴館。

　　鹿鳴館是甚麼呢？話說，為了推進西方國家外交，協助改正過去不平等
條約，撤銷外國人的治外法權，明治新政府在外務大臣井上馨的主催下，在

▲ 鹿鳴館（井上安治）・PUBLIC DOMAIN/ パブリックドメイン Q

東京現千代田區建設了一座專為外交而設的西洋式迎賓館，在這裏舉行各類外交活動，主要就是西式舞會和餐會。當時的政府高官以及未被取締的華族，都是鹿鳴館的座上客，經常在館內招待外國人。

可惜，鹿鳴館雖然宏偉典雅，但當時的日本要員多半不諳西式舞蹈和西式餐桌禮儀。單是為了不失禮外賓，參加舞會的日本人就為了練習舞蹈和禮儀煩惱不已，甚至落場跳舞的女士不足，還要特地動用藝妓和女學生來充數。西方賓客看在眼內，覺得不自然，雖然沒在現場指出，卻在日記和往來書信中嘲笑日本人「滑稽」，然後又變成了日本政壇的話題。鹿鳴館的失態，成為了政界中復古派攻擊歐化派的上佳材料。結果，鹿鳴館落成第五年，井上馨即被迫辭去外務大臣職位。

鹿鳴館在 1883 年落成，井上馨 1887 年下台，1883-1887 四年期間，在日本史稱為鹿鳴館時代，其政策則稱為鹿鳴館外交。至今，鹿鳴館仍是日本人近代史中一個重要的標誌。

鹿鳴館外交的失敗，象徵日本政治走向後維新階段，也預示日本歐化改

革派失勢，傳統父權勢力抬頭，日本女性自由從此響起警號。

本來，在幕府時代，日本全國權力和財富集中在公家、武家和商人手中，公武兩階級享有政治特權，商人則享受資產財富。所謂父權家族制度，本來也就只盛行於這三個階級之間，而父權家族制度之於公家、武家和商家，確有積極作用，就是確保政治權力和財富的有效繼承。那麼，在這三家之外的平民，即町人、農民、賤民等，也就是大多數的日本人，生活並不受嚴格的家族制度所轄制。當然，平民並非完全免於壓迫，但平民所受的，主要是賦役上的壓迫，而不是行為、婚嫁上的規範壓迫。相信，在江戶時代，平民男女的日常生活，包括性風俗生活，都相對自由。

日本進入明治時代之後，率先主導國家改革的，是主張歐化的政府官員和知識分子，包括伊藤博文、黑田清隆、福澤諭吉、森有禮、井上馨、津田梅子等。以福澤諭吉為代表，歐化派提倡西方觀念、主張文明開化政策，而文明開化則包括了男女平權，讓女孩子入學讀書，又主張家是「夫婦親子和睦團聚」之場所，是「愉快溫情的家」，而非家規繁瑣、充滿壓抑的傳統家庭。他們要求廢除江戶時代的三從七去婦人倫理，主張西式的自由戀愛與婚姻。亦即是說，直至 19 世紀末，雖然日本已有長時間的父權統治歷史，但其對女性的約束，還不是很全面，甚至在明治初年，女性自由度更一度上升。

不過，福澤等人的西化倡議，逐漸被國內保守力量扳倒。鹿鳴館外交失敗後，父權保守勢力的聲音愈發增強，甚至勝出了明治民法論爭，在 1892 年推倒舊民法，並在 1898 年實施新民法，以法律確立男人在家庭中的普遍絕對地位，通稱家制度。當時，家制度被保守派頌讚為日本傳統的「醇風美俗」。因為這是一種「美俗」，所以應該普遍地推行到全日本各個階層，而不再只限於舊社會的公家、武家和商人家族。

此外，鹿鳴館外交失敗後三年，由 1890 年起，日本保守派以國家利益為名，把「良妻賢母」女子教育升格為國策，積極向在學女子灌輸「良妻賢母」觀念，用道德觀念來規範日本女性的人生——家庭主婦。

如果把日本女性的自由度比喻為一隻股票的價格，這隻股票在明治初年升到最高，然後在鹿鳴館時代終結的瞬間見頂，之後在頂峰乍上乍落好一陣子，然後明治民法論爭發生，新民法於 1898 年實施，股價恐怖地暴瀉至歷史

最低點。假如你是一名生於明治年間的女孩子，你必定能夠感受到這段歷史的瘋狂！

日本少女文學發生時，日本正處於東西方文化碰撞交流時期。一時之間，教育家主張西化，又推行女子教育，告訴女孩子們，讓國家富強，西方文明不可或缺。他們送女孩子們到西洋基督教學校就讀，接受西學洗禮，鼓勵她們使用西洋文明器物，學習西方社交禮儀。於是，日本女孩子們的小說讀物也充斥各種西洋事物符號，比如鋼琴及西式洋房等等。又一時之間，復古派大人物突然出來，告訴同一代的女孩子們，回歸日本傳統文化最好，在家中尊重父親權力才是日本人固有的醇風美俗，而女孩子一生最大的工作就是在家中當個「良妻賢母」。

結果，很多明治女孩子瘋狂了，包括了婦運先鋒平塚雷鳥、伊藤野枝等女孩，吉屋信子也在行列之中。假如沒有瘋掉了的感情，誰能寫出眼淚那麼多、抑鬱那麼深厚的少女小說呢？一本小說流行起來，既是作者的瘋狂，也是所有女讀者的瘋狂。可以說，在明治—大正年間，歷史讓好多日本女孩都瘋狂了。而且，如果當時她們沒有瘋了，她們就不會成為「少女」，我們也不會邂逅今日的「少女」動漫文化。

「良妻賢母」政策的歷史原因

在明治—大正年間，婦權進一步衰落，女性生存自由度下跌。日本明治—大正女孩的這個命運，是否可以迴避呢？筆者認為，這個歷史走向，背後涉及社會經濟和技術變革的因素，有社會經濟變遷的巨輪在推動，不太可能迴避。

明治年間，基於維新取得成果，日本社會快速由農業經濟過渡至現代化資本主義工業經濟，物質生產量短時間大幅提高，帶來人口上升的動力，新經濟要求更多的勞動和消費人口，自然要求婦女優先完成生育和育兒的工作，以達到人口增長的目的。

根據統計數字，日本江戶時代人口長時間維持在 3,000 萬前後（Biraben 1993，2005；鬼頭 1996，2000）。至 1920 年，日本人口已增至 5,596 萬，至

1940 年，日本人口達到 7,193 萬（總務省統計局 c）。全新的經濟生產模式，在人口上升瓶頸被突破之初期，產生了日本社會對人口增長的殷切需求。在父權政客眼中，女性不過是實現國家富強的棋子而已，女性為男人生兒育女，被視為女性天職，因此在當時來說，「良妻賢母」政策可謂勢在必行。

貧窮織女的悲慘世界

日本步入現代化，統治階層大力發展紡織業，對女性的苛索，並不只限於提出持家和生育的要求，更要求大量年輕女性充當女工，填補紡織工廠的工人空缺。

表二是明治三十年（1897 年）日本紡織連合會的紡織工人調查報告，顯示當時「織女」的人數佔了全部紡織工的 78%，男紡織工只有 22%，而年齡低於 20 歲的少女紡織工就有 36,177 人，佔了全部紡織工人數的一半。假如讀者夠細心，便會留意到 11 歲以下的女童工也有 800 名以上。在今日的現代發達社會，僱用童工已經違反了勞工法例。當時，日本工業剛開始發展，勞動制度只為確保產量，並不體諒女工，低薪、長時間勞動、深夜工作，都是工場慣習。工場環境惡劣，勞動時間過長，工資低，營養不良，導致女工健康普遍不佳，病死和工傷十分常見。在病死的個案中，大多數女工死於肺結核。不願坐以待斃的女工，有的示威反抗，有的逃亡。在表二數據中，女工人數最多的 14-20 歲組別，達 25,805 名少女，20 歲以上組別比之少了近 6,000 名女子。男性紡織工並不如此，年長組別人數最多。我們來想像看看，當時的 20 歲日本少女遭遇了甚麼事？是甚麼原因導致了這個人數上的差別？也許，有的因肺結核吐血了，有的逃亡了，也有些到了適婚年齡，在父親要求下出嫁了。這一類紡織工少女，較多來自農村，家境也相對貧窮。有一些少女，家境較富裕，在出嫁前可以唸書，基於延期償付，可以在學校短暫編織夢想，但進入了工廠的少女，命運更是坎坷，先是沒完沒了的長時間勞動，連讀個小說的時間也沒有，假如捱得過去，沒有死成，就被命令當良妻賢母去了，人生受到多重的剝削，不由得自己主宰。

表二　明治三十年紡織產業職工統計（農商務省：45）

年齡	男	女	小計	百分比 %
11 歲以下	254	813	1,067	1
11-14 歲	1,085	9,559	10,644	15
14-20 歲	4,090	25,805	29,895	42
20 歲以上	9,870	19,826	29,696	42
合計	15,299	56,003	71,302	100
百分比 %	22	78	100	

　　兩個女孩，一個在基督教女學校唸書，畢業後將要成為良妻賢母，直至老年不得自由；另一個進入了紡織工廠，成為傳說中的織女，她的同伴染肺結核吐血而去，自己長大後嫁夫守家，為丈夫使役。在兩人之中，為少女譜寫小說，使人知道明治—大正女孩的悲傷和不屈，這任務落在前一位女孩身上。

2. 高舉反旗的少女：大正女權運動

　　在希臘神話中，普羅米修斯與雅典娜創造了人類，主神宙斯禁止人類用火，但普羅米修斯不忍看見人類生活困苦，就從奧林匹斯偷出了火，交給人類。為此宙斯大怒，既懲罰人類，將潘朵拉盒子送到人間，又把普羅米修斯鎖在山上，永遠受惡鷹啄食肝臟之苦。

　　這一則希臘神話，用來比喻明治—大正年間的日本少女，竟是如此的貼切！少女，就是神話中困苦的人類。普羅米修斯，就是開明歐化派的日本明治教育家，即福澤諭吉等人。他們送給明治女孩子們的火，就是女權主義思想。至於最終掌握最後勝利、懲罰了普羅米修斯和人類的宙斯，就是代表傳統父權力量的復古派政客、文人和軍人。復古保守力量抬頭以後，日本在昭和年間快速走向軍國主義，並與德義兩國結成聯盟，發動了第二次世界大戰。

　　明治普羅米修斯帶來的那一團火——女權主義思想，傳給明治—大正少女的過程，可謂一波三折。

少女歷史
日本 ACG 萌文化
哲學筆記

曇花一現的女性解放

　　西方女權主義思想，早在明治維新初期，由擁抱西方文明的知識分子傳入日本。在這些知識分子之中，目前仍天天出現在日本一萬日圓紙幣上的福澤諭吉，就是代表人物。在明治六年，在森有禮的召集下，這些知識分子以啟蒙教化國民為宗旨，一度結成「明六社」，成為日本明治維新期間首個啟蒙學術團體。其成員包括了福澤諭吉、森有禮、加藤弘之、中村正直、津田真道、勝海舟、伊達宗城、石川舜台、吉原重俊、福地源一郎等，其成員名單囊括了當時知名的教育家、學者，新政府官員、舊藩主士族、新聞社社長、銀行總裁、宣教士、佛教代表等，可謂一時無兩。福澤諭吉、森有禮等人曾留學西方國家，西方文明開放思想在他們心中留下深刻印象，令他們回國後大力宣揚西方文明。可以這樣說，明六社就是當時歐化改革派向國家要員宣傳西方文明的平台。基於改革的需要，在明治新政府成立之初，對於福澤等人提倡的西學，包括提升女權的主張，幾乎都無條件接受。

　　於是，明治初年，新政府實施了下列一系列的女性解放政策：

1869 年 容許女性自由出入關所、津田真一郎提倡禁止販賣女性；

1871 年 以岩倉使節團名義容許津田梅子等五位少女赴美留學；

1872 年 無條件解放藝妓與娼妓、設立女校；

1873 年 容許女性提出離婚訴訟、開設女子傳習所（職業訓練所）；

1874 年 設立東京女子師範學校。

　　可惜，以上各項女性解放政策，都由男性官員主導，而且推行十年左右，政府內部便出現了反發聲音，要求制約女性自由。1880 年代，日本建制內的父權力量已經整固，讓政府推行了良妻賢母教育，又立法禁止女性參與政治集會。這一節父權力量反發的歷史，至 1900 年代，又激發了新一波真正由日本女性發起的婦權運動。當時，舉起反旗的女孩子，以平塚雷鳥為代表，她們嘗試身體力行，拒絕良妻賢母的規範，以文字向父權建制提出質疑，實踐日本新女性的人生。

繼承火的少女：平塚雷鳥

回顧明治前十五年的歷史，福澤諭吉等人努力宣揚西洋思想，雖然未能在政策層面延續下去，但女性啟蒙之火已經傳到民間，並在民間萌芽。在希臘神話裏，對於普羅米修斯把火種傳給人類，宙斯可以表示不悅，但他極其量只能懲戒普羅米修斯，卻無法把火種從人類手上討回來。同樣，生於明治年間的一些日本女性，已經

▲平塚雷鳥 · PUBLIC DOMAIN/ 維基語錄

接觸過西方的女權思想。女權思想如火種落在凡間，日本少女們的覺醒，男人們無法阻止。

2014 年 2 月 10 日這一天，谷歌塗鴉在日本把搜尋器上的谷歌標誌改成一幅插畫，畫中一位大正女子，手執一本藍色雜誌，封面寫着「青鞜」二字，背景有傳統日本女人和摩登女子，象徵大正日本女子渴望突破傳統，活出自我，成為新女性。原來，2 月 10 日，正好是日本大正年間女權運動先鋒平塚雷鳥的生日，2014 年 2 月 10 日是她誕生 128 週年的紀念日。

平塚雷鳥，原名平塚明，生於 1886 年，也就是鹿鳴館年代。1903 年，日本女子大學提出「把女子作為人、作為婦人、作為國民來教育」的方針，平塚受到感召，說服父親讓她入學。在學期間，平塚博覽群書、修禪。1907 年，她在成美女子英語學校唸書，為西方文學所感動。1908 年，平塚與夏目漱石弟子森田草平相戀，並決意到山中殉死。在殉死前，森田後悔，把平塚的懷刀丟掉。二人翌日獲救，記者一窩蜂把事件當作緋聞來報道，對平塚的貞操議論紛紛。是次事件，發生在鹽原溫泉附近，人稱「鹽原事件」。後來，森田把自己與平塚殉死之事寫成小說《煤煙》發表，並因而成名，於是事件又稱為「煤煙事件」。

「鹽原事件」讓平塚深深感受到日本社會男尊女卑，壓抑女性自我。平塚的老師生田長江是一位文學家，以振興女子文學為己任。平塚在生田的大

少女歷史
日本 ACG 萌文化
哲學筆記

力鼓勵下，於 1911 年用上了母親留給她的結婚資金，與志同道合的女子朋友一起，創辦了青鞜社和日本第一份以女性為對象的文藝誌《青鞜》，並為自己取了「平塚雷鳥」的筆名。

青鞜少女

所謂《青鞜》，實在是一本以女權主義為主導思想的期刊。在日語中，「青鞜」意思就是藍色襪子，其名來自 18 世紀英國以蒙德古夫人為首的「藍襪學會」（Blue Stockings Society）。「藍襪學會」成員多是有文藝教養的反傳統女性，她們不按常規穿黑絲襪而穿藍色毛織襪。這一命名喻示《青鞜》提倡新女性身份，脫離傳統的父權制約。

青鞜社社員經常聚在一起，熱烈討論西方女性主義文學作品和論著，例如挪威易卜生、瑞典艾倫凱、英國伯納蕭等文學家的作品，內容遍及社會學、性心理學、女性解放理論等各種話題（江種）。在《青鞜》第二卷第一號，少女們做了一個易卜生專題「娜拉特集」，積極討論了易卜生劇本《玩偶之家》（A Doll's House）。大家在女主角娜拉的身上，感悟到拒絕當玩偶的女性自覺意識。

初期的《青鞜》致力推動女性文學，但很快它就改變路線，轉而推動女性解放，討論不少婦權議題，例如貞操、墮胎、娼妓制度等等。《青鞜》的言論觸動了父權制度的神經，在《青鞜》出版的五年之間，青鞜社一直遭受社會輿論攻擊。報章借五色酒事件和吉原登樓事件指責青鞜社「新女性」敗壞婦德，傳播危險思想（秋枝）。

主流媒體對青鞜的非議

投身女權運動的明治女性，觸動了父權社會的神經，少不免受到主流媒體的非議。在青鞜創刊前，平塚就已成為媒體名人，一舉一動都被媒體注意，以致有了鹽原事件。青鞜創刊後，其他成員都步平塚後塵，私生活受到主流媒體的密切注視。社員尾竹紅吉在《青鞜》發表文章，大膽地表示自己希望成為酒女，媒體炒作為五色酒事件。平塚明、中野初子和尾竹紅吉到花街吉原留宿，與花魁暢談，雷鳥對花魁之可愛稱讚有加，媒體則炒作為吉原登樓事件，予以負評。值得注意的是，一般女性當上酒女或花魁，是完全沒問題的，並不會被主流媒體如此非議。

在輿論壓力下，《青鞜》出版第五年，便於 1916 年宣告停刊，但它引發起社會對女性議題的關注，日本社會對女性議題的討論沒有停止，例如 1918 年「母性保護論」之議。與此同時，女權運動家並沒有減少，她們在其他領域繼續推動婦運，例如 1919 年新婦人協會成立，致力推動治安警察法第 5 條改正運動，成功於 1922 年爭取女性能夠再次公開合法地參加政治活動。《青鞜》末期的主編伊藤野枝表示，《青鞜》在文學上沒有做好它的角色，但它令世人注意到婦女問題，意義重大（高田 1988）。

《青鞜》在明治—大正年間使女性主義思想植根於社會，感召了更多的女孩在傳統父權制約中，思考女性的生存意義。在這些女孩子中，有一位名叫吉屋信子。吉屋信子是《青鞜》的忠實讀者，又曾經在《青鞜》投稿，參加青鞜聚會，是一名女權主義支持者（Dollase）。吉屋雖然沒有成為女權主義運動家，但她選擇了寫作，在自己的小說中帶入只屬於少女的觀點，為女孩子建立了一個全新的審美世界。吉屋信子在有生之年，並沒有與任何男人結婚，與同為女性的伴侶門馬千代相守一生。這一種女同性愛關係，沒有正面挑戰現實社會的父權制度，但它確確實實脫出了父權家制度的約束，實現了女性的自由。

日本明治—大正年間，社會適值時代更替的夾縫之中。日本女性受到更大的父權制度約束，但也史無前例地獲得了追尋自由的憧憬。這個時代的女權主義運動，既是女性爭取現實社會生存空間所需的實際行動，也是日本女性主體意識覺醒的標誌。

3. 吉屋信子與《花物語》

▶ 吉屋信子《花物語》小説（河出文庫 2009）．作者藏品掠影．Setting 故事的展開
＊在大正年間，花物語故事讓當時少女讀者的傷感一次過釋放出來，至今每一則花物語仍在日本文學史上閃閃發亮。

沈丁花姊妹

「姊姊大人！」早知子緊緊靠着姊姊不停喊着。然後哇的一聲哭起來。

「來，早妹，怎麼了，欸，今日發生甚麼了？」説時妹妹的眼淚打在胸前，一邊窺視着早知子，一邊撫着背問道。

「那——，那——，姊姊大人，已經，早知子如果不跟姊姊大人一起，就哪兒都不能去了！」説着——也許被朋友欺負了，姊姊猜想，「早妹，怎麼了？欸？」不安的問，抓着姊姊衣袖，「姊姊大人，因為，希望姊姊也能看到那樣景色的地方——那，那，早知子傷心，……，傷心……寂寞……只想着姊姊大人的事情……傷心……」終於在眼淚中——

「——早妹——早妹！……早……妹……」

——應該説的話是有的——但是，只能夠一直喚着所愛妹妹的名字，緊緊抱在自己胸前，姊姊哭着，哭着！

翻譯自《花物語（下）》故事《沈丁花》一節

（吉屋 2009：183-184）

日本少女文學，可説始於吉屋信子，吉屋信子所寫的《花物語》，就是日本少女文學的代表作。以上一節感性而哀傷的小故事，即出自《花物語》，它反映姐妹之間深刻而複雜的愛，表現了少女同性愛意象，是「少女共同體」的核心意識。總括而言，《花物語》作為日本少女文學的代表作，有以下這些特徵：

1. 詞藻華麗（主謂語曖昧、使用大量古文語詞）（菅：28）；
2. 多用歐洲外來詞（以片假名音譯歐洲外來詞語）；
3. 哀傷；
4. 女子之間的感情（女性同性愛）；
5. 男性多缺席，或作為「他者」登場。

少女文學所擁有的這些特徵，在日本明治—大正年間來說，是極其反傳統、但表面看來又是人畜無害的內容。

它的內容充斥悲傷，來來去去是關於女孩子間互相慰藉的故事。在當時日本尊貴的男性家父長輩看來，這只是小說和文學，既不是現實，又只是女孩子們未長大成人之前的哀傷，只要這些女孩子畢業後不反抗當個良妻賢母，他們認為是小事，人畜無害，毋須干涉。

對父權的反抗

然而，在對女孩子來說，少女小說中的全部內容特徵，都是她們抗衡父權社會和悲傷命運的記號，意義重大。第一，詞藻華麗，有別於男人們所寫的實用文字。第二，多用歐洲外來詞，表達了對西方文化的嚮往、脫離傳統枷鎖的渴望。我們

西方二元對立思維中的「他者」（The Other）

哲學術語，常見於女性主義論述，用以批判建基於西方二元對立思維的父權文化。

在典型的西方二元對立思想中，事物往往被單純地區分為對立的兩方。這種二元對立思想，還有一個被詬病之處，即總有一方比另一方為優越，並不對等地看待事象的兩方。被認為優越的一方為主體，另一方只能作為優越一方的對立面而存在，被認是從屬、弱勢、邊緣、殘缺或邪惡，在哲學分析上算為他者。這種二元對立思維，與中國傳統的陰陽觀念截然不同。

陰陽觀念雖然都把事物區分為二元，但兩者之間有機互動，各有所司，各有功能，互相補足又互相剋制，並不強調任何一方的優越性，陰陽皆為主體，不存在他者。相對地，西方的二元對立思維，是主客對立思維，認為萬物非主即客，客即他者，而且認為這種主客對立關係永不變動。不變動，雖然可以美稱為永恆，但所謂永恆，其實亦即是停滯和僵化，並不必然是好事。光暗、正邪、善惡、文明—野蠻，都是典型的二元主客對立結構。

在父權論述中，男性是主體，女性是他者；但在少女文學中，女性才是主體，男性總是缺席。

西方的主客二元對立思維，其缺憾不只在於強調單一方的主體性和優越性，把另一方貶為他者，也在於它把森羅萬象簡化為二元，否認了事物之多樣性，不利於尋求第三選擇和雙贏方案。反之，中國傳統的陰陽觀念，並不只停留在二元的階段，而是進一步演化為四象八卦，甚至六十四卦。

記得，西方文化中的「家」，是不是日本傳統中男尊女卑的「家」，而是「愉快溫情」的家。第三，哀傷並非只象徵柔弱無力，它也是對現實說不的一種

少女歷史
日本 ACG 萌文化
哲學筆記

批判感情。我們哀傷，表示我們認為現實不應該如此。第四，在日本的文化制度中，任何本性溫柔的男人，最終都會變成下班後坐在沙發不說話、只看報、不斷使役妻子的無聊男人，這是文化力量使然。對於女孩子來說，任何男人都不可能成為她們人生的救贖，惟有處境與自己一樣的另一位女孩子，才能成為倚靠。因此，在少女文學中，男性大多缺席不在場，而少女小說中所呈現的女同性愛，是女性在父權制度下掙扎的結果，與生物基因無關。

本書導論提過《花物語》另一篇故事《鬱金櫻》，講述主角少女與學姊茜拉的關係，更能表現明治—大正年間日本少女的共同命運和處境。故事中茜拉懷着滿眶眼淚，告訴學妹不要長大，然而學妹憧憬像學姊一樣佩戴珠寶戒指、讀法國小說，不明白學姊何以吩咐自己不要長大。不久之後，茜拉離開學校回國結婚，成為人妻，從此過着男性限定的婦人生活，茜拉失去少女的身份，成為婦人。

宏觀一點來看，因為家父長「大方」，他們不介意女孩子畢業前放任一點，女孩子又在吉屋信子的小說中找到自己共同的人生憧憬，《花物語》就在女孩子圈子中流行起來了。根據田边聖子的資料，在 1930 年代後期，吉屋信子憑筆下作品成為日本最富有的人物之一，其收入比國家首相還要高出好幾倍（田边：111），已然成為日本一名富豪。由此可見，吉屋信子的作品版稅收入非常高，讀者非常之多，而且她在文學界也相當吃得開。看見中壯年事業有成的吉屋信子，我們很難想像時光倒退二十年，吉屋信子在少女時代如何寫出滲滿了女孩子悲傷眼淚的《花物語》。

「常少女」吉屋信子

1896 年，吉屋信子出生於新潟縣，在櫪木縣度過少女時期。1916 年，她加入了青鞜社，在聚會中接觸到平塚雷鳥等女權運動家，又在《青鞜》投稿，成為《青鞜》主要作家之一。相信，在這個時期，她必定受到了平塚雷鳥等人的思想薰陶，女性主體意識得到啟蒙，明白

▲吉屋信子特刊．筆者藏品攝影

到女性在父權社會的悲傷命運，其實並非必然。當時，平塚雷鳥比吉屋信子大十歲，是姐姐一樣的存在，其破格的言行，必定在吉屋信子心裏留下了深刻的印象。不過，吉屋信子並沒有仿效平塚等人，在社會層面跟男人在大眾媒體的議論中爭取平權，轉而專注在文字中耕耘少女的想像。

1916 年，《花物語》開始在《少女畫報》連載，刊出後大受歡迎，隨後一直連載至 1924 年。在 1925 至 1926 年間，《花物語》改在《少女俱樂部》連載另外三篇。在有生之年，吉屋信子寫下少女小說和大眾小說共超過 20 部，改編自她作品的電影達 13 部以上。在事業上，吉屋信子十分成功，獲得了財富。父權社會沒有阻止吉屋信子獲得名利，這反映在當時的日本，文學界與政界之間存在一條界線，日本文人和出版商的思維超越父權思想的藩籬，政界的父權之手不輕易插手文學界的事。

有人說，金錢使人腐化。那麼，吉屋信子有沒有因為獲得財富而腐化，失去了少女的靈魂呢？答案是否定的。吉屋信子 1977 年逝世（當年筆者 7 歲），終其一生沒有與男性結婚，死後接受她的遺產的，是她戶籍上的養女，但實際是她的女性伴侶門馬千代。由此可見，無論是財富還是年齡、歷練，都沒能把她的少女之心奪去。

▶ 白萩．少女畫報，9 月號，1916 年（東京社）．
PUBLIC DOMAIN/ 菊陽町図書館
＊ 1916 年，花物語故事《白萩》在少女畫報刊出。

Sister、Shoujo、Schön...

吉屋較早期的作品，多為以女性同性愛為主題，如《屋根裏的二處女》（1920 年）、《花物語》（1920 年）、《勿忘草》（1932 年）、《彼道此道》（1934 年）等等。這一類作品以《花物語》為代表作，又有 S 文學之稱。所謂的 S 文學，所指為講述女性（通常為學校中女學生或女教師）之間強烈情感關係的故事。S 一字，同時暗含 Sister 姊妹（英語）、Shoujo 少女（日語）、Schön 美麗（德語）等意義（Robertson：19-68）。

《花物語》在 1916 至 1926 年間，在《少女畫報》和《少女俱樂部》兩本少女雜誌上連載，十年間一直牽動着少女讀者的心思。後來推出單行本，中短篇故事合共 54 篇，以花樣的語言和感傷的敍述，講述少女纖細的內心世界和女孩子之間的愛。不過，54 篇以不同花兒命名的故事，並沒有出現千篇一律的情況，每個故事都敍述與別不同的女子關係。

54 種哀傷

大森郁之助對《花物語》故事的人物關係做了一些分析（表三）（1994）。他把各故事人物關係區分為八類，主要類別皆為女性之間的關係，例如母女關係、姊妹關係、女性師生關係、同級同學關係等等。值得注意的是，分類中還有父女與姊弟兩種關係。

表三（甲）　《花物語》故事人物關係分析（一）

故事	父女	母女	師生（女性）	學姊學妹	（堂/表）姊妹	其他長幼女性關係	同學年/同齡女性關係	姊弟
鈴蘭		←					（＝）	
月見草		←					（＝）	
白萩							＝	
野菊		＝						
山茶花						＝		
水仙							＝	
無名花		（→）					＝	
鬱金櫻				＝				
毋忘草				←				
菖蒲						＝		
紅白玫瑰		＝					＝	
山梔花		（→）					＝	
秋英					（＝）		＝	（＝）
白菊							＝	
蘭						＝		
紅白梅				＝				
小蒼蘭		←					（＝）	
緋桃花						＝		
紅椿					（＝）			

標記：對等或相互關係 ＝；複數關係 （ ）；單方面關係 → （長幼/平輩）← （幼長）

總括而言，在 54 篇故事中，其中 52 篇故事關乎女性之間的深刻的感情，滲透了少女的悲傷、表達了少女不願成為人妻的感情。在故事中，少女選擇在有限的期限中脫離男人的約束，把自己全心全靈託付另一位親愛的女性。對象有時是母親、姊姊，有時是學妹、女教師、同級女生。總之，每一則故事都環繞女子之間的感情和愛，以傷感寫下註腳，喻示在現實中少女失去自由、成為人妻的悲傷結局難以逃避。

表三（乙）　《花物語》故事人物關係分析（二）

故事	父女	母女	師生（女性）	學姊學妹	（堂/表）姊妹	其他長幼女性關係	同學年/同齡女性關係	姊弟
雛芥子				＝				
白百合		＝						
桔梗						（＝）	＝	
白芙蓉							→	
福壽草						＝		
三色堇	＝							
藤		（←）				＝		
紫陽花				＝		（＝）		
露草				＝				
大麗菊						＝	（←）	
燃燒之花						＝		
釣鐘草								＝
寒牡丹							＝	
秋海棠							＝	
金合歡		→					（→）	
櫻草							＝	
日陰之花							＝	
濱撫子							（←＝）	
黃玫瑰			＝					

標記：對等或相互關係 ＝；複數關係 （ ）；單方面關係 → （長幼/平輩）← （幼長）

不過，在吉屋信子全部 54 篇故事中，還是留下了三篇特例作品——《三色堇》、《釣鐘草》和《秋英》。其中，《三色堇》完全與百合無關，是一篇關乎女兒與父親感情的傷感作品，《釣鐘草》一樣與百合無關，故事關乎

少女歷史
日本 ACG 萌文化
哲學筆記

姊姊與弟弟。至於《秋英》，主要還是女孩子之間的故事，但吉屋把弟弟寫進故事裏去了。

那麼，我們該如何理解這三篇故事中的異性關係呢？

對於《三色菫》，有讀者如此寫道：「……然後，個人最喜歡的篇章，是與百合無關的三色菫……在親子之絆裏，抑止不了眼淚流出來。」（桜乃）可見，吉屋信子在寫作的期間，雖然對父權與異性戀感到絕望，但她沒有把作為「親人」的父親置於絕對的對立面，仍然嘗試在文學中探索與「父親」和好的可能性。即使在父權社會裏，也存在愛護女兒的父親，這種父親以父權姿態對待女兒，乃為勢所迫，本屬無奈。至於《釣鐘草》和《秋英》中的弟弟角色，可以這樣理解——弟弟未長大，還未被沾染父權社會的文化，在他還小的時候，可以成為姊姊心愛的弟弟。

表三（丙）　　《花物語》故事人物關係分析（三）

故事	父女	母女	師生（女性）	學姊學妹	（堂/表）姊妹	其他長幼女性關係	同學年/同齡女性關係	姊弟
合歡花						←	（＝）	
向日葵							＝	
龍膽花							→	
沈丁花				（←）	＝			
風信子						＝		
香水草							→	
香豌豆				→＝				
白木蓮							→	
桐之花							＝	
梨之花							＝	
玫瑰花							＝	
睡蓮							＝	
心之花						＝		
曼珠沙華						＝		

標記：對等或相互關係 ＝；複數關係（ ）；單方面關係→（長幼/平輩）←（幼長）

據橫川壽美子的分析，在吉屋信子寫作《花物語》的近十年間，故事因為吉屋信子的創作嘗試及人生體驗而有各種變奏。在前期七篇，即《鈴蘭》、《月見草》、《白萩》、《野菊》、《山茶花》、《水仙》及《無名花》，故事起於七人少女互相訴說與異地女子邂逅的故事，特點是通篇使用美文文體，說故事者站在旁觀者角度對待故事中人的哀愁。中期《菖蒲》、《蘭》等十篇開始發生變奏，三篇故事嘗試寫父女或姊弟關係，即《三色菫》、《釣鐘草》和《秋英》，四篇對故事中女性的決定表示贊同，而不是單單的憐憫，三篇放棄了一貫旁觀者的立場，說故事者參與在故事之中，影響了對象人物的成長。中後期《紅玫瑰》、《白玫瑰》、《白菊》、《鬱金櫻》等三十多篇轉而描寫特定少女關係，地點多在學校或寄宿校舍，也就是 S 文學「少女同性愛」特徵最明顯的一系列故事，這一系列故事常伴隨少女學生單方面對另一女性的思慕，但隨着時間流逝，雙方必須分開，令人傷感。

總體上，橫川認為花物語傾向悲傷結局，但當中偶然也探索了更加超越社會規範的選項，例如《寒牡丹》少女主角努力抵抗悲傷結局，《燃燒的花》主角雖已嫁人為妻，但仍為了逃避不幸婚姻而與愛慕自己的女學生殉情，《金合歡》主角為了女生之間的三角關係傷害了他人，活在罪惡感之中，《日陰之花》主角二人私奔，懷着罪惡感逃避外人眼目，但始終維持着兩人的愛（2001）。

在故事以外，《花物語》另一特色是刊出時伴有插畫家中原淳一的少女畫。朵拉絲（Dollase）如此解讀中原淳一畫筆下的少女形象：「大而超現實的雙眼，只看見夢想。纖瘦的身體不為生育而有。一張小嘴不為飲食而存在。女孩的身體，毋須有任何現實功能：少女的創造，只為了讓女孩憧憬和凝望。」意思是，父權要求女孩長大，擔當良妻賢母，重視其生育能力和現實功能，但《花物語》插畫的少女形象，無視了父權制對女孩的一切要求，是對父權壓迫的含蓄反抗。奇妙地，由一百年前起到今日，中原淳一的少女插畫依然受到世人的喜愛，在美術插畫精品市場佔一席位，並沒有被人遺忘。

少女歷史
日本 ACG 萌文化
哲學筆記

女孩—（少女）—婦人

少女文學，總是把焦點放在少女的學生時代，為何如此呢？

本田和子指出，少女的學生時代，是「延期償付」的時期。在這時期中，女孩可以暫時拋開社會對他們的要求和期望，享受社會容許她們享受的短暫少女時光。學校宿舍既是「監獄」，剝奪少女的自由，但同時也是「避難所」，保護她們免受外界的傷害。少女躲在學校宿舍內，編織自己的夢，有如把自己包藏在繭中，直到長大，被迫飛出繭外為止（151，206）。不過，所謂長大，飛出繭外，得到的不是自由，而是無法選擇的現實命運，那兒才是真正的監獄。

▲ 針線活／版畫（伊東深水）·
PUBLIC DOMAIN/LOC

所謂的「延期償付」，意思是父權社會認為每一位女性都必須履行成為「良妻賢母」的婦人責任，為家庭服務一生，不可推卸，只是父權社會寬宏大量，容許女孩子為了學業，延期至畢業後才履行責任。

吉屋信子自己解釋，《花物語》故事中的感傷情懷，來自少女必須長大的事實。她說：「少女長大，進入青春期的沙漠。一個黑暗的大海，名為現實，在等待她們。女孩們，『作為日本的女兒』，被迫拿起銀色縫紉針。一艘稱為『因習』的老船帶着年青處女的『命』，無目地的漂流。」（1948）

綜上分析，少女文學借助優美哀傷的語言，在無意識中表現了日本年輕女孩們對父權為她們安排的命運的拒絕。父權社會把她們寵養在女學校中，等待着她們的成熟長大，以便配婚給男人為妻，在男人定下稱為婚姻的牢籠中為男人生育直系血緣之財產繼承人。然而，通過《花物語》，少女代入故事，以眼淚對這悲哀的命運説不。朵拉絲（Dollase）説，「少女」是日本女性自我建構的一個概念，是女孩逃避社會建制而為自己創造的形象。

對於日本大正女孩來說，遇上《花物語》，或者不幸地不曾遇上《花物語》，到底有甚麼差別呢？

沒有遇上《花物語》，一個女孩子長大後將直接「被」變成「婦人」，她的身、心、靈終其一身也只能是一名婦人的身、心、靈，只知相夫教子，遵從丈夫吩咐。遇上過《花物語》的女孩子，她的身體也許最終要成為「婦人」的身體，但在她的內心深處，至死那日，都有一位自由的「少女」住在其中。

To be a Shoujo（少女）forever or to be just a woman? That's the question!

4. 少女之繭——女學校

在少女文學中，故事幾乎都發生在一個地方——女子學校。前文講過，日本少女的學生時代，是一節延期償付的時光，在這特殊時期中，她們可以暫時拋開社會對她們的要求和期望，在學校這神奇的世界自由編織夢想。從父權精英的角度來看，學校能使女孩子通過學習，習得各種西洋學問，熟習婦人家政技藝，從而變得更加賢淑，更加適合配婚給精英分子成為優秀妻子，這對自己來說也是好事。簡言之，父權社會基於某些理由，暫時放縱「獵物」自由在校生活，直至她們畢業。

◀1929 年宮城縣立角田高等女校學生諸娘，少女畫報，7 月號，1929 年（東京社），PUBLIC DOMAIN/ 菊陽町図書館

少女歷史
日本 ACG 萌文化
哲學筆記

明治女子教育政策

　　我們已經知道，明治政府一度銳意發展女子教育，其背後因由是多方面的。文明開化派願意藉女子教育向國民宣傳西方文明，傳統保守派也有自己的算盤，想要把女孩子都養成為優秀的良妻賢母。無論如何，開辦女子教育的方針，並沒有多大的爭議。

　　1887 年，澀澤榮一和伊藤博文提出要借助女子教育，訓練出能與歐美的貴婦人分庭抗禮的日本女性，於是設立了女子教育獎勵會，推進女性的社會參與以及國際化教育。

　　1899 年，明治政府進而實施高等女學校令，規定全國道府縣都有義務為女子提供高等教育，標準修業期為四年，至 1920 年改為五年，收生年齡為 12 歲以上，實施後容許基督教宣教士及私人興辦女學，教授科學、技術、地理、習字、手藝、家政、體練等科目，基本理念是良妻賢母教育。

　　在 1900 年前後，比較有名的私立女子學校包括跡見花蹊開設的私立跡見學校（1875 年）、下田歌子開設的實踐女學校・女子工藝學校（1899 年）、戶板關子開設的戶板裁縫學校（1902 年）及三田高等女學校（1916 年）。基督教女子學校則有女子英學塾（1900 年）、聖心女子學院專門學校（1916 年）、東京女子大學（1928 年）等等。

江戶時代女子識字

　　在明治政府新制度下的女子教育，到底為當時的女孩子帶來怎麼樣的轉變呢？

　　為要解答這個問題，讓我們先看看明治維新以前，也就是在江戶時代，女孩子如何上學。

▶ 日本女性愛閱讀．PUBLIC DOMAIN/LOC
＊女性閱讀的情景，在日本傳統畫卷中相當常見。

其實，日本人即便在封建時代，國民識字率仍相當之高。

話說，原來在江戶時代，日本人早就設有一種稱為寺子屋的非規範化民間教育機構，功能類近於中國清末民初的私塾或卜卜齋，而且相當流行。寺子屋教導兒童讀書，學習基本文字、算盤等知識，男女不限，入學年齡和就學期也沒有限制。由於沒有規範，寺子屋純粹是為兒童提供基本知識的地方，孩子們到寺子屋讀書，不會獲得所謂的畢業證書。

雖然，寺子屋學生的入學年齡和就學年期都沒有規定，但按若林弘吉引述的研究資料，寺子屋學生年齡通常在 7 至 14 歲之間，有男有女（2006）。資料顯示，6 歲以上能寫自己名字的孩子，於 1877 年（明治十年）計算，以識字率較高的滋賀縣為例，男子達 89.23%，女子達 39.31%。於 1881 年（明治十四年）計算，以識字率偏低的青森縣為例，男子是 37.39%，女子僅有 2.71%。這些資料反映明治小學學制教育實施以先的情況，可以視為江戶時代以來的情況（八鍬）。如此，可推測在個別地區如滋賀縣，在幕末時代約有四成女性人口曾經就讀寺子屋，而這些女孩子最遲在 14 歲就完成了所有學業，成為「小大人」或者「大人」。

兒童以上・大人未滿

明治初期，日本只有女子小學教育，女子在 12 歲完成教育。明治高等女學校令頒佈後，國家設立高等女子教育，女孩子畢業期即延長至 16 或 17 歲，接受教育的年期增加了四至五年。換言之，對於明治—大正女孩來說，婦人責任的「延期償付」期限，大約就是四至五年。而這個年期，以及在這個年期內任由女孩子追求自由生活與夢想的高等女子學校，也就成為了一個前所未有的全新社會領域。

在高等女學校唸書，年齡在 12-17 歲之間的女孩子，不是兒童，也還算不上是大人，因為未曾畢業，還未到嫁人的時候。為此，她們擁有了一個稱為「兒童以上，大人未滿」的曖昧身份。所謂曖昧，就是一種未經定義、未經詮釋的狀態。由於大人們對女孩子的這個階段放鬆了干涉，就結果而言，當時的日本女孩子主動地把這段時光的定義權和詮釋權拿到自己手裏，無意

識地、自己為自己定義出、建構出「少女」的身份。在高等女學校唸書的期間，償付婦人責任的大限未到，「少女」就是女孩子們專有的特殊的社會身份。這個身份象徵女孩子們擁有暫時的特權，就是在畢業以前，她們可以任意而為。套用本田和子的說法，學校也被建構為暫時迴避現實婚姻的繭和避難所。

基督教女學校

▲ 1920 年代日本基督教女子學校·少女畫報，6 月號，1927 年（東京社）·PUBLIC DOMAIN/ 菊陽町図書館

　　在明治—大正年間開辦的各種女學校中，最有少女味道的，要數基督教寄宿女學校，因為西洋文化氛圍最濃重。

　　明治初年政府基於文明開化的理由，本着男女平等的西方觀念發展女子教育。雖然初期因經費問題未做到普及化，但在政策鼓勵下，新辦女學校一直增加，其中一類值得關注的女學校，即是西方傳教士為了宣教目的而興辦的基督教女子寄宿學校。明治十六年（西元 1883 年），日本政府展開鹿鳴館外交，歐美風潮席捲全國，很多資產階級父母為了讓孩子學習英語、音樂及西洋禮法而讓女兒入讀基督教女子寄宿學校，一時成為風尚，就以東洋英和女學校為例，開校時僅得 2 名學生，至明治十七年學生人數激增至 170 人（大滝）。

　　由西方傳教士開辦的基督教女子寄宿學校，校規嚴格得令人咋舌。每天的生活幾乎都有規定，週日參加主日學，守靜肅時間，不准閱讀報章，限定閱讀勵志偉人傳記，平日按更次打掃，協助做飯，說謊者罰以肥皂洗舌，盜

明治—大正「少女文學」
貳之籽

竊者在全校學生前受鞭打體罰。在一週七天之中，女學生最期待週五的來臨，因為週五晚上，學校容許學生外出買點小食，並攜枕到朋友宿舍留宿整晚談心（大滝）。即便校規是如此嚴格，但相比起長大後嫁人，學校時光對於女學生來說，還是甜美的。

凡此種種，令基督教女子寄宿學校形成一個幾近與世隔絕的少女世界，如此的生活景象，令女子學校成為少女文學裏最常見的其中一種文學意象及故事舞台。在《花物語》五十多篇故事裏，觸及女教師與女學生關係的有四篇，觸及學姊學妹關係的有六篇，關乎同級女生關係的多達二十九篇。正如本田和子所說，學校是「監獄」，也是「避難所」，保護她們免受外界的傷害。少女躲在學校宿舍內，編織自己的夢，有如把自己包藏在繭中，直到長大，被迫飛出繭外為止。

在 20 世紀初日本父權制度之下，學校被設定為一個把少女孵化為優秀良妻賢母的地方。但對於女孩子來說，學校卻是她們最佳的避難所，因為在畢業以前，她們能免於良妻賢母之責任，暫時拋開社會對她們的要求和期望，可以稍為自由地生存。為此，學校之於少女，作用就如同保護她們的繭一樣。假如日本年輕女孩沒有了這段延期償付的自由校園生活時光，「少女」作為一個獨特的女性身份，相信也很難在日本出現。換言之，是現代普及女子教育創造了「少女」誕生的客觀條件。

御目

在 20 世紀初的日本女子學校，在女學生之間，還流行着一種獨特的交友關係，也就是在導論中提及過的女學生之間的親密關係。這種關係，稱為御目關係，是典型的 S 關係。1910 年，日本雜誌《紫》對女學校內的御目關係做過報道，指出御目是女學生之間對愛人的稱謂，當時御目關係已流行一年，始於學習院女子部，後傳至東京女學館，再迅速擴散到其他女校，包括了東京第一高等女學校、三輪田女學校、成女學校等及一些女子大學。女學生建立御目關係，已然產生出既定的儀式，按例御目關係通常由校內學姊提出，看中新入學的學妹，學姊即請朋友代贈絲帶，假如學妹把絲帶繫在頭髮上，

即表示接受學姊的邀請，二人成為御目，日後以御目相稱，恍如愛侶（たつ子 1910）。

對於御目或 S 關係，赤枝香奈子認為，比起義務婚姻，前者更加貼近西方羅曼蒂克的愛情觀念，如此的關係沒有強制性，能體現近代新女性的主體性，以及她們對永恆、自由和平等親密關係的追求（32）。這種女學生之間的女同性愛關係，也就是 S 關係的前身，是少女文學的常見主題。與此同時，這種關係也是少女們在學校這個繭之中的短暫時光裏所編織的少女夢。

女學校猶如少女的搖籃。如果當時沒有學校，御目關係不能成立，少女文學失去了故事舞台，女孩子也不可能建構出「少女」身份。我們也不會有今日以少女為中心的 ACG 文化吧？

▶ 姊妹．少女畫報，6 月號，1920 年（東京社）．PUBLIC DOMAIN/ 菊陽町図書館

5. 少女雜誌之投稿欄陣地戰

前文提到，吉屋信子的《花物語》，自 1916 年起在《少女畫報》連載，至 1925 年又改在《少女俱樂部》連載。像《少女畫報》這樣的少女雜誌，對於少女文學的產生，起到了相當關鍵的作用。然而，明治—大正年間創立的少女雜誌，編輯大多由男人擔當，這些男人做夢也沒有想過，自己一手編製的雜誌，最終竟為年紀小小的少女讀者所「佔領」。

少女雜誌興起

話說，少女雜誌是日本出版業現代化的產物。在 1900 年以前，日本還沒有少女雜誌。大約在 1890 年代至 1920 年代，日本在日清戰爭（甲午戰爭）及日露戰爭（日俄戰爭）的推動下，出版業得到飛躍發展。1888 年，第一本少年雜誌《少年園》在日本面世。少年雜誌主要以男孩子為對象。至 1895 年，《少年世界》首次在書內為少女讀者開設少女專欄。此後，大約要等到 1902 年，才有第一本以少女讀者為對象的少女雜誌出現（今田 2000）。1902 年，《少女界》創刊。1908 年，《少女之友》創刊。1912 年，《少女畫報》創刊。1923 年，《少女俱樂部》創刊。在明治—大正期間創刊的少女雜誌，不在此限，還有更多。

總之，從 1902 年《少女界》創刊之後，便如雨後春筍般陸續創刊。而且，這些刊物錄得相當高的發行量。以《少女俱樂部》為例，創刊時發行量已達 67,000 部，至 1936 年巔峰期新年號發行量更超過 49 萬部（秋山）。少女雜誌的流行，有賴於日本女孩子的高識字率。我們已知道，在江戶時代，日本就已經有寺子屋這種低齡庶民教育，國民識字率並不算低。明治年間，得益於女子教育的開展，步入 20 世紀初，日本年輕女子多接受過小學以上的教育，識字率更高。這構成了少女雜誌普及的重要基礎，令少女雜誌很快在年輕女讀者間流行起來。

◀少女之友紀念號・作者藏品攝影・Setting 窗邊

曖昧的二重身份

少女雜誌出版，既是國民教育項目，但同時也是徹頭徹尾的商品經濟消費活動。為此，在少女雜誌面前，少女讀者有了曖昧的二重身份。她們既是教育對象，也是有自己審美趣味的消費者。

首先，男性編者代表父權主體，希望通過少女雜誌，把少女讀者當作未來的「良妻賢母」來教育。然而，從現實的商業角度出發，少女讀者並不是「未來的良妻賢母」，而是擁有「投票權」的消費者。1908 年，一本《少女之友》售 10 錢一本，一冊百來頁，A5 判（実業之日本社社史編纂委員會）。鑑於少女雜誌愈出愈多，構成競爭，作為消費者的女孩子，有權以自己手上的 10 錢，選擇自己真正喜歡的少女雜誌，市場競爭令少女雜誌製作人不得只顧自己的辦報方針，也得用心體貼少女讀者的喜好。既然少女成為了消費者，那麼雜誌上作者與讀者之間的主客關係，便變得十分微妙。女孩子看中的，不是雜誌內那些要使她們成為良妻賢母的名人講說，而是雜誌內體貼她們內心的少女小說和投稿欄。那些名人講說，大多關於如何成為優秀婦人，把女孩子視為教育對象，作者是主，讀者是客。但是，像《花物語》那樣的少女小說，能把作者和讀者都融入進去少女共同體的境界裏，作者和讀者一同成為主體。

起死回生的讀者投稿欄

嵯峨景子對當年《女學世界》和《少女世界》兩本少女雜誌做了詳細的分析。她指出，兩本雜誌的男性編者都以政府宣揚的「良妻賢母」教育為辦報方針（嵯峨 ab）。然而，兩刊在發展過程中，「良妻賢母」教育方針反過來受到少女讀者積極的投稿活動影響，未能貫徹。

首先，《女學世界》初期以名人講說為主要內容，中期改為以婦人生活指導為主，無論哪一種內容，都出於「良妻賢母」教育方針，而中期改以婦人生活指導為主，減少名人講說，預期社會風評下跌，銷量減少，然而在這段期間，銷量反而錄得上升。嵯峨景子認為，《女學世界》中期銷量上升，主因不在婦人生活指導內容，而是因為該刊在 1908 年起擴張了讀者投稿欄目，

讓少女讀者刊登她們自己的日記故事。漸漸地，投稿欄出現了常年投稿者，當中也有屢次獲賞的讀者成為明星，得到其他讀者的熱烈回應與聲援。例如：一位讀者對內藤千代子作出如下的聲援：

> あゝ內藤千代子樣、敬愛しておかざる千代子樣、いかなれば君はすぐれしオを持ち給ふぞ月每に進み行く君が玉藻、敬愛の念はいよいよまさりてたへがたい程でございます。（後略）信濃、小百合（1911年11月）（嵯峨a）。

在以上一節短文中，來自信濃的讀者小百合對另一位投稿者內藤千代子表示敬意，又對其才華表示嘉許。打開少女雜誌投稿欄，少女們恍如回到自己的少女之家，在那裏有着支持自己的人和自己景仰的人。通過這樣的文字交流，少女讀者互相承認和支援，並獲得了歸屬感，逐漸形成了「少女共同體」的想像。

投稿欄爭議

那麼，對於深受讀者歡迎的投稿欄，以「良妻賢母」教育為辦報方針的男性編者，曾作何感想呢？

嵯峨景子比較了《少女世界》編者在 1909 年與 1912 年給讀者發出的寫作指引，發現有微妙的變化。1909 年，編輯沼田笠峰作出如下的指引：

> 投書家諸孃に一言申し上げたいのは、少女は何処までもやさしい文章を書くのがよい、といふことです。皆さんの柔らかな皮膚のやうに、ふさふさとした黑髮のやうに、凉しい眼もとのやうに、八ツ口をこぼれる美しい振りのやうに、しほらしい素直な心を本にして、情のあふれた優しい文章を書いて下さい。真心から出た少女の文章は、どうしても優しくなければならないのです。（沼田 1909・5）

〔翻譯〕想要給投稿家諸位女子贈言，即少女無論到何處，寫出溫

柔的文章為好。像大家柔軟的皮膚那樣，像厚厚的黑髮那樣，像平靜的眼眸那樣，像溢出小口的美妙儀態那樣，以像見習生那樣的溫馴之心為本，請寫出充滿情感的優美文章。出於真心的少女文章，無論如何是不優雅不行的。（沼田 1909 年 5 月）

至 1912 年，嵯峨發現編輯部的指引發生了變化。

現代の少女の文章は、美しいことは美しいけれど、辞句を飾ることが主になつて、内容の貧弱なものが多いと言はれます。これは要するに思想が豊かでないからでせう。（中略）文章もこれと同じことで、内容の充実したものが一番よいのであります。（1912・10）

〔翻譯〕現代的少女文章，美是美，但辭句以裝飾為主，很多內容可說是貧弱。這裏要緊的是思想並不豐富所致。（中略）文章也與此相同，內容充實是最好的。（1912 年 10 月）

起初，編者要求少女讀者文字要優雅，後來則要求內容充實，批評讀者文字裝飾性太高，內容貧弱。除此之外，嵯峨景子表示，編輯部還要求投稿文章不應多用英語外來詞，宜多用日語原詞，提出新時代少女不宜過份懷緬悲傷，應該擁抱希望云云。

美文誕生！

在這幾年間，少女讀者給投稿欄寄來的文章，就如編輯部所投訴的那樣，確實有齊了這些特質：

1. 詞藻華麗；
2. 多用歐洲外來詞（以片假名音譯歐洲外來詞）；
3. 哀傷；
4. 女子之感情

這兒是一篇例子，於 1911 年 11 月由讀者吉岡得代投稿，敍情性高、多

貳之籽
明治－大正
「少女文學」

用感嘆語，當時曾獲得甲賞。

> おゝ花！！お前は弱い子ねえ。幼い人の様な花よ。何故散るの？
> 私が。強い子が、今思つてゐる新らしい望みが満みて、赤いリボンを
> 付けた時のやうに嬉しい心になるまで、咲いてゐて頂戴よ。星と花の
> 外に誰も知らない夜の心！！！（吉岡得代 1911・11）

> 〔翻譯〕噢，花！！你是柔弱之子呢。像幼小之人的花啊！何故散
> 落？我。雖是剛強之子，如今回想滿溢新的盼望，直至內心像繫上紅緞
> 帶時那樣喜悅，請你一直開花。除星與花，此夜之心無人知曉。（吉岡
> 得代 1911 年 11 月）

嵯峨景子表示，自從吉岡這一篇文章刊出後，敍情性高的投稿就急劇增
加。主管少女雜誌製作的男性編者，終於感受到女孩子的這種投稿有甚麼地
方不對勁，於是在翌年提出了新的寫作指引，要求充實內容，杜絕悲傷，不
再要求文字的優雅。在代表父權的編者眼中，過度的悲傷感情無助於把女孩
子培養為良妻賢母。但在女孩子眼中，這些悲傷感情才是她們心中最真實的
感情。而且，她們通過在投稿欄上互相仿效、聲援、回應、支持，不但沒有響應編者的新指示，反而更把這種風格的文字發揚光大，形成了一種新的文學形式。它有自己的風格主題，有自己的語言特色，嵯峨景子稱之為「美文」文體（嵯峨 b）。

為甚麼編者的寫作指引無人遵從呢？因為少女美文文體已經確立，並在少女間流行起來，散見於其他少女雜誌，例如《女學世界》。再者，少女們是消費者，少女雜誌之間又有充份的競爭。她們既在投稿

日本語之文字：片假名

日本人把自己所用的特有文字字符稱為假名。假名加上漢字，就是現代日本語之文字。假名主要分為平假名和片假名兩種。如果平假名相當於英語的小楷字母，那麼片假名就是大楷字母，因為前者是默認的常用字符，後者則有特殊用法，包括標識音譯的西洋外來詞。早期日本少女文學採用了很多以片假名標記的西洋外來詞，反映了當時日本少女們對西洋文化觀念和事物的憧憬。

欄裏創立了自己真心追求的文學形式，假如編者抑止她們的熱情，不刊出她們喜歡的文章，她們就把文章投到另一本少女雜誌。誰阻止她們寫作，誰的銷量就下降。如此，美文文體脫出了《少女世界》，成為少女間互相傾訴、共讀共用的文學形式。對於這種現象，川村邦光評價說，少女讀者那種擅用外來語、充滿敍情性的文體，描繪出浪漫的意象，又在讀者欄內形成了「少女共同體」。

媒體學大師霍爾（S. Hall）在《編碼・解碼》中指出，受眾既可按照主導霸權的意圖閱讀，也可協商地局部接受，或者採取對抗態度，從而給與符號一種編碼者沒有設想過的新意義。似乎，在 20 世紀初，日本少女在少女雜誌投稿欄所做的，就是協商接受，而且還在協商接受過程中不斷改寫文本，直到獲得她們自己的文學為止。總的而言，當時少女讀者在消費主義原則下，對雜誌內容獲得了奇蹟般的主導權。她們的寫作及閱讀行為，體現出高度的主體性。縱使男性編者期望向讀者灌輸父權價值，但他們礙於現實上的銷量壓力，最終不得不保持投稿欄目開放，讓少女讀者享受一定程度的寫作自由。結果，少女讀者把讀者投稿欄據為己有，使之成為屬於她們的少女文學版面，勝出了一場投稿欄陣地戰。

美文的繼承者

追尋吉屋信子成為作者的歷程，可發現吉屋信子寫作《花物語》前曾在《少女世界》投稿。少女讀者在《少女世界》投稿，產生美文文體，大約始於 1911 年。《花物語》開始連載，時為 1916 年。而且，吉屋信子寫作《花物語》所用的文體，充滿了美文文體的風格與特徵，即充滿西洋詞語、詞藻華麗、內容敍情而傷感。換言之，《花物語》故事所用的文體，非吉屋信子一人所創，而是少女讀者通過無數次寫作投稿而產生的美文文體（嵯峨 b）。吉屋信子所做的事，是把藏於少女們更深處的感情和渴想發掘出來，以美文文體寫成動人的小說故事。

吉屋信子無疑是少女文學最重要的代表人物，但我們與其說吉屋信子締造了少女文學，更貼切的說法是，少女們通過對雜誌的消費、投稿和閱讀行

為，利用少女雜誌提供的空間，親自建構了屬於她們自己的少女文學，而吉屋信子本是這個原祖少女群體中的一員，她只是繼承了「姊姊」們留下來的文字風格遺產——美文文體，並將之發揚光大。整個少女文學的傳統，是由數不清的少女共同建立，而非吉屋信子一個人的事業。

如果我們把明治年間開設女校（1872 年）、鹿鳴館外交（1883 年）、良妻賢母教育（約 1890 年起）、新民法推行（1898 年）、御目流行（1910 年前後）、青鞜創刊（1911 年）、美文普及（1912 年前後）、青鞜停刊（1916 年）及少女文學出現（約 1916 年）等各項事件發生的時間對照，即可看出這些事件之間的關聯是何等的密切。

6.「少女共同體」起動！

◀ 中原淳一少女畫明信片，懸賞賞品復刻 / 少女之友創刊 100 週年紀念號，2009（實業之日本社），作者藏品掠影．Setting 雀躍開信
＊一百年前，中原淳一筆下之少女畫深受少女讀者喜愛。有評論者稱，畫中少女形象，身體的每個設計，都有別於良妻賢母的形象，讓少女在這特殊的形象中找到了新的可能性。

川村邦光是日本文化學者、大阪大學名譽教授。前文多次提到川村邦光以「少女共同體」形容明治—大正女孩通過少女雜誌形成的一種狀態。自川村提出「少女共同體」這個說法以來，此詞廣為其他日本女性主義研究者所樂用。然而，川村研究的是日本少女文化，他本人卻是男性研究者。對此，作為日本權威女性主義學者，上野千鶴子如此吐槽川村：「《乙女之祈》（川村作品）出版，聚焦戰前女性雜誌讀者欄，這着眼點好得讓我吃了一驚。然後，

我想，我被打倒了！『明明是個男的』我幾乎想這樣說，但這是性別差別發言……看了看卷末的文獻清單，長長的，這個人如此耽溺於女性雜誌的能量是甚麼啊？」（n.d.）上野千鶴子想說的話，應該是「明明是個男的，卻把我們女性主義研究者的工作搶來做了，而且做的那麼好，太過份了」！不過，女性主義素來提倡性別與成就無關，因此上野不能把這種話說出口，不然就是逆向歧視男人了。

話說回來，我們大概已知「少女共同體」是明治─大正年間日本女孩通過少女雜誌形成的東西，但「少女共同體」有實體嗎？如果它沒有實體，我們該如何理解這個「ＸＸ體」呢？

少女集體無意識

筆者認為，「少女共同體」是當時明治─大正女孩子們在不自覺的情況下產生的身份認同和集體意識。她們通過少女雜誌、文學、女學校內的風俗，發現自己並不孤獨，社會上多數女孩子都對自己的命運感到不安和悲傷，只有處境相同的女孩子，才能互訴衷情、互相理解、放心投入自己的全部感情。

顯然，當時並非每個女孩子都像吉屋信子那樣，能夠理性地說得出自己的不安和悲傷，是出於父權社會對女性國民人生的任意擺佈，「作為日本的女兒，被迫拿起銀色縫紉針」（1948）。然而，當時每一名少女雜誌的讀者，都能感受到投稿欄內另一位女孩子文章所滲着的悲傷，同樣是自己的悲傷，使自己流出一汪眼淚。縱使這些女孩子在現實生活中也許並不相識，但通過文字交流，發現不認識的人比親人更了解自己，彷彿早已認識，且相逢恨晚。由於每一位少女雜誌讀者都有如此的感應，她們通過集體想像，就形成了所謂的「少女共同體」。她們覺得彼此之間存在無形的聯繫，而且產生了強力的歸屬感。這種集體意識強度高，但卻不一定是自覺意識，可說是榮格所講的集體無意識。

少女社群誕生

既然「少女共同體」是一種集體意識，少女們通過少女雜誌，又能意識到自己只是這個共同體的其中一人，在雜誌的彼端，存在着另一些與自己處境和情感都相近的女孩子，那麼「少女共同體」也可以被視為一種社群，適合用社群心理學的概念來做些分析。

在一個集體社群意識背後，一般有以下四個方面（McMillan & Chavis）：

1. 成員身份：包括了區別圈內人和圈外人的界線、情感安全、個人投入、歸屬感、認同感、共同象徵等；

2. 影響力：社群內的權力，包括社群對成員的吸引力、令成員順從圈內文化的力量；

3. 整合與需求的滿足：身份和行為的強化與維持，這包括了社群地位、成就、成員間互相滿足對方需要等；

4. 共用情感聯繫：成員共有的集體歷史記憶，例如榮辱與共的經歷、具有宗教性質的心靈聯繫等。

無疑，「少女共同體」滿足了集體社群意識的這些全部條件。

首先，女孩子在少女雜誌投稿欄中積極地回應和聲援了她們喜歡的投稿者，令個別投稿者如內藤千代子成為讀者間的明星，獲得眾多讀者的支持、讚賞和聲援。如此，少女社群借助一個那麼的一個投稿欄，就產生了吸引力、成就、地位、集體記憶、心靈聯繫、情感安全、歸屬感、認同感、大量的個人投入和互相滿足對方需要的交流等社群要素了。

隨着時間的推移，少女投稿人也漸漸發展出一種富有自己風格和特色的文字——美文。美文雖是自由形成的文風，但它也形成了一種寫作規範，要求文字具傷感、多用西方外來詞、詞藻華麗，使後來投稿者爭相仿效，造就了一個社群意識所需要的共同象徵和規範性影響力。

可以說，「少女共同體」有齊了成員身份、影響力、整合與需求的滿足、共同情感聯繫等社群基本要素，恍如一個嬰兒誕生在世，有了自己的生命一樣，又恍如一個引擎，起動了就不斷運轉，推動車子向前，不易停止。

共同體的製作材料

最後，作為一個總結，補充一點，形成「少女共同體」的材料，全部是因緣際會，也是歷史的巧合，筆者認為有以下幾樣：

1. 父權社會壓迫下遭遇共同處境的女孩子；
2. 女性主體意識的非自覺覺醒；
3. 女學校的設立（延期償付的求學時期）；
4. 10 錢一本的少女雜誌（附投稿欄）

第一，要有一個為了欺負和擺佈女孩子，為了追求社會成就而無所不作的父權社會，這令到那個時代女孩子擁有了共同的人生遭遇。

第二，讓女孩子意識到自己的悲慘不是必然的，她們的人生有另一個可能性，在未畢業以前，她們可以盡情去享受青春和為自己的未來流淚。然而，她們不必要先學會西方女權主義和女性覺醒思想。只有平塚雷鳥、吉屋信子、伊藤野枝等少數女孩自覺覺醒女性意識就夠了。説來好像很弔詭，但明治—大正的女孩子做到了「女性主體意識」的「非自覺」「覺醒」。不是嗎？她們閱讀了少女小説而哭泣，她們享受了學校中學姊與學妹間的御目戀愛，她們踴躍地在少女雜誌投稿，又樂此不疲地享受閱讀，但她們不一定知道自己為何如此，這不是享受少女小説和校園時光的先決條件。這就是既「非自覺」又是「覺醒」的覺醒。

第三，明治政府開國先鋒提倡文明開化，為女孩子建起了女學校，誤打誤撞地，讓她們在嫁人為妻之前，能多享受四至五年延期償付的自由時光。對明治—大正的女孩子來説，這是一個意外獲得的自由社會領域。

最後，少女雜誌 10 錢一本，幾乎每位少女都能買得起，而且她們成為了消費者，在日本有所謂「顧客就是神」的説法。就是如此，市場經濟賦與了女孩子對抗父權壓迫的一個武器，就是「以小手裏的 10 錢轉買另一本少女雜誌」的貴重權利。説到這兒，雖然市場經濟有它自己的問題，但也要為此喊一聲「市場商品經濟」萬歲呢！

7. 少女的超越性

女人不是生就的……

　　西方女性主義理論家波娃曾經這樣說：「女人並不是生就的，而寧可說是逐漸形成的。」（309）波娃這句話，來自存在主義哲學的金句「存在先於本質」。此話好像難明，但其實人人都體會過。

　　讀者曾否有過這樣的經驗？早上在床上醒來，突然忘記自己在哪兒，自己是誰。那一刻，自己只知道自己是自己。然後，記憶逐漸回來，想起自己是學生或者某社職員，想起自己是男還是女，想起自己現實中的工作還未做完──。如果大家正在異地旅行，或者正在工作轉換的空檔期，這種經驗更為常見。

　　那一刻的自己，發生了甚麼事？

　　簡言之，那一刻的自己，意識到自己的「存在」和「自己甚麼都不是」，然後又記起了自己被社會賦與了很多「身份（本質）」，例如學生、職員、廚師、叔嬸、家長、市民等等，這些身份是後加的，為我們帶來了很多凡俗事務。我們作為人，本來只有「存在着的自己」，並無俗務，也無本質。如果這個自己有些甚麼，都是後加的，不是本來就有的。這就是所謂的「存在先於本質」，而波娃說「女人並不是生就的，而寧可說是逐漸形成的」，意思就是一個女孩子本來就是她自己，在生下來之初，她甚麼也不是，但男人主導的社會為女孩子設計了「女人」這個身份角色，並為「女人」加上了很多本來不是她們自己的東西，例如性感、賢淑、聰慧、持家、相夫、教子、幫補家計等等，這些東西是後來「逐漸」加上去的，而且不是由女孩子自己決定或者自己想要的。

消解「良妻賢母」之枷鎖

　　同樣，明治─大正的日本女孩子身上，也發生了同樣的事──日本男人把「良妻賢母」的角色套在女孩子身上，而在當時的日本，每一個女孩子，

少女歷史

日本 ACG 萌文化
哲學筆記

只要看一眼自己的母親，就知道「良妻賢母」是一個任期長、勞動重、自由度甚低的一個社會角色。

把波娃的話套在明治─大正女孩身上──「良妻賢母並不是生就的，而寧可說是政府要求的。」

對應「良妻賢母」這個本質的枷鎖，明治─大正女孩化身為「少女」，把「良妻賢母」的枷鎖暫時消解。她們在少女小說中訴說少女的故事，積極在少女雜誌投稿，還在女學校內大搞御目關係，為的是以找尋「良妻賢母」以外的另一種生存方式──少女的生存方式，而她們做到了，也一度建構出為後世川村邦光等人所稱頌的「少女共同體」。

那麼，少女是甚麼？

要說的話……

少女是一種生存方式，是女孩子自己決定的生存方式。

少女是一個身份，是女孩子親手為自己建立起來的集體身份。

少女是一個審美意象，存在女孩子和眾人的集體想像之中，體現於少女小說和插畫裏面。

明治─大正女孩，本來只是弱小無助的靈魂與軀殼，但她們不甘心一生受擺佈，為自己取了「少女」這個名字。配用「少女」這個名字之後，她們就能夠做出出乎自己意料之外的事情。

因此，少女是女孩子們自己為自己取的名字。

誠然，「少女」不是女孩子們本來的自己，因為人生為人，本來甚麼都不是。然而，不同於「良妻賢母」，「少女」是女孩子們自己為自己度身訂造、自己賦與自己的身份角色（生存方式）。所以，「少女」作為一種身份角色，卻與女孩子們的自我一直維持着最高的「同調率」，是一個相對自由的身份，筆者稱之為「自我建構自由身份」。

> **同調率**
>
> 此名詞因《新世紀福音戰士》而在動漫愛好者圈子普及，大意指兩副身體之間，或人和裝甲之間的意識統一程度。同調率高，控制和感應都會增強，使裝甲或另一副身體宛如自己身體一樣。作者覺得借用「同調率」一語來談論明治─大正女孩與「少女」身份的匹配性，十分適合。

相反，「良妻賢母」是外在父權社會強加於女孩子身上的身份角色，充滿現實制約，筆者稱之為「外在現實身份」。前者出於女孩子自己的主體意志，身份是自己建立的，後者來自父權社會的制約，是社會制度單方面為女性設計的。在這一層意義來講，「少女」對於「良妻賢母」，構成一種美學上的超越，因此「少女」也是「具有超越性」的少女。

以眼淚否定現實

所謂「超越」，按美學的講法，是審美所具有的特性（楊春時 2004：44-48）。當我們沉浸在審美活動之中，我們的價值觀即超越了現實價值，達到終極價值。並且，我們通過因審美而有的情感，在不自覺的情況下，批判了、否定了現實的生存方式。

「少女」具有超越性，正好是因為明治—大正年間日本女孩子所身處的現實世界太過殘酷，那個世界以無情的現實價值統治日本的女孩——「請專心一意為男人生孩子」，而「少女」作為女孩子自己建構的審美想像，以眼淚否定了這個現實價值，達到了另一個終極價值——「我作為少女盡情為我們自己的命運流淚」。

也許，讀者認為兩個價值沒有差別，在現實中女孩子要履行良妻賢母的責任，在那個終極價值中，流淚之後還是要當上良妻賢母，結果一樣。然而，終極價值是超越的價值，並不存在於現實，單是作為一種對自由生存方式的想像，已能把一個人從異化、悲慘與客體的位置中拯救過來，使人恢復主體性和本真。

終極價值指向自由的生存方式，它超越單一功利目的，超越主客對立，使客體轉為主體，消除異化，達到所謂的主體間性關係（inter-subjectivity）。當代美學家楊春時如此說明主體間性：「主體間性的根據在於生存……生存不是在主客二分的基礎上主體構造、征服客體，而是主體間的共在，是自我主體與對象主體間的交往、對話。」（2008：262）在主體間性關係中，我們拒絕把任何人或物視為客體、工具、他者或利用對象，使所有人由被擺佈的客體，恢復能夠自己主宰自己的主體地位，通過對話、溝通和理解化解主體

間的衝突，從而消解主客之間的對立。

那麼，所謂恢復主體性和本真，又是甚麼意思？人有本真嗎？人的本真是甚麼？

在哲學和美學之中，「本真」有別於「本質」。本質是固定的屬性，例如我認為我是「藝術家」，「藝術家」是一種固定屬性。假如我被「藝術家」這個固化觀念影響了，不願去做其他不似「藝術家」的事情，例如洗碗、理財、研究等等，那我就被「藝術家」這種本質奪去了本真。我的本真，其實是——甚麼都可以做！恢復本真的我，能與更多事物建立關係，與一個隻、一盤數、一門學問及其背後的一切連結起來。但是，若我被「藝術家」的稱號蒙蔽，我就失去了與更大更豐富世界自由關聯的可能性。

明治—大正日本女孩的危機，在於被「良妻賢母」觀念奪去本真。然而，通過把自己想像為「少女」，做少女才會做的事，例如交換書信、悲傷流淚，她們奪回了自己的本真，又在不自覺的情況下，否定了現實中她們被賦與的人生。

奇妙地，少女的眼淚雖然否定現實的命運，批判了父權社會對她們的擺佈，她們卻沒有像西方女權主義者那樣，把男與女對立起來。父權社會的存在，也有其不得不如此的理由。在維新之後，日本社會被迫在半個世紀內完成現代化發展，那本來是西方國家花上了兩三百年才完成的歷史進程。當時日本社會對人口的殷切需求，並不虛假。當時日本社會發展有賴於女性的犧牲，也無可否認。對此，「少女」的回應不是女權運動，而是眼淚。

少女文學中的眼淚，充份表達了女孩子們的主體感情和意願，使女孩子重新獲得了主體性。然而，眼淚也表示女孩子們承認了現實社會的需要。正因為她們願意接受良妻賢母的任務，她們才覺得悲傷，並以眼淚回應。所以，「少女」的超越性指向的終極價值、自由生存，並不等同於西方女權運動所爭取的平權。

平權訴求，骨子裏還是舊父權思想所懷抱的二元對立——男女主客對立——男女要比輸贏。「少女」指向主體間性的關係——我願考慮你的立場，也請你考慮我的立場。面對強橫的日本男人父權，「少女」提出交涉和妥協——以畢業為限——畢業前我的青春人生不屬於你，你所求於我的，只

能是畢業後的我。「少女」這個身份，代表了這樣一個既含蓄又勇敢的宣言。這是一種新的關係，超越了男與女兩性之間的主客對立，是主體與主體並存的關係，亦即是所謂的主體間性關係。其實，父權仍然是主體，但女孩子不再是任由父權擺弄的客體，她們成為了社會中父權以外的另一個主體，因為她們的主體性在「少女文學」的敍述中被充份地高舉、呈現和釋放出來了。

在五十四篇《花物語》故事中，吉屋信子特別以一篇《三色菫》講述了一位女兒與父親的感傷關係，就表達了少女渴望與父親重建親切的主體對主體關係（主體間性關係），而非停留在父權統治下異化的父女關係。社會現實要求父親以權力把女兒送走，交給另一個男人當媳婦，為日本生兒育女。在這要求下，女性被物化，成為貨品，父親也被物化，成為代行社會權力的工具。本來，父女關係不應如此。這是女孩子在少女文學中要超越的悲傷命運。在文學中，父親可以放下父權，成為女兒親愛的父親。

意象如舞蹈與颱風

少女的超越性，在少女文學中，通過少女們共同的想像，體現為各種各樣豐富美麗的文學意象。這些意象並非虛無飄渺的文學詞藻，而切入了少女們共有的切身悲傷生存處境。這是少女文學所蘊含的全部超越性和動人力量的根源。

所謂意象，一般文學教科書大多如此說：「意象是一種腦內圖畫，能引起我們的五官感覺和經驗，例如視覺、味覺、聽覺等……」比如在《花物語‧沈丁花》故事中，我們通過文字聽到了姊妹的哭泣聲（聲音），看到了兩位少女的嬌軀互相依偎（視覺），也許還感受到了妹妹的體溫（觸覺），但這程度的說明，解釋不了意象的超越性。再者，這種說明誤以科學分析方法，把五感和文學中的主體切割開來，很容易讓人把故事中重要的意義關聯斬斷，造成「遮蔽」。

「遮蔽」是哲學家海德格爾的講法。海德格爾認為，所有存在都是共在，沒有誰單獨存在，大家都總是與別的主體有所關聯。例如，我與你是作者和讀者的關聯；一張支票和一位婆婆的畢生勞動有關聯；一棵老樹是數不清的

小蟲子的家，巨樹與小蟲關係千絲萬縷，只是我們平時沒有留意。而海德格爾自己所舉出的經典例子，就是釘子。一顆釘子不是孤獨的釘子，既然有釘子，世上就一定還有鎚子。釘子與鎚子之間有所關聯，必然同時存在。這就是所謂的「共在」。

為甚麼萬物本有豐富的關聯，我與你卻將之遺忘或刻意視若無睹呢？海德格爾認為，我們活在技術年代，技術統治世界，把萬物的關聯「遮蔽」，只餘下意義荒疏的科學解釋。既然被「遮蔽」了，我們又怎能看見呢？舉個例，大排檔是香港 1950-1970 年代流行的露天街邊熟食店，一度是香港人喜愛的用膳地方，它聯繫了一個社區的街坊感情，為街坊提供充滿風味又方便的飲食，但多年來在衛生科學和官僚行政的統治下，大排檔被取締得七七八八。在技術官僚的眼中，大排檔、街坊和飲食風味的關聯被刻意「遺忘」，聯繫被斬斷，官僚只承認「大排檔──不衛生」這個單一的技術性關聯，刻意裝作看不到大排檔的社區功能，這就是「遮蔽」。

海德格爾（Heidegger）告訴我們，語言是存在的家園，人類本來的語言，是詩的語言，在詩的語言中，世上萬事共在，有着豐富的關聯。人只有恢復以詩的語言說話，突破技術語言的限制，才能「解蔽」，恢復自己和萬物被遮蔽了的本真（1967；1971；1987；1995）。

海德格爾所講的詩的語言，是突破僵化規範的語言，既原始又自由。當代美學家楊春時指出，詩的語言（文學語言）是充滿自由而個性化的意象運動，而且具有充份的主體間性。人的原始語言是具體的意象運演，現實語言的規範使語言失去意象性，但文學語言能恢復了意象的自由創造和運演（2008：324-339）。

楊氏所說的現實語言，即是海德格爾所說的技術語言。而意象，則一直在運演、變化，並與周圍的東西發生關聯。所謂意象運演，恍如雙人舞蹈。一個意象，有如一名舞者，只是其中一個主角，但卻不是唯一的主角。他不是單獨地在跳舞，而是與舞伴一起聯動，他的舞伴也是主角。而且，意象不是雕塑，不會一動不動，他的動作總是不斷變化運演，不斷與世界另一個主體聯動。

在雙人舞蹈之外，颱風作為一個意象例子，說明了意象運演的另一種特

色——無邊無際。從氣象圖俯瞰，每個颱風都有一個風眼，作為颱風的主體；但颱風並不是靜止的，它不斷運動、變化，沒有明確的邊界。它的邊界，不是用來與周遭的事物劃清界線，而是與周邊其他事物發生關聯。我們可以看見，颱風外緣的雲層與其他區域的雲層相連。假如海上出現兩個颱風，那麼兩個風眼之間必有雲層聯繫，它們雖各自獨立存在，卻也互相呼應，形成主體與主體共存的格局。

日本明治—大正女孩，作為主體，她們本應是天真、可愛、自由、美麗的孩子，可以與世界建立豐富無窮的關聯，像颱風一樣自由活潑，但在父權統治推行的教育和法令之下，女孩子與世界的豐富聯繫被遮蔽了，只餘下「良妻賢母」這個經科學計算而被安排的命運，單單變成生孩子和專屬於丈夫的工具。在這一重意義上，父權制度對女孩子來說，不是存在的家，而是牢房。這是遮蔽，令女孩子的人生變得死板、靜止，但明治—大正女孩子不服，她們以文字把自己寫進文章裏、小說裏，使自己在詩一般的文字中成為了一個活潑、充滿關聯和變化的文學意象——少女，突破了父權制度給她們扣上的枷鎖，恢復像颱風一樣的活力，重建與世界一切事物的關聯。少女恢復本真，她們為自己想像更豐富的人生，想與更多人、物、事發生關聯。她們先尋求與其他與自己命運相近女孩子發生新關聯，最終形成了「少女共同體」，但她們渴望關聯的對象，並不止於同齡女孩，還有更廣闊的世界，包括了各種西洋新事物。除此之外，她們也渴求與父親而不是父權，重建超越現實制度束縛的自由關係。《花物語》，就是這種少女意象運演的集大成。

走進花物語的意象世界

在《花物語》故事中，少女是最中心的意象，但意象運演的結果，是與更多事物以主體對主體的關係產生關聯。換言之，小說裏的主體不會只有一位少女。當少女邂逅另一位少女，就產生了少女間如珍珠一樣的同性少女愛意象，例如學姊與學妹間的御目關係。當少女在校園中自由地做各樣的事情，例如一起聽從修女的話去打掃學校，然後迎來難得的週末，得以到同學家中談天度宿，如此學校和女生宿舍也成了一個活潑的意象。

以下，筆者嘗試在吉屋信子《花物語》故事中選出幾個常見意象，加以討論，探索其超越性之所在（表四）。這些意象包括了（1）少女；（2）學校；（3）S關係；（4）眼淚；（5）美文。

表四　《花物語》審美意象之超越性

意象	超越對象	超越形式
少女	良妻賢母	以不願長大畢業、渴望永遠停留在少女階段、以眼淚悲嘆少女時期短暫等形式，超越父權制度為女性定下來的良妻賢母角色。
學校（繭）	婚姻、家	在學校內編織自己的美夢，把學校視為像繭一樣的存在，與成人後無情社會婚姻制度的無意義作出強烈對比。對少女來說，女子寄宿學校校規雖嚴，還比命定婚姻的生涯自由可取。
S關係（同性少女愛）	異性戀（男尊女卑）	向同性尋求慰藉，表示對男尊女卑的婚姻結局的拒絕。在父權制度之下，只有處境相近的女孩子才能理解自己，可以託付感情，帶來希望。
眼淚	父權社會價值（希望、堅強、充實思想等）	少女雜誌編輯的投稿指引，要求讀者投稿有充實思想、杜絕悲傷和軟弱，但這是出於「良妻賢母教育」，由父權社會單方面定義的價值觀。女孩子的眼淚，表面上柔弱，但眼淚也有否定的含意，表示「我雖順從，但我不願如此」。《花物語》故事中眼淚，表示少女不願意接受父權社會為她們安排的現實命運。雖無法抗拒，但眼淚表現出了女孩子的主體感情，沒有遮蔽，回復本真。
敍情性美文～外來詞	父權社會價值（日本傳統）	外來詞象徵西方價值。西方價值提出婚姻自由、溫暖的家。美文敍情性高，多用外來詞，讀者在外來詞帶來的想像中，不知不覺超越了束縛女性自由的日本傳統父權價值。

這些意象不只出現在故事中，也通過明治─大正女孩子的行為形成了當時女學校的日常風景，她們眼淚、笑聲、作文、細語聲，劃破了現實的死寂，把自己變成意象，帶到名為學校和少女雜誌的舞台上展現出來，又構成了少女共同體的共同象徵系統。

一個社群之共同象徵

社群意識的形成，少不了社群成員共享同一套象徵符號，例如制服、暗語、信物、社群名稱、共同朋友、共同愛好、共享的小圈子知識等等。但凡是社群成員賴以辨識同伴的符號，都屬於共同象徵系統。《花物語》作為明治—大正少女愛讀的小説，小説中的很多內容，都成為了少女社群的重要共同象徵。

把《花物語》常用的文學意象歸納起來，配對明治—大正日本女孩的現實處境，可以發現兩者之間有着密切的關聯，而且甚具超越性和針對性。

首先，「少女」意象超越了「良妻賢母」的規範。接下來，「學校」意象超越了日本式的「家」和「婚姻」的規範；「少女愛」或「S關係」作為意象，超越了男尊女卑的日本式「異性戀」規範；「眼淚」和「美文—外來詞」作為意象，超越了父權社會所定義的各種價值規範，例如「堅實思想」。

無論在哪方面，文學意象和現實規範，都形成了鮮明對比和超越的關係。表面上，「少女愛」和「異性戀」只是生活上的選擇，其實不然。「異性戀」是社會決定了的選擇，變成了強制義務，對女孩子來說不是一個選項。然而，「少女愛」沒有強制性，卻成為了明治—大正年間多數女孩子出於自己意願的自由選擇。換言之，文學意象與現實規範的差異，不在意象或規範的內容，而在於它是自由的還是強制的。再者，「家」、「異性戀」、「良妻賢母」等是本來就有的觀念，是已經被設定好的人生選擇，但「少女愛」不同，它是本來不存在，卻由明治—大正女孩在集體無意識中不自覺而又自由地建立出來的選項，又成為了少女們賴以超越各種苛刻現實規範的文學想像。

文字方面，存在於美文的外來詞，也具有強大的超越性。少女雜誌男性編輯要求女孩讀者投稿須具有「堅實思想」，只能講「希望」，不能講「哀愁」。這種指導是僵化、強制、緊鎖的父權規範。然而，少女借投稿欄寫自己的故事與愁思，她們下意識地感受到，傳統日詞都被父權長輩定義過，已經非常僵化，不是屬於自己的詞語，於是她們採用意義仍是自由的外來詞來超越它，例如以「フレンド」（friend）和「レター」（letter）代替日語原來的「友達」（friend）和「手紙」（letter）。表面上外來詞與傳統日語詞義相同，但傳統日詞含有更多父權社會賦與的內涵（Connotation）。為了表達父

權思維所沒有的女性友情，也就是
S 關係，外來詞相對傳統日語更適合
少女作文。

無用者之美

所謂超越，就是脫離不自由、
身不由己的現實，藉着文學想像達
到本不存在於現實的理想。借用佛

內涵（Connotation）／
外延（Denotation）

內涵是符號學名詞，相對於外
延。外延是一個符號的直接指稱，
或一個詞語的字面意思，內涵是符
號各種屬性的總和。例如，心形符
號的外延是心臟，內涵則包括了愛
心、心情、愛情等更豐富的意思。

教哲學術語，現實即此岸，是我們受到束縛之處。至於那個尚未達到、卻已
成形於文學、藝術想像中之理想境地，即是彼岸。此岸與彼岸之間，在現實
上，其距離為無限遠，永不能達到。但在文學、藝術、動漫等審美活動之中，
此岸和彼岸之間的距離歸零，任何人皆可一躍而達至理想的彼岸。

說到這兒，必有讀者疑問：「不能實現的理想，有何用處？不是自欺欺
人的幻想嗎？」

讀者務須會意，「有用」二字出於一種十分現實和功利的工具論，有違
人的自由本性。人的存在本來毋須「有用」。一朵花沒有用，但人覺得它有
價值，因為花美。從來，只有主人評判奴隸「有用」還是「無用」，沒有奴
隸評判主人「有用」還是「無用」。作為主人的人，從來就毋須「有用」。「有
用」者為工具，工具非目的，是被使用和利用的一方，因此不具有自由性和
主體性，所以「有用」不是人的終極價值，只是附帶價值。當然，人不「生產」
和「搵食」，就無法生存，所以我們必須在「生產」和「搵食」上有點用處，
這是人的基本局限，但「生產」和「搵食」不是人生存的唯一原因和追求（不
是說我們該不事生產）。當生產滿足了基本要求，任何人都會追求比「有用」
更有意義的終極價值，這個價值，在美學上稱為審美理想。任何理想，都不
會「有用」，也毋須「有用」。理想是目的，不是奴隸，不是手段。理想只
具有主體性，不具有工具性。日本明治─大正女孩所建立的少女想像，體現
於《花物語》故事中的各種想像，就是如此的一種審美理想。這種理想沒有
用處，也毋須有用，因為它本身就自帶終極價值。這個終極價值，來自它所

貳之籽
明治─大正
「少女文學」

具有的主體間性特性。到今日，日本動漫社群仍然環繞着「少女」完成大量創作，正是因為「少女」所蘊含的審美理想太美好，「少女」成為了全世界ACG愛好者社群的共同審美理想。

悲劇的審美價值

在美學上，各種藝術可以分為不同的類型，例如讓人感到崇高的、美的、悲哀的、大笑的、荒誕的、逍遙的、醜的、幽默的等等各種不同審美感受。這些類型，經過哲學家、藝術家、美學家的討論、確認，即成為審美範疇。每一種審美範疇，都對現實束縛有某種超越。比如在古希臘時代，最為人所津津樂道的審美範疇，就是悲劇。原因是古希臘進入了理性時代，但各種理性價值之間存在矛盾，例如王命和愛情都是理性價值，但卻常常發生衝突。希臘悲劇的內容，往往就是探求理性價值之間的對立和衝突，可以如何統一和化解。一般，作為悲劇，劇作家都愛選擇以主角之死或懲罰來化解矛盾，因而帶來無限的悲傷。在悲傷中，觀眾能感受到人追求的理想生存，發現理想高於現實的理性價值（例如忠、孝、公平、成就），並為自己無法脫離現實理性價值而傷感。例如，希臘悲劇《安提戈涅》寫女主角安提戈涅埋葬哥哥，違背國王命令。國王按例囚禁她。安提戈涅自殺，未婚夫海蒙王子和王后亦自殺，最後剩國王一人孤苦寂寞。在故事中，兄妹情與守王法兩種價值發生衝突，為了使兩者皆獲得成全，人人都得付出沉重的代價。

《花物語》的寫作，最接近悲劇，它的故事總是哀傷的、充滿眼淚的，結局是不幸的，即使主角擺脫了命運，也還得活在罪咎之中。

美學家楊春時曾這樣評價悲劇：「悲劇的審美意義在於，現實生存本身帶有悲劇性……悲劇正是揭示了這種殘酷的真實，並給與審美的否定。……悲劇提醒人們，不要被流行的價值觀念所欺騙，不要被虛假的樂觀主意所麻醉，要正視人生的苦難，並給與清醒的批判。同時，悲劇又不肯定消極的人生觀，它激勵人們與不合理的命運抗爭，雖九死而不悔，正是在這種悲劇性的抗爭中，才能體驗生存的意義。」（2004：196-197）

《花物語》寫出了明治—大正女孩們的切身境況。她們作為本該是自由

的個體，與當時日本社會制度發生了衝突。一方面，社會對生育的要求是現實的，難以逃避，為此父權社會要求設立家制度、良妻賢母教育。讓少女上學，只是為了讓她們畢業後成為更稱職的良妻賢母而已。另一方面，少女有自己對自由和個性發展的追求，因此她們善用了社會對她們限制最小的時光——學生時期，在學校過着與世隔絕、追求生存意義的生活。然而，她們畢業的那天，就是她們自由時光的終結。最終，她們之中的多數成員，都無法逃避父權社會的法眼，必須成為日本的「良妻賢母」。於是，《花物語》用敘情性的文字、悲傷的故事，對這個現實給與批判，又探索了少女們如何在有限時光中善用自己的生命。

少女愛

《花物語》的讀者們選擇了少女愛。少女愛不是父權社會所賦與的，是她們自己為自己所建立的一種親愛關係，在其中充滿自由，是像寶物一樣的存在。父權社會所設定的婚姻，男女關係充滿了禮法規定，具有高度的強制性，少女無法在這種強制的關係獲得幸

▲ 沈丁花 · CC BY-SA 2.0-2012 peganum/WIKI-MEDIA COMMONS

福，於是她們轉向同性友人，尋求慰藉，暫時託付自己的感情。在《金合歡》和《沈丁花》兩個短篇故事中，三名少女陷入同性三角關係，必有一人受傷。這種情節似乎違反了少女愛，但這是少女們自由探索如何對待「互相傷害」的良機。正因少女小說排除了父權規範，她們才能自由地思想和探索人際關係，並獲得自己的答案，因此可以九死而不悔。在現實中，尋問如何對待女孩子之間互相傷害的問題，是不需要的，在父權社會之計劃中，女孩子之間毋須有永恆的友誼，她們只要做好妻子和母親的本份就夠了。

從敘情性美文的運用來看，《花物語》並不是單純的悲劇，而是悲劇與

優美的結合，在很多的故事中，在迎來最終悲傷結局以前，吉屋信子用很多美麗的筆墨來描述少女之間美麗的感情和關係。在《沈丁花》一節故事中，結局是姊姊病逝與妹妹分離，雖然哀傷，但吉屋信子也用美麗的筆墨，描畫了姊妹間的親密和依靠。

日本明治—大正少女文學有很強烈的女性主義味道，因為它與女權運動一樣，同樣是對現實父權制度的一種回應，但少女文學並沒有形成女權運動，因為它作為文學藝術，本質上是主體間性的而非主客對立的。西方社會的女權運動，特別是起於 1960 年代美國的女權運動，女權主義者選擇了以憤怒回應父權制度，沒有選擇以日本少女文學式的悲傷作為回應。悲傷與憤怒的差別，在於悲傷既表示了不屈，但也包含了對現實的妥協，還有最終的自我犧牲。悲傷固然含有消逝和犧牲，但被毀滅的只是自己，而不是自己所追求的終極理想和自由。少女終究要成為媳婦，但一個女孩子，一旦體會過少女的自由，即使將來身體被命定婚姻的牢籠所困，她的內心深處仍然住着一個自由的少女，使她的人生變得不一樣。

悲劇所蘊含的犧牲，其實是對現實社會需要的終極承認。有時，社會進入一種現實處境，資源不足，只能通過個人的犧牲才能脫離困境，使社會得以維持下去。個人是主體，但社會一樣有其主體性，有維持自己存續的要求。悲劇的特色，就是通過個體的犧牲，使自己和對方的主體性都得到充份的伸張。中國古典悲劇，也常有主人公慨嘆忠義（或孝）兩難全，只能以死明志的情節。這種情節是悲劇，只因為忠、義、孝都必須成全，社會才得以確立，但一個人無法同時成全所有價值，只能一死。

所以，《花物語》作為悲傷的故事，與西方女權運動家的憤怒截然不同。悲劇同時肯定了主角和父權社會雙方的主體性，憤怒的社會運動則始終貫徹主客對立的抗爭，父權社會視女性為他者，女權運動家也把父權社會視為他者。文藝審美的否定，所否定的是主客對立關係，而不是另一個對象的主體性。

橫川壽美子觀察到，在《花物語》故事中，特別是《合歡花》、《香水草》和《黃玫瑰》等幾個故事，都得出「同性愛是悲哀」的結論，強調了女性間愛情關係不可能長久。事實上，這就是《花物語》既批判父權社會帶來

主客對立，又接受父權社會的主體性的表現。既批判又接受，這恍似是個悖論，其實不然。箇中的矛盾，來自現實的局限。大家都明白，現實沒有完美，完美的理想只存在於彼岸，只能借助文學和藝術想像的超越性去觸碰它。

自由的變奏

「少女」作為少女文學的中心意象，具有充份的自由性。它自由運演，產生出各種變奏。它的存在、力量並不倚賴主客對立的結構，它不在乎他者，也就是父權社會或男人，即或有他者進入了故事之中，例如男人，他者也會很快在故事對話發展之中被吸附於意象之內，最終也成為主體，不再是他者。正如《花物語‧三色菫》故事那樣，少女故事能容納一個父親進來，還把父親的父權面具剝下，回復父親的本真，超越現實關係，達到本應只存在於彼岸的理想父女關係。

《花物語》故事所表現的「少女愛」意象，並不像「良妻賢母」觀念那樣充滿規範。它充滿了各種自由的變奏，因而是自由的。在《花物語》故事中，有少女作為旁觀者，站在安全的位置為另一位少女的命運感傷；有少女與御目分離；有少女背叛親姊姊；有少女捲入女孩子的三角關係中；有少女私奔，逃到天涯海角。沒有哪一個故事的少女是絕對的，每一個故事變奏，都是少女的可能性，甚至姊妹之間的背叛和愧疚都被允許。面對悲哀的命運，《花物語》各故事中的少女主角，做出了不同的選擇，但吉屋信子不會説哪一個女孩的選擇最好，哪一個較差，每個少女角色，都是她的寶貝的女兒，她們怎麼做，沒有規定，都是自由的，因此也最美麗。

▶ 少女造型‧少女之友創刊 100 週年紀念號，2009（實業之日本社）‧作者藏品掠影‧Setting 隨手開頁

少女的身體

　　最後，值得一提的是由中原淳一為《花物語》故事所畫的插畫。一位評論家指出，畫中的少女像，被賦與了「大而超現實的雙眼」、「纖瘦的身體」、「小嘴」，這些身體特徵並不強調婦女身體的現實功能（Dollase）。在現實的父權制度下，女性的身體只餘下母親生育和廉價勞工兩個意義，女性的眼睛只要看緊丈夫和孩子，毋須充滿夢想，身體應該有豐饒的胸部和臀部，不宜過於纖瘦，這樣才能給與男人性滿足和生育強壯的小孩，嘴巴應該吸收營養，不能太小，否則無法勝任母親的責任，也不能勞動。然而，這些現實要求，都在中原淳一所畫的少女畫像中被取消了，也因此被超越了。在《花物語》故事中，女性身體被賦與了全新功能，在《沈丁花》故事裏，少女的身體為另一位少女而有，可以讓對方緊靠依偎，胸部能承接一切眼淚，不是為男性和育兒而存在。無論如何，少女身體也成為了一個重要的意象，它不是父權社會所構想的身體，而是少女自己所渴望和憧憬的身體。

8. 少女只出於日本⋯⋯

少女的特殊性

　　就像名茶大紅袍只長於武夷山，大王花只能生長在東南亞雨林一樣，「少女」同樣是日本文化的特殊產物，只能在日本的文化歷史上生長出來，具有高度特殊性。沒有日本那種特殊形式的家制度文化和父權社會，加上日本式的育兒方法，以及因緣際會、曇花一現的明治西化風潮，那種充滿獨特情懷的日本少女文學也不會產生。只是，「少女」一詞，除了是日詞之外，同樣是漢語常用詞，這令我們很容易誤會，以為「少女」在日本也是一個普通隨便的稱謂。誠然，同樣是「少女」兩個字，在華文化它是隨便用來形容女孩子的詞語，沒甚麼質量，在日本卻是滿載多代女性傷感和希望的詞語，正如「教授」之稱謂，在美國可隨便使用，但在英國卻是正經八百的尊稱，不可

亂認。在文化研究上，來自日本的「少女」、少女文學與少女文化，應被視為「特殊」，不能看作「普遍」。「特殊」與「普遍」，必須小心區別，慎防「文化誤解」。

少女出版

當代日本出版界對文化產品的區分，對性別的區分，相當講究。按照日本雜誌廣告協會・雜誌分類認定委員會的界定，日本雜誌先按性別區分為男性、女性和男女三類，女性類之下分為總合、生活設計、生活文化、情報及漫畫五大類，接下來才是內容及年齡的進一步細分，以女性漫畫讀物來說，年齡層大致分為女性和少女兩類，生活設計類的年齡區分更細緻。總體來說，女性成年，少女未成年，約在 7 歲至 18 歲之間。相對於日本，中國對文化產品較少以性別區分，比如冰心的《寄小讀者》，被認為開創了中國兒童文學的先河，敘事如姊姊向弟妹傾訴瑣碎但意味深長的旅情，沒有宏大敘事，但從沒有人認為它是少女文學，又好像秦文君的作品《十六歲少女》，雖然為少女讀者而寫，但一般只歸類為兒童文學，不稱為少女文學，相信這是當代中華文化下兩性差異沒有日本那麼大之故。

少女研究

日本當代文化界對出於自己本國明治—大正年間的「少女」、「少女文學」和「少女文化」相當重視。日本學者正視「少女」誕生之歷史特殊性，在學界議論紛紛，話題不絕。1988 年，本田和子等十三名作者共同著作的《少女論》，指出少女在社會中既非兒童，又非成人，既非男人也非女人的微妙身份。1989 年，大塚英志《少女民俗學》從民俗學角度比較了古代和現代女孩在社會中的位置。1991 年，橫川壽美子的專著《所謂初潮的王牌》，檢討和批評了過去的少女論。1993 年川村邦光《少女之祈禱》，提出了少女共同體的說法。2007 年，今田繪里香《少女之社會史》，分析了二戰前少女身份的形成。除了這些論著，日本國內學者和文化人圍繞少女、少女文化、少女

雜誌、少女漫畫、少女小說所寫的論文不可勝數。日本國內對「少女」討論如此熱烈，反映日本人充份意識到「少女」在其本國歷史上的價值與特殊性。

女流文學源流

　　日本少女文學，雖然是日本明治—大正年間的產物，但這並不是說它沒有更早的源流。女性創作文學，在日本史上源遠流長，最早可以追溯到平安時代（西元 794-1192 年）宮庭女性的文學作品。當時，宮庭男女常以和歌傳情，宮中女官皆有不俗文學素養，寫下了不少文學瑰寶。這些文學作品又稱為女流文學，紫式部的《源氏物語》即是這個時代如璧玉一樣寶貴的日本古典女性文學作品。雖說《源氏物語》成書時，紫式部已屆中年，但故事寫出宮庭女性在少女期之遭遇、處境與掙扎，將之視為日本少女文學之始祖並無不可。日本國書刊行會，專門復刻古籍，少女文學在該會的刊物中屬於日本文學大類之一。筆者檢索該會書庫，發現在日本文學十一大類中，古典文學保存 19 冊，近世文學 79 冊，近代文學 179 冊，神秘及怪奇恐怖兩類合 28 冊，但少女小說就有 132 冊之多。這反映了少女小說在日本文學史上地位不低。

日本文藝超越性別尊卑

　　少女文學為日本文學注入了新的活力，連日本男性的大文豪也受到感召，參加了少女文學的創作。導論第 4 節提過，不少早期日本老牌男性漫畫家參加過少女漫畫的創作，其實這種情況，在日本文學界早有先例。在 1937 至 1939 年間，日本大文豪川端康成曾與中里恆子合寫了《少女的港灣》、《花的日記》、《美好的旅行》等作品，故事都關於女學生之間的 S 關係，也就是姊妹間少女愛的關係，都屬於 S 文學。所以，日本社會雖然被指為男尊女卑，女性文學也曾在武士年代中斷，但「男尊女卑」的原則並不適用於日本文藝界。在文藝領域，日本人並不歧視女性作品，在近當代男性文評家眼中，文藝寶藏與性別無關。甚至可以這樣說，正因為日本女性在現實中的生存受到過酷的對待，她們的文學作品反而發出了更加耀目的光輝，在文學殿堂裏

受到更大的重視。在文學藝術的戰線上，不同於現實政治，日本男性相對上能與女性並肩。據知，明治早年，日本國內集議院曾企圖把小說家與演員等同於娼妓，考慮取締，最終並沒有成功（葉渭渠等：3）。可見，日本男性文學家跟日本男性政治家，對於日本女性而言，並不是一丘之貉。

固然，當代少女小說並不只有S文學一種類型，也存在偏重消費、較通俗、文學評價較低的大量少女小說。比方說，橫山美智子1930年前後的作品《嵐之小夜曲》，內容一味的給與少女主角沒有盡頭的不幸，奇蹟地再版五十四次，曾一度獲得了「講談社大樓靠《嵐之小夜曲》一書建成」的笑談。當時，文評界有人批評《嵐之小夜曲》販賣「廉價的感傷主義」，「讓少女的感情被低貶」（村岡）。再者，1896年以24歲妙齡殞落的天才少女作家樋口一葉，其作品雖然多描述少女的時代悲哀，但故事多為異性戀，未出現S文學的少女愛情節。

天才文學少女樋口一葉

樋口一葉是日本5,000日圓鈔票上的少女，被譽為紫式部再世，在其短短的文學生涯中寫下了《濁江》、《青梅竹馬》及《十三夜》等經典作品。

▶ 伊豆舞孃與樋口一葉．
作者攝．Setting 梳妝桌

貳之籽
明治—大正
「少女文學」

181

9. 三原山自殺少女

日語有一個特別的詞語——「心中」，它的意思不是「在心裏」，而是為了證明彼此永恆的愛而殉死的意思。殉死往往因為厭世，或自己的生存方式不為世人所接受。

少女之死

1933 年 1 月到 2 月期間，少女富田昌子兩度受朋友委託，見證自己自殺前的人生的最後一刻。1 月份，是真許三枝子。2 月份，是松本貴代子。自殺的地點，兩次都在東京都伊豆大島的三原火山。雖然，富田昌子只是目送朋友自殺，而且有松本的遺書作為證據，警方也查不出她有任何不當行為，但當時的日本媒體不斷攻擊她，譴責她，把她描述為「死之嚮導」。結果，昌

▲ 三原山．CC BY-SA 3.0-2012 yano@mama.akari.ne.japan /WIKIMEDIA COMMONS

少女歷史
日本 ACG 萌文化
哲學筆記

子受不住壓力，回鄉靜養，結果同年 4 月 29 日死於家中，原因不明。

據知，松本貴代子是一位文學少女，就讀於實踐女學校，厭倦現實人生，厭棄結婚，有潔癖，曾揚言「滿 19 歲我就去死……不想被人看見屍體……」。她從火山口邊緣往下跳之時，是 21 歲。19 歲正好是當時一名普通女高中生畢業不久，即將被要求相親嫁人的年齡。

雖然，少女火山自殺，並非嚴格意義上的「心中」，但就結果而言，自主放棄生命、因事件牽連而死的是三名少女，而且她們之間感情要好，有人嫌棄現實社會，也有人為現實社會所壓迫。大概，她們放棄自己生命的那一刻，跟「心中」殉死的愛侶一樣，除了親愛的友人之外，自己滿盈的感情在社會上已無處可以託付，才會邀請親友見證自己在世的最後一刻。

有人統計過，1933 年松本貴代子輕生後，同年到三原山自殺者增至 944 人，其中 804 名為男性，140 名女性（Zoot）。

三原山少女自殺事件引發了社會熱議，引起政府高度關注。當局認為少女自殺與少女文學有關。1938 年，政府推行《兒童讀物純化評定》，把少女雜誌納入戰時出版統制，從此少女小説出版停滯，少女文學傳統一度中斷。再過不久，日本進入全面戰爭狀態，與德國及意大利一起向世界各國發動第二次世界大戰，至 1945 年戰敗。

其實，正如人類學家潘乃德在《菊與刀》所説，對日本人來説，名譽有時比生命更加重要。直至今日，日本電車月台自殺事件仍然時有所聞，日本自殺率約每天 70 人，排名世界約 20-30 位之間，排名雖不是最前，但日本人比其他民族更體諒「自殺」。在三原火山自殺事件中，讓松本貴代子跳下去的，是甚麼呢？是少女文化？是文學作品？是她自己的幻想？是傳統？還是社會的壓迫？

我們須留意，在日本人自殺者中，佔比例最多一直是男性，古來如是，今日依舊。松本貴代子輕生後帶來的三原山輕生潮，85% 輕生者是男性，他們輕生顯然與少女文學無關。松本貴代子只是讓更多絕望者注意到一個新的輕生地點，發現在火山結束自己的生命，比在電車月台或青木原樹海更佳罷了。

我們還應該記得，潘乃德在《菊與刀》指出了日本人人生的 U 型生涯。

當日本人的童年完結，童歡就結束，社會開始逐漸把各種責任放在孩子的肩上。每一名日本孩子，在其長大過程中，看見父親和母親刻苦的生活方式，就知道自己將來長大後的命運如何。當然，少數人選擇死，更多人選擇刻苦地、懷抱着眼淚和年青時甘甜的回憶活下去。這就是日本。

1938 年，日本當時已經發起了侵華戰爭。其時，日本受 1920 年代末的世界經濟危機波及，國內社會問題叢生，政府加強了各方面管制，包括提升稱為特高的秘密警察權力，嚴密監視、限制、拷問日本國內社運人士，把社會意識形態推向軍國主義，將天皇升格為神，使全國國民效忠，為全面的世界軍事擴張做好準備，最終引發第二次世界大戰。

戰爭令文化活動中斷。回顧日本少女文學的發展，它起源於 1910 年代的少女雜誌和少女小說，至 1930 年代進入轉捩點，因為少女在火山自殺，國內政治緊張，文學活動受到嚴格管制而停滯。期間，女權先鋒伊藤野枝因為社會運動關係，被日本憲兵所殺。少女文學因維新而興起，因戰爭而中斷，它的興衰始終與日本國國運密切相關。少女文學，是日本女孩對國家任意擺佈自己的含蓄反抗，表示了她們不甘心白白地成為國家的棋子，她們要在被變成「良妻賢母」之前嘗盡自己所憧憬的理想生存方式，那就是「少女」的生存方式。

少女再生

1945 年，日本戰敗。

少女文學也要隨日本戰敗而長埋墳墓裏嗎？沒有這回事⋯⋯

一顆種籽死了，落在泥土中，將生長為更茁壯的樹木，開出更美麗的花兒，結出更豐碩的果實。少女文學，就是第一顆種子，原子彈沒能把這顆種子消滅，反而賦與了它新的養份，使它重生。

戰後，日本出版業和文學活動復甦。初期，新生小說只承載老掉牙的教育信息，鼓勵日本青少年對社會、對家庭要有擔當。但至 1970 年後，讀者需要漸受重視，小說開始反映少年少女的不安，言說他們追尋自由的故事。少女小說再次出現（高木）。2000 年前後，少女小說題材進一步變奏，輕小說

誕生。世界性的媒體技術產業革命，也促成了日本動漫、文學、文化產業的新格局，動漫畫、電玩、輕小說題材整合，少女文學轉化為少女動漫和 ACG 文化。

今日，少女 ACG 文化超越了性別鴻溝，感召了大量男性宅民。換言之，少女是有如法國聖女貞德一樣的存在，父權社會施加在人身上的壓迫是全方位的，但走在最前、率先舉起旗幟表示不屈的，卻是少女。少女的勇氣，反過來感召了同樣受到父權社會枉屈和壓迫的男孩子。

明治—大正少女文學成為了一份貴重的遺產，由當代 ACG 文化確確實實地繼承了下來。「少女」在一個又一個的動漫、電玩、小說故事中活躍，發揮超越性，使讀者和玩家在日常短暫的審美時光中，能稍微觸碰到人的本真。日本社會，以及我們各自的社會，百年間雖然滄海桑田，但社會從未停止過對人的壓迫。理想的彼岸、完美的世界、烏托邦從來沒有真正降臨人間，這才是我們每個人都仍然需要「少女」故事的真正原因。

「少女」故事、海報、遊戲、手辦等等，為甚麼能在市場上賣錢呢？為何世人對米高積遜不斷重複的歌舞趨之若鶩？這些問題超越了科學所能把握的範圍，因此從來沒有一個搞經濟學、搞市場學、搞媒體學的人能夠確實回答，只有從特定的美學、哲學、符號學、人類學和歷史角度切入，才能看出一點端倪。

日本歷史，是少女文化生長的土壤。

日本少女文學，成為了少女文化的種籽。

種籽長出樹苗，樹苗長成巨大的樹幹，成就次世代的少女文化，開花結果。

叁之幹
御宅之痛

　　日本社會文化有如大樹的主幹，是那個嚴格束縛着每個個體的父權社會。它束縛個體，是為了維持社會秩序，使樹體屹立不倒，有其必要性。束縛帶來痛苦，為了治癒痛苦，有人成宅了。

宅書棚・作者藏品攝影

1. 由痛車說起……

城市街道上，車子有序往來，有時堵車，偶然有意外，更偶然的是——一輛貼上萌萌可愛或酷少女畫像的車子駛過，然後消失無蹤，在視線水平上把我們眼睛刺「痛」了那麼的一下。

▲ 痛車 feat. 拉姆 / 黑岩射手・作者攝於香港

那叫「痛車」！筆者也曾在自宅附近，遇見一輛痛車，後來追蹤它，發現它屬於一位送貨司機。這名司機，肯定是御宅。在「痛」文化背後存在着的，是當代 ACG 文化的骨幹分子——御宅族。

「痛」文化發源於日本，是當代 ACG 文化的一種表現。為了表示自己對動漫角色的愛，粉絲把對象角色的名字、圖畫噴貼在自己的車上，作為裝飾。這種行為，明明是愛，但又為何被稱為「痛」呢？

網絡上有以下幾種說法：

1. 視線痛——日語中有「視線痛」的說法，說白了就是礙眼的意思。痛車的圖畫過份萌和美麗，彩度過高，過度吸引眼球，往往讓旁人覺得尷尬或感到礙眼，因此很「痛」……

2. 紋身痛——為車子畫上動漫彩繪，有如紋身，紋身會痛，車主認為車子也「痛」……

3. PAIN（T） CAR——英語中 PAINT 和 PAIN 寫法相似，於是把 PAINT CAR 說成 PAIN CAR，也就是「痛車」；

4. 單身狗之痛——在 ACG 圈子中，一般認為現實戀愛與御宅愛好是對立的，前者被稱為「現充」（現實充實），後者自謔，自稱「死宅」或「單身狗」。御宅族心知肚明，當他們把喜歡的動漫少女角色畫上車子後，車子就不能載現實世界的女朋友，永為單身狗，因此很「痛」……

5. 破壞痛——車子畫上新圖案之後，或會破壞車子原本的造型設計，令人難於取捨，很頭「痛」……

6. 意大利之痛——日語「痛」字讀音近意大利，由於日本上世紀末經濟好景時，引進了不少意大利入口車。把車子稱為意大利車時，讀音近於「痛車」（Ittasya）。

▲ 痛車·作者攝於東京
＊作者按：第一次遇見痛車，心想：「好大膽！」然後又想：「能這樣裝飾車子，真好！」

關於「痛車」的說法很多。到底「痛車」的「痛」真正意思是甚麼？其實，在文學和藝術中，多義比單一定義更加自由、可取、讓人欣喜。對你來說，哪個意思產生了意思，那就是屬於你的真實。

上一章所講的少女文學，是距今一百年前左右的事情。現在所講的「痛車」，則是當代的 ACG 文化。少女文學純粹出於明治—大正年間的女孩子，當代 ACG 文化相隔近一百年，愛好者又多為男性御宅，為何筆者要把兩者放在同一部論著中，把兩者相提並論？

首先，以上問題的前設不完全正確。當代 ACG 文化的愛好者，並不只有男性，隱性的女性愛好者不在少數，而且有可能比男性更多。

第二，痛車上的彩繪，除了少數例外，幾乎都是「少女」動漫角色。筆者認為，動漫「少女」受歡迎，並非無因。當代動漫「少女」的故事，吸收了明治—大正年間少女文學所留下來的精神文化養份，吸引住當代的 ACG 粉絲。

第三，存在先於本質，性別是一種後天的本質。筆者認為關於文學和藝術的討論，最重要是人的主體，而不是本質。少女文學所創造的，是一種稱為「少女」的審美理想，審美具有超越性。它所超越的現實規範，包括了性別。它所超越的時空，超過一百年，也超出了日本海和太平洋。只有在審美的超越中，人才能達到人的終極價值和本真。這種本真，在明治—大正的日本，曾經以「少女」的形象呈現出來。「少女」所具有的超越性，已經超越性別、時間、地域，感召了一切需要她們的人。即使活於 21 世紀，即使下體帶了個

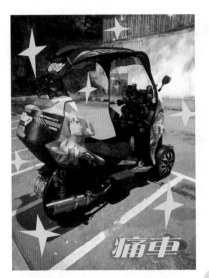

▲ 痛車 feat. 初音未來．作者攝
於香港．Retouch 印象強化

父權社會解釋，這是市場價格，這是一個十足理性的答案，但市民居住面積愈來愈小的痛苦，卻得不到舒解，這就是當代父權壓迫的新形式。事實上，所謂父權，壓迫對象從來不限性別，只是過去只有女性高揚反旗，把父權從女性主義的角度大力批評，大家才有了父權只壓迫女性的錯覺。

父權制度壓迫不分男女的情況，在日本尤其明顯。除了性別，日式父權制度還有年齡、階級、輩份、貧富方面的壓迫。年輕人不論男

把子，人依然可以通過同理心，在「少女」故事中獲得閃耀的少女心。

第四，不能太小看父權社會制度。在明治—大正年間，少女文學針對父權壓迫而出現。那麼，父權制度在 21 世紀已經消失了嗎？沒有，父權制度仍然存在，只是它的壓迫形式改變了。當代人類對社會政治感到躁動不安，只因為父權戴上了看似更加「理性」的面具，卻沒有停止對個體的苛索和壓迫。例如，某市房子愈來愈貴，

作者觀點：父權社會是甚麼？

要說明父權社會的正體是甚麼，很難說得清楚。筆者認為，父權基本上是一種以權力代替溝通和理解的社會運作方式。理論上，一個社會的制度權力，不一定由年長男性所把持，只因歷史上制度權力多為年長男性集團所把持，女性主義學者和女權運動家也曾對父權制度做過了大量論述，因此把這種制度權力稱為父權，最易為人理解和接受。

另外，我們也不應該一廂情願地把父權制度視為萬惡。父權制度並無固有形式，父權制度自身可以對應社會環境作出各種的適應。它要怎樣變化，始終由構成它的人類集體地去決定，也受到世界形勢和自然環境的制約。我們之所以覺得父權很強很厲害，只因它是一種集體權力，而想要與之較量的我們，只是微小的個體。

至於女性主義者對父權的控訴，筆者認為是社會上矯正父權制度之一股必不可少的正規力量，它已然形成一門自足的學術流派，提醒人類正視性別差異所帶來的各種問題。

少女歷史
日本 ACG 萌文化
哲學筆記

女，都必然感受到生活上各種無可奈何，其實這種無力感的來源，就是某種化於無形的父權社會制度。「過勞死」和「自殺」是當代日本兩種社會問題。無論是「過勞死」或「自殺」，在日本都是男比女多，是日式父權壓迫無分男女的有力證明。

「痛車」文化，讓我們知道，在社會裏仍有一個族群，他們在關於「少女」的故事中找到了自己認定的終極價值和生存的本真。這個族群的人們，是 ACG 文化和相關產業的主要讀者、支持者、消費者。在他們之中，有最硬核的御宅族，有一般的 ACG 文化愛好者，也有隱藏在社會背面的腐女族群。本章所要討論的，就是這個族群的人們。

2. 當代日本男女之痛

御宅族起源於日本。御宅族是在怎樣的社會土壤下誕生呢？為了把事情弄得更清楚一點，讓我們先看看日本二戰投降後，日本國民如何生活！

戰後日本

二戰之後，同盟軍以美國名將麥克阿瑟為首，對日本進行了軍事佔領。GHQ（駐日盟軍最高司令部）強制日本修改憲法，令日本社會制度繼明治維新之後，再一次發生洗牌。在同盟軍監督下重寫的日本憲法，制約了日本傳統的父權家族制度，提升了日本女性的國民地位，引入了西方婚姻價值觀，取消了民法中戶主的權力，賦與了婦女參政權。各種改革，令日本女性長期在本國遭受壓迫的情況發生了根本的改變。

踏入 21 世紀初，日本國民的家意識普遍已變得薄弱，比如養子繼業、妻子從夫觀念已不流行，日本人普遍重視家庭生活，女性普遍滿意自己的女性身份，反映當代日本人的家變得相對自由，已不再是一百年前等級森嚴的家，女性遭受壓迫大幅減少。另一邊廂，當日本人開始對家庭感到滿意，日本人對社會、政府、政客的不滿卻逐步增加。傳統家制度被削除了，但它的組織、

形式和精神仍然存在，只是轉移到企業和政治領域而已，比如工資按年功序列計算，就是家族主義在企業領域死灰復燃的表現。

日本男兒之苦

戰後的日本，發展出全新的社會結構。社會學者伊藤公雄對戰後動漫畫流行與日本年青男女的生活處境提出了精闢的分析。

伊藤指出，少女漫畫由 1960 年代開始流行，那是年青人反文化席捲全世界之年代。在日本，反文化引發了新左翼學生運動和女性解放運動。新左翼運動由男性主導，女性解放運動則由新左翼運動分化出來。1970 年代初，社會運動力量衰減，新左翼運動內部分裂，女性解放運動飽受主流媒體的抑壓而轉弱。這種變化，伊藤認為是 1970 年代消費社會和媒體社會興起的結果。原先作為社會運動主體的年輕人，被消費文化所吸收，成為了消費社會的主體。伊藤引述了一系列數據，指出日本女性參與社會不足，被排除在社會邊緣。然而，他發現日本女性反對聲音不大，已婚女性在家中擔任家計管理，普遍擁有支配家庭收入的權力，導致社會消費文化向女性靠攏，商品廣告努力取悅女性，使女性成為消費主體。同時，年輕人依賴富裕父母給與的零用錢，以及各種打工兼職，已足夠維持日常消費。通過消費，年輕人醉心在動漫畫和遊戲的細節，自己加工商品，享受消費，刻意與政治保持距離。日本社會出現女性化男性、羊男、草食系男性等新概念，表示日本男性開始厭倦競爭，厭倦社會所規定的成長路線。伊藤認為日本「開始疲勞」了。雖然，日本社會由男性主導，但社會也要求男性長時間勞動、競爭、獲得勝利，這種刻板又艱辛的生存方式，令他們感受到異化。相對男性被規定的人生而言，女性文化顯得更有人性和多樣化，使男性感到「羨慕」。

伊藤概括了日本當代幾十年的發展，而這個發展，與日本史專家李卓指出的戰後日本狀況是吻合的。李卓提出，1945 年戰敗後的日本，採取了以女性的利益犧牲來解決社會問題（222）。1960 年代，日本經濟已經恢復並且高速發展，日本人逐漸放棄傳統家族觀念，開始視家庭為最寶貴的生活場所。1960 年代末，受薪階層流行「我的家主義」，即不關心社會、政治、公益，

僅僅追求家庭利益。與美好家庭相對立的，則是緊張的工作和激烈的社會競爭（237）。

戰後日本家庭的轉變，並非一蹴而就。自 1951 年起，日本政界就一直存在企圖恢復舊家族制度的保守勢力，與日本國內進步法學家、知識分子、婦女組織、青年力量對立。1971 年一篇雜誌文章，從一位日本年青人切身角度出發，回顧了戰後日本社會新舊思想碰撞所引發之矛盾（240），現節錄如下：

> 為甚麼父親對於我來說首先是恐怖的存在？這種感覺是從哪裏來的呢？簡單說來，是因為父親雖然宣導人類的解放，高舉和平與民主主義的大旗，我卻在家族傳統中長大成人。……在我家，在機械地動着筷子的沉悶的進餐時間以外，父親便粗暴地關上屋門在書房裏閉門不出，對大家（媽媽、我和小我 6 歲的妹妹）不予理睬，更沒有接觸肌膚的親近……（家永：170，179）

以上文章節錄，出自一名青少年男性，他的父親是一位日本共產黨黨員。文章反映出當時的日本人如何自相矛盾。作為社會運動家，作者的父親宣揚民主主義，但他在家裏所奉行的卻是傳統、保守、高壓的家父長制度。

以上文字，說明了戰後日本男性所感受到的矛盾和壓力。至於同一時代的日本女性，處境同樣不好。

日本女性之痛

日本文化學者日下翠指出，戰後 1950 年代的日本女性，受到相當大的壓力。一般母親認為結婚破壞了自己的人生，把壓力轉嫁在女兒身上，結果變得厭惡女兒。母親總是告訴女兒「你生不逢時」、「可憐的，你為何生來是女孩？」這令當時的日本女性普遍懷抱一種被害意識，強烈感受到自己的生存方式不是自願的，而是被強加的。女性無法覺得身為日本女兒是一件好事。母親教導女兒不要學習自己，舉止要像個女性，讓人喜愛。這種教導出於既有的父權社會價值觀。如此，母親給女兒灌輸了一種自相矛盾的思想，既否

定女性身份，但又要求孩子行為像女性。至於她們的女兒，有反抗母親的，也有順從的，而且順從的佔了大多數。順從母親的女兒們，努力地讓自己成為認真學習、完美操持家務、充滿女性魅力的「完美女人」。在這種大環境下，年輕女孩承受着巨大的精神壓力。

像幽靈一樣的家制度

家制度是日本根深柢固的傳統，無論來幾次文明開化或者維新，它都會如幽靈一樣出來縈繞着日本人的心靈，很難徹底去除，只能將其昇華為另一種有用的形式，例如企業等級制度。

由 1945 年戰敗到 1960 年代，日本社會重建，要求國民犧牲自己個人利益，以求早日恢復國家經濟。為此，日本國民普遍承受重壓，「現代幸福家庭」論述的出現，表示日本人開始渴求全新的家庭文化，向家庭尋求慰藉。這種新論述，與傳統「家制度」論述對立，並碰撞起來。適值 1960 年代反文化風潮席捲全球，新舊思想之間的衝突由此激化，大量日本年青人走上街頭參加社會運動。

日本泡沫經濟爆破

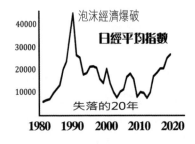

＊日本經濟「失落之 20 年」，指 1989 年泡沫經濟爆破之後，20 年來日本長時間經濟不景氣，一直恢復不過來。

1970 年代，消費社會興起，把 1960 年代年輕人反文化的力量吸收，令日本社會分化為兩個相對穩定的領域，一是主流政經領域，二是次文化消費領域，兩者河水不犯井水，壁壘分明。由於女性普遍被排除在主流領域之外，又主宰了家庭財政，日本女性逐漸成為新消費社會的主人翁，並主導了

消費文化的發展。相反，年輕男性的處境變得與明治—大正年間的日本女性相似。他們畢業那一天，就是他們展開社會勞動長跑的第一天，這個長跑時間長、看不見終點、強度高、競爭激烈。因此，男生所擁有的自由青春，也就只有畢業以前的延期償付時期。1990 年以前，日本泡沫經濟未爆破，男生參加勞動長跑，捱到壯年期，即可取得光輝成就，回報他們長年的辛勞。可是，1991 年泡沫經濟爆破，發生平成大蕭條，經濟至今一直未能復甦，從此日本男人長期為企業賣命，不保證獲得回報。筆者相信，日本男性御宅文化在 1990 年代急速興起，並非偶然。

御宅文化誕生於 1980 年代，至今仍然繼續發展，沒有完結。在那些年，日本泡沫經濟爆破。日本男兒素來以辛勞工作見稱，「過勞死」在日本十分普遍。本來，日本男兒工作雖然辛苦，但在經濟轉壞以前，他們的辛勞，可以換取不錯的前景和報酬。可是，經濟爆破之後，辛勞依舊，但報酬永無着落。日本男兒對自己的職業前途感到絕望，才把人生投入御宅文化，轉向二次元世界，在那裏尋找精神上的救贖，成為御宅大軍。沒人想到，大批宅男沉醉於次文化，反而促進了御宅產業的發展，使日本經濟獲得一絲生機。

御宅經濟形成

綜上所述，日本戰後歷史可作如下分期：

1945-1950 年 重建年代

1951-1972 年 新舊價值碰撞年代

1973-1990 年 消費社會年代（前期）

1990 年 - 現在 消費社會年代（後期）

重建年代是戰後日本社會最艱難的年代，全民犧牲自己以求盡快回復社會秩序和正常的經濟生產。新舊價值碰撞年代發生於經濟建設大抵恢復之後，擁抱新思想的年青一代與眷戀舊制度的年長一輩發生激烈的衝突，至 1960 年代以激烈的社會運動和反文化形式爆發出來。消費社會年代之前期，是日本經濟開始起飛，不滿社會的年輕一代放棄政治抗爭，轉為以活躍積極的消費活動治療心靈創傷，少女漫畫是這一類消費的表表者。到了消費社會年代之

後期，日本泡沫經濟爆破，文化消費更趨成熟，加上新媒體革命發生，年輕一代進一步投入文化消費，發展出御宅文化，並帶來了超乎日本政府意料之外的御宅產業經濟。

戰後日本社會，與明治—大正年間的日本社會，有一個共同點——社會上發生了新舊思想文化的激烈衝突。明治維新期間，日本對於西方現代化，一直拒絕全盤接受，日本人只在技術層面繼承了西方現代化的遺產，但在思想上維持自己的傳統文化。然而，經濟變化了，為適應新經濟，文化不可能不變。戰後日本獲得另一個改革契機，在同盟軍的管制之下，日本保守力量受到抑制，令家制度改革得以重啟。經歷大半個世紀，家制度無法適應現代經濟，終究退出歷史舞台。在過去一百年間，日本國民一直為家制度承受着矛盾、壓力、陣痛，箇中辛酸不足為外人道。

少子化解放日本女性

現代化令日本家制度被完全取締，也帶來了另一個社會問題——少子化。戰後，日本家庭規模一直縮小。1955 年以前，平均日本家庭人口約為 5 人，至 1975 年下降至 3.44 人，1980 年減少至 3.33 人。現代化帶來城市化，城市化使家庭由大家族變成核心小家庭。愈來愈多年輕人離家獨立生活，社會出生率下降。1950 年，平均每個家庭生育 3.6 名孩子，1960 年下降至 3.2 名，1970 年減少至 2.7 名，1977 年續跌至 1.9 名（李卓：235）。日本人對少子化有多種說法，包括晚婚、育兒成本

▲ 日本少子化·作者攝於二子玉川

上升、女性學歷上升等。其實，少子化是當代全球已發展國家及地區普遍面對的問題，非日本獨有。可以說，少子化是現代化的代價，逃避不了。

　　當代日本人口約一億人，少子化的趨勢，意味着社會對人口和生育的需求降低。生育需求下降，第一受惠者就是女性，因為女性毋須再把全部人生放在生育和育兒的工作上，有更大的空間，可以自由發展自己的個人興趣或事業。當代日本女性很可能是日本歷史上育兒壓力最低的一代，加上她們被排除於主流社會之外，但在約定俗成下她們能支配一家之收入，可想而知，當代日本女性所擁有的潛在自由度相當大，能投放大量時間和心力在文化活動上。與明治—大正年間的日本社會相比，日本年青男女兩性的處境可謂發生了180度的逆轉。女性變得稍為自由，但男生卻變得更不自由。筆者相信，這正是百年前少女文學所留下的精神遺產，能在今日年青男性御宅群體中發揚光大的主要原因。

3. 成宅之路

　　御宅文化誕生於1980年代，至今仍然繼續發展，沒有完結。御宅是一個擁有自我特殊文化的族群。產生御宅的因素，大抵有兩個，第一是日本1980年代的泡沫經濟，第二就是媒體技術革命。

御宅‧尼特‧啃老

　　也許讀者並不知道，在1980年代末，「御宅」並非光彩的稱謂，曾經是日本成年人用以苛責青少年的一個貶詞，意思與「廢青」相似。「御宅」的另一個說法，

▲ 日本宅邸，作者攝於東京邊陲二子玉川附近
＊御宅又稱家裏蹲，即足不出戶的青少年。蹲在家裏，卻能知天下事，全靠網絡和郵購服務的普及。

叫做「家裏蹲」。所謂「御宅」和「家裏蹲」，從成年人角度來看，就是整天躲在家中不肯上學和工作的孩子。另一個意思相近的詞語是「尼特族」，來自英語詞「NEET」的音譯。「NEET」是 Not in Employment, Education, or Training 的縮略，表示年青人依賴家中老人供養，主動放棄就業、升學和進修，整天賦閒在家，意譯則稱「啃老族」。

御宅和尼特，是 1990 年代起逐漸形成的一種日本年青人生活取向。從社會、經濟、技術角度來看，它的出現並非無緣無故。自從日本泡沫經濟爆破，高強度勞動不再保證有回報，而且好些父母享受了日本經濟泡沫爆破前十多年的平成景氣，家境豐裕，即使孩子不工作，也無大礙。再者，網絡普及，孩子進入網絡，就能找到樂趣和玩伴。從宏觀角度看，御宅和尼特的出現，其實是歷史必然。

毋須區分尊卑的興趣集團

◀COMIC MARKET．
CC BY-NC-ND 2016
kazutan3@YCC（多
忙につき閲覧不定
期に）/photozou.jp

＊ COMIC MARKET，
簡稱 COMIKET，是目
前世界最大型的同人誌
即賣會，每年冬夏各舉
行一次，一般參加人數
逾 50 萬。

御宅（おたく）一詞的確立，最早可追溯到 1983 年一個漫畫雜誌專欄。那時，「御宅」還不是貶詞。當時，專欄作家中森明夫有一篇文章，名為《御宅之研究：街上都是御宅》，提起 1982 年大熱作品《超時空要塞》主角一條輝，

把談話對手稱為御宅，令科幻動畫迷集體仿效。

　　本來，「御宅」一詞，在日語裏就包含了「對方」的意思，與敬稱的「你」意思接近。其他同類稱呼如「君」或「御前」，用法上都有年齡和親疏上的限制，不能隨便使用。日本男人與人交談，素來規則多多，要準確分清輩份，按輩份決定敬稱，一旦用錯敬稱，後果不堪設想。也許因為這種原因，日本男人較不容易跟陌生人說話，因為不知對方身份，說錯話風險大。然而，粉絲討論動漫，無關現實身份，毋須知道對方來自何家公司、職位、年紀，只求投契。於是，「御宅」稱謂應運而生，稱呼對方為「御宅」，對動漫迷來說很方便，因為這個詞沒有地位身份的預設，免除了確認輩份的麻煩。粉絲以「御宅」互稱，既迴避了身份尷尬，又能確認了大家對動漫的熱愛，一舉兩得。

　　「御宅」稱謂用多了，逐漸被人用來指稱對動漫畫、遊戲懷有強烈興趣、知識豐富、造詣深刻的人。由於御宅的愛好很廣，但凡模型、偶像、輕小說、同人志、職業摔角、色情錄像、玩具槍械、鐵道模型、女僕、BL、Cosplay 等都可以有御宅。簡言之，御宅是一個族群身份，族群成員因共同興趣走在一起，不計較各人在現實中的階級和長幼尊卑。

▶ 涼宮春日 /COMIC MARKET · CC BY-NC-ND
2014 masaya/photozou.jp
＊在涼宮春日 Coser 背後排隊進場的就是御宅。據說，
COMIC MARKET 參加者入場前都有萬全準備，確保
能在指定時間內完成全部排隊任務，買齊心頭好。

宮崎勤事件

　　御宅不計較尊卑，只講興趣，其實是對日本階級傳統的一個挑戰。當愈來愈多人成為御宅，主流社會人士難免覺得礙眼，伺機斥責。1988 至 1989 年間發生的一宗駭人聽聞的犯罪案件，正好成

為日本主流媒體抹黑御宅族的上佳藉口。

該宗案件，就是有名的「宮崎勤幼女連續殺人事件」，日本當局記錄上稱為「警察廳廣域重要指定 117 號事件」。1988 年 8 月至 1989 年 7 月期間，年約 27 歲的青年男子宮崎勤先後誘拐、猥褻並殺害了四名 4 至 7 歲女童，調查沒有發現死者遭受強姦，但宮崎勤供詞內容奇怪，難以明白，疑為人格分裂。2008 年，宮崎勤案件審結，法院判處絞刑。

案件對御宅最大的打擊，是宮崎勤被捕後，警方於其家中搜出近 6,000 盒錄像帶，內容主要是棒球動畫，也有小量不雅錄像、幼女錄像、恐怖錄像。當時的媒體刻意在報道中強調，宮崎勤犯案動機，與御宅興趣有關。更糟糕的是，當時電視台在報道案件時，加插了一節御宅族參加 Comiket 同人誌展銷會的畫面（並不是宮崎勤參加 Comiket），令社會大眾把御宅族與犯罪聯繫起來。同期，大量媒體評論把「御宅族」描寫為家裏蹲，性格灰暗、不擅與人溝通，努力抹黑「御宅」，最終令「御宅」污名化，變成貶詞（佐々木：9；《Otaku》同人用語）。

除了「御宅是家裏蹲，性格灰暗」的描述外，媒體又給「御宅」扣了兩頂帽子，拿御宅族的體型來開玩笑。一是「縱御宅」，就是身形高瘦、戴眼鏡、手中拿着動畫產品紙袋的青年。另一是「橫御宅」，就是穿動畫 T 恤、專吃高熱量薄餅的胖子（《アキバ体型》同人用語）。這無疑是典型的污名化處理。無論影響是好是壞，經過宮崎勤事件，「御宅」進入了主流社會視線之內，成為普及議題，開始為更多人認識。

▲ 縱御宅與橫御宅．PUBLIC DOMAIN/パブリックドメイン Q

御宅的矜持

　　受到傳媒評論攻擊，御宅有何感受？日本 NHK 節目《真劍 10 代講場》（2000-2006）曾邀請一名 18 歲御宅出鏡，與御宅王岡田斗司夫對談。少年表示，他不想被人知道自己是御宅，岡田直斥這是妄想。岡田認為，御宅受歧視是必然的，御宅不應期望獲得社會接納（岡田 2008：23）。

　　另外，日本國內曾有藝術家如村上隆，嘗試以藝術方式，向海外人士推廣御宅文化，並取得了成功。可是，好些同人畫師，繪畫技巧雖然高超，又有大量粉絲，但他們多拒絕主流藝術界的好意和抬舉，反映御宅族內心有一條界線，拒絕融入主流文化（Rivera）。

　　總體而言，在宮崎勤事件之後，御宅文化作為一種地下文化繼續存在。主流社會對御宅族的批評，並沒有讓御宅族退卻，離開自己的愛好，只能令他們自覺地疏遠主流社會。御宅文化與主流社會之間，變得更加涇渭分明。再者，御宅文化發展至今數十年，已經繁衍多個世代，在族群中有老有嫩，有中堅分子，也有投入不深的成員，族群成員光譜相當寬闊。

◀ 同人畫師作品‧作者攝於九州小倉

重奪我名

◀ 動漫在日本．作者攝於東京

＊一般人以為日本人全都是動漫迷，這是錯誤觀念。在日本，御宅文化只是一個有點龐大的亞文化。在日本社會的核心，是一個只關心政治經濟、屬於大人的、時刻想把御宅文化加以管制的主流文化。作者曾與一位日籍女性講師閒談，攀談之下，赫然發現她對日本動漫的知識幾乎是零。

　　儘管日本媒體多番抹黑，御宅族從來沒有萌生任何迎擊的意圖，就像明治—大正的少女，在主流社會的壓迫之下，她們選擇埋首於自己的興趣——閱讀、寫作，在文字中尋求救贖，除了少數婦運分子，她們迴避與主流社會衝突。

　　出乎意料，御宅文化的發展，並未因為眾多的負評而退潮。對於媒體的揶揄，御宅族欣然接受，例如乾脆承認自己體型，並以御宅體型為傲，以此作為自己的身份標記。

　　隨後，御宅文化帶動了日本經濟，社會開始對御宅族改觀。在道德層面上，日本主流社會仍然拒絕接受御宅，但在經濟和文化層面，主流社會無法繼續無視御宅文化為國家帶來的貢獻。步入 21 世紀，日本政府全力宣揚發展「內容產業」和「媒體藝術」。其實，所謂「內容產業」，其內容就是「御宅文化」。所謂「媒體藝術」，所指即是「動漫藝術」。說到底，日本精英昔日曾經大肆貶抑「御宅文化」，如今又怎能正面地承認它呢？能換個說法去支持它，已是最好的表示。

　　在文化研究上，洗白一個被抹黑的污名，稱為「重奪」（Reclaim）。一般，一個名稱臭了，可以改名，尤其是在商界，公司名聲敗壞了，改名乃司空見慣。可是，也有人拒絕改名，堅持使用被抹黑了的稱謂，甚至把污名重新洗

刷，變回美名，這就是「重奪」。「重奪」不是「平反」，也不是「洗脫污名」。「平反」的主導權在仲裁者手中，「污名」始終為人所記，但「重奪」不同，「重奪」是被抹黑者自己把名字奪回來，自己名字的意義，由自己親手再建立，是最光榮的勝利。從來，在歷史上，「重奪」不易成功，但御宅族做到了，他們在無意之間實現「重奪我名」的奇蹟。雖然日本政府仍然忌諱「御宅」，但「御宅」受到蔑視的情況已大為改善。

政府垂涎御宅產業

▲ 日本政府‧作者攝於東京

▲ COSPLAY/COMIC MARKET‧CC BY-NC-ND 2015 masaya/photozou.jp

＊御宅族從不抗爭，卻把自己一度被抹得黑黑的名字重奪過來！如今，沒多少人仍以貶義來看待「御宅」這個名稱。其實，他們甚麼都沒做過，只是一直專心地做自己喜愛的事。

　　究竟，是甚麼逼令日本政府和日本主流社會對御宅族改觀呢？

　　首先，日本動漫及遊戲產品輸出歐美，在海外屢獲大賞殊榮，好評回流日本，令熱愛動漫遊戲的御宅族風評得到改善（田川；樫村；森川 2007）。森川嘉一郎回顧，日本動漫畫在海外好評傳回本國後，日本政府自經濟產業省起，以至其他省廳，即開始經常提及振興動漫遊戲產業，並矢志在各大學府設立動漫及遊戲專科，訓練人才，作為國策（森川 2008）。

　　再者，御宅族是動漫及遊戲產業的最主要和最核心的消費層，商界早就直截了當，把有關產業一概稱為御宅產業，懶得隨日本政府稱之為「內容產

御宅之痛　叁之幹

業」。

御宅產業造成的經濟效益非常強勁。2014 年，矢野經濟研究所發表《御宅市場相關調查結果》簡報。資料顯示，御宅產業全部興趣類別加總起來，經濟規模達到 10,005 億日圓，最大份額是互聯網遊戲市場，規模 5,750 億日圓，藝能偶像市場 863 億，同人誌市場 732 億，Cosplay（動漫角色扮演）服裝市場 423 億，Boy's Love 市場 214 億（矢野經濟研究所）。

▲ 同人誌‧作者攝於九州小倉

所謂同人誌，就是御宅自己製作、自己在 Comiket 等即賣會販賣的動漫畫和遊戲產品。現時，日本各大城市定期舉辦的大規模同人誌即賣會在二十個以上，以規模最大的 Comiket 為例，2012 年冬入場人數達 55 萬，發售作品的社團達 35,000 個（コミックマーケット 2013）。御宅文化產生如此龐大的經濟規模，對於經歷泡沫經濟爆破、持續不景氣的日本社會來說，有如救命稻草，不由得日本政府視若無睹，無論在法規、經濟、文藝、教育上，日本政府都出手大力扶持。

在法規方面，日本政府於 2004 年 6 月頒佈的內容產業振興法第 2 條第 1 項之中，即界定了受保護及活用的所謂「內容」，在電影、音樂、演劇、文藝、攝影等項目之外，也正式包括了漫畫、動畫及電腦產品在內（佐々木：227）。也就是說，承認了動畫、漫畫及遊戲作為內容產業的地位。

在經濟方面，日本政府經濟產業省製造產業局於 2010 年 6 月設立了「酷日本室」（Cool Japan 室），以期用文化產業軟實力來挽回日本經濟上的失落二十年。酷日本在成立之初，政府明言，期望以日本的設計、動畫、時裝、電影等文化產業為日本國經濟成長之戰略支柱，統合於「酷日本」概念之下，通過官民合作達到進軍海外和人才培育等目的（佐々木：230；経済産業省）。

可是，「酷日本」政策成效不彰，唯一例外是 2011 年《魔法少女小圓》動畫在全球創造出「小圓經濟圈」的奇蹟，作品推出 30 個月內，替日本產生了相當於 400 億日圓的經濟效益（高田）。日本總務省一份官方文件透露，2013 年度日本放送內容的海外輸出額約 138 億日圓，其中 62.2% 輸出額來自動畫（IICP）。可見，動畫已經成為日本經濟的強大救命稻草。

▲《魔法少女小圓》商品．作者藏品攝影

▶《魔法少女小圓》人物——美樹沙耶加 & 巴麻美 /COMIC MARKET．CC BY-NC-ND 2012 masaya/photozou.jp

　　在文藝方面，早於 1996 年，日本文化廳已經默認動畫及漫畫為日本重要的多媒體藝術。是年 7 月，該單位舉辦「文化政策推進會議暨多媒體映像·音響藝術懇談會」，討論《邁向 21 世紀新媒體藝術的振興方策》之議題，受邀嘉賓除大學教授外，亦包括了著名動畫監督大友克洋和漫畫家里中滿智子。報告指，「隨着技術革新，媒體發展多樣化，電影、漫畫、動畫、電腦圖像、遊戲軟體等，各種各樣的映像·音響藝術誕生。這些媒體藝術，作為 21 世紀我國藝術的發展，備受期待。」（文化政策推進会議）如此，本來不入藝術殿堂的動漫畫和遊戲軟體即升格成為藝術。浜野保樹指出，動漫畫及遊戲軟體，本來在歐美屬於流行文化或次文化，位於藝術的邊緣，一向不被視為藝術，「媒體藝術」的提法，是新宣言，試圖在以歐美為中心的藝術觀念加上

新的藝術形式（浜野）。

在教育方面，日本政府在 1998 年 12 月發佈的《中學校學習指導要領》（改訂告示）中，把漫畫和插畫加進美術指導範圍之內，與電影、水彩畫、油畫、其他繪畫和鑒賞等學習內容並列。佐佐木隆認為，這明顯是文化廳新媒體藝術政策認真推行至教育界的結果（236-237）。

凡此種種，不難看出日本政府對動漫畫及遊戲軟體產業有很大期望，雖然御宅產業本來是由國內「不健康隱蔽青年」所推動，但為了振興日本文化和經濟，只好排除道德芥蒂，承認它們，扶植它們。

就結果而言，日本御宅文化與主流文化一直維持微妙的共生關係，兩者保持一定距離，拒絕融合。御宅族滿足於自己的興趣空間，雖然受到風評壓力，他們仍採取低調迴避的態度，避免被外人知道自己的御宅興趣。政府和傳媒作為社會主流，無法忽視御宅文化所帶來的經濟文化效益，既低調迴避御宅，又積極地與動漫遊戲業界打交道，期望他們再為國家創造經濟文化奇蹟。

其實，沒有御宅族的忠誠消費，日本動漫遊戲業界就沒有今日的成就。這一點，日本官員熟讀統計資料，不可能不知。

借用萌力的條件

御宅族的興趣活動，產生了萌文化，萌文化形成了御宅產業。

不但日本政府垂涎「萌力」所產生的經濟效益，民間企業和經濟學者，也開始把萌文化當成振興日本地區經濟的一種手段，推出了所謂「萌えおこし」（萌來）的地區經濟振興方案。2009 年，井手口彰典以《萌える地域振興の行方》（萌化地域振興的進路）一篇文章，討論了「萌來」的可行性。

他列舉了一個成功例子。2004 年美水鏡漫畫《幸運☆星》故事主角柊鏡和柊司是一對在神社長大的孿生姊妹。故事中的鷹宮神社，依據現實的鷲宮神社為藍本創作。結果，動畫放映之後，鷲宮神社訪客激增，原因是幸運星迷前來進行聖地巡禮。當時，神社所屬地區的商工會把握良機，與角川書店合辦活動，出售限定動漫商品，獲得成功。

又有另一個例子，由地區主導。下妻市曾以市內特有的大紫蛺蝶為主題，

▶日本旅遊宣傳．作者攝於香港會展

◀ 日本旅遊宣傳．作者攝於香港會展

＊《銀之匙》故事發生在北海道，講述一名就讀農業大學的青年，與他所飼養的小豬產生感情。官方期望《銀之匙》能把更多旅客帶往北海道，振興當地的事業。

創作了一位紫紋少女角色，做為該市之代表。

　　不過，井手口彰典警告，「萌來」往往帶來一個副作用，令人尷尬。御宅文化素來對二次創作和戲仿十分寬容。當新創角色受人喜愛，達至了充份的「萌」，同人圈子就開始二次創作，圍繞新角色做製作，而且往往含有色情意味。這產生兩個問題。第一，二次創作帶來著作權問題。第二，象徵自己地區的萌娘會被製成色情動漫。不熟識御宅文化的商人，未必能接受這些副作用，因而發生糾紛。

　　本來，御宅文化是御宅族聊以自娛的一種興趣。在道德高地上，主流社會將之視為邊緣文化，雖然默許它的存在，卻也抱持蔑視的態度。對於主流社會的藐視，御宅族普遍採取迴避的態度。可是，主流社會又垂涎着御宅文化所產生的經濟效益，令御宅文化和主流社會又有了交集和合作。筆者相信，

維持好二次元與三次元世界之間的界線，為了雙方的持久共存，是御宅文化和主流社會雙方都必須思考的事情。

4. 新媒體革命催生御宅文化

數碼革命

御宅文化在日本形成，1990 年代日本泡沫經濟爆破，是催生因素。更根本的原因，是臨近 20 世紀末，媒體技術再次革命，互聯網取代了電視和報章，改變了社會生態。

互聯網的普及，被認為是人類歷史上的第五次信息革命。

第一次革命，由史前人類懂得説話計起。

第二次革命，文字發明，人類開創了蘇美爾、巴比倫、中華、印度、埃及等古文明。

第三次革命，人類發明了紙和印刷術，知識得以廣泛傳播，社會模式發生改變。

第四次革命，人類以電磁波傳信，創造了電台和電視等大眾傳播媒介。

普及於 1980 年代的互聯網，即為第五次信息革命，又稱「新媒體革命」或「數碼革命」。

第五次信息革命，關鍵是信息數碼化，能以網絡方式傳播，與第四次革命產生的電視相比，具有去中心化的特點。電視是一對多的傳播，要求把關人站在中心點，管理信息的流通，例如電視新聞要求由採訪主任決定播放甚麼新聞。可是，在互聯網上，所有人都能自由地聯絡上所有人，不再存在單一的中心，信息能繞過任何把關人，找到自己的通路，去到目標對象手中。此外，數碼化的信息，人人都可用簡單軟體編輯，例如美圖軟件，突破了過去只有專家才可編輯文本的限制。這些都是去中心化的結果。新媒體革命，影響遍及社會生活各個領域，包括了藝術，而當代的動漫和遊戲，經過半個

世紀的發展，在臨近20世紀末接受了數碼革命的洗禮，以網絡形式廣泛傳播，逐漸在社會上取得領導地位，成為了今日主流的「新媒體藝術」。

內爆之子：御宅族

御宅族有以下的四個共通點：

1. 他們是重度網絡使用者（群邑智庫）；
2. 他們是虛擬資訊的收集機器；
3. 他們是永不滿足的消費族群（張根強）；
4. 他們的輿論影響消費行為（群邑智庫）。

以上特徵與互聯網技術密切相關。不管是何民族、階級、年齡、性別，只要使用網絡，並在全球化的消費社會生活，就有這個傾向。雖然，御宅族起源於日本，但網絡消費是全球現象，所以御宅文化很容易往全世界擴散。基本上，但凡網絡消費者，都很自然地喜歡窩在家中不出門，以網絡生活取代現實生活，無論交朋友和消費，都愈來愈多在網絡上完成，少在現實社會完成。如此，他們就成為窩在家中的「御宅」。未懂得網絡生活樂趣的人，一般批評御宅族不擅長交際，其實不然，御宅族朋友很多，只是他們的朋友以另一種更加有魅力的形式出現，而不是以傳統現實形式出現而已。

媒體泰斗麥克盧漢曾經預測，電子時代將帶來內爆。所謂「內爆」，有以下幾種表現（張震）：

1. 信息爆炸——電光印出的文字和電的速度，頃刻之間就將其他一切人關注的東西傾瀉在每個人的身上；
2. 時空緊縮——由於電子媒體傳播極快，時間和空間差異不復存在，使人能擁抱全球；
3. 去中心化——電子媒體消解了中心與邊緣之區別，任何事物都可以成為中心；
4. 無限記憶——電子媒體容量巨大，可以儲存和轉換一切，延伸了人類的意識感覺。

御宅族的主要特徵，其實都來自麥克魯漢所說的「內爆」現象。比方說，

御宅族能成為虛擬資訊的收集機器，完全是拜電子媒體的「無限記憶」特性所賜。御宅家裏電腦的儲存空間總是不夠用的。較高明的御宅信息收集家，懂得不斷增添硬盤擴充記憶容量。

「內爆」已經降臨在當代人身上，並使所有觸碰互聯網的人，都變成接近「御宅族」的人類。由香港社會的情況可見，當網絡開始普及時，重度手機使用者被指責為「低頭族」。所謂「低頭族」，其實是「御宅族」的同類，兩者都因為重度使用網絡而得名。然而，當網絡市場成熟，人人都得使用手機生活之後，就連當初罵人是「低頭族」的人，自己都變成「低頭族」，不能再罵下去了。

New Type 新人類

◀ 動漫雜誌・作者攝於香港

＊機動戰士高達，提出了「新類型人」的概念，表示人類在移居宇宙後，因應無重力狀態而進化成新類型人。雖然情境有點不同，當代社會網絡普及，生活網絡化，人與人高速相連，同樣催生出了新類型人——御宅族！

可以這樣説，「內爆」決定了「御宅族」的生存方式，使他們成為當代的「新類型人」（New Type），並且具有了以下四種特性：

1. 網絡生活

御宅族生活在網絡世界，對網絡十分倚賴，他們通過網絡與他人聯繫，大家關注的東西頃刻以電光速度傾瀉在他們身上，關注範圍變得十分廣闊，

而且可以很深入，對事件的理解和討論，做到比專業更加專業；

2. 時空連接

時空間距變得毫無意義，雖然身在一宅之內、一房之中、一機之前，但他們也同時置身在全世界；只有留在家中，在電腦熒幕或手機之前，他們才能與世界相連，所以他們給人「隱蔽在家」、「缺乏社交能力」、「低頭」的印象，事實上他們不是沒有社交活動，而是他們的社交已經從物理世界轉移到虛擬世界上去，他們所不擅長的，只是現實世界的社交禮節而已；

3. 全民議論

過去，評論世界的話語權由主流社會名人所把握，但通過網絡，御宅族能夠形成屬於他們自己的中心發言平台，能夠以自己的方式評論世界，建構自己的話語，與主流社會平分秋色；從網絡論壇的熱絡情況來看，御宅族參與討論的活躍度十分之高；

4. 平民專家

在電子媒體的無限記憶容量協助下，御宅族紛紛加入了「考據專家」行列；他們建立各種共享的網絡資料庫，形成了各種興趣的族群集體意識。

新媒體普及，產生了虛擬空間（Cyberspace）。本來，擁有共同興趣的人，因居住地而分開，難以走在一起聊天，但虛擬空間打破了地域限制，把臭味相投的御宅同人連在一起，使他們更容易自發組織起來，進行集體創作、分享、評論、消費、服裝扮演等活動。虛擬空間儼如一片新大陸，容許御宅族進駐，棲居其中，而且自由自主。由於興趣活動更多地在虛擬空間進行，宅民只要留在自宅房中，打開電腦，即可接入自己所屬的世界，毋須外出。與此同時，他們留在自宅上網時間多了，在外人眼中，他們的御宅形象就更加根深柢固了。

總括而言，御宅族在日本出現，它的文化向世界各地傳開，並不是偶然，而是歷史必然。20 世紀末，網絡技術在全世界普及，人類開始對新媒體藝術有所追求。不過，新媒體只是容器，不是內容。大家所等待的，是在新媒體內，

遇上一種能讓人在嚴苛理性世代獲得安慰的傳播內容。剛好，日本社會素來以嚴苛見稱，日本人早就發展出這種大家所渴求的內容，並達至了爐火純青的境界，少女文學就是這種內容的表表者。

日本能成為御宅文化向全世界擴散的中心，僅僅因為御宅文化率先在日本作為次文化誕生了，而且日本人之文化藝術素來與現實政治、倫理互不相干。在這背景下，御宅文化與動漫、遊戲文化融合，先在日本迎來盛世，最終向海外傳開。御宅文化得以在全世界擴散，並不是因為有誰推廣做得好，而是因為內爆早就把全世界人類都更新了，一場社會文化革新之風潮，處於萬事俱備，只欠東風的狀態。

兩次媒體革命

麥克盧漢名言：「媒體即信息。」此話是提醒人們——注意媒體本身，媒體信息倒可以無視，因為改變人類之力量，總是來自媒體本身，而非媒體信息！在日本，電視和互聯網兩種媒體的普及，先後為日本人社會帶來兩次變革！電視普及帶來消費文化，互聯網普及產生內爆，內爆又產生了 NEW TYPE 新人類，也就是御宅族。媒體技術的革新，把日本社會捲入了不能逆轉的歷史進程。

1970 年代，日本步入消費社會階段，其標誌是電視和廣告媒體的普及。1970 年代的日本社會，經過了價值碰撞期，新左翼運動結束，學生政治熱情消退，消費主義興起。早在 1964 年東京奧運會之時，日本電視普及率已達到 70%（Valaskivi：22），所以日本社會早就滿足了通過大眾媒體發展消費社會的客觀條件。在這時期，少女漫畫作為精神消費品急速成長，讀者有如明治—大正年間的女孩子一樣，漸成消費主體，其審美趣味開始對動漫發展產生影響。本來，少女漫畫不屬於社會主流文化，但消費社會要求國民消費更多，來吸收實體經濟過剩的生產力，達致供求平衡。為了促進消費，主流社會給與消費者很大權力和自由度。在消費主義抬頭的情況下，少女再一次通過消費，把她們自己的文化變成了主流的商品文化，並把少女漫畫建構成為只屬於她們的自由社會領域。少女漫畫是少女躲在房裏閱讀的精神食糧。在這一

層的意義上，少女漫畫有如明治—大正年間的少女小說和女學校一樣，是一個有如繭一樣的存在，給與少女讀者們一種另類的人生體驗。少女漫畫讀者，可謂御宅族的前身。

踏入 1990 年代，日本社會悄悄地發生了第二個令社會質變的革命，傳統電視大眾媒體向互聯網媒體讓位。不過，日本發展互聯網的形式，與美國等先導國家有很大的不同，日本主要是通過手機網絡化來達致互聯網的普及，而手機文化也直接影響了御宅文化的發展形式。

根據戈特利布與麥里倫的資料，1993 年日本商用互聯網服務啟用，至 1997 年個人電腦普及率約 20%，低於美國的 40%，家用網路使用者於 1999 年普及率 19.1%。論普及率這不是理想數字，戈特利布與麥里倫提出了幾個理由，其中一個理由是，日本當時固網通信線路太昂貴。結果，日本社會發展出以攜帶電話為主的互聯網使用模式。1999 年，NTT 公司才剛開始推出攜帶電話網路服務，至 2002 年 4 月日本攜帶網路使用者已多達 7,000 萬人。東京立教大學曾經做過一個校內研究，發現學生擁有個人電腦的只有 35%，但使用攜帶電話的卻多達 92%，為此校方也以攜帶電話為對象開發校內互聯信息平台（Gottlieb & McLelland）。有說，「萌文化」的「萌え」在電腦網絡通信中，是由同音的「燃え」轉換而來，推測此詞起源於 1993 至 1995 年之間。如此，可以推想，御宅族是最早使用電腦網絡通信的社群。在 1990 年代，Comiket 同人誌即賣會人數由 1995 年每回 20-25 萬名參加者跳升至 1997 年 30-40 萬名的水平（コミックマーケット 2014）。同人御宅文化參加者在 1990 年代急升，相信與互聯網普及密切相關。

新媒體普及，形成了賽伯空間（Cyberspace），即虛擬網絡空間。本來，共同擁有御宅興趣的人，在地理上因居住地被分開了，無法就共同興趣互相分享和聊天，但賽伯空間打破了地理限制，把臭味相投的御宅同人連在一起，使他們更容易地自發組織起來，進行集體創作、分享、評論、消費、參加服裝角色扮演等活動。賽伯空間構成了一種全新的自由社會領域，容許御宅族進駐，在其中棲居。由於興趣活動更多地在賽伯空間進行，宅民只要留在自宅，即可連上自由園地，外出需要減少，留在自宅上網時間多了，御宅形象從此變得根深柢固。

世界動漫宅文化

今日的御宅文化，已經不是單單純於日本的次文化，而是已經傳播到全世界，成為了全世界宅民共享的一種特殊次文化。本書導論提及過的瘋狂瑞士御宅族 Melon Pan，代表了歐洲人對日本御宅文化的接受，可說是這一波御宅文化全

▲ Foreign Cosplayers/COMIC MARKET．CC BY-NC-ND 2015 masaya/photozou.jp

球化浪潮的最佳代表人物。

從理論層面來看，既然御宅現象因網絡普及而起，哪兒有網絡，自然哪兒就有御宅族。這是御宅文化在全球發生背後的主要動因。

現時，除了日本本土有 Comiket 同人誌即賣會，中國兩岸三地、北美、歐洲、東南亞等多個地區，每年都定期舉行以日本動畫為主題的大型動漫節慶，例如杭州中國國際動漫節、成都 iComic 動漫遊戲同人展、香港 Rainbow Gala 同人誌即賣會、北美紐約動畫節、歐洲法國 Japan Expo、馬來西亞 Comic Fiesta 等等，主題離不開日本動漫元素。這些活動的參與者多有御宅族的特徵，甚至自覺地以「御宅」、「宅宅」或「宅民」自居。

大型動漫節慶有一個明顯的標

御宅文化之全球在地化（Glocalization）

由於御宅一詞日本文化色彩較濃，御宅文化往中華地區，稱謂上多作簡化，把敬語因子較重的「御」字從「御宅」一詞略去，變成較為親切的「宅」。這個情形，可以視之御宅文化的「全球在地化」（Glocalization）表現，即全球主流文化傳到另一地區落地生根後，為適應當地人的風俗而發生若干變化。在文化傳播進程中，全球在地化十分普遍，是一種正常現象。

全球在地化之英詞 Glocalization 是一個混成詞（Portmanteau），由 Globalization（全球化）及 Localization（在地化）二詞混合生成，描述兩種趨勢力量的交互作用。全球化指一強大文化向全球傳播的趨勢，在地化指外來文化在適應本地文化的過程中發生轉化。

誌，那就是參加者把自己裝扮成自己所愛的動漫人物，在會場巡行、拍攝、擺攤，即所謂的 Cosplay 活動。設計 Cosplay 服裝，甚至形成了御宅圈子內的一種專門學問。

本來，「動畫」所對應的英語詞為 Animation，但因為日本的動漫產業發達，日本風格的動畫製作，已取代美國動畫成為另一正宗，不叫 Animation，而是喚作 Japanimation，或以日語發音喚作 Anime，就如法式甜點泡芙，喚做 Cream Puff 不夠正宗，喚做 Choux à la crème 才算正宗一樣。這些情況，反映日本動漫文化已經往海外放射式的傳開，並與世界各地御宅文化結合，形成不同的海外日本動漫宅文化社群。

素有御宅王別稱的岡田斗司夫，曾寫過一篇文章《戀上日本的美國御宅》，憶述了自己獲邀參加美國賓夕法尼亞州學院於 1995 年舉辦的 OTAKON 動漫節的經歷：

> 「為甚麼我不是生在日本呢？美國人甚麼的很土氣，我希望成為日本人。」一名高校生慨嘆。這名高校生，雙親都是白人優生主義團體成員。在美國的那個節慶裏，類似的話，我不知聽過多少遍了……從邀請卡的介紹可見，主辦方知道我現在是大學講師、我在某月 3 日自大阪大學退學、我製作過電影《王立宇宙軍》、NHK 電視節目《不思議之海的娜汀亞》、各種御宅系動畫和遊戲等，關於我的背景，都詳細調查過。御宅的調查能力，令人驚嘆……所謂「御宅」，一般帶負面意思，這是日本的常識，但在美國卻不是這樣。在當地，我實在感受到了。他們憧憬日本，認真為御宅感到驕傲……美國普羅迪奧斯製作室帶頭把日本動畫引進美國，該社社長多倫·史密夫說，愛好日本動漫的美國人，五年間增加了百倍……（1995）

由岡田的回憶可見，至 1990 年代中，日本御宅文化已然在美國扎根，並形成了好些御宅社群。美國動漫迷既雀躍又自豪地自稱御宅，認同感十分之高。

不過，岡田的回憶並未全面反映美國人對御宅文化的整體接受情況。御

宅文化本來就是一種逸脱於主流文化的次文化，天然地與主流文化形成了一定程度上的對立。事實上，御宅文化在美國也受到了若干的非議，有人把美國御宅謔稱為 Wapanese。Wapanese 是個混成詞，用以諷刺過份喜愛日本動漫的白人。所謂 Wapanese，由代表白人的 White 加上代表日本人的 Japanese 結合而成，用以表示某些人「錯誤地認為美國文化低等於日本文化，但他們自己卻從沒有親身到過日本」（佐々木：25-28）。

雖然日美兩地的御宅文化不完全相同，但無獨有偶，兩地御宅文化都與當地主流社會文化保持了距離，維持着一種並立結構。相信這情況並非偶然。

5. 動漫宅文化在中國

在中國，近十年來，御宅文化的發展相當活潑。這個勢頭可以見於中國宅民的成長。電商動漫產品消費、動漫彈幕視頻網站日益活躍。數據顯示，2018 年中國雙十一光棍購物盛典當日，動漫興趣電商購物比例達 20%，位列各類購物興趣之第五名（極光大數據）。另外，2009 年，中國宅民基於動漫興趣，自發創立了彈幕視頻網站嗶哩嗶哩（Bilibili），至今該站聲稱活躍用戶達 1.5 億人，每日視頻播放量超過 1 億。

事實上，中國御宅和動漫產業發展，在中國國內受到學

▲ 動漫祭・作者攝於廈門

術界相當大的關注。筆者曾在 2015 年以中國期刊全文數據庫搜索「御宅」、「動漫」、「動畫」等關鍵字，分別得出 207 篇、14,835 篇及 47,903 篇論文，其中資料多關於中國本土御宅和動漫產業發展的情況，反映動漫御宅文化已經在中國形成，並受到國內學術界的普遍重視。

總的來說，在中國，御宅文化的發展有以下幾個特色：

1. 國家政策主動扶植動漫產業；
2. 網絡媒體普及；
3. 日本動漫御宅文化向中國西傳。

政策扶持

自 2000 年代初起，動漫畫產業就成為了中國國家重點扶植的產業之一，被視為朝陽產業、綠色產業、知識經濟核心產業等。為了扶持中國新興動漫產業，中國政府很早就出台了《十二五時期國家動漫產業發展規劃》文件。事實上，中國政府明確表示關注動漫產業，可以追溯至 2004 年初。當時，國家廣電總局頒佈了《關於發展我國影視動畫產業的若干意見》之文件。同年七月，中國首個「國家動漫遊戲產業振興基地」即在上海落戶。至年底，又批准了北京動畫頻道、上海炫動卡通衛視、湖南金鷹卡通衛視三個動漫衛星頻道。隨後，一批接一批的動畫產業培訓、教學基地陸續落成。自 2005 年起，中國國際動漫節每年舉辦（周致欣；李苪然）。

在國家政策扶持下，中國動漫產業飛速發展，自 2006 年起中國動漫產量增長率始終保持在 30% 左右，僅 2010 年國產動畫片產量達到 385 部，總長度達 3,765 小時，2011 年已在生產數量上超過日本成為動漫製品第一大生產國（李苪然）。雖然，在國際風評上，中國動畫仍沒法與日本動漫看齊，但無論在質和量上，中國國產動漫進步十分明顯。至 2018 年，在中國動漫粉絲的支持下，嗶哩嗶哩（Bilibili）頻道增設了國創專區，亦即是中國國產原創動畫專區，致力推動中國動畫。據悉，國創動畫站內播放量累計超過 4.4 億次。事實上，筆者也是若干國產動畫的粉絲，在執筆寫至此頁之時，曾追看《一人之下》、《從前有座靈劍山》、《盛世妝娘》、《那年那兔那些事兒》等。

這些作品多改編自中國現代的網絡小說，例如《盛世妝娘》就改編自小說家荔蕭在晉江文學城的同名作品。這些中國小說網絡以排行榜、VIP 收費、獎金、積分等制度推動宅民寫作和閱讀，從中物色具有天賦的小說寫手，邀請簽約，加以培育，成為了一種穩定的宅文化產業發展模式。從幾個改編動畫作品的故事質素看來，筆者覺得這種模式，成效不俗。除此以外，中國民間亦成立了繪夢等動畫公司，投資日本，製作不少中日合作的動漫作品，向日本取經，借助日本動漫界的專業力量，獲得不少成果。基本上，除了《盛世妝娘》之外，筆者追看的幾個國創作品，都由繪夢經手策劃。

溫家寶論奧特曼

其實，中國發展動漫，屬於文化戰略上的考慮。2009 年，溫家寶總理視察武漢江通動畫股份有限公司時，提及自己孫子愛看動畫片，尤其是俗稱鹹蛋超人的奧特曼（Ultraman），並表示了他希望孩子多看中國產動畫片。總理的講話，馬上引起熱議。一天之內，關於中國動漫產業的文章，貼滿了中國網絡論壇。溫家寶總理的講話，反映中國政府已注意到當代動漫所蘊含的文化力量，並希望借助動漫重塑中國文化上的軟實力。事實上，總理的願望已經實現，國創動畫的佼佼者《那年那兔那些事兒》，就把中華人民共和國描繪成一群團結自強的兔子，作品基於歷史資料改編而成，把立國的艱辛化為故事，娓娓道來。該作品意外地有趣，觀眾接受情況理想。從品牌建立角度看，此作品重塑了當代中國形象，相當成功。而這也是中國動漫產業受到政策支持的主要原因。

2006 年，國務院發佈了政策文件《關於推動我國動漫產業發展的若干意見》，提出動漫產業是以「創意」為核心，以動畫、漫畫為表現形式的各種業務，範圍相當之廣，近如動畫圖書製作及銷售，遠至動漫形象服務及玩具，以至舞台劇演出，都涵蓋在內。此外，文件又指出動漫產業的發展目標，是「逐步形成藝術形象創作、動漫產品生產供應和銷售環環相扣的成熟動漫產業鏈；打造若干個實力雄厚、具有國際競爭力的大型動漫龍頭企業，培育一批充滿活力、專業性強的中小型動漫企業，創造一批有中國風格和國際影響的動漫

品牌⋯⋯在逐步佔據國內主要市場的同時，積極開拓國際市場」（黃鳴奮a：
68）。這反映中國政府在當時已經對世界動漫產業發展進行了深入的調研，
並擬定了長遠的發展計劃。由那時起，與動漫產業有關的人才培育學校、製
作公司、展覽節慶、動漫商店、視頻遊戲等就愈開愈多。

從文件內容可見，中國政府對動漫產業的發展，是基於很翔實的產業發
展構想，並提出了很清晰的發展目標，而不是隨便說說算。這些目標包括：

1. 形成藝術形象；
2. 生產供應和銷售環環相扣，形成產業鏈。

形成藝術形象，是製作和工藝方面的事情。銷售則是商業經營方面的事
情。那麼，動漫成品的銷售對象，它的市場主體，具體上是甚麼？答案就是
中國新興御宅族──中國宅。

中國宅力量

中國宅的角色，在中國動漫產業的發展上，可謂舉足輕重。第一，他們
是消費者。國內消費者構成充足的內需，新興動漫產業不愁沒有市場。第二，
他們積極討論動漫話題，間接為動漫藝術建立了標準，使動漫產業逐漸成熟。
宅民不會無條件接受劣質動漫作品，比如一齣動畫因預算不足，部份畫面廉
價炮製，造成人物走樣，眼利的宅民就會立即議論紛紛，批評「作畫崩壞」。
換言之，當代動畫行業的標準，即甚麼是好作品，甚麼是壞作品，是靠粉絲、
消費者、宅力量之參與而建成的。

總的來說，中國宅文化形成，受惠於國家政策支持。雖然，官方懲治國
內動畫內容低俗的新聞時有所聞，但這些例行官方動作極其量只是調節，目
的不是打擊動漫產業。實際上，中國各大城市舉辦的動漫活動，除了民間自
發推動，官方也出力不少，例如每年4至5月在杭州舉辦的中國國際動漫節，
其實是由國家廣電總局及浙江省人民政府合辦的。

按照國家文化策略，中國政府最終期望中國本土生產的動漫能夠追上日
本，甚至反輸出。要做到這個目標，還須待中國動漫產業進一步深化和發展，
當中涉及各種問題的梳理，比如動漫作品內容審查尺度調節、藝術理論、產

業營銷、人才訓練、融資等等，都有待均衡而健康的發展提升。中日動畫合作項目愈來愈多，中國方面出錢出力，提供市場，日本方面提供專業技術，雙方互補不足，有望把動漫藝術發揚光大。

宅人口推算

除了國策支持，中國網絡媒體興起，亦是動漫產業和中國本土宅文化發生的原因。前文講過，在網絡媒體新環境下，個人以電腦終端連接全世界，社交從現實搬到虛擬世界，在虛擬空間發生的社交活動，不要求個體離開家門，宅文化自然形成。

由於中國社會經已全面電子網絡化，宅文化在中國發生，是必然的結果。

據統計，2014 年中國網民規模達 6.32 億，互聯網普及率達 46.9%，人均週上網時間為 25.9 小時，使用網絡視頻人數 4.38 億，使用網絡遊戲人數 3.68 億，使用網絡文學人數 2.89 億，使用論壇人數 1.24 億（CNNIC）。2007 年，估算在 30 個中國主要城市中，15 至 35 歲御宅族人口約 648 萬人，性別差異不明顯，其中 47% 擁有大專以上學歷，家庭平均稅前收入高於同齡人，地域上集中於北京、上海、廣州、重慶、成都、天津等城市，73% 宅民每週上網超過 10 小時，最常做的事為玩網絡遊戲、收看免費線上電影或電視劇、上論壇等等（群邑智庫）。基於以上數據，中國典型宅民人口大概可以估算出來。任何人上網時數足，有一定的網絡沉浸度，又經常參與 ACG 活動，即可算為宅民。

首先，73% 大城市人口每週上網時數超過 10 小時。筆者認為，每週上網時數 10 小時，剛好適合拿來當作區別宅民與非宅民的界線。為此，估算時把有關人口值乘以 73%，即可得出合宜的宅人口估算值。上網時數每週少於 10 小時者，網絡沉浸度較低，先不算入宅民人口。

接下來，考慮 ACG 熱門主題作品總是在不同媒體之間滲透，並且最硬核的宅民必然是電玩遊戲玩家。把全國網絡遊戲玩家人口 3.68 億乘以 73%，得出 2.69 億人。可以把 2.69 億人口視為中國宅人口的下限。

至於上限，適合以網絡視頻使用者作出估算，因為不使用網絡視頻的人

少女歷史
日本 ACG 萌文化
哲學筆記

口，算不上宅民，但網絡視頻雖包含動漫，卻不限於動漫。把網絡視頻使用者人口 4.38 億乘以 73%，得出 3.2 億人。

換言之，中國宅人口大概在 2.69 億至 3.2 億人之間，並不是小數目。

日本留學生眼中的中國宅宅

中國宅文化，是日本御宅文化西傳，再經一定程度的在地化而產生。那麼，日本人怎麼看待這樣的中國宅文化呢？日本來華留學生百元籠羊，把自己留學中國的經歷寫成了傳記，給與了我們一些提示。

對於中國宅民，日本來華留學生百元同學稱之為「中國宅宅」。

在傳記中，他形容自己因為中國御宅族同學而「得救」。百元籠羊 1990 年代隨父母來北京居住。他說，日本人小孩在中國會被欺負，但在高中和清華大學期間，很多中國御宅族同學找他聊日本動漫的事，讓他有了朋友，因而「得救」。

一次，中日兩地留學生辦交流會，日本留學生想討論中國文化方面的話題，中國留學生卻只顧討論日本動漫和遊戲。他說，「中國宅宅」和「日本宅宅」差不多，都對動漫、御宅話題感興趣，他們喜歡動漫，也讀日本文學，涉獵日本歷史，聽 J-POP，學習日本流行時尚，熱愛傑尼斯家族，把所有日本文化當為娛樂，並以此組成大學同人社團，彼此熱切交流。不過，百元籠羊又提到，中日兩國之間的政治紛爭，對他也有影響，中國年輕人對日本的觀感惡化，中國宅宅喜歡日本御宅文化，卻不一定喜歡日本，在中國宅宅之中，也有很多人討厭日本（8-17）。當然，百元沒有深入研究自己本國御宅文化，才會對這種矛盾感到詫異。其實，中國宅宅與日本宅宅在喜愛和討厭「日本」的感情上，某程度上是一致的。因為，被喜歡的是作為次文化的日本御宅和動漫文化，被討厭的則是日本政府與屬於大人的日本現實社會。即便在日本本國，日本主流社會與日本御宅文化同樣維持着一定程度的對立。日本政府在國民中的風評並不特別好。日本政府對本國的御宅文化，態度也相當矛盾，時而貶抑，時而利用。

作為留學生，百元同學覺得中國宅宅人口「不在少數」。他說，在清華

大學，人數約為「600 名以上」，在北京大學，人數為「800 多名」，以兩所大學本科生各 15,000 人的規模來說，比例約 4.7%。

御宅文化西傳

百元的自傳，證實日本動漫御宅文化，已經全面西傳中國，情形恍如二千年前佛教從印度東傳中國。

2012 年，日本一份非官方動畫產業輸出報告，把中國對日本動畫內容的接受程度標記為中度，高於巴西和印度，低於美國和法國。該報告又基於貿易資料，推測中國對日本動畫的接受和輸入指數，將由 2015 年的 17 升至 2050 年的 20，升幅比美國高，上升趨勢在 2030 年可能被印度追過，但總體上大幅高於巴西和法國（高橋）。這個資料反映，中國客觀上成為了日本動畫產業輸出的首要對象之一。

關於日本動漫文化輸入中國的情況，中國數據也印證了上述的日本數據。2006 年，中國文化產業年度發展報告指出，在中國青少年最喜愛的動漫中，日韓動漫佔 60%，歐美佔 29%，中國內地和港臺地區佔比僅有 11%（葉朗：602）。至 2014 年，《動漫藍皮書：中國動漫產業發展報告（2014）》以百度搜索風雲榜動漫榜單做比較，發現前 25 名動漫作品，16 部來自日本、6 部國產、2 部歐美和 1 部其他國家，比例分別為 64%、24%、8% 和 4%。如果改為留意前 200 名，日本、國產、歐美和其他國家動漫產品比例為 45.5%、33.5%、20.0% 和 1.0%。有關數字反映了兩個情況。第一，中國宅的御宅興趣，其核心基礎是日本動漫文化。第二，中國投入在動漫產業方面的努力沒有白費，國創動漫作品漸成為中國宅民的第二首要的觀賞和消費對象（盧斌）。

另外，2004 年一項《動畫／漫畫消費情況》調查，以北京、杭州、武漢、西安、桂林、太湖等地 19-25 歲青少年為對象，發出問卷 4,300 份，收回 3,355 份。結果顯示，「中國讀者最喜愛的動漫作品」前 10 名作品中 9 個來自日本，前 50 名作品中 33 個來自日本，佔第一位的是井上雄彥的《灌籃高手》（男兒當入樽）。「中國讀者最喜愛的動漫作家」前 10 名作家 8 名來自日本，在全部 49 名作家中 35 名來自日本，第一名是宮崎駿，美國迪士尼只排在第 14

位（陳奇佳、宋暉）。

　　從以上資料可見，日本動畫在中國動漫市場領先是一個主要趨勢。為此，中國國內關注國創動漫發展人士，一直有提出借鑒日本經驗的聲音（王春艷、余曉泓）。事實上，這種做法符合魯迅所提出的拿來主義，十分實在，而且中國初創的各個動漫企業，正在實踐這個拿來主義方針。比如原創動漫期刊《知音漫客》（每月發行量 520 萬），其封面插圖人物設計，風格都趨近日本動漫的樣式（漫客棧）。日本動漫御宅族的專用術語，也成為中國宅民群體中的常用潮語（博日吉汗卓娜）。不過，藝術發展，不會永遠停留在臨摹階段。時至 2019 年，中國動漫和御宅文化的原創和二創新元素已愈來愈多，例如嗶哩嗶哩的 2233 娘、中國宅民的吐槽術語，在這些元素之中，很多原先並不存在於日本御宅文化。

娘在中國

　　如果說，日本動漫文化的核心藝術意象是少女，而少女的誕生與父權社會制度有關，那麼中國宅民又是如何看待日本動漫中的少女呢？

　　的而且確，中國社會不存在日本那樣特殊的父權社會文化，因此中國宅宅對日本動漫和其中的少女角色的接受方式，很自然與日本人有些不同。

▲ UMP9 模型 / 少女前線・作者藏品攝影

＊《少女前線》是一個由中國內地科技公司研發的電玩遊戲，故事由上百槍械化身的少女軍用人形構成。為了做好日式少女 ACG 風格，CV 全面委託日本女聲優擔當。《少女前線》發行遍佈世界大區，營收以億計算。

　　對於日本動漫在中國宅民間的接受情況，筆者有幾個觀察：

1. 娘在中國

中國宅宅愛把日本動漫中的少女稱為娘或婆。所謂娘，即女孩，是中國人對女孩子的稱謂，帶有可愛的意思，跟日本少女一樣，同樣具有天真、可愛、自由、逸脫於凡瑣俗事的意味。在中國，娘即少女，少女即是娘。採用「娘」字指稱少女，是中國宅民從本族文化角度出發，來表達自己對動漫少女之喜愛。現代中國女孩的婚嫁，自主性比傳統日本女性為高。日本少女那種悲傷，畢業即成為人妻，喪失少女身份的傷感審美，來到中國不免有所弱化和轉化。

2. 婆在中國

當代中國青少年的婚配，因為各種現代的原因，在各大城市都普遍出現一偶難求的情況。消息稱，2018 年中國單身青年男女人口超過兩億。自 2013 年起，結婚率最大的年齡群組，由 20-24 歲變成 25-29 歲，晚婚趨勢持續。多數人因為「沒有遇到合適的人」或「沒有能力承擔家庭責任」而晚婚，也有好些人「享受單身」或自認為「生活不穩定」所以晚婚（北京晚報；搜狐；深圳晚報；雪嬋的舊時光）。

由是，中國宅宅對於日本御宅文化中的腦內戀愛，甚是受落。很多宅民以單身狗自居，又把自己喜愛的動漫少女角色稱之為婆，亦即是老婆，聊以排解結婚前的單身之苦。

此外，中國宅宅又有 FFF 團、虐狗等說法，FFF 團是排斥現充（即現實充實，指擁有女朋友或男朋友者）的用語，虐狗則是指動畫故事中愛侶角色太恩愛，令單身狗很難受的意思。這些說法，都是中國宅民借用動漫來排解單身之苦而產生的。

3. 仙俠幻想

中國宅民普遍接受日本動漫各種主題，但國創動畫有以中國本土仙俠幻想取代日本鬼神傳說的傾向。仙俠幻想作品，往往涉及青少年主角隨老人在

某個仙道門派修煉，形成另一種形式的學園幻想故事。在學校內，學生暫時毋須面對成年人世界和現實世界的麻煩。就這一層意義上，仙俠幻想故事基本上與日本少女學園故事結構相同，只是主題有所變奏。此外，中國宅民普遍尊重老人，在仙俠幻想作品中，老人角色可以有很精彩的故事，較易成為受歡迎角色。相反，在日本動漫中，老人通常站在少女和少年的對立面，即或不然，也是背鍋的角色，很少能發展出轟烈的故事。這也是中日兩地文化差異帶來的結果。

▲《仙劍奇俠傳》趙靈兒陳列手辦．作者攝於香港

4. 吐槽文化

中國素有文以載道之傳統，講說話不能太白，所以中國宅民的吐槽暗語文化發展得特別好。日本動漫來到中國，即被中國宅宅借用來做成各種吐槽表情包，其佼佼者就有出自日本艦娘作品的北方棲姬吐槽表情包。同理，中國最大的彈幕視頻嗶哩嗶哩，雖然是模仿日本彈幕視頻 NICONICO 而設立，但由於彈幕符合中國宅宅的吐槽趣味和需求，彈幕文化在中國被加倍的發揚光大。

▲ 北方醬的吐槽．作者攝於香港

日本動漫向中國西傳，然後發生本地化的情況，當然不只有這些。無論如何，這已足夠說明，動漫作為一門新媒體藝術，具有豐富的文化承載力，它既能承載日本御宅族的審美，也能為中國宅民所用，承載中國宅民自身的苦與樂。

肆之葉
ACG 的 A-R-T

　　葉子司掌生產力，它含有葉綠素，能通過光
合作用，把水、二氧化碳和陽光化為氧氣與養份。
在 ACG 的審美文化中，作者和讀者能通過精神生
產，在審美理想的引導下，把人的原慾昇華成為
生存意義，記錄在動漫作品的圖文之中。

初代漫畫家（模仿）·作者家屬攝於九州小倉

ART，是藝術。碰巧，在英語裏，它由 A、R 和 T 三個字母構成，對應了構成藝術的三個重要元素——

A for AUTHOR：作者及製作團隊

R for READER：讀者、觀眾和粉絲

T for TEXT：文本，亦即是本子、插畫、視頻等產品之內容

任何藝術，必然有齊 A、R 和 T 三個元素。比如名畫《蒙娜麗莎》是文本，文本主要內容是被稱為麗莎的一位女士，作者為天才達芬奇，畫作最初的讀者是 16 世紀法國國王弗朗索瓦一世、達芬奇的學徒和助手，相信也包括王室人員。直至今日，畫作在巴黎羅浮宮向世上展出，全人類都成為了《蒙娜麗莎》的讀者，使《蒙娜麗莎》成為了屬於全人類的文化遺產。

過去百多年來，學術界研究文學和藝術，經過了好幾個階段。20 世紀初，學者出盡全力為各種無名作品找尋作者，賦與作者至高無上的光環。1930 年代，新批評流行，學者主張研究文藝，毋須理會作者，因為意義盡在作品之中。後來，又有論者提出，在文學藝術中，讀者才最重要，有了所謂的讀者反應理論。其實，說白了，文藝屬於所有人。無論在作者創作時、讀者閱讀時、人們評論時、還是後人改編、做二次創作的時候，都有新的意義產生出來。討論一門藝術，只談作者，不講讀者，或只講故事，不講作者，都失之片面（Pang）。為此，本章以「ACG 的 A-R-T」為題，從作者（製作人）、讀者（觀眾／粉絲）和文本（作品／動漫形象、商品）三個角度去描述 ACG 文化。其實，當我們在歷史迷宮內探索得夠深入，更會發現，ACG 文化的作者、讀者和文本，從來都不是互相對立、互不相干的三種東西，三者總是緊密地圍繞同一種審美理想而交纏融合在一起。

作者和讀者，既是生產者與消費者的關係，又是志趣相投的同好關係。作者生產文本，亦即是動漫產品，形成動漫產業。讀者消費動漫文本，亦即是動漫商品，給出回饋、意見和評價，形成藝術評論，促進行業發展。作者、讀者和文本之間的聯動，形成動漫社群，在其核心是作為骨幹的御宅文化，御宅文化向外幅射傳開、泛化，達至一般廣大受眾，即形成 ACG 文化。

在日本明治—大正年間，日本女學生形成了一個稱為「少女共同體」的少女文學社群。今日，在 ACG 文化背後，同樣形成了一個「ACG 愛好者共

同體」，只是它的成員不再限於女生，社會覆蓋面更廣。奇妙的是，「少女共同體」以少女形象作為象徵，相隔大半個世紀之後，「AGC愛好者共同體」竟然把「少女象徵」完全繼承過來，作為它自己的象徵。

接下來，筆者將從ACG的文本、作者和讀者三個角度出發，與讀者一起探究ACG文化的種種面向。

1. ACG文本（一）：少女藝術形象

充滿星光的少女眼睛

少女藝術形象，是日本少女文學及ACG文化的共同核心內容。ACG中的少女，視覺形象獨到，身體曲線優美，但令人留下深刻印象的，不只是體態上的性感，還有來自她們因生存處境而有的悲哀、天真、希望、單純和掙扎。這些是少女精神，是萌。

慣看日本動漫，很易誤把動漫中的少女形象慣性地視為理所當然——色彩豐富亮麗的柔軟髮型、層次豐富閃着星光的雙眼、瘦長而幼嫩的女子身軀、繫上蝴蝶結的水手制服。我們以為，這就是少女，少女都是這樣。可是，在半世紀多以前，外國人不太認同這個形象。

手塚治虫憶述說：「我曾經帶着這部作品（藍寶石王子）的卡通版到國外

▲藍寶石王子．作者攝於香港

去，外國人看了都嚇一跳。與其說嚇一跳，不如說無法理解。他們看了以後，問我這樣的問題：『這看起來根本不像日本人嘛！』而且還問為甚麼眼睛長

那樣，大大的黑黑的，裏頭還有星星。他們認為日本的女孩子應該是細細的鳳眼，單眼皮，臉長長的，輪廓不明顯，髮型像日本娃娃。」

當時，手塚回答外國人，說那是「日本女孩的憧憬」。當然，為了使外國人容易接受，手塚也給出一些開脫的理由，例如日本女孩子流行化妝、體格愈來愈好云云（179-180）。在手塚的説法中，「憧憬」二字確是重點。日本動漫中的少女形象，不是現實中的少女，而是帶有一種審美理想在內的形象。它創始於 1950 年代日本插畫師高橋真琴的少女畫，特點是富有裝飾性，少女眼中總是閃亮着星光。這種少女畫畫風廣受讀者歡迎，後來漫畫家將之發揚光大，成為了日本動漫文化獨有的藝術形象。

藝術殿堂中的美少女

2014 年 7 月 12 日至 9 月 7 日，日本青森縣立美術館、靜岡縣立美術館及島根縣立石見美術館舉辦了稱為《美少女之美術史》的主題聯展。其中，青森縣立美術館的宣傳單張是這樣説明「美少女」的：

> 「美少女」，是世界注目的日本動漫中突出的形象。這不是現代固有的現象，所謂「少女」的存在，自古便在日本藝術中佔有重要的位置……今回，以「少女」為主題回顧過去至今的日本文化，不限於美術，也跨越文學、漫畫、動畫、塑像等各種各樣的領域，探索投射於稱為「少女」的這個概念上的現代日本人意識。

有關項目展覽了 110 名作者合共超過 300 件以少女為主題的作品，從不同視角重新觀照「少女」的內涵。展覽又播放了日本大文豪太宰治作品《女生徒》的改編動畫作品。通過這類公開文化藝術活動，日本藝術界正式承認了「少女」作為日本主要文藝形象的合法地位，也宣告了動漫作為媒體藝術的合法地位。

少女升格 HEROINE

　　本書在導論「Girl Beats Boy!」之欄目講過,日本人在戰後發展動漫,初期作品多以少男為主角,把少女描寫為像花瓶一樣的配角。然而,1953 年日本漫畫大師手塚治虫注意到了女孩子讀者的需要,率先為她們創作了《藍寶石王子》。至 1970 年代,一群實力派少女漫畫家出道,通稱「花之二十四年組」,創作了大量經典少女漫畫,逐漸實現了動漫中男女角色地位的轉移,把少女推上 HEROINE 的位置。及至現在,日本動漫畫中的少女形象,彷彿有了生命一樣,已沒有哪個作者能把她們束縛在花瓶角色之上。

　　舉個例子,2013 年播出的原創機械人動畫《革命機 Valvrave》與戰國幻想動畫《戰國 Collection》,按慣例主角必然是男性。然而,《革命機 Valvrave》指南照子與流木野咲兩名少女人物,活躍度不比男主角時縞遙人低。在《戰國 Collection》中,本為男兒身的日本戰國武將,更幻化為少女而登場,以少女的視角取代了父權統治者的意志,重新塑造各個歷史人物之間的關係。在歷史上,明智光秀殺害織田信長,理論上出於權力鬥爭,但動畫以神來之筆,將之改寫為少女愛關係——光秀背叛信長,完全是出於嫉妒與愛。當少女話語複寫了歷史中的父權意志之後,歷史變成憧憬,不再是失落。

　　事實上,自從高橋留美子在 1980 年代以《收穫星的小子們》、《相聚一刻》、《亂馬 1/2》等作品走紅的時候,少女角色地位已逐漸上升。及至 2010 年,「Girl Beats Boys」的走向發展至另一極端,許多新番動畫作品在設定上完全排除男性角色,故事只圍繞着女孩子之間的友情來發展,走向純粹的百合,一度恢復了明治—大正年間日本少女文學的厭男傳統。

　　當時,在春季番組裏,就排出了《科學超電磁炮》、《空之音》、

春夏秋冬動畫番組

　　在日語裏,「番組」即是節目,特指電視節目。在日本,動畫作品在電視台排期播放,通稱「動畫番組」。一般來說,「動畫番組」分春、夏、秋、冬四個季節排出播放檔期,每週播放一集,每季播放約 12 至 13 集,春季番組 4 月開始播放,夏季番組由 7 月開始,秋番 10 月,冬番則是 1 月啟播。

《K-ON》、《天才麻將少女 Saki》及《Chu-Bra》等五個百合作品的陣容。五個作品全以少女為主角，故事只涉及少女角色之間的感情和對立關係，男性角色不是不在場，就是變成輔助式的配角，戲份有限（indy）。其中，《科學超電磁炮》最可圈可點。

《科學超電磁炮》是輕小說《魔法禁書目錄》的衍生漫畫外傳作品，作者鐮池和馬。《魔法禁書目錄》由 2004 年起開始連載，角色陣容呈一男多女的後宮格局，少女角色雖然活躍，但仍以男主角為中心。主角上条當麻，在充滿魔法與超能力的世界中，並無異能，只有把一切異能消除的「幻想殺手」技能，並以此保護自己身邊重要的人，包括了都市學園中擁有最高級別超能力的高中女生御坂美琴。

由於御坂美琴讀者緣特別良好，2007 年出版商安排作者推出《魔禁》外傳故事《科學超電磁炮》，只以御坂美琴和她的女校同學為主角，以純粹少女的視點把故事重新詮釋，又加入新的劇情。劇名中的「超電磁炮」即御坂美琴本人，原因是她擁有極強的電磁能力，能通過射出硬幣放射出電磁炮攻擊。在外傳中，上条當麻偶然以配角身份粉墨登場，男角不多，即使有男角出場，多半也是雜魚角色，強大歹角也多是女性，男角連個像樣一點的歹角也做不了。

百合作品以《超電磁炮》為代表大受歡迎，反映 ACG 觀眾對傳統異性愛情節不再那麼憧憬。取而代之，他們普遍接受少女之間互相傾慕的百合情節。例如，御坂美琴的舍友白井黑子，即擔當了美琴愛慕者的角色，是個愛慕得有少許變態的喜劇角色。

這樣的轉變，也普遍見於日本動畫雜誌和網站的動畫排行榜。1980 年，德間書店動畫誌 Animage（アニメージュ）發佈首屆《動畫格蘭披治》排行榜，入選前 19 名全是以男性少年為主角的動畫，作品涵蓋《銀河鐵道 999》、《再造人 009》、《野球狂之詩》等等，《凡爾賽宮的玫瑰》是唯一入選 20 名內的少女作品，排行第 20。至 2006 年 6 月號，該誌發佈新的排行榜，大量少女作品入選 20 名內，包括了《薔薇少女》、《ARIA the Animation》、《Blood +》和《舞 -Hime》等等，入選的《翼 CHRoNiCLE》，故事中男女角色地位對等，沒有主次之分。排名首位的《機動戰士 Gundam Seed Destiny》，雖然主角仍

為男性，但劇中女角們都十分活躍，並非花瓶角色。2015 年春，根據網站《愛上二次元的 Web Media YUSAANI》（ゆさアニ）的當季人氣動畫調查，在 35 部新番作品中，最受歡迎作品為《偶像大師～灰姑娘女孩》（1015 票），第二為《白箱》（840 票），第四《艦 Collection》（640 票），第五《夜之小雙俠》（636 票），都是少女主角作品，男角淪為配角或不在場。

2019 年春季番組，百合作品仍然不少，《BanG DREAM》、《ENDRO! 勇者》、《瑪娜莉亞的朋友》、《天使降臨我身邊》、《荒野之壽飛行隊》等作品都屬百合主題，但百合獨大的格局已經消失，後宮、乙女、BL、戀愛系作品同樣出了不少作品，其中大作和佳作也有不少，例如《多羅羅》、《魔法禁書目錄 III》、《約會大作戰 III》等等。

解構兩性角色的二分對立

感覺上，日本動漫故事中對男女角色的處理漸趨成熟，男女之間不再有明顯的優次之分，各種人物都有觀眾支持，觀眾最不接受的，就是沒有性格的花瓶角色。有論者說過，當代日本動漫以角色設計為主。沒有自己性格、個性、意志的角色，不論性別，都難以獲得支持。筆者認為，這種趨勢是網絡御宅興起，形成強大的民間網絡藝術評論而帶來的結果。傳統上，藝術評論由專家學者所把持。今日，網絡把藝術發展的模式完全改變，它容許「一般人」在網上發表評論，與各地同好切磋，奪取了本來只屬於專業藝評家的評論權，形成強力的輿論，反過來影響新作品的製作方向。「一般人」獲得了評論權，即成為「網民」、「御宅」，發言地位提升，變得不再那麼的「一般」。

一直以來，女性主義者大力批判父權社會把女性物化，把女性置於次要的從屬地位，埋沒女性的主體性。在 ACG 文化普及以前，有關情況確實嚴重。但是，日本動漫作品經過數十年演化，已基本做到把所有物化角色去除。ACG 觀眾粉絲對動漫角色的熱情，令製作人無法以花瓶角色濫竽充數。這是連配角都有粉絲的年代，製作人必須回應粉絲，把每個角色的故事和設定寫好，把每個角色的造型畫好，使他們獲得生命和充份的主體性。在這種成熟

的發展之下，男女兩性二分之對立漸失意義。

對男女角色二元對立的解構，是 ACG 文化的一大特色，這特色更反過來影響了美國電影動畫。分別於 2013 和 2014 上映的迪士尼動畫《冰雪奇緣》及《黑魔女》，都瓦解了傳統的男女兩性二分的結構，高揚了少女話語，逼令男性英雄角色退場，提出女性之間可能存在比異性愛更真摯的真愛。正因如此，兩部影片都獲得不錯的票房和風評。

總的來說，日本動漫呈多元互補的發展態勢，百合、

「解構」之濫用、誤用

「解構」一詞，在社會上經常被濫用、誤用。最常見的誤用，是把「解構」當成「剖析」、「揭開ＸＸ之謎」的意思。其實，「解構」本是哲學和與文學批評用語，英語 Deconstruction，由法國後結構主義哲學家德里達（Jacque Derrida）提出。「解構」與「結構」相對，強調世上沒有永遠不變的固定文本結構，因而也沒有單一而固定的意義。

男女兩性對立的觀念，其實就是「父權」與「結構」的共同產物。「男—女」在父權社會形成了一種固化的觀念結構，「男尊女卑」與「唯有異性戀」之思想，都來自社會流行的「男—女」二元對立觀念結構。

然而，世界真的只存在男女兩性的對立嗎？不是。在男與女之外，還有「有點像女性的男性」、「男扮女裝」、「事業女性」、「女漢子」、「中性」、「無性」、「雙性」、「人妖」、「百合」、「BL」、「偽娘」、「反串」等各種存在形態。當我們注意到在簡單的男女二分之外，還有其他性別上的變化時，原本固化在我們腦中的男女二元對立結構，即告「解構」。

其實，筆者批評坊間誤用「解構」一詞，在「解構主義」面前也站不住腳，誰說「解構」只能有德里達提出的那個意義呢？所謂「正解」與「誤解」，也構成了不必要的二元對立結構，早晚要被「解構」。「解構主義」就是這樣的一種思潮，連自己也不放過。筆者認為，人類追求穩定「結構」，求取有效率的社會發展，無可厚非，是必要的，但固化了的「結構」，又會成為社會更新自己的障礙，需要適時「解構」，然後「再建構」，人類才能適應世界之動態變化而生存下去。因此，筆者既不是結構主義者，也不是解構主義者，而是再建構主義者。

後宮、BL、乙女等各種設定鼎足而立，而基於 ACG 文化繼承了早期少女文學所留下來的少女形象，少女又成為了各類型作品的核心意象。表面上看似例外的，是基本上排除女性角色的 BL（Boy's Love）。然而，BL 雖然排除了少女人物，專講少年美男子之間的愛情、情色關係，但它其實以少女觀眾的

想像為出發點，並不是出於主流社會的父權觀點，是少女次文化藝術的一種變體。

少女形象上升的背景因素

筆者相信，少女形象在日本 ACG 文化中如此重要，有兩個主要因素：

1. 少女形象最先成形於明治—大正日本少女文學，出於女學生對現實生存各種約束的反抗，象徵了女性對自由生存的嚮往，並形成了一個強大的文藝傳統，可以很就手地、方便地、適切地，為當代新媒體動漫藝術所繼承；

2. 在 1970 年代以後，消費文化興起，女性成為了日本消費社會主體，雖然女性被排除在政經領域之外，但卻因此享受着比男性更多姿多彩的消費生活。相對地，1990 年代日本泡沫經濟爆破，男性無法再在高強度勞動中獲得應有的回報，卻又擺脫不了參與高強度勞動的人生，因而對女性的生活方式、動漫少女的自由生存方式等，產生了無限的憧憬和羨慕之情。

少女形象成為 ACG 文化的核心藝術形象，是作者和受眾雙方在互動發展中求得的發展方向。在這趨勢之中，是受眾意圖擺脫父權影響力的渴求。在日本獨特的現實社會文化中，男女兩性角色被賦與了強烈而鮮明的意義。女性被排除在「重要義務」和「主要權力」之外，男性則被要求行使「主要權力」，履行各種「重要義務」，包括參與高強度勞動。動漫粉絲對少女形象的追求，反映在現實中男性工作包袱太大，令人疲倦。相反，「無權」、「可憐」、「天真」卻又「快活自由」的少女，成為了眾人的憧憬。

明治—大正日本少女文學與當代 ACG 文化，同樣以少女為核心意象，存在着繼承關係，但它們也有相異之處。明治—大正日本少女文學，其作者和讀者都是女性，但除了腐女子文化比較特殊之外，當代 ACG 文化的作者和讀者，基本上已超越了男女界線。

2. ACG 文本（二）：少女之太陽系

ACG 類型學

魔法少女、機器人、冒險、偵探、神秘怪異、學園戰鬥、百合、戀愛、超能力、搞笑喜劇等，全都是日本動漫常有的題材或類型。

ACG 是一種高度泛化的當代媒體藝術，泛化的其中一個結果，就是產生類型多變的文本，因此研究 ACG，離不開類型研究（Genre Studies）。

Genre 一詞，是個法語詞，意謂「種類」、「類型」，素來用於對文化產品的分類，例如文學、演說、藝術、話語、媒體等。在西方文學研究上，素來有所謂三大文學類型——戲劇、詩歌和小說，然而在各主要類型之下，又可進一步細分，例如戲劇之下有喜劇、悲劇、荒誕劇等，小說又有寫實小說、科幻小說、奇幻小說、愛情小說、偵探小說、武俠小說等。不過，類型與類型之間，並無固定界線，一個作品可以混合或跨越幾個類型，例如悲劇混合喜劇，有可能變成黑色幽默劇。

無論如何，把文化作品以類型區分，其最大的意義，就是作成一個方便的標籤，讓作者可以簡單地向讀者交代作品內容。一個講明是武俠小說的作品，不管內容寫得多麼的爛，至少讀者可以預期，故事必有武功修煉和江湖恩怨情節。一個講明是奇幻冒險的動漫作品，讀者可以安心預期有精靈、矮人、魔物的出現，也有勇者挑戰魔王、地下城探險之情節。簡言之，一個作品類型標籤，本身就是作者和讀者之間最基本的契約，作者不可能寫出一個完全沒有機器人的機器人科幻作品，否則必被讀者投訴和揚棄。

五種分類方案

日本動漫由戰後發展至今少說也超過 60 年，作品題材多而廣，類型多變，森羅萬象。把這許多作品合理地分類，是一門學問。在日本，按照各自的業務性質和考慮，不同單位對動漫作品有不同的分類方法。

筆者調查了五個網絡資源的分類方案（表五）：

1. 日語版《維基百科》；

2. 門戶網站《樂天娛樂》；

3. 第 57 屆日本最大同人誌即賣會 Comiket 官方網頁；

4. 個人網誌《霍克的部屋》；

5. 日本總合研究所「Neo Anime」產業調查報告。

在五種分類方案中，以日本總合研究所的分類方案最為簡明。作為一份經濟調查報告，研究所最關注受眾的性別和年齡，只把動漫作品按受眾類型劃分為少女、少年、女性、男性四大類型。所謂「女性」類，是相對「少女」和「男性」類型而言的分類。一般，「女性」作品以成年女性為主要對象，性愛內容尺度較寬鬆。此外，《維基百科》把日本動漫分為 45 個類型，Comiket 38 類，《樂天娛樂》40 類，《霍克的部屋》14 類。

其實，除了這些分類方案所標示的類型之外，御宅圈子還有更加「專門」的分類。根據御宅網站《同人用語的基礎知識》，Comic Market 有更細緻而不明文的分類方案，「二次創作的場合，直接使用動漫或遊戲作品原來的名稱為一個類型（例如美少女戰士的二次創作，歸入美少女戰士類型），接下來，在美少女戰士類型之中，以哪一個角色為主，採用哪一種配對，再有所區分。如果配對是男女組合，就是正常，如果同為男性，歸入 Yaoi、BL 或薔薇，如果同為女性，歸入百合或女同性戀。」（《ジャンル》同人用語）這些分類不對外使用，只在圈內人之間流傳，相信與本子的色情程度較高有關。

CP 及其記述方法

CP 是 Coupling（日語：カップリング）或 Couple 的縮寫，意謂配對、情侶關係的意思。這個縮寫來自腐女子文化，腐女子以 CP 一語來表達自己渴望在 Boy's Love 想像中把誰和誰配對為情侶，而且並非把兩個人物配對好就完了，還得在二人之間分出誰攻誰受。

CP 有特別的記述形式，慣常記法是「角色 A x 角色 B」，左方是攻方，即感情關係中的主動方，右方是受方，即感情關係中的被動方。現在，CP 的用法已不限於 Boy's Love，亦適用於其他類型的動漫作品。

表五　日本動漫作品分類

Neo Anime 產業調查	女性、男性、少年、少女（日本總合研究所）
維基百科	伊索寓言、科幻、怪盜、學校、喜劇、健忘題材、航空、昆蟲、電腦、西遊記、三國志、自衛隊、時代劇、宗教、女裝、系列動畫、人物角色替換題材、神話、一次特別動畫、體育、潛水艇、多重人格、絕望鄉、電視與資料放送連動動畫、忍者、彈珠機、戰鬥服、犯罪、貧窮、幻想、復仇、愛麗絲夢遊仙境類型、雙生子、文明崩壞世界、變身英雄、冒險、Boy's Love、戰慄、魔法少女、魔法咒術、神秘、夢、戀愛、機械人（ウィキペディア）
樂天娛樂	動作、科幻、戰慄、懸疑、青春、戲劇、紀錄片、冒險、幻想、浪漫、家庭、喜劇、音樂劇、色情、西部劇、災難、戰爭、歷史劇、傳記、神秘、美術、音樂、體育、犯罪、其他、特攝、時代劇、任俠、文藝、格鬥技、魔法、機器人、學校、英雄、賭博、不良、戀愛、BL、興趣、學習（楽天エンタメナビ）
第 57 屆同人志即賣會 Comic Market	動畫：動畫（少女）、動畫（其他）、動畫（少年）、足球小將、Trooper、幽遊白書、灌籃高手、高達全系列；遊戲：Girl Game、遊戲格鬥、SNK（格鬥）、同人軟體、遊戲（電源不要）、遊戲（其他）、遊戲（RPG）、SQUARE（RPG）、遊戲（育成）；漫畫：創作（少年）、創作（少女）、創作（June）、學漫、評論／情報、FC（少女）、FC（少年）、FC（JUMP）；男性向：創作／動畫／遊戲；小說：FC（小說）、炎之蜃氣樓；其他：歷史、創作（文藝）及原創作品、科幻／幻想、特攝、機械／軍事、音樂（西樂、傳統音樂）、音樂（男性偶像）、電影／電影一藝能、體育、其他（《ジャンルコード：コミックマーケットにおけるジャンルコード一覧（C 57 現在）》，同人用語）
霍克的部屋	戀愛、感動、日常、學園青春、戰鬥、喜劇、幻想、神秘、機械人、體育、科幻、系列、女性向、大人向（ホークの部屋）

　　在各類型作品中，與明治—大正日本少女文學內容最接近的，是百合作品。學校、愛麗絲夢遊仙境、戰慄、魔法少女、神秘等類型作品，也往往用上了學校、少女、眼淚、西洋風格等藝術意象，這些意象也是明治—大正日本少女文學的常用意象。

　　相對，成人賭博類型作品如《賭博默示錄》、企業戰略類型作品如《島耕作》系列、少年體育類型作品如《足球小將》、偵探類型作品如《金田一少年事件簿》等，風格上距離明治—大正日本少女文學最遠，特色是仍以男性視點為敍事中心。其中，《島耕作》系列的內容意識偏向男性成人讀者以及日本主流文化趣味。至於《足球小將》，原著作品雖然定位為少年勵志體育作品，卻因為故事中男性角色之間「深厚親密的友情」，大受腐女子歡迎，結果在同人圈子內被轉化成為另一種作品類型。

少女歷史
日本 ACG 萌文化
哲學筆記

色情類型壺中天

在各個類型中，色情類型最為可圈可點，表面上是個小類，實則上它有如壺中天，內裏別有洞天，自成一個外人所不理解的獨立世界。

日本文化對色情的寬容，第一章已說明過。日本色情類型的動漫與遊戲作品，受益於當地文化的寬容，發展十分自由，特別繁盛，門類繁多。在前述五個分類方案中，雖然「色情」類好像只在《樂天娛樂》出現過，實際上其他分類方案只是默認了「色情」，沒有讓「色情」獨立成類而已。比如 Neo Anime 調查把「女性」和「少女」區分為兩類，界線正正就是色情內容的有無。含有色情內容的，歸入「女性」類，色情內容受到限制的，歸入「少女」類。在《霍克的部屋》分類中，「大人向」即是色情作品。同人誌即賣會更不用說，即賣會本身百無禁忌，是御宅同人享受自由想像的盛宴。

傳統上，色情作品被批評，有兩方面原因。第一，色情為男性服務，通過把女性物化，滿足男性單方面的性慾望。這是女性主義者對色情的批評。第二，色情有傷風化，容易誤導女性失去貞節。這是傳統封建思想對色情的批評。女性失去貞節，最大問題是無法確定孩子父親是誰，影響家族內的繼承關係和倫理關係。華人傳統家庭關係建立在血緣之上，色情容易使血緣關係變得不明不白，所以在道德上加以限制。

基於傳統教化，筆者年輕時接觸日本色情動漫初期，有一定戒心，覺得道德上有點問題。隨着經驗增加，筆者發現日本動漫中的色情類型作品，並不都屬於我們熟知的色情，色情故事並不單純地把女性物化，為滿足男性性慾而被創作出來。

舉個例子，《灰色的果實》是一個 18 禁的成人色情遊戲作品，其故事描述多名少女，表面上充滿笑容，但背地裏經歷各種現實殘酷往事，被送到同一個地方住在一起，並邂逅同樣經歷過坎坷人生的美少年男主角。在故事的特殊處境中，男女兩性角色的性愛關係，並不建立在強制性的主客關係之上，性愛內容反而成為了故事中賴以重塑兩性關係、修補成長傷口的契機，令少女角色得以超越悲哀的人生，重新對生命產生希望。對於這個故事的劇情，曾有女性觀眾於網上論壇留言說：「故事傷感處多，邊看邊哭不知幾次。」（に

ゃん＾＾）其實，御宅族愛好色情遊戲，在性想像之外，也在其中追求超越動物性本能的審美經驗。不過，哪種色情出於動物性本能，哪種色情超越動物性本能，涉及很主觀的審美體驗，不容易用一般的語言說明。

不同構造的道德系統

所謂道德，是人為協調人際關係而建設的一種社會規範。日本色情文化興盛，是因為日本人沒有道德嗎？不是。正如本書第一至第二章所講，日本人的社會道德規範嚴厲得讓人窒息。要比較對道德的重視，日本人的嚴厲，隨時比華人有過之而無不及。

因此，中日文化在道德上的差別，與其說是程度上有差別，倒不如說是規範重心不同。日本人嚴格規範家庭，卻放寬了性；華人對性規範較嚴格，卻放寬了家庭生活。筆者相信，由於日本傳統家庭的構成，不像華人社會那麼倚賴血緣關係，因此日本社會沒有在道德層面對女性貞操提出嚴格要求。相對地，日本人把社會道德規範的重心放在作為「重要義務」的經濟生活和家族生活之上。

兩地文化的差距，決定了在色情文藝這個範疇上，日本人的作品相對自由開放，作品類型也比較豐富，包羅萬有，又決定了在倫理和家庭鬥爭類型的文藝作品中，華人作品走得更前，寫得更加精彩。

如何看待文化差異？

基於文化差異，不是在日本社會成長的外人，往往以自己固有文化傳統之道德規範評價日本人的色情，產生了各樣的誤解。主客體關係是抽象的哲學觀念，血緣關係是抽象的社會學觀念。一般人無法用這些觀念評價色情，只能粗淺地以是否露出身體部份來做判斷，以致無法做出恰當的審美和道德判斷，粗淺地把作品評為不道德。

對於道德，筆者認為，可以本着入鄉隨俗的態度看待和處理。欣賞出自日本人的作品，宜從日本人角度出發，接受色情妄想是日本人的國民自由。

作為華人，回到華人文化圈中生活，又理應回歸自身的文化道德規範，以本地公認的道德準則為行事依據。可幸的是，中日文化間的差異，存在一個折中地帶——華人在私下對性的態度比較開放，只要不產生負面倫理問題，不妨礙公眾觀瞻，容許大眾碰碰《金瓶梅》這類色情小說，算為無傷大雅。其實中國宅宅接受日本動漫文化，也依從了這個基本原則，對於限制級動漫，只會私下作小圈子分享，很少在公開場合高調宣揚。

少女的質量、引力與輻射性

誠然，並不是所有動漫作品類型都與少女有關，但筆者所提出的，並不是指所有日本動漫必然涉及「少女」，而是指支撐當代日本動漫的最大力量，來自少女意象。動漫是媒介，藝術家可以使用它表現任何東西，包括外星人、蘑菇、山水、桌椅、帝王，但日本人經過大半個世紀時間實踐和探索，發現用動漫來表現少女最好。

漫畫家弘兼憲史擅長現代企業策略故事，創出了包括《島耕作》和《加治隆介》等故事系列，主角都是有豐富女人緣的穩重男士。然而，企業策略故事也有可能通過少女表現出來。2011 年 NHK 即聯同 Production IG 把岩崎夏海小說《如果杜拉》改編為動畫作品播出。該作品全名《如果高校棒球女子經理讀了彼得・杜拉克》，杜拉克是美國管理學大師，故事講述少女川島南一天偶然讀了杜拉克的作品《管理：任務、責任、實踐》，結果運用書中介紹的管理學原則，成功讓校內的棒球部起死回生，邁向很多日本高中生夢寐以求的甲子園。在這個故事中，少女取代了男性，成為了管理學的代理主體，在虛構故事中打破了父權壟斷管理學的慣例。

2012 年《戰國 Collection》是另一個「父權故事，少女演繹」的經典例子。本來，日本戰國傳說，素來的任務就是歌頌武士父權之光榮，但《戰國 Collection》一反傳統，把日本戰國武將如織田信長、德川家康等男子漢全部變成萌娘少女，讓她們轉生來到現代，並以百合關係重新演繹他們之間的恩怨情仇。例如，明智光秀背叛主公織田信長的原因，變成出於她對信長公的百合愛情，德川家康來到現代，矢志成為女子偶像歌手，放棄回到戰國稱霸

天下，實現新的偶像夢想。

　　這些例子反映，少女作為當代 ACG 文化的核心藝術形象，如同太陽一樣，擁有強大的質量和引力，足以牽引社會文化裏的大多數內容，又具有無孔不入的輻射性、泛化性、親和性和滲透性，足以把原本只屬於女孩子的想法、話語、思維方式，滲透進各個本來只屬於父權社會的文化領域，在其中以少女話語重新演繹一切，將之轉化為御宅文化的內容。

太陽系式的秩序

　　總的來說，ACG 文化經過近半個世紀的發展，其內涵既深且泛，作品類型多如繁星。如果 ACG 文化的動漫作品比喻為太陽系，那麼在其中心的太陽就是少女，正如平塚雷鳥所說：「起初，女性本是太陽。」然後，各種動漫作品類型有如九大行星，有些鄰接太陽，有些稍為遠離太陽，但仍然受到太陽的引力所牽引，成為了太陽系內的一分子。

　　筆者過去十年平均每季收看日本動畫作品五至十個，閱讀日本動漫作品經驗近四十年。筆者嘗試按自己作為御宅成長的閱讀經驗，勾劃出各種 ACG 文化動漫作品類型與少女主題的關係（下圖）。

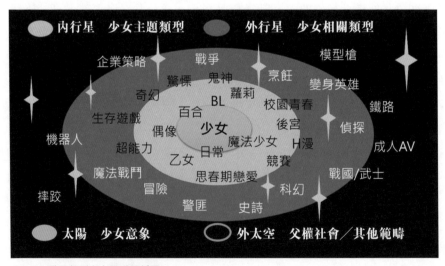

▲ ACG 動漫類型之太陽系關係圖

少女歷史
日本 ACG 萌文化
哲學筆記

圖中的太陽系，比喻 ACG 各種類型作品的關係。在圈外漆黑的外太空部份距離少女話語最遠，幾乎毫不相干，屬於父權社會或其他範疇，它包括鐵道模型、摔跤、成人 AV 影視等內容。橙色圓圈就是太陽，即整個 ACG 文化的中心，少女位於其中。鄰接太陽的是以少女為中心意象構築的故事作品，即少女主題類型，以淺藍色的內行星帶來標示，包括了百合、魔法少女、日常類型故事。所謂日常，故事通常講述幾名無所事事的女高中生，天天在學校胡扯、說笑，劇情圍繞吃、喝、睡和糗事，即興決定集體行動，過着沒有任何既定目的和計劃的自由生活，就算有了臨時計劃，計劃也可以中途隨興打斷和變換。總之，日常系作品刻意迴避宏大敍事。這類故事也被稱為治癒系，雖然一點也不勵志，但很多日本人受不了高度規範的社會生活，覺得疲累，反而能在少女漫無目的之日常故事中獲得慰藉。由於少女素來被排除在社會「重要義務」之外，少女日常反而具有了超越性的意義。

　　所謂 BL，亦即是 Boy's Love，是純粹關於少年愛的故事類型。雖然故事沒有少女，但 BL 由它誕生的第一天開始，就是作為少女漫畫而被創作出來。換言之，BL 並非沒有少女，只是少女從文本裏出逃，取了如同神一樣的視點，化身為作者和讀者，一邊擺弄着故事中美少男的命運，一邊為美少男歡呼和感傷。BL 漫畫中的男性，並不是現實中的男性，而是純粹存在於少女讀者妄想和幻想中的男性。少女動漫人物可以有男女兩性的粉絲，但 BL 例外，基本上只有女性讀者。基於 BL 只反映女性讀者的想像，筆者把它放在相當接近太陽的位置，表示它是只屬於少女讀者的想像產物。

　　深藍色的外行星帶，少女在作品中佔有重要位置，但少女未必是故事的第一主題。魔法戰鬥、科幻、冒險、超能力、史詩、戰爭類型的故事，一般都靠少年和少女角色雙方共同推動故事，但故事第一主題是魔法、戰鬥、冒險等等，而不是少女。思春期戀愛、校園青春、H 漫以異性愛為主題，距離少女的百合意象稍遠一點，少男少女角色位置相當，主打少女經驗，比魔法戰鬥、科幻等故事更靠近中心。H 是 HENTAI 的縮略，意思是變態，指的是色情類型作品，又稱工口（日語片假名，表示 EROTIC 色情）。H 漫跟成人 AV 本質不同，成人 AV 純粹為滿足男性性慾而製作，H 漫有相同功能，但 H 漫之兩性主客關係並不固定，變化相當多，不一定只滿足男讀者性慾，也可

能滿足女讀者的性慾，除了性慾上的滿足之外，故事亦往往超越僵化的人際關係，使讀者有所啟發。色情是否可能具有超越性，是個美學議題，本書第五章將進一步討論。

宇宙有各樣的漂流物，漂流物沒有秩序，當宇宙出現高質量物體，「燃燒」起來，成為恆星，即把周圍無序之漂流物以引力帶動旋轉，形成一個有序的星系。各類動漫宛如宇宙漂流物，它們獲得秩序，成為強大的 ACG 文化，只因它們受到了太陽的牽引。那個太陽，就是源於明治—大正少女文學的少女意象。

「燃燒」一詞在日本語裏讀作「MOE」，而「MOE」又可以寫成「萌」，「萌」即「燃燒」，「萌」是太陽，是位於 ACG 文化最中心的那個審美素質。

3. ACG 作者（一）：女性之眼

日本是男性主導職場的社會。1950 年代起，日本動漫畫的發展，也是由手塚治虫、石森章太郎、藤子不二雄等男作者一手推動，但既然當代 ACG 以少女為核心，要寫作好少女主題，作者必須懂一點少女心事，多一點少女想像，自己曾經是少女就更佳。

如此，從作者或製作人的角度出發，少女動漫即迎來了兩個嚴肅的問題：

1. 當代日本動漫的製作，有沒有足夠的女性製作人參與？
2. 男性製作人有足夠的女性經驗去寫好少女作品嗎？

雖說「女人並不是生就的，而是逐漸形成的」，但無論天生也好，後天形成也好，女性的成長體驗，無論在生理層面，還是社會層面，都與男性有所不同，尤其是在日本社會，男女生存境況差距特別大。那麼，要在動漫裏描寫少女，男女下筆必有差異。

來自女流文學的傳統

說到由女性擔當作者，留下文學藝術作品，日本在古今中外可算是特例。

自古以來，不論何方何民，女性成為作者，都相當困難，因為做文學的首要條件是識字。由於女性肩負生育任務，在教育資源短缺的時代，接受教育的機會大多優先分配給男孩，造成歷史上多數女性識字率偏低的情況。不過，一般認為，在日本悠久的封建歷史中，女性識字率比其他民族的女性為高。

前文提過，日本女性文學可以追溯到平安時代，當時的宮廷女性流行以和歌傳情，也熱衷於文學寫作。及至江戶時代，有記錄顯示女性識字率不低，上流社會不問男女，均重視閱讀古籍、創作詩歌，而且書本出租店十分普及，庶民之間無論町民或遊女，都愛以讀書為娛樂。古代流傳好些描繪古人讀書的畫卷，畫中人女性比男性還多（安形）。也就是說，不同於西方父權社會文化，日本傳統的父權社會文化從來不會禁止女子讀書識字。因此，自古以來，日本女性比西方女性更加容易成為作者。上世紀，西方女權主義批評父權社會剝奪了她們做文學的機會，但日本女性早在平安時代就已經創立了輝煌的女流文學。因此，女性參與文學藝術創作，在日本是有深厚歷史傳統作為支持的。

女性漫畫家接棒少女漫畫

回到當代日本動漫產業的話題。戰後，日本第一位女性少女漫畫作者水野英子 1955 年出道，1958 年上京工作，成為了後起女性漫畫家的楷模。初期的日本漫畫界，幾乎全是男作者的天下，例外的優秀女性漫畫作者只有渡邊雅子、牧美也子、水野英子等幾位。直到 1970 年代，才有了具有奠基地位的女性漫畫作者集團「花之二十四年組」。「花之二十四年組」成員包括了萩尾望都、竹宮惠子、大島弓子、山岸涼子、池田理代子等人。她們都誕生於昭和二十四年前後，並因此得名。學者日下翠形容，她們的作品突然出現、有趣、內容深刻，即使現在讓成人閱讀，也必受感動，難以忘懷，她們的作品描繪了少女的生存處境，例如受不了家庭壓力、想要結婚逃家、與母親糾紛、在混亂現實中表現少女的感性等等。她們把科幻、奇幻、同性愛等各種新元素帶進了少女漫畫，例如萩尾望都的《荒蕪世界》即建立在科幻想像之

上，山岸涼子《妖精王》為奇幻作品，竹宮惠子《風與木之詩》帶進了男性少年同性愛元素。另外，池田理代子《凡爾賽玫瑰》則是女扮男裝少女漫畫的傑作，兼有異性愛及少女同性愛元素，由漫畫版開始，先後製成動畫版、電影劇場版，甚至改編為舞台劇，成為寶塚歌劇團的首本名劇，由 1974 年上演至 2014 年觀眾人次逾 500 萬之多（橘）。「花之二十四年組」的活躍，豐富了少女漫畫的內容，成為日本漫畫史上的佳話。日下翠指出，相對於文學，漫畫作為一種新媒體類型，沒有上一代既有的權威掣肘，因而可以自由表現各種題材和想像，容許新晉少女漫畫作家自由探索新題材。

「花之二十四年組」所創造的少女漫畫熱潮，大約維持至 1980 年代後期。在這段期間，少女漫畫由 1950-60 年代以男性作者為主，逐漸變成幾乎 100% 由女性作者所創作。紡木卓是 1982 年出道的少女漫畫家，她於 1986-87 年發表了大熱作品《Hot Road》和《目不轉睛》，標誌了少女漫畫傳統的變化——畫風變得簡單，裝飾性減少，故事更加現實化，讀者分層，遠離傳統的少女漫畫風格（荷宮 a：第十章；日下；田中）。此後，成人女性漫畫急速發展（Ōgi），女性愛讀的 Boy's Love、魔法戰鬥少女等動漫畫類型確立，也開始有女性漫畫家躋身少年漫畫創作行列。女性漫畫家在各種動漫畫類別中都取得相當耀目的成就。高橋留美子創作了《收穫星的小子們》、《亂馬 1/2》、《人魚系列》和《相聚一刻》等經典少年漫畫。矢澤愛創作了少女漫畫《Nana》。武內直子創作了《美少女戰士》，開創了戰鬥美少女的

先河。女性漫畫家集團 CLAMP 作品《聖傳》、《東京巴比倫》、《X》、《魔法騎士雷阿斯》、《CLOVER》《百變小櫻》、《TSUBASA 翼》、《xxxHOLiC》等，都是經典。

◀ 高橋老師的工作室．《めざせ!!まんが家》，小学館，1984．作者藏品攝影．Setting 大近視

早期動畫：女性參與空間有限

日本動畫的發展，始於更早的 1917 年，當時畫家下川凹天製作了第一部動畫短片，直至二戰期間，日本國內一直維持着製作，但因為技術未成熟，產量不多，未能形成具規模的動畫產業。這個階段，只能算是日本動畫的黎明期、動畫技術的醞釀期，女性製作人基本上沒有參與的空間。

當代日本動畫產業起始於 1960 年代。1963 年，由東映動畫委託手塚治虫製作的首部機械人電視動畫連續劇《原子小金剛》正式播映。1966 年，第一齣少女電視動畫連續劇《魔法使莎莉》也開播了。

《魔法使莎莉》是早年著名男漫畫家橫山光輝的少女作品，東映元副社長渡邊亮德促成了該作品的動畫化。查看《魔法使莎莉》的動畫製作人員名單，幾乎清一色男性，惟有腳本、記錄和聲優幾個職位，可以見到女性工作人員的名字，比如第 43 集腳本由瀨間三枝子負責。基於角色聲線的需要，動畫配音需要很多女性聲優參與。由於成年男性已經變聲，動畫中的男孩角色往往由女性聲優配音。記錄一職，是最奇特的職位。在日本，無論是電影還是動畫製作，記錄員幾乎清一色由女性擔當。所謂記錄，是為了保證電影拍攝順利，防止混亂發生的職位，工作要求記錄某場面拍攝了多少次、第幾次拍攝成功、現在拍攝第幾個場面、演員站在哪個位置、髮型和化妝是何樣式等等。最耐人尋味的是，在筆者所查的資料裏，作者也提出了疑問：「不知為何記錄員幾乎都是女性。」（13 歳のハローワーク公式サイト b）

女性陸續加入動畫製作行列

戰後初期，日本女性參與動畫製作的空間仍十分有限，除了少數女性負責腳本外，女性對動畫作品一般沒有決定權。然而，對照不同年代的動畫製作人員名單，可見女性參與動畫製作的情況徐徐增加。

1967 年，淺見民子和林小夜子擔任了《藍寶石王子》的製作事務。1969 年，奧山玲子擔任了《甜蜜小天使》的作畫監督。1981 年，《收穫星的小子們》原作者是高橋留美子，高田明美擔任人物設計，在動畫檢查、色指定、編輯、

製作經理等崗位上，也陸續有了女性的名字。高橋留美子作為原作者，對動畫製作方向有較大的影響力。高田明美擔任人物設計，敲定了角色的標準造型，所有動畫師都必須遵從高田明美所規定的造型標準。原作者和人物設計，都是十分重要的工作崗位。這些崗位由女性擔任，代表動畫製作進入了新時代。身為女性，女性製作人比男性製作人更加懂少女的想法和體驗。該表達少女的甚麼，才真正算是把少女表現得好呢？男性製作人肯定最重視裙下風光，但裙下風光並不是少女的全部，只是一個偏重男性思春期性衝動感受的視點而已。高橋留美子畫出了紮胸打扮男裝的少女龍之介，也畫出了以電擊對付打令變心的阿琳。高田明美以粉彩創作了很多美麗的少女畫，表現出少女的可愛和快活自由。這些出於女性視點的藝術表現，男製作人苦苦思量也未必交得出貨，但女製作人卻手到拿來。日本動畫的發展，步入 1980 年代，製作分工變得更加精細，女性參與製作的機會也大大增加。

女性進軍動畫監督

至於最關鍵的監督崗位，相當於我們所理解的導演。由 1985 年起，便開始有女性擔任監督。筆者做了一些調查，確認了 1985 年至 2014 年之間好些女性動畫監督（表六）。

日本動畫協會增田弘道指出，1976 年以後出生的動畫監督，女性的比例顯著上升。他說，某大製作室聘用動畫師，應徵者近八成為女性，而且實際採用的也幾乎全是女性（增田 b：10）。

表六　1985 年至 2014 年日本女性動畫監督（未盡錄）

監督名稱	作品	漢譯作品名稱	年份
ときたひろこ	タッチ	接觸（TOUCH）	1985
森脇真琴	ハイスクール！奇面組〔劇場版〕	奇面組	1986
四分一節子	うる星やつら 怒れシャーベット	收穫星的小子們	1988
須田裕美子	ちびまる子ちゃん	櫻桃小丸子	1990

監督名稱	作品	漢譯作品名稱	年份
加瀬充子	機動戦士ガンダム 0083 STARDUST MEMORY	機動戰士高達 0083	1991
島崎奈々子	腐った教師の方程式	腐教師方程式	1995
佐山聖子	はりもぐハーリー	哈利動物園	1997
玉野陽美	ちびねこチヨビ / ちびねこコビとおともだち	小貓 Chobi 小貓 Kobi 與朋友們	1998
岩崎知子	ニャニがニャンだー ニャンダーかめん	幪面貓俠	2000
小坂春女	伝心 まもって守護月天！	守護月天	2000
寺本幸代	アニメ古典文学館	動畫古典文學館	2003
今千秋	ひぐらしのなく頃に	暮蟬悲鳴時	2006
山本沙代	ミチコとハッチン	道子與哈金	2008
いしづかあつこ	青い文学シリーズ 蜘蛛の糸	青之文學系列蜘蛛絲	2009
山田尚子	けいおん！	K-ON!	2009
松本理恵	映画ハートキャッチプリキュア！	光之美少女	2010
池田洋子	映画スイートプリキュア♪とりもどせ！	光之美少女	2011
かおり	流れ星レンズ	愛戀流星鏡	2012
高雄統子	聖☆おにいさん	聖☆哥傳	2012
数井浩子	エウレカセブン AO ―ユングフラウの花々たち	交響詩篇 AO	2012
內海紘子	Free!	Free!	2013
山粼みつえ	八犬伝 - 東方発見異聞	八犬傳	2013
出合小都美	銀の匙	銀之匙	2014
青井小夜	オレん家のフロ事情	我家浴室的現況	2014

　　進入 2010 年代之後，女性製作人山本沙代擔任了老牌怪盜作品《魯邦三世》新系列的監督。她一反傳統，以作品中的女怪盜峰不二子為敘事主體，重新演繹怪盜世界的故事，作品名為《魯邦三世～名為峰不二子的女人》，於 2012 年春季播出，是個深具女性主義意味的佳作。播出後，山本沙代憑該作獲得日本官方第 16 屆文化廳媒體藝術祭動畫部門新人賞。

　　山代沙代本人在新聞採訪中這樣說：

《魯邦三世～名為峰不二子的女人》，算是有反社會內容的作品，沒想到可以得到文化廳的評價，與其說開心，反而是有點驚訝。

……真是由零開始。初時我被告知「即使完全無視過去播出過的所有系列作品也可以，希望讓魯邦三世煥然一新」。沒有限制的話，我倒有想法，於是給出來的，就是以峰不二子為主角、描寫她與魯邦等人認識前的故事。

……放映中，收到了不少平時不看動畫的人給我的意見，很開心。有做設計的朋友、有當 OL 的朋友。果然，魯邦三世不只有動畫迷追看，實在感受到各樣的人都在看。（島貫）

由山本沙代的事例來看，日本動畫界對有才華的女性動畫家，給與了相當大的自由度和重視。「完全無視過去播出過的所有系列」意味傳統、父權、權威等等甚麼的，都可以拋諸腦後，可以放心地、隨便地超越它們。這是日本動畫藝術在日本社會被賦與了自由社會領域地位的重要證明。

日本女聲優神演出之謎

在多個動漫製作人職位之中，聲優（配音員）是最早有女性參與的職位。據筆者的動畫觀賞經驗，日本聲優的水平和境界，無論男女，外人很難達到。一名聲優同時擔當多個角色，聽上去就是不同人物的聲音，這很棒，但這只是日本聲優的基本功而已。

日本早期流行熱血機器人動畫，機器人出場和出招，例必由主角唱名，然後喊出招式名，無論男女聲優，都能在這些場面背後，毫不羞愧地發出狂吼。

另一個對外人來說最難以跨越的門檻，就是 H 動畫中女性的嬌喘聲。由於 H 動畫和配音電玩遊戲長期在市場佔有相當比率，不會配 H 動畫嬌喘聲的女聲優，相信也很難長時期留在行內工作。

第一章提過，日本文化屬於羞恥感文化。也許有讀者會問，在工作場合發出那麼投入的嬌喘聲，難道日本女聲音不會感到羞恥嗎？

讀者會如此問，相信是混駁了作為人類學概念的「羞恥」與一般人所理解的「羞恥」。華人文化中把「色情」和「性」劃入私人社會領域，在公共領域禁止討論「性」與「色情」，並以「羞恥感」來懲罰違反禁忌的人。但是，離開華人文化，進入日本文化，社會領域的劃分方式是另一個模樣。日本人社會沒有把「性」與「色情」嚴格限制在私人領域，也容許人在公共領域適度地討論和表現「性」與「色情」。曾經到過日本旅行的朋友，也許都曾因為在超市發現女性乳房形布丁而大感驚訝。這是因為中日兩地對於「性」與「色情」的道德限制並不相同。在華人社會，女性乳房形布丁不可能被生產出來公開販售，因為違反了社會默認的道德規範，使人感到羞恥，但日本社會沒有同樣的規範，因此在日本，根本無人會為女性乳房形布丁感到驚訝和羞恥。

人類學說的「羞恥文化」，不是指人很容易感到羞恥。西方人的「罪感文化」，把道德標準內化在人心裏，每個人以自己的良心判斷自己——做錯了，我自己知錯。然而，在日本人的「羞恥文化」裏，道德標準不存在於個人的內心，而存在於社會風評，由社會風評決定甚麼是「羞恥」，從而制約個人的行為——社會風評警告我，我就知錯了。在「羞恥文化」社會裏，人感到羞恥，不是因為違反了自己心裏的對錯標準，而是因為社會風評說自己做錯了。

換言之，對日本女性聲優來說，只要工作場所裏沒有人指責她，她就不會感到羞恥，能夠不羞愧地發出很投入的嬌喘聲。在日本社會中現實的錄音現場，社會風評不但不指責女性聲優表現得「色情」，還鼓勵她們滿足這個事業標準。日本女性聲優內心沒有任何道德框框，因此她們的演出能達到外人無法達到的境界。

收筆前，向讀者點名推薦幾位筆者在意的日本動畫女聲優——林原惠美（亂馬 1/2 ／早乙女亂馬）、悠木碧（魔法少女／小圓）、能登麻美子（地獄少女／閻魔愛）、早見沙織（覆面系 NOISE ／有栖川仁乃）、桑島法子（NOIR ／夕叢霧香）。

4. ACG 作者（二）：男人少女心

「陽物理體中心主義」VS「陰性書寫」

來到第二個問題：「男性製作人有足夠的女性經驗去寫好少女作品嗎？」

女性主義學者，素來質疑男性本着「陽物理體中心主義」（phallogocentrism），無法充份理解女性。「陽物理體中心主義」這個詞好像很複雜，說白了，就是指男人總是用下體想事情，又用理性的外衣掩飾慾望。「陽物」即陽具，「理體」指理性化。精準一點來說，「陽物理體中心主義」指男人以「性衝動」為「中心」把世界「理性化」，結果造成一個萬事以男人性衝動為優先的世界。這樣的世界只遷就男人，不遷就女人，令女人生存變得艱難。

女性主義者把女性表達自己特有思考和感性經驗的方式，稱之為「陰性書寫」。所謂「陰性書寫」，是語言及文字中對女性身體和女性差異的刻寫（Showalter 1981）。她們認為，女性身體是只屬於女性的經驗，比如懷孕、月經等等，是男性所無法觸及的世界，因而只有女性才寫得出來。然而，並不是所有女性主義理論家都這麼想。事實上，最先提出「陰性書寫」的理論家名叫西蘇，她並不認為陰性書寫只能出於女性之手，並承認好些男作家的文字中，也有陰性書寫的味道（Childers & Hentzi: 93）。

為女孩子繪畫少女漫畫的大叔們

我們記得，在戰後日本動漫發展初期，花之二十四年組女作者們還未出道，女孩子可以讀上少女漫畫，全靠手塚治蟲、橫山光輝等男性作家揣摩着女孩子的內心世界，寫出了好些女孩子們愛讀的少女漫畫。

最奇妙的一位少女畫畫師，要算是 1934 年出生的高橋真琴。高橋真琴被譽為日本國寶級少女畫插畫大師。據說，日本少女大眼睛中閃着星光的華麗畫風，就是由他所帶起。然而，身為大叔的他，卻用上了真琴這個女孩子的

名字。發音上，「真琴」與「誠」在日語中完全相同，但一般來說，寫作「真琴」是女孩子名字，寫作「誠」才是男孩子名字。看來，日本初代的男性少女漫畫家，成功地憑着實踐，證明了大叔也可以做出「陰性書寫」。既然手塚治虫能令原子小金剛擁有人類的心，手塚治虫和高橋真琴大叔能擁有少女的心，並不奇怪吧？

　　直到 1970 年代之二十四年組出道，女性漫畫家才正式地從前代的大叔漫畫家手中接過少女漫畫的棒子，把少女漫畫發揚光大。此後，畫少女漫畫的男漫畫家也逐漸減少。這個發展反映，女性漫畫家描寫少女，確實超越了前代的大叔級漫畫家，達到了前代想像不到的境界，但說男漫畫家完全無法描寫少女，也說不過去。筆者相信，即使身為男性，只要本着同理心，用心觀察、理解、感受、溝通、想像，也有可能體會一點少女心，並在作品中把少女寫好。

懂一點少女心才能混下去

　　1980 年代末，日本少女漫畫進入全盛期，並發生類型上的分化，除了少女漫畫外，也產生了更專門的女性漫畫、Boy's Love 漫畫，少女讀者也開始轉讀少年漫畫、青年漫畫，動漫畫的接受發生各種情況的泛化。女性漫畫家也開始挑戰少年漫畫，把男讀者帶進她們的漫畫世界。同樣，也有男作者再度挑戰少女作品。

接受 Reception

媒體學名詞，指讀者閱讀、收看作品，並產生回饋、反應的情況。作品大受歡迎、受到批評、獲獎、引起社會話題、收視率升跌、讀者群發生改變等等，都反映一個作品的接受情況。

　　1997 年《少女革命歐蒂娜》被認為是百合作品中的傑作，動畫版由 BE-PAPAS 製作隊負責，導演由身為男性的幾原邦彥擔當，漫畫版由身為女性的齊藤千穗繪畫。《少女革命歐蒂娜》是個兼有異性戀和百合情節的少女作品。女主角天上歐蒂娜，年少時曾為迪奧斯王子所救。她希望成為王子，把自己打扮成為男性。長大後，歐蒂娜入讀鳳學園，與女性朋友姬宮同住，一直保護柔弱但隱藏革命力量的姬宮。後來，幾原邦彥炮製了《回轉企鵝罐》（2011年）和《百合熊風暴》（2015 年）兩個少女作品，對於少女作品的製作，幾

原邦彦可謂駕輕就熟。此外，監督新房昭之與 SHAFT 社合作的少女作品，例如《魔法少女小圓》、《幸腹塗鴉》等，也十分有名，其作品畫面一般充滿暗示符號、密集信息、高反差色彩，愛用剪影、45 度人物側面鏡頭等等，在粉絲圈子中有了所謂「新房風格」的美稱。

今日，幾乎所有動漫作品都存在少女角色，懂一點少女心，可說是所有動畫家要在行內混下去的基本要求。受歡迎少女作品出於男性製作人之手，是男性也能擁有少女心的最佳證明。

▲ 動畫師作品展宣傳，作者攝於東京墨田
＊幾原邦彥處理少女題材動畫，別樹一格。

男人也能畫少女漫畫

無可否認，讓男性製作人寫出更切身的女性身體經驗，例如月經、懷孕，也許比較困難，但少女作品幾乎都不涉及懷孕，男製作人沒必要懂得女性的全部經驗。其實，男製作人身邊也有女性親人和朋友。通過交流、談話、設身處地的想像，男製作人也能或多或少理解一些女性體驗，並在作品中表現出來。

手塚治虫畫了《藍寶石王子》，給當時的女孩子讀者帶來了憧憬，早就證明了男作者也能寫少女漫畫。再者，少女讀者的渴望，又是否只局限於身體經驗的表述？過份強調「陰性書寫」，反過來看，其實也限制了女性書寫的可能性，把少女作為人的經驗限於女性身體經驗之內，同樣不理想。

女性當然不單純是父權社會所限定的「女人」，但她們同樣不是女性主義理論所限定的「女人」。讀者是自由的。在現實生活裏，讀者已失去自由，難道在動漫中還要被限制着嗎？讀者在動漫中所求的，是自己「沒有想過」

的可能性，而日本的動漫畫作者，不論男女，內心都沒有太多框框，他們自己就是讀者，他們明白讀者，因此他們總是能滿足讀者的憧憬和渴望。

給與少女夢想，這種事，看似簡單，實則不易，難在內心有框框。也許因為日本文化具有高度的特殊性，日本文藝創作人框框不多，而且日本人相信萬物有靈，習慣把世上一切都視為有生命的對象，他們比其他人都更擅長表現對象的主體性。

評論家荷宮和子曾經表示，身為日本女性是悲哀的，讓她們忘記悲哀的娛樂「非常之少」，第一是寶塚歌劇團的演出，其次就輪到手塚治虫所創作的少女漫畫。她認為，手塚讓漫畫跳出「讓人笑一笑就好」的框框，堅持「漫畫應該是大眾娛樂（＝女孩文化）」，要讓女孩子也能好好享受漫畫。作為女性，荷宮稱手塚所畫的少女漫畫，能讓女孩子「感覺良好」（荷宮 b：41）。也就是說，手塚治虫作為男人，他為女孩子讀者畫少女漫畫，其對女孩子的貢獻，正式獲得了女性的承認。

5. ACG 作者（三）：未來作者

古希臘哲學家柏拉圖認為，優秀、動人的文藝作品，都出於詩人的迷狂狀態。在迷狂狀態中，詩人因神明憑附，或是靈光乍現，在靈魂回憶中瞥見了理念世界之完美，因而獲得創作靈感。這個學說，被稱為迷狂說，雖然有點神怪，但它至今仍影響好些人對藝術創作的看法，讓人認為作者必須獲得外在的靈感才能創作。這個看法，不完全錯，也不完全對。

動漫行業業者人數推算

2010 年代之日本動漫業界，動畫製作人推算約 25,000 人（增田 a：14），活躍漫畫家約 2,000 人（13 歳のハローワーク公式サイト a），同人社團 35,000 個以上（コミックマーケット 2019）。在日本，以動漫創作為生活日常的人，數以萬計。假如迷狂說成立，那麼能夠通靈進入迷狂狀態的日本

人還真是多得很。

受前人感動入行

筆者不否定神明憑附靈感說，但從歷史來看，才華橫溢的作者往往是另一些更早期作品的忠實讀者。筆者相信，優秀作者總是由忠實讀者演變而來。所謂的靈感，既來自前人作品的啟發，也來自作者的個人經驗、體會、思考、嚮往和自由想像。

表七　日本高認知度動畫師世代分佈圖（增田 b：7）

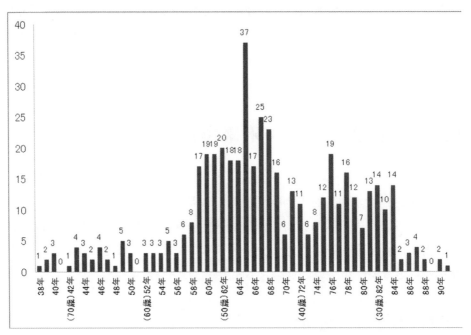

日本動畫協會增田弘道指出，動畫師多是上一代動畫作品的忠實觀眾（增田 b：7）。日本當代受歡迎的動畫製作人，多出生於 1960 年代前後。這一代的動畫師，他們的童年，正好就第一代電視動畫《原子小金剛》、《魔法使莎莉》陸續面世的年代。換言之，當代動畫師大多曾被《原子小金剛》、《魔法使莎莉》等動畫作品所吸引，因為深受感動，長大後才進入動畫行業。動

少女歷史
日本 ACG 萌文化
哲學筆記

▶ 讀者投稿．作者
藏品掠影
＊每一名忠實讀者，
都可能是未來的作者。

漫是文化產業，是生產意義的行業，它不同於其他行業，不是以發揮才能或
者高收入為誘因吸引新人入行。文化產業的創作人員，往往因為受另一位作
者的作品感動而入行。

　　《機動武鬥傳 G 高達》總監督今川泰宏曾經表示，說自己入行，是因為
童年時代，曾深深受到動畫《小鯨魚》所感動（小田切：82）。今川泰宏入
行的故事，不會只是他自己一個人的故事，也必然是很多動畫師、漫畫家入
行的故事。要深入理解日本動漫的讀者或觀眾，不能把他們單純看成觀眾，
因為他們將來大有機會成為另一名優秀的作者、漫畫家、監督、聲優、原畫
師或動畫師。

6. ACG 讀者（一）：腐女子的興起

　　日本動漫的讀者，死忠粉絲是御宅族，沒那麼死忠但也偏好動漫的，是
ACG 愛好者。然而，在整個 ACG 大族群之中，還有兩個別具特色、比較隱
秘的讀者群體。一個是腐女子，另一個則是愛好少女漫畫的男讀者群。

◀ 10 COUNT · 作者藏品攝影 · Retouch 橙腐

＊作者沒有對腐物的感應器，介紹腐物 BL，必須倚賴腐女子推介。店員：「想挑些甚麼？」答：「要腐一點的！」「這個吧！真腐，我都睇，其他曖昧，看似腐而已。」買下襟章。回家一查，不得了，10 COUNT 曾榮獲日本「全國書店員票選推薦 BL 漫畫 2015」第一名，單行本發行逾 150 萬部，GJ！

誰是腐女子？

「御宅」是死忠的、核心的動漫愛好者，但「御宅」沒有區分性別，無論男女，都可以是御宅族。凡是御宅族，都有着相近的社會心理特徵，消費行為也較相似。「腐女子」擁有御宅族的一些典型特徵，她們消費動漫商品，甚至是御宅族同人活動的主力軍，但她們並沒有一味的宅在家中。她們作為一個族群，清一色女孩子，偏好 BL 動漫，自稱「腐女子」。

杉浦由美子説，腐女子泛指「嗜好描寫男性同性戀愛及性愛的 Yaoi（やおい）及 Boy's Love 的女性」（5-6）。所謂 Yaoi，是 BL 的一個專門類別。可以這樣説，腐女子是腐女子，就是因為她們擁有共同興趣——喜歡男男性愛漫畫。這種興趣，外人往往摸不着頭腦——你又不是男生，為何對男男的那回事有興趣？正因為自己的興趣不為外人所理解，只有同好才能明白，腐女子自成隱蔽群體，不會高調跟外人談及自己的愛好。

在日語讀音上，「腐女子」與「婦女子」讀音相同，兩者的漢字寫法上只有一字之差。有一個説法指出，「腐女子」一詞是愛好 BL 的女子給自己起的自嘲稱謂，背後的意思是「我們愛好這種東西，還感到興奮，我們腐朽了」，社會上有人把所有女御宅族、喜歡百合、色情漫畫的女子都稱為「腐女子」，是搞錯了（《腐女子》，ニコニコ大百科）。換言之，「腐女子」是 BL 女性愛好者的專稱，喜歡動漫、百合（少女愛）和色情漫畫的女生，不一定就是「腐女子」。

少年愛、耽美、JUNE、BL、Yaoi

追查歷史，自 1990 年代起已經有女性自稱「腐女子」（大坂：3）。至 2005 年，腐女子開始受到日本主流媒體注意，開始為世人所認識（佐々木：165；杉浦：4）。至於以「男男愛情」為主題的作品，起源於 1980 年代。基於各種因緣，腐女子愛好的「男男愛情」故事，曾有

▲ 萩尾望都作品《托馬的心臟》，作者藏品攝影

過多種稱謂，包括了少年愛、耽美、JUNE、BL 和 Yaoi 等等。

「男男愛情」在花之二十四年組時代被稱為少年愛，比如竹宮惠子的《風與木之詩》和萩尾望都的《托馬的心臟》，都是早期少年愛故事的代表作。典型的少年愛故事，幾乎沒有少女角色，故事只關乎男孩與男孩之間的愛情，但卻採用了明確的少女漫畫畫風來繪畫，是純粹為少女讀者而繪畫的漫畫，完全不考慮男性讀者的閱讀偏好。出於花之二十四年組漫畫家筆下的少年愛故事，可說為後來的 BL 設立了標準，建立了讀者基礎。

此外，有一說指最初的少年愛作品，受到了日本耽美派文學較大的間接影響，於是少女漫畫中唯美的男同性愛主題，又稱為「耽美」。

1981 年，小說漫畫混合雜誌《JUNE》創刊。當時，《JUNE》主打男同性愛故事，讀者既有男同性戀者，更有數不清的女讀者。漸漸，「JUNE」成為了男同性愛作品的同義詞，從此「男男愛情」主題也被稱為「JUNE」。

1988 年，御宅同人社團的 Yaoi 創作急增，超出一般人意料之外，標誌着腐女子興趣開始在御宅圈子內成形和壯大。據統計，當時 Comiket 同人誌社團參展者，大半是女性，並以 20-30 歲的年齡層為主（大坂：10-11）。

對於一般人而言，「男男愛情」即是男同性戀，但專門研究腐女子的大坂理惠指出，少年愛、BL、Yaoi 和男同性戀者的 Gay Boom 之間，有着微妙

的差別，不能混為一談。

首先，少年愛出於花之二十四年組漫畫家之手，主角通常是思春期少年，身體特徵為中性，故事舞台多為西方全寄宿男子學校，與少女讀者所在的現實生活距離很遠，對少女讀者而言是一種幻想故事。

BL 多描述職場男性上司與下屬，或學校男教師與男學生之間的情愛關係。

Yaoi 是把現有少年動漫作品改寫，使之變成「男男愛情」的二次創作。《足球小將》是熱門的 Yaoi 改編對象，舞台是日本中小學足球部，故事非完全抽離於現實生活。無論是 BL 還是 Yaoi，主角都不是中性，具有相當明顯的男性性徵，有別於早期少女漫畫的少年愛。

至於 Gay Boom，代表作是《CREA》雜誌在 1991 年推出的男同性戀特集，主要對象讀者是關心現實世界中男同性戀者生活的職業女性（大坂：20-21, 26）。

在以上幾類都是「男男愛情」，但腐女子的主要精神食糧，只有 BL 和 Yaoi，少年愛屬於更早期的少女漫畫讀者，Gay Boom 更是與動漫宅文化無關。簡言之，男同性戀，是現實男性的性傾向，但腐女子愛好的「男男愛情」，純屬虛構想像，只存在於她們腦內和她們所畫的本子之中，與現實世界的男同性戀沒有半點交集。

她們的消費行為

一般認為，御宅族的聖地在東京秋葉原，而腐女子的聖地在東京東池袋。按照杉浦由美子的解釋，腐女子的消費行為與典型的御宅族有少許不同：

▲池袋太陽城 · CC BY-NC-ND 2016 lightss5422/pho-tozou.jp

少女歷史
日本 ACG 萌文化
哲學筆記

腐女子消費漫畫、動畫 DVD 等御宅商品，基本上不會購買高級洋服和手袋。腐女子的這種消費行為，與「非高級時裝商場」Sunshine City 十分相配。可以這樣想，腐女子「渴求同人誌及動畫商品，但也想要購買洋服和手袋」。這與秋葉原男性御宅族「渴求動畫 DVD，但也想買電腦部件」很相似。再者，跟「孤高的男性御宅」不同，腐女子立結伴行動。多數情況下，組成密二人組外出是基本，如此就會遇上「不喝茶不行！」的情況，剛好 Sunshine City 內有很多雅致的咖啡店。（19）

腐女子族群的規模

具體數字上，有一說法指 2010 年全日本腐女子人數約為 28,000 人，年齡 10-29 歲女性近 70%（Hetena Keyword）。由於 Comiket 是日本最大的同人誌即賣會，也是日本御宅圈子最重視的活動，Comiket 參加者人數和分佈，間接反映了日本御宅族的規模和男女比例。1975 年，Comiket 首次舉行的時候，參加者人數約 720 人，當時 90% 參加者為閱讀少女漫畫的高中女學生（コミックマーケット準備会：258）。1992 年，Comiket 參加人數升至 180,000，參展社團約 15,000 個，其中 325 個展出了 Yaoi 或 BL 作品（大坂：10）。2010 年夏季，Comiket 入場人數已達 56 萬，官方統計指出，以同人誌社團身份參展（銷售方）的參加者中，65.2% 為女性，34.8% 男性。相反，一般入場參加者（消費方）女性只佔 35.6%，男性佔 64.4%。數字反映，在同人御宅圈子中，創作以女性為主，消費以男性為主。雖然官方沒有關於 BL 和 Yaoi 主題的具體作品統計數字，但有關成人內容的統計數字反映，女性社團發表的作品中，37.3% 為成人作品，比男性社團的 32.1% 為高，這些成人作品，相信多為 BL 與 Yaoi 作品。以報名參展社團 53,000 個、平均社團成員數 1.3 人推算，當年同人誌即賣會的腐女子申請參展者約 16,500 人（コミックマーケット 2010；コミックマーケット準備会，コンテンツ研究チーム〔出口弘（東京工業大學）ら〕 2011-12：1315-1334）。由此可見，腐女子文化的發展勢頭相當強盛。

腐女子文化之強勢，甚至形成了御宅產業經濟裏一股強大的消費力量，

令業界無法忽視，並確立了 BL 類型動漫作品在行內的地位。走入秋葉原任何一家典型的動漫店子，必有一個角落部門，專門擺放 BL 和 Yaoi 的本子，供腐女子讀者購買。根據 2014 年《御宅市場相關調查結果》，在 16 種興趣類別中，BL 市場達到 214 億日圓的規模，佔第 8 位。再者，BL 愛好者平均年消費額為 9,367 日圓。以 214 億日圓除以 9,367 日圓，得出 230 萬。即是說，日本國內 BL 愛好者人數規模估計接近 230 萬人（矢野経済研究所）。230 萬人、28,000 人、16,500 人三個數字，作為日本腐女子人數的指標，差距好像很大，但 230 萬是消費人口，28,000 人是圈內人自己的估算，16,500 人是積極參與同人誌製作的人數，各數字反映的是圈內不同層次的成員的數字，相互之間不但沒有衝突，反映更能讓我們看清楚腐女子族群的人口結構。

少女讀者的成長

討論至此，我們對腐女子作為一個次文化族群，有了初步的了解。總的來說，腐女子是御宅族中的主要構成族群之一。她們有很明確的閱讀和創作取向，喜愛以「男男愛情（性愛）」為主題的作品。

雖然，大坂理惠指出，少年愛與 BL 和 Yaoi 兩種作品特性有異，但少年愛少女漫畫全盛期的結束時點為 1980 年代末，而當時正好就是 Yaoi 開始興起的時間，而 BL 和 JUNE 約在 1980 年代初興起。也就是說，少年愛、BL 和 Yaoi 雖然不是完全相同的作品，但它們之間很可能存有某種繼承關係，並有着共同的審美起源。

一名少女，曾經為少年愛漫畫所感動，當她年齡增長之後，她也許不再閱讀少年愛漫畫，但她並非不再閱讀任何漫畫，而往往只是因為成長的關係，改變了閱讀興趣。成長可能讓女性對性有更多的憧憬，因而渴求閱讀性描述更多的作品，也就是 BL 和 Yaoi。若是如此，少年愛讀者與 BL 和 Yaoi 的讀者，相信本來就是同一個群體，只是因為成長階段不同，而發展出不同的閱讀興趣而已。

關於腐女子所喜好的 BL 和 Yaoi 內容，到底包含着何種意義，是否具有某種審美理想，對於這樣的課題，下一章將有另文討論。

7. ACG 讀者（二）：閱讀少女漫畫之男孩子

ACG 文化是一種泛文化。所謂「泛」，指的是各種各樣滲透、變種、擴大、界線模糊的趨勢。如果御宅文化是向內縱深的精深動漫文化，那麼 ACG 文化就是向外拓展的泛動漫文化。

泛化使作品跨越媒體，電玩遊戲可以推出小說，小說可以改編動畫，動畫又可以推出漫畫版，人物服裝化為 COSPLAY，漫畫場景成為聖地巡禮觀光資源。這些是媒體層面上的泛化。泛化使作品題材發生演變，例如少年愛作品演變成 BL 和 Yaoi。這是作品題材層面上的泛化。此外，泛化促成了動漫製作工作跨越性別，女性作者寫少年漫畫、男性製作人處理少女百合題材。這則是製作人員層面上的泛化。還有，在讀者層面，男性讀者閱讀少女漫畫，也是泛化。

《美少女戰士》把男讀者帶入少女漫畫世界

1992 年，少女漫畫家武內直子連載《美少女戰士 Sailor Moon》，直接推動了男讀者閱讀少女漫畫的潮流。1980 年代末，少女漫畫全盛期剛過去。踏入 1990 年代，無論在文本題材類型、創作者及受眾三個層面，日本漫畫業界都發生了大規模的泛化，並且通過泛化而重新獲得活力。在這個時點，最能反映這個新趨勢的里程碑，無疑就是武內直子創作的《美少女戰士 Sailor Moon》。《美少女戰士》首次把少女元素與傳統上以男性為中心的戰隊元素糅合在一起，得出「變身美少女戰隊」的新概念，形成了當時動漫畫界的新風潮。

傳統上，少女屬於少女興趣，戰隊屬於少年興趣。把兩個相異的元素混和之後，延展了作品表現的境界。

誠然，女主角月野兔與男主角地場衛之關係，仍然出於傳統異性愛的故事套路，但設定上複數少女戰士的設定，也讓作者能夠輕易發展百合少女愛的劇情。連載漫畫的優點，是後續故事發展，可以隨時按讀者反應而更改，作者、讀者和出版社，可以通過作者公佈新構思、讀者調查、讀者來信等方

式進行互動，共同發掘最符合受眾審美興趣的故事路線。

就結果而言，《美少女戰士》在傳統戀愛路線與百合路線之間，傾向往百合的方向發展，傳統異性戀戀愛路線落墨較少。故事中，以天王遙與海王美智留兩女角之間的同性愛，對當時的讀者觀眾帶來最大的震撼。有動漫迷表示，兩位女角坦率直白的百合愛情表現，讓她們受到很大的「衝擊」，甚至笑言《美少女戰士》喚醒了她們的內心，體會到百合之美（Aoki）。

當時，《美少女戰士》在 1990 年代創造出來的動漫熱潮，非常強勁，由漫畫改編成為動畫達五個系列之多，並在動畫主題曲流行榜、衍生玩具銷售和收視率等多方面都創出新紀錄。更重要的是，本來以女性受眾為主要對象的百合類作品，從此受到了男性觀眾的注意，令百合作品開始同時面向男女兩方的讀者（熊田：76）。

男教授自白：愛好少女漫畫

日本社會學家伊藤公雄自白說，自己作為男性，學生時代曾經是少女漫畫忠實讀者，在床下收藏了大量少女漫畫。他說，社會學要求多角度觀察社會，日本社會體制把女性排除在主流以外的邊緣領域，他個人的少女漫畫閱讀興趣，意外地賦與了他一個邊緣的視角，讓他更容易看到主流社會人士所看不到的社會面貌。他指出，早在 1970 年代後期，在日本少年男性之間，曾興起過一股少女漫畫熱潮，當時的少年男性愛讀的漫畫，並不是花之二十四年組那種戲劇性的故事，而是以作者陸奧 A 子等人為代表的「乙女蒂克式愛情浪漫喜劇」。伊藤公雄又指，相對於被排除在社會主流之外的女性，男性雖然進入了主流社會，但男性主流社會強調長時間勞動、競爭和勝利等價值，反而讓男性的成長生活變得單調艱辛，面對女性豐富而多彩的生活，男孩子的「羨慕」心情油然而生。少女漫畫在這方面給少年男性帶來異樣的少女世界，給與他們某種「治癒」。

少女世界令男生羨慕

女性主義理論家波娃強調：「女人並不是生就的，而寧可說是逐漸形成的。」

其實，這個說法同樣適用於男性，伊藤公雄的自白就是一個證據。女人是被社會塑造的，男性也是一樣，尤其是在日本，社會對男性該有怎樣的素質，已有了嚴格的規範。現代的規範是——男性應該擁抱競爭、追求勝利、長時間勞動而不埋怨。過去的規範是——男性應該為家族負責，為追求家族最大利益，代行家族的一切決定。然而，在存在主義觀點之下，存在先於本質，在一個男人被社會模塑為理想的男人之前，那個男人可以選擇少女漫畫，並嚮往少女的生活方式。

日本 ACG 文化以少女為中心，產生了讓男孩子「羨慕」的少女文化。在泛化趨勢之下，男生加入少女行列，成為少女漫畫讀者，令讀者性別界線進一步變得模糊。界線模糊帶來自由，自由得讓外人「羨慕」，於是又吸引了其他國家地區的粉絲加入，形成全球化的 ACG 文化。一個又一個的讀者受眾加入，不分性別、民族，當代的 ACG 文化，就是如此在泛化趨勢之中逐漸形成的。

伍之光

少女審美

　　把「少女」比喻為「光」，並不是要把「少女」神化，而是點出在美學層面，「少女」在歷史上曾經成為了日本少女文學和 ACG 文化共有的審美理想。

升起的煙花，從下面看？從側面看？·作者攝於香港／retouch 雙重高斯模糊

1. 美 ▶ 審美 ▶ 少女審美

「美」是甚麼？這很難說明，因為美不是客觀存在之物。所以，近當代美學研究早就不再糾結「美是甚麼」的問題，而把研究焦點放在「審美」之上。所謂「審美」，是一種人的主觀活動。研究人類「審美」之學問，稱為美學，而美學是哲學的一個重要分支。

人類沒有任何一個儀器能夠檢查一個事物有多美，像物理學功率那樣給出一個瓦特值。再說，即使能夠測量美，我們也不知道該測量那個藝術品或鮮花的哪兒才對。是《蒙娜麗莎》的視線角度嗎？如果美只在視線角度，那達芬奇只畫視線不就可以了？是測量花兒的顏色，還是形狀才對？我們無法測量美，原因是美非客觀存在的實體事物。但是，人們感受到美的時候，心跳、呼吸率、肌肉鬆緊等反應，卻可以測量，並發現變化。不過，這些測量值不是美本身，而是審美經驗帶來的人類反應。而且，這些反應出於人的主觀感受，會因為心境改變而改變。忙碌中的人沒心情欣賞戲劇。放假中的小孩子更能享受電影。這意味甚麼呢？美來自審美者的主觀感受。沒有審美者去感受或接受美，就沒有美。有多美，視乎誰人在感受和欣賞，而且那個美的感受度，人人不同，又會視時地和情境而變動。那麼，說美是我們的主觀感受，可以嗎？那又不完全是，因為沒有作為審美對象的藝術品或自然物，人又不會憑空感受美的衝擊。

為此，近當代美學早就不把美當作客觀實體來看待，而是把研究焦點轉向人的主觀審美經驗，甚至是審美者與審美對象之間的互動。

美不是實體。要說的話，美大概是意義，來自審美經驗，是人的審美活動的產物。美在我們的審美活動之中發生。審美活動是我們與審美對象之間的互動。一朵花，沒有人觸碰它、看它，它只是一朵花而已，沒所謂美與不美。但當我們伸手去碰它，拿起來做着各種自由的事，例如叼着跳舞、插在髮際、看着流淚，在這些瞬間，美的體驗就發生了。

本章主題「少女審美」，有兩方面的意思。一是指少女作為主體發展出自己的審美文化。二是指少女形象成為了 ACG 文化藝術的核心審美對象，讓ACG 文化得以茁壯成長起來。

少女歷史
日本 ACG 萌文化
哲學筆記

2. 少女之樹

女性是太陽

▲ 天照大御神 · 岩戶神楽ノ起顕，1856（歌川国貞）· PUBLIC DOMAIN
＊天照大御神是日本上古傳説中的太陽女神，被奉為日本天皇之始祖。

「起初，女性本是太陽。」

這句出自日本 20 世紀初婦運先鋒平塚雷鳥女士的説話，一直貫徹本書的主題——女性是中心。

在本書的語境中，「女性是太陽」有複數的關聯意義：

1. 在日本神話中，象徵太陽的天照大御神是女神；

2. 日本第一位有史記載的領袖為卑彌呼女王；

3. 日本曾經是母系社會；

4. 「女性本是太陽」是 20 世紀初日本女權期刊《青鞜》的創刊辭；

5. 日本明治—大正少女文學一度讓日本女性之主體性獲得恢復；

6. 少女成為了當代 ACG 文化的核心藝術意象，在動漫類型學上產生了像太陽系一樣的秩序……

7. 少女作為太陽，帶來了光。

最後一項把「少女」比喻為「光」，並不是要把「少女」神化，而是點出在美學層面，「少女」在歷史上曾經成為日本少女文學和ACG文化共有的審美理想。本書第二章已經充份說明了「少女」在審美上的超越性，因而成就了當時「少女共同體」這個特殊的日本女性社群的集體審美經驗。少女寫作，少女閱讀少女小說，在文字中構築了全新的「少女」形象。「少女」形象是少女文學中的審美理想。這個審美理想，像光一樣照射樹木，使樹木生長。

> ## 審美之超越性
>
> 所謂「超越性」，用最簡單的哲學語言表達，就是在文學和藝術的想像中（例如少女文學），尋求脫離現實社會的束縛（例如家制度），從而恢復各自的主體性（在文學想像建立屬於自己的人際關係，例如百合）。
>
> 人感受到美，總是在主體性獲得恢復和發揮的時候。而且，基於同理心，任何人都可能因為一朵花、一隻小貓、一個虛構故事人物的主體性獲得恢復而產生共感，因而感受到美。一朵玫瑰花之所以漂亮，不單因為它的花形構圖美麗，更因為它的自然生長，超越了人類社會的各種規範，一朵花並不依從人類社會的任何規範而長得那麼漂亮，而是按己意長得漂亮，這就是所謂的超越。再者，美學上的超越，並非指單一個體獨自獲得自由，而是複數的個體共在，各自以主體的位格來交往，構成主體間性關係，不分彼此，超越主客對立，進入了既融合為一，又不失個性的狀態，共同超越現實社會的束縛（楊春時 2004）。

樹狀歷史的土壤

也許讀者早已注意到，本書各個篇章以「壤」、「籽」、「幹」、「葉」、「光」和「實」命名。這個設計出於樹木之意象。本書原稿，原是作者博士論文初稿之一部份，因原文內容過多而一度抽起，至今重新編輯成書。作為本源之論文，題目為《女性生存樹狀歷史研究》，指出女性歷史呈現為樹形，在歷史的主樹幹部份，女性長時期受父權制度約束，但這不表示女性單單為了被束縛而生存。在女性自己的歷史中，女性尋求合適時機開花結果，孕育自由的女性文化，例如日本少女文學文化。這種自由的女性文化，如大樹的枝幹往外生長，結出美好的審美果實，與作為主幹的現實社會文化共同構成了樹木的形狀。《女性生存樹狀歷史研究》講的是歷史理論，本書講的則是

少女歷史
日本 ACG 萌文化
哲學筆記

活現的歷史案例，定名《少女歷史》。

　　人類每一個文明，都宛如一棵千年古樹。它的生長，要求先有歷史的土「壤」，不同的土壤養不同的樹木。日本歷史作為土壤，養出了外人難於理解卻又為之詫異的日本社會和文化。

枝幹、果實與種籽

　　樹的枝「幹」就是社會和文化的主體。日本社會文化的主「幹」，是那個嚴格束縛着每個個體的父權社會。主幹非常重要，它束縛個人，是為了維持社會秩序，使樹體屹立不倒，背後有其必要性。然而，人存在於世，不是單單為了被約束而生存，而是為了獲得更加甘甜美好的自由果「實」，亦即是那些具有超越性的審美經驗。主幹負責運送養份到樹木的各個部份，雖然重要，但負責結「實」的，卻不是主幹，而是枝「幹」。在本書的題旨中，主幹就是束縛個人以維持社會的主流文化，枝幹就是預備結出甜美果實的少女文學、御宅文化和 ACG 文化。所以，在第三章，筆者較深入地說明了關於日本現實社會以及日本御宅文化之間的瓜葛與關係。當代 ACG 文化繼承了明治—大正少女文學留下來的審美成果，ACG 文化的基因來自日本少女文學，為此筆者提出，日本少女文學是當代 ACG 文化的種「籽」。

樹葉與陽光

　　第四和第五章，關於樹「葉」與陽「光」。光合作用，是植物學的常識。樹葉的功能，就是借用光和水份為樹體製造養份，使枝幹可以結出果實。樹葉，就是進行精神生產的創作人、讀者和動漫內容讀物。別以為讀者與生產無關，讀後感、笑聲、眼淚等等，都不是由作者生產的，而是由讀者生產的。至於陽光，就是讀者、創作者、動漫內容文本共有的審美理想。

　　本章以「光」命名，講的是讓少女文學和 ACG 文化成長起來的審美理想。「光」是樹木成長所必需，樹木也總是追着光來生長，具有向光性。「光」喻意審美理想是藝術文化的生命與能量來源。具體上，本章將要接續說明，

少女審美如何好像陽光一樣，既照亮了一百年前的日本少女文學，又照亮了當代尚在流行中的 ACG 文化。確切一點來說，在本書的語境中，少女審美指的是在 1900 年至目前為止百多年間以少女為核心審美意象的日本次文化，它主要包括明治—大正年間在日本女孩子間流行的少女文學，以及自 1950 年代起一直發展至現在的日本 ACG 文化。前者是文學，後者是新媒體藝術，少女審美也稱為少女文藝。

3. 少女的審美文化

　　人為生活而辛勞，辛勞本是徒勞，但人可以因為生存中偶然的一絲感動，覺得一切辛勞有了意義，感受到活下去的價值。人遇上某件美事，感慨道：「原來我活這麼久，是為了這一刻而生的，感謝生我的父母，使我來到世界，遇上這個美。」各位讀者曾有過這樣的感慨嗎？

　　這些的「一絲感動」，就是人類的審美經驗。一絲加一絲，就有兩絲。兩絲兩絲，變成四絲。一絲絲的感動疊加上去，人就會開始禁不住反思這些感動為何物，於是把各種類型的感動分門別類，加以說明，形成審美文化和審美範疇。研究這些感動經驗、感動起源、感動類型和感動文化的學問，就是美學。在美學裏，我們可以把「感動」二字換成「審美」，得出「審美經驗」、「審美起源」、「審美理想」、「審美範疇」、「審美文化」等專門術語。

　　既然，日本明治—大正少女文學和當代 ACG 文化以少女為核心意象，為它們的愛好者帶來了滿滿的感動，那麼少女的審美經驗、少女的審美起源、少女的審美理想、少女的審美範疇和少女的審美文化等等，都值得我們深入地去理解、研究。

審美理想：日本女孩的憧憬

　　第四章提及，手塚治虫筆下女扮男裝的藍寶石王子，眼睛大又黑，裏頭還有星星，手塚曾對外國人說，這是「日本女孩的憧憬」。

「日本女孩的憧憬」，就是一種審美理想。

所謂審美理想，大概就是我們現實中沒有的、不可能體驗到的東西，但卻是作者和讀者共同渴望的東西，如此理想的一樣東西，我們在現實裏得不到，但人類擁有名叫文學和藝術的兩個寶具，人能通過它們把理想描畫出來，然後把這個理想互相分享，變得好像真實存在一樣，並在其中感受到自由，感受到自己擺脫了現實的束縛。

現實的日本女孩，眼睛沒有漫畫人物那麼大，星光即是瞳孔裏的倒影，但一般並不明顯可見。可幸的是，漫畫家可以把這種理想畫出來，變成好像真的一樣。一對星光大眼睛，在上面畫上長長翹翹的睫毛，成為少女的理想形象，不單是因為這個形象很美，更因為這種形象在現實社會主流文化中，也就是父權社會中，不會獲得嘉許。日本傳統父權社會只重視女性是否能當好一個良妻賢母，把家務料理好，生育很多的孩子，把丈夫像神明一樣供奉好。然而，星光的眼睛表示女孩子有自己的眼睛，對世界各樣的事物，有屬於她們自己的判斷。她們的表情，她們的眼淚，是牢牢握住權力的男人們所無法操控的。所謂的審美理想，總是有豐富的內涵，在文學和藝術中，通過一些小小的象徵物表現出來，而少女的星光大眼睛，就是這樣的一種象徵。

審美理想並不只有一種，其形式沒有限定，也沒有限量。世界上有多少種現實束縛，人類就可以有比這數目多出萬倍的審美理想。超越現實限制的方式，沒有上限。比如人被地心吸力束縛，渴望擺脫這個現實，人可以想像自己變成鳥、想像自己發明飛機、想像自己擁有反重力魔法、想像自己生活在月亮上、想像自己是魚等等……。不過，在這許多想像中，有一些為較多的人所擁抱，這就形成了一種屬於集體的審美理想。

在日本明治—大正少女文學的情況中，日本女孩子共同擁抱了花物語故事所構成的審美理想，在她們的社群中，構築了「少女共同體」的集體想像。

從審美經驗到審美範疇

審美理想沒有上限，審美的方式同樣沒有上限，有着各樣的類型，比如優美、崇高、逍遙、喜劇、幽默、萌、可愛、無厘頭等等，這些審美體驗歸

屬於肯定性的審美範疇（Aesthetic Categories）。在肯定性的審美之外，又有否定的審美，比如醜陋、荒誕、悲劇、諷刺、恐怖等等。無論是正面還是負面的審美體驗，都或明或暗地伴有某種審美理想。

肯定性的審美範疇，直接訴諸審美理想，為人在想像中建構美好的世界，呈現出正面的生存意義，即生存應當是這樣的。像優美、崇高這一類的正面審美，所反映的不是現實世界，而是超現實的理想世界，它比現實世界更美好、更自由，帶來積極、樂觀、向上、鼓舞、愉悅等感情反應。相對地，否定性的審美範疇訴諸現實，以某一個暗含的審美理想作為標準，來批判現實的不足、醜陋、荒誕或無情。它蘊含較大的批判意義，以否定現實的方式揭示生存意義，即生存不應該如此。它通過恐怖、悲哀、絕望等感情使人心獲得淨化。它否定現實，卻不是在現實意義上否定，而是在形而上的意義上作出否定。它為人們帶來的，不是愉悅和快樂，而是對現實不足的深刻反思（楊春時 2004：178-179）。

審美的根本，是人最原始的體驗，例如我們為一朵小花之美所感動，那一刻審美就發生了。然而，那個小小的感動仍然只是一個小小的審美經驗，還不足以構成一個審美文化，未能成為像日本少女文學和 ACG 文化那樣的東西。人類一旦嚐過美的果實，就會繼續鍥而不捨地追尋美，想要再次回味美的感動，這驅使人不斷集體地討論和反思自己為何受到感動，在那之後人們所得到的結論，就是審美範疇（楊春時 2004：38-39），例如優美、崇高、悲劇、逍遙。本書提出，「萌」即是一個形成於當代的新審美範疇。審美範疇是無數的審美意象的凝結、抽象，而審美範疇是對審美體驗的反思產物，人類通過無數次對審美體驗作出反思、抽象，即形成審美範疇，而這種反思是對審美意義的自覺把握（楊春時 2004：174-175）。歷史上公認討論最深刻的審美範疇，相信就是悲劇。希臘悲劇，是產生於古希臘文明的人類文化瑰寶。像亞里士多德和黑格爾這些大哲學家，都曾經對人的悲劇審美經驗做過深刻的反思，提出過自己的學說。例如，亞里士多德認為，悲劇引起人的憐憫和恐懼之情，達到淨化心靈之效。黑格爾指出，悲劇往往是人內心的倫理力量與另一倫理力量發生衝突，二者各有片面性和合理性，因而需要主角犧牲，達至復和，令兩種倫理力量得以共存。中國戲曲也多有悲劇劇目，主人公遭

少女歷史
日本 ACG 萌文化
哲學筆記

遇忠孝兩難存的處境，因而被迫犧牲自己，成全忠和孝兩方的道德要求，箇中使人哀傷落淚，就是黑格爾所說的悲劇際遇。換言之，一個審美範疇的成立，例如優美、崇高、悲劇、萌等，要求一整個族群的有心人，不斷對自己的集體審美經驗反思再反思，最終能以自己的文字說明自己所經歷之美，並為這種審美體驗命名，這個時候才算是獲得了一種新的審美範疇。

回到日本少女文藝的情況，明治—大正少女文學的主旋律是悲傷和眼淚，因此基本上它屬於悲劇的審美範疇，但它又不同於世界上的其他悲劇，例如希臘悲劇，它強調少女之間相互的感情依託，因此它與傳統悲劇又有所不同，只能以新的名稱為它命名。日本人不把少女文學視為草芥，不論學者、文人、平民讀者，都對它深入反思、熱烈討論。當代日本人大都同意川村邦光提出的「少女共同體」學說。「少女共同體」可說就是日本人對日本明治—大正少女文學之美反思所獲得的結論。固然，「少女共同體」字面意思是當時日本女孩所形成的文學社群，但它同時是這些女孩子之間的集體想像，她們想像自己是花物語故事中的一員，從而在想像世界中，與千里之外另一位不認識之女孩發生交集，自覺彼此成為一體。換言之，「少女共同體」成為了出於明治—大正少女文學的一個審美範疇。通過悲傷和眼淚，體會與其他少女聯繫在一起的感覺，這種審美經驗，日本人認為，只可以稱為「少女共同體」。

至於當代 ACG 文化，少女那一種脫離現實的生存方式，成為了廣泛讀者共同憧憬的生存方式。大約 40 年來，通過長時間的反思和討論，歸屬御宅文化的圈內人早就對自己所愛的少女素質為何，達成了統一的結論，他們把自身與少女密切相關的審美經驗稱之為「萌」，又把與女性對男男關係的想像稱之為「腐」或「Yaoi」，前後共產生了好幾個 ACG 文化特有的審美範疇。其實，周星馳的香港電影一度被稱為「無厘頭」，「無厘頭」是香港觀眾觀賞周星馳電影後，經過反思而獲得的結論，「無厘頭」幾乎要形成一個獨特的審美範疇。可惜的是，香港觀眾的審美反思水平和努力還未足夠，未能追及日本 ACG 文化愛好者的反思水平，至今能夠用自己語言、理性地說明何謂「無厘頭」的人，沒有幾個。為此，「無厘頭」仍未能算得上是一個成熟的審美範疇。

不斷泛化的少女審美文化

在導論部份，我們討論過 ACG 文化的泛化。泛化的特色是向外滲透，使各個本來壁壘分明的類型之間的邊界變得模糊、多元。其實，泛化不單發生在當代 ACG 文化之上，而是發生在整個與 ACG 文化有源流關係的全部文化系統之上，這包括了 ACG 文化還未完全成形之前的 1980 年代日本動漫文化。當男孩讀者開始閱讀少女漫畫，少女漫畫讀者開始喜歡 BL 的時候，泛化已經出現。在更早的階段，當手塚治虫不再只為男孩子畫漫畫，並為女孩子讀者創作《藍寶石王子》的時候，泛化已經發生。回到更早更早的時候，當少女讀者以美文投稿明治早年的少女雜誌，後來美文竟然在所有少女雜誌上流行起來的時候，以及當御目友誼關係由一間女子學校傳播到多數女子學校的時候，泛化趨勢已經存在。換言之，文化發展就如樹木生長一樣，必然發生泛化，向不同方向生長，長出新的枝葉，出現演化和變奏。在這個過程中，我們得到的，不止是一束樹枝的花朵和果實，而是從同一株參天巨木生長出來的許多組茂盛的枝葉和花果。無論是日本少女文學，還是當代 ACG 文化、花之二十四年組、手塚治虫少女漫畫、同人文化等等，全部都是生長在這一株參天巨木上的枝葉。它們形式上雖然不同，但都來自相同的種籽，擁有相同的基因。那個種籽，筆者認為來自明治─大正期間的日本少女文學，而整個因這顆種籽繁衍出來的文化的總和，筆者稱之為「少女審美文化」及「少女文藝」。「少女」一詞在這兩個名字裏，沒有特指，只有泛指，有時「少女」指的是少女讀者，有時「少女」指的是漫畫故事中的少女主角。文化、文學、藝術不是科學，它通過泛化消去主客對立、類型區別、使人進入「你我不分、我中有你、你中有我」的主體間性審美境界。

文藝講究的是投入、想像、同理心，不論作者還是讀者，都在創作和閱讀的過程中，通過想像投入到故事主人公的世界裏去，不再以現實身份區分誰是誰。所謂「少女共同體」，其實就是這個意思。為甚麼是「共同體」，因為作者、讀者都不再以自己在現實中的原有身份自居，都以故事中的少女的命運當成是自己的命運，各人都通過想像而聯為一體。而且，由於「少女共同體」是通過想像而產生的，只要能想像，就連男孩子也可能通過閱讀和

想像參加這一個共同體，我們早前說過的閱讀少女漫畫的男孩，就是這樣子誕生的。

4. 少女審美理想：演化與變奏

無論是早期的少女文學，還是當代的 ACG 文化，幾乎都由少女意象構成。少女意象的產生，起源於明治—大正少女文學，戰後進一步發展成手塚治虫筆下擁有星光眼睛的日本女孩。總的來說，在少女這個意象之下，無論出於哪個時代，都蘊含着日本人對擺脫父權約束的無限憧憬。

起初，日本女孩憧憬少女的生存方式，就是那種渴望永遠留在學生時代，不願成為人妻的憧憬。隨後，在當代 ACG 文化中，連男孩子也參與了對這種審美理想的追求，因為日本現實父權社會的約束，連男孩子也開始感到吃不消。

在文學和動漫中，少女既是意象，又是讀者和觀眾的審美理想，經過他們反思和討論，又成為了一種嶄新的審美範疇，形成了獨特的審美文化。日本少女文學是種籽，ACG 文化是誕生自前者的新生植物的枝葉，兩者互相關聯。在歷時逾一個世紀的發展過程中，少女作為審美理想不住地演化、泛化、變奏，在忠實粉絲之間的討論中，形成了一個接一個的新生審美範疇與審美文化。

各個審美文化，有各自的審美理想。因應時代不同、地理位置不同、文化不同、現實狀況不同，超越現實約束的形式也不一樣。針對現實狀況的不同，人的理想也有千差萬別。經過作者梳理，發現自一百年前起，承載於各個少女審美文化之中的少女審美理想，至少有七種，就像太陽光通過折射幻化為七色彩虹一樣……。

一、明治—大正年間花物語少女的審美理想

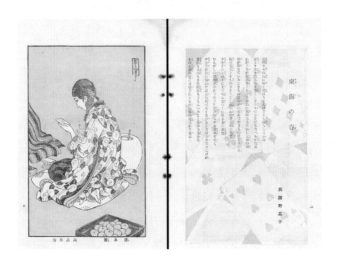

明治—大正，大概就是 20 世紀初的頭三十年——1900 至 1930 年。

那個年代，日本人尋求自強，社會處於劇烈的西化風潮之中，時而大力推動西化，又時而全力抗拒西化，陷於極端的矛盾之中。但無論社會走向西化，還是抗拒西化，日本女孩由始至終生活在至高無上的父權陰影之下。不過，父權的陰影壓不住她們的躁動。

按照父權傳統，明治—大正女孩的存在意義，就是為了至高的家成為「良妻賢母」，一生服侍丈夫，養育兒女，專注家政。為了這個目的，每一名日本女性都心知肚明，高中畢業那一天，就是自由人生的盡頭。諷刺的是，那個年代的日本人，一度為了自強而推動西化，自西方文化引入了女子教育、溫暖家庭和自由戀愛的觀念。讓日本少女服從傳統家制度的，是日本的閣下大人。讓日本少女嚮往西方自由文化的，也是日本的閣下大人。在兩相矛盾的指導下，兩種互不相容的文化在日本女孩子的心坎之中攪動。西方文化通過西化教育進入了女孩子的心坎之中，當時日本女孩子們信手拈來，很自然就用上西化文字、西洋意象、西方思想，嘗試在文學中超越傳統帶給她們的束縛。她們在雜誌投稿、以花物語為代表的少女小說中，構築她們的審美理想。因緣際會，一種超越現實的少女文學便告孵化出來。

少女文學出現於明治大正年間，以吉屋信子的《花物語》為代表作。文體上，少女文學充滿了敍情性，滿載悲傷感觸，文字上採用了大量西式詞語，用上許多西式的意象、事物，以花樣的語言和感傷的敍述，講述少女纖細的內心世界，又通過少女雜誌投稿和少女小說在女孩子間傳開，形成一股大潮。

　　也許，S 就是少女文學的關鍵詞。少女文學，又稱 S 文學。S 一字，兼有 Sister 姊妹（英語）、Shoujo 少女（日語）、Schon 美麗（德語）等義。父權世界為少女安排的未來，並不是未來，而是人生的終結。所以，少女們把握在學期間僅有的自由時光，以文學文字編織自己的美麗理想。很自然，在她們的審美理想裏，幾乎沒有位置留給任何雄性生物。少女在文字中所構築的，來來回回離不開學校和親人之間的日常生活，在這些日常生活中，陪伴她們的人，都是學校中的學姊、學妹、女性老師、母親、妹妹、姊姊，而幾乎沒有任何男人，形成了一個只存在少女愛的純淨世界。

　　雖然，在小說故事中，有時女孩子間爭奪寵愛、互相欺瞞、彼此埋怨，但這都是在沒有男性存在的特殊世界裏發生的，因此是自由的。這個時代的少女理想，正是一個可以暫時忘記父權束縛的避難所，在其中自由馳騁於世界，無論是姊妹間相互愛慕，又或者互相傷害、互舔傷口、傷春悲秋、眼淚沾濕無數枕頭也好，在這樣的世界中，少女們都是自由自主的，比起讓父權世界決定自己的命運要好。當少女擁有自由的時候，少女們才有充足的自主空間，探索如何與人（其他少女）建立屬於彼此的主體間性自由關係。

　　一個斷絕父權干涉的世界，正是花物語少女們在審美中尋求的理想，因為在那個絕對的父權世界之中，她們的一生早就被安排好，她們都知道自己將要成為一具傀儡玩偶，不能自己決定自己的人生。

　　花物語少女們的審美理想，表現上有各種各樣的形式，但最主要的兩樣就是眼淚和西方象徵事物。沒有止盡的眼淚，表示少女對畢業、結婚的拒絕。各種西洋事物，表示少女對擺脫傳統枷鎖的憧憬和渴望。

　　明治—大正少女文學之風潮，一度吹得一發不可收拾。至 1933 年，三原山發生了少女跳火山殉死事件。日本政府認為事件與少女文學有關，對少女文學傳播實施了若干限制。從此，少女文學發展一度停頓，直至二次大戰之後，才以另一種形式再度萌芽。直至今日，即使有少女火山自殺事件，明治

大正年間的日本少女文學，仍是今日的日本文學瑰寶之一。說實在，日本文學以死亡和「心中」（殉死）為主題的，數之不盡。平心而論，少女文學觸及殉死主題其實不多，與日本大文豪太宰治比較，更是小巫見大巫。

二、花之二十四年組少女漫畫的審美理想

生於昭和二十四年前後的女性少女漫畫家——花之二十四年組，她們的作品為 1970-80 年代的少女漫畫帶來全盛期。自從日本戰敗之後，1950-60 年代期間，社會要求國民為國家復甦而努力，傳統思想再度與新思想發生激烈碰撞，國民渴望擺脫家制度，卻又受傳統勢力阻撓。戰後的日本婦女陷入了另一種絕境，她們辛勞工作，同時又受盡社會矛盾的煎熬。這個時代的日本女性，變得無法喜歡自己，普遍厭惡自己生而為女性。

就在這個艱難的時期，生於昭和二十四年前後的女性少女漫畫家——花之二十四年組，以特殊的新風格為當時的女性讀者畫出了許多直撼心門的少女漫畫作品。日下翠指出，花之二十四年組漫畫有一個常見主題，就是描寫少女與母親之間的感情瓜葛。萩尾望都所繪畫的《蜥蝪女孩》和三原順的《我們這群流浪兒》都是這類作品。少女與母親的衝突，成為了當時的時代烙印。

描述母女扭曲關係的代表作——《蜥蝪少女》

◀（背面）西方漫畫評論．FRIEDMAN, ERICA. "Guest review: A Drunken Dream and Other Stories", The Manga Curmudgeon, 2010〔retrieved 2020-01-09〕, https://precur.wordpress.com/2010/12/02/；（前面）蜥蝪女孩漫畫．作者藏品攝影．Retouch 白與泛黃

＊Erica 是一位很關注日本動漫的西方評論家，尤其擅長評論百合動漫。她高度評價萩尾望都為女孩讀者創作的《蜥蝪女孩》。她指出，日本人把年輕女孩當作色情對象看待，是十分平常的事，但沒有多少人認真對待她們，重視她們自己的需要和興趣。萩尾望都例外，她認真看待日本女孩。

《蜥蜴女孩》是萩尾望都於 1992 年刊出的短篇漫畫，1996 年改編電視劇放映，由菅野美穗主演，放映期為一季共 11 集，第一集收視只有 7.9%，放映至最後一集時錄得 19.4% 收視，留下了首尾兩集之間收視升逾兩倍的驚人紀錄（日本偶像劇場）。表八收錄了當時《蜥蜴女孩》電視版的每集故事內容。

《蜥蜴女孩》故事講述母親青島百合子與女兒麗佳的母女關係。不知何故，在母親百合子眼中，麗佳的樣子就像蜥蜴一樣，她無法愛麗佳，只愛麗佳的妹妹麻美。但在現實中，無論麗佳還是麻美，樣子都跟普通少女一樣。因為母親厭惡自己，麗佳每次照鏡，同樣把自己看成蜥蜴的樣子。她相信自己醜陋，所以母親不愛她，並認為自己無法戀愛和得到幸福。

表八　《蜥蜴女孩》電視版故事發展

話數	主題	故事內容
1	詛咒的誕生	麗佳出生，母親百合子把女兒看成蜥蜴，無法正視和親近女兒，漸漸厭惡她。妹妹麻美誕生之後，母親把全部的愛澆灌在小女兒身上，麗佳受冷落。
2	我想死	麗佳委屈投河自盡，卻被同級男生岡崎升所救。麗佳決定不再輕生、嫉妒妹妹和怨恨母親。女同學橋本香暗戀升，視麗佳為情敵，把她自殺的事情公開。母親百合子告訴麗佳，蜥蜴不可以談戀愛，令麗佳再次封閉自己。
3	高原之夜，第一次……	三上伸子與麗佳交朋友，兩人相約遊玩，這是麗佳第一次與朋友約會。
4	母親的秘密	生物課上，麗佳看見蜥蜴投映片而受驚，岡崎擔心，並探望麗佳，卻遭百合子驅趕。母親用盡各種辦法分開麗佳和岡崎。
5	生日……被母親丟棄的禮物	九歲那年，麗佳用全部零用錢買了一條紅絲巾送給母親，卻被母親怒斥。麗佳告訴伸子，她的生日願望是與喜歡的人一起去遊樂場。為感謝麗佳協助自己應付考試，岡崎邀麗佳去遊樂場，但麗佳想起母親的話而拒絕。
6	波紋，母親僱家庭教師	母親為麻美僱了一名家庭教師，麗佳代麻美打工，得悉家庭教師欲侵犯麻美，前去拯救。麻美與姊姊關係好轉，麻美給姊姊送上遊樂場入場券。
7	母親的告白……想殺死你！	在遊樂場，岡崎對麗佳說，希望她回復八歲時的快樂，麗佳決心改變自己。同時，麻美質問母親為何惡待姊姊……
8	永遠的友情，死，然後另一人的母親	母親告訴麗佳，自己曾想要殺死她，然後自殺。在伸子的家，伸子告訴麗佳，她童年時曾像麗佳一樣受過傷害。麗佳對伸子坦白：「我是蜥蜴。你不相信吧？」伸子回答：「我相信，你說的每一句話我都相信，因為你從來沒對我說過謊話。」麗佳哭了。

話數	主題	故事內容
9	獲得幸福的權利……	麗佳與伸子相約到海邊玩，伸子遇到車禍喪生，麗佳自責。這時，伸子的男朋友給麗佳一封信，是伸子寫的，信中寫道：「我想治好麗佳的心，她有權得到幸福。」
10	悲哀的家族旅行……	麗佳流淚對母親說：「即使是蜥蜴，也有權獲得幸福吧。」麗佳決定追隨岡崎到美國求學。百合子提議在這以前全家一起旅行。可是，在旅行途中，百合子在河邊再次對麗佳說：「我們一起死吧。」
11	母親！母親！……母親！	母親建議二人一起殉死，麗佳流着淚回答：「好高興，這是媽媽第一次說讓我們一起做點甚麼……。」麗佳請母親在死前抱自己，百合子痛哭逃走。百合子憶起自己為了報恩由蜥蜴變成人嫁給丈夫的事。公路上，百合子把一名快遭車禍的女孩當成麗佳，衝上去迎救而送命。母親將死，鏡中麗佳回復人的形象。末後，麗佳嫁給岡崎，誕下一名女兒，這一次，女兒並沒有變成蜥蜴的樣子。

身為女性，既可怕又不幸……

麗佳的遭遇，跟明治—大正年代的少女不盡相同。明治—大正少女在嫁人之前，在學校能享受一段完全自由的延期償付學生時光。麗佳的遭遇卻是即時而貼身的難受。來自社會的壓力，先鑄刻在母親的內心，然後母親把痛苦轉加在女兒身上。正如日下翠所言，戰後日本女性厭惡自己，厭惡身為女性，所謂蜥蜴的臉孔，實則是女性對自己性別身份的恐懼。時代把過多的重壓加在當時的日本女性身上。「身為女性，既可怕又不幸。」這是戰後日本女性的普遍體驗，作者在故事中把這種體驗形象化，畫成蜥蜴的恐怖形象。也就是說，蜥蜴象徵女性的痛苦現實。社會對女性過多的要求，使女性變得命苦，無法喜歡自己身為女性的命運，並把自己看成像蜥蜴般醜陋。

然而，女性仍然美麗——作者、觀眾和劇中人如是相信。雖然母親和自己把自己看成蜥蜴，但麗佳的朋友、妹妹和戀人看得見真實的麗佳，真實的麗佳美麗又可愛，值得擁有幸福。

麗佳的朋友、妹妹和戀人眼中的她，構成了劇中的審美理想——幸福少女。正如麗佳朋友伸子所說，少女「有權得到幸福」。母親、妹妹、朋友和戀人的愛，尤其是母親的愛和肯定，麗佳都有權獲得。

少女優美，蜥蜴醜陋，現實與理想的距離，在蜥蜴和少女兩個形象之間，產生了強烈的衝擊。「蜥蜴女孩」意象寫實地象徵了那個時代日本女性所面對的兩難。其實，在母親百合子眼中，不但麗佳被看成蜥蜴，她自己也是蜥蜴，

只是她無法接受自己的蜥蜴形
象，才把自己悲憤都投射在女
兒身上。在社會中，「她們」
努力成為美麗的少女，想受人
喜愛，但「她們」無法肯定自
己，只能互相否定。這種否定，
是時代的詛咒，一代一代的傳
下去。

▲昭和時代·作者攝於東京台場
＊二戰後的昭和時代，日本社會分崩離析，重建家園
工作繁重。當時，無論男女都必須勤奮勞動工作，生
活艱辛。

追求幸福就是出路

　　《蜥蜴女孩》故事的審美形式，偏近悲劇，但它比起眼淚，它也強調美、
醜、痛苦，更強調幸福，所以又不是純粹的悲劇。

　　少女被看成蜥蜴，喻意女性命苦，令人悲痛，在觀眾心中誘發出這樣的
渴望——少女不該如此悲痛，她有權獲得幸福。可惜，故事發展事與願違，
母親找不到化解這個矛盾的出路，只想到死和逃避，令故事往更壞的方向發展下去。

　　隨着故事發展，少女接受了自己是蜥蜴，但她卻不肯放棄追求幸福。接受了自己是蜥蜴，其實就是承認了社會的主體性，表示明白在這時代，女性只能為了社會而背負不幸。不過，少女感到痛苦，並要求幸福，這兩樣反應，又反映了少女的不屈，表現出了少女的主體性。這樣的故事發展，為悲苦的女性指出了一條從來無人想過的出

少女文藝背後的對立統一

　　「對立統一」是馬克思主義哲學的常用術語，最早由古希臘哲學家提出，意指世界充滿矛盾對立，對立之兩方其實互相依存，二而為一。並且，對立帶來鬥爭和對話，推動着事物的變化和發展，令歷史得以前進。

　　弔詭的是，沒有父權的壓迫，就沒有少女的誕生。相反，沒有少女，父權沒有了束縛的對象，父權也成不了父權。父權與少女，既對立又互相依存。正因為兩者之間的對立統一，少女文學和 ACG 文化才獲得發展之動力，形成光輝的次文化。

路。少女不是木頭，木頭不會痛苦，也不會想要超越自己的命運。少女追求幸福，表明了少女擁有生命，不是物化的客體。如此，故事同時彰顯出社會與少女雙方的主體性，揭示出兩者之主體間性、對立統一關係。很奇妙，接受社會現實，不但沒有終結少女的人生，反而成為了超越命定人生的起點。

作者的心跡

萩尾望都曾經在訪問中指出，故事中扭曲的母女關係來自她童年的親身經歷。她生於 1949 年（昭和二十四年），兩歲起開始愛上繪畫，四歲閱讀漫畫，然而母親總是責備她說：「漫畫是腦袋不好的孩子才讀的東西。」於是，小萩尾躲起來讀漫畫，畫漫畫。母親經常讓她「學習」，不許她與成績差的孩子為伍，不許閱讀教科書以外的書本，一天到晚拿她與姊妹比較。對成績不好、不愛競爭的小萩尾來說，母親的教育使她感到十分辛苦。對於這段童年往事，萩尾望都的妹妹坦言，《蜥蜴女孩》中的麗佳一定就是姐姐，而被母親溺愛的麻美應該就是她自己，故事中姊妹穿黃色與粉紅衣服時，麗佳被指她不適合粉紅色的事，確實是她們姊妹現實中的往事（ダヴィンチ；河出書房新社）。

萩尾望都創作《蜥蜴女孩》時，雖然是 1990 年代，但故事中所描述的女性處境，卻屬於 1950 年代。作品改編電視劇上映，平均收視只有 11.5%，可以想見故事已經開始與 1990 年代一般日本觀眾的處境脫節，但觀乎當時劇集結局對比第一集收視上升超過兩倍，可見故事的劇力在觀眾之間產生了很大的共鳴。

「幸福少女」，是花之二十四年組漫畫其中一個標誌性的審美意象和審美理想。然而，花之二十四年組漫畫家十分多產，而且為少女漫畫作出了數之不盡的嘗試，例如少年愛故事、奇幻故事、歷史故事等等。蘊含在花之二十四年組漫畫中的少女審美理想，多樣而紛雜。下一節談及的寶塚歌劇團，一度陷入經營危機。讓劇團得以起死回生的，竟是花之二十四年組的另一個經典漫畫作品。

三、寶塚歌劇團女性劇迷的男裝麗人審美理想

奧斯卡的喪禮

花之二十四年組池田理代子筆下的
《凡爾賽玫瑰》，塑造了另一個獨特而影
響力深遠的少女意象──男裝麗人。

《凡爾賽玫瑰》於 1972 年開始連載，
講述 18 世紀一名法國貴族少女奧斯卡，
自小被當成男孩養育，長大後成為皇后瑪
莉安東妮的近衛隊隊長，深受皇后寵愛，
後來她看到民間疾苦，毅然捨棄爵位，參
加革命，在巴士的監獄一役中戰死。

在故事中，奧斯卡作為「男性」，受
到很多皇室貴族女性的傾慕。一方面，她

▲ 奧斯卡／《凡爾賽玫瑰》紀念郵票
〔已蓋章〕·作者藏品攝影

的劍術比男性優秀，能保護好皇后，又能為民眾戰鬥。另一方面，她是真實
的女性，愛慕過兩位男性，最後在革命前與安德烈結為夫婦。

當奧斯卡戰死的那一篇故事刊出之後，據說有讀者為奧斯卡舉行了喪禮，
成為《明日之丈》力石徹之後，第二位死去後受人弔唁的虛構動漫人物。

1974 年，《凡爾賽玫瑰》被改編為寶塚歌劇團舞台劇，此後受歡迎度一
直上升。

寶塚歌劇團的創立

寶塚歌劇團，是近當代日本文化
藝術界的瑰寶，忠實粉絲非常多，跟
日本少女文學一樣，歷史超過了一百
年，1913 年由日本政治家、阪急電
鐵前會長小林一三於寶塚市創立。最

▲《寶塚歌劇公演 100 週年》紀念郵票
〔已蓋章〕·作者藏品攝影

初，它只是一隊唱歌隊而已，讓少女為溫泉客人唱歌助興。同年 12 月，唱歌隊改名寶塚少女歌劇養成會，讓少女涉足歌劇表演。1919 年，寶塚音樂歌劇學校成立，養成會再易名為寶塚少女歌劇團。此後，劇團漸次發展，1934 年在東京設立劇場，1940 年更名為寶塚歌劇團。直到今日，它仍是日本人氣甚高的大型表演團體。寶塚歌劇團只收女性團員，所有男角皆由女性團員反串飾演，演出上按角色分為男役和娘役。

不過，寶塚歌劇團的發展，並不是一帆風順。1970 年代，也就是伊藤公雄所講的消費社會年代，因為電視普及化，娛樂多樣化，寶塚歌劇團面對競爭，經營困難，被社會輿論揶揄為阪急兩大包袱之一。讓寶塚歌劇團起死回生的，正是《凡爾賽玫瑰》。寶塚歌劇團 1974 年上演《凡爾賽玫瑰》，即時引起了熱潮，劇團內月、花、雪、星四組的演出，在三年間合共吸引了 140 萬觀眾入場（宝塚歌劇団），劇迷多為女性。除了賣座之外，熱潮又帶動了寶塚音樂學校的報讀率，以致於在日本社會中產生了「東有東大，西有寶塚」的講法。意思是，入讀寶塚劇團學校，難度不下於入讀東京大學。及後，《凡爾賽玫瑰》多次再度上演，在 1974 年至 2014 年之間，入場觀眾總人次逾 500 萬（橘）。

說到這兒，不得不提日籍華裔女演員鳳蘭。鳳蘭原名莊芝蘭，1964 年加入寶塚歌劇團，成為星組星級演員，在《凡爾賽玫瑰》劇中反串飾演男主角菲爾遜大受歡迎，被譽為「凡爾賽玫瑰四強」之一。

一旦結婚，必須退團

加入寶塚歌劇團，有這樣的規例——成員必須為未婚女性，一旦結婚，就必須退團。鳳蘭 1980 年結婚，1979 年作告別演出，相信與此例有關。這一

少女歷史
日本 ACG 萌文化
哲學筆記

規例，使少女團員在限期內盡情迸發光輝，因為結婚嫁人，就是夢想舞台的終結。少女團員的人生，恍如普遍日本女性人生的縮影，她們的自由光輝時光，都設有限期。寶塚歌劇團的創辦人小林一三，是日本明治年代的政治家。據說，他創立劇團之目的，正是訓練女性成為日本的良妻賢母。他希望通過歌劇訓練，讓少女反串飾演男角，能夠更深入理解和欣賞男性，使她們出嫁後，能夠更加明白丈夫的期望，把良妻賢母的角色做好（Robertson）。不過，事與願違，寶塚歌劇團的演出，並沒有成功彌合日本人夫妻之間的鴻溝，因為真實世界的日本男人，普遍不如劇中男主角那麼溫柔。寶塚女孩演出的男角，迷倒了大量日本女性劇迷，但她們演出的「男役」，已然成為一種超越了真實男人的理想男性。換言之，由「男役女優」飾演的「女優男役」，成為了寶塚歌劇女性演員和觀眾共同追求的的審美理想。觀眾把異性戀文化中的愛慕對象轉向了「女優男役」。有個別劇迷，愛慕之情甚深，甚至宣言「為了奧斯卡大人」，捨棄現實生活中的戀人和未婚夫。因為愛慕劇中人物而拋棄丈夫，放棄良妻賢母的責任，這不但沒有實現劇團創立的原意，更是對劇團創立原意的顛覆。

男裝麗人的魅力

有論者指出，男裝麗人吸引女性劇迷的，不是男性氣質，而是女優男役所象徵的女性情色（feminine eroticism）。寶塚劇迷喜歡男裝麗人，純粹因為她們厭惡男性展示的權力。

▶ 櫻大戰戲服・作者攝於東京池袋

＊櫻大戰，是 1990 年代的電玩作品，曾改編動畫，遊戲故事講述多名女主角以帝國歌劇團演員為幌子，參與對抗威脅帝都安全的魔物。故事中的帝國歌劇團，宛如現實中的寶塚歌劇團一樣，團員是全女班，男役由女團員反串，女主角們也總是忙着為公演而排練。圖中的兩套戲服，左方是女役，右方是男役。

在女劇迷眼中，舞台上的男役並非典型的男性，而是模糊了傳統男女兩性氣質界線的身體。據知，日本曾有一所名為 Miss Dandy 的俱樂部，該俱樂部讓女服務生打扮成男裝麗人，為女顧客提供服務。被問及為何惠顧 Miss Dandy 時，一位女性客人解釋說：「我可以跟她們講任何話題，因為她們骨子裏是女生，但我又可以跟她們打情罵俏，因為她們是男生。」（Dollase; Abbitt; Robertson）

「女優男役」的內在性別是女性，公開性別是男性。愛上「女優男役」或「男役女優」，也可算是女同性愛的一種。論者又指出，少女漫畫和女性漫畫，對塑造日本女同性戀者身份提供了很大的助力，亦協助了女同性戀姊妹建立了屬於自己的社群（Welker 2004）。日本首個女同性戀組織若草之會創辦人曾説：「我們收到來自全日本數不清的信件，來信者多是 40 多至 50 多歲的婦女，她們投訴雖然已婚，但她們從未與丈夫或任何男性戀愛過，她們渴望有一天能擁有一位女性的愛人。」（James）這些説法反映，女劇迷對「男役女優」的愛慕，骨子裏就是對傳統日本家庭夫妻角色的反抗。婦女渴望戀愛，但傳統日本婚姻中的夫妻角色過份強調丈夫對妻子的權力，無法給與婦女戀愛的體驗。

追尋婚姻中所欠缺的戀愛關係

婦女無法在傳統婚姻中與丈夫自由交流和戀愛，卻可以在「男役女優」和「女優男役」身上找到那種無法獲得的戀愛想像。無論是故事中女扮男裝的奧斯卡，還是現實中的「男役女優」，對女性觀眾而言，都擁有現實男性所沒有的溫柔，是現實日本男性所無法比擬的理想存在，因為在角色和觀眾之間，不存在傳統婚姻所規定的權力關係，所以她們能夠在審美想像中自由地構築比現實更加理想的兩性關係。

女扮男裝的人物，在日本動漫中一直佔有無法被取代的地位。由《藍寶石王子》開始，日本動漫作品曾有過很多男裝麗人，包括了《少女革命歐蒂娜》的天上歐蒂娜和有栖川樹璃、《美少女戰士》的天王遙、《櫻大戰》的立花瑪莉亞、《收穫星的小子們》的藤波龍之介、《Final Fantasy 5》法莉絲、《拳

少女歷史
日本 ACG 萌文化
哲學筆記

王》King、《蠟筆小新》吹雪丸等等。

　　男裝麗人是日本女性觀眾所追求的審美理想。這個理想，批判了傳統父權婚姻制度，潛台詞是「丈夫不應該如此對待妻子」。不過，這一種審美理想，同時超越了兩性的對立。現實中的男性雖然很不理想，但女性仍然對男性有所期望。男裝麗人的審美形象，為日本男人展現了日本女性所認可的男性氣質。這種男性氣質，不是父權社會所定義的男性氣質，而是一種兼備勇敢、力量、承擔、溫柔、理解等素質的男性氣質。因此，男裝麗人作為女性觀眾的審美理想，不是兩性之間水火不容的主客對立，而是女性氣質與男性氣質的對立統一，是一種主體間性的交流和創造，指出了兩性關係轉向融和的方向。

　　除了男裝麗人，日本動漫也盛產其他各種跨性別角色形象，例如偽娘（女裝男生）、人妖（放棄男性身份的男性）、性別轉換等等。基本上，這些角色形象都與男裝麗人同構，屬於雙性同體的範疇，在審美層面發揮着調和兩性關係的作用。

四、繼承自少女文學之百合少女愛審美理想

少女文學的歷史任務

◀少女凝視．少女之友創刊 100 週年紀念號，2009（實業之日本社）．作者藏品掠影

＊特別的書頁設計，營造出少女互相凝望的親密氣氛。在少女共同體之內，少女都被接納，凝視不是地獄，是人間樂園。

　　日本少女文學，以吉屋信子《花物語》為代表，以悲傷的敘情性美文描寫少女間的同性愛故事，借少女愛的審美理想，超越父權制度設計的良妻賢

母角色、異性戀婚姻。

少女文學發展至 1930 年代，自三原山女學生殉情事件起，逐漸受到當時日本政府的干涉和管制。戰後，軍國主義政權倒台，管制不再存在，少女文學理應復活，但戰後的社會畢竟與戰前有所不同，男女校和自由戀愛普及，戰爭後尋親故事流行，少女文學並沒有立即恢復戰前的熱度（藤本）。畢竟，戰後的日本政府在盟軍控制下，無法名正言順地恢復家制度和良妻賢母教育，意味着少女文學所針對的傳統父權制度不復存在。歷史任務結束，熱潮自然隨之降溫。

百合

不過，少女文學雖然一度中斷，但日本社會經過 1960 年代的反文化時期，卻再度流行一個與少女文學相仿的故事類型，通為「百合」。所謂「百合」，本是日本人為女同性愛者所取的別稱。1970 年代，男同性愛雜誌《薔薇族》創刊，以薔薇比喻男同性愛，後來增設女同性愛專欄，命名為《百合族部屋》，以百合比喻女同性愛（薔薇族）。自那時開始，但凡文學或動漫作品涉及女性同性愛，都被稱為「百合」。

根據《同人用語》，「所謂百合（Yuri），即女性同士的同性愛，也就是莉絲（Lesbian）。但是，在同人世界裏，說到『百合』，基本指女性作家為女性而寫作的作品，是如此用的（本來）。除此以外，一般稱為『莉絲』、『GL』（Girl's Love）」。

▲ 搖曳百合，MEGAMI MAGAZINE，NOV 2012（学研）·作者藏品掠影·Setting 合適題字

＊女孩子與女孩子之間的卿卿我我，要說有甚麼特別和吸引，就是這種情趣沒有定義、無所謂、脫規範，但又互相在意着對方。

「百合」一詞的起源，雖然是女同性戀，但在 ACG 文化中詞義已有所轉化，與「莉絲」（女同性戀）一詞的詞義有所區別。《同人用語》續指，「『百合』的直接意思，作為定義，雖然代表思春期女性同士之間不同於友情的強烈愛情，但是與『莉絲』相比，某程度上更重視精神的聯繫，更直接地說，可理解為不一定把肉體性行為視為必要的柏拉圖式戀愛感情。」（《百合 / 百合族 / Yuri 百合の語源と定義》）在此定義下，《花物語》是百合，《凡爾賽玫瑰》有愛慕男裝女性的情節，算是具有百合元素。不過，以上《同人用語》對百合的說明，寫於 2000 年，目前「百合」已不限於女性為女性寫的作品，尤其是大量百合作品拍成動畫，動畫是團隊製作，必定有男有女，百合只限女性創作的說法已不合時宜。比如《百合熊風暴》，就出於男性監督幾原邦彥之手。無論如何，「百合」依然有別於「莉絲」，「百合」偏向指少女之間精神上的愛，「莉絲」偏向指硬核式的女同性戀性愛。

踏入 1970 年代，第一個經典百合漫畫出於二十四年組山岸涼子之手，名為《白色部屋之兩人》，故事講述兩名女孩在女校寄宿所發生的愛情，是後來 1970 至 80 年代許多百合漫畫的原型（Welker 2006）。至 1990 年代，《美少女戰士 Sailor Moon》首次把女同性愛帶進電視動畫，劇中的天王遙以男裝麗人之姿態示人，與海王美智留表現了明確的百合關係。1997 年《少女革命歐蒂娜》面世，被譽為百合傑作。

1998 年，輕小說作家今野緒雪創作了《聖母在上》（マリア様がみてる），被奉為另一百合經典，自 2003 年起該作陸續被改編成為動漫畫作品，講述莉莉安女子學園的女學生故事。在故事中，該校有一個傳統，稱為「sœur」，「sœur」

▲《聖母在上》Special CD．作者藏品攝影

即法語中的「姊妹」。按照這個傳統，身為學生會職員的學姊，必須在畢業前把自己的聖母念珠交給一位學妹，把她認作自己唯一的 sœur，然後該名學妹將在學姊畢業後繼承她在學生會的位置。在 sœur 關係之中，學姊承諾照顧學妹，學妹追隨學姊。女學生很珍惜 sœur 的關係，特別是來自名門家族的小笠原祥子，畢業之後等待她的是複雜的家族關係，像婚姻等很多事都身不由己，為此她特別珍惜自己的學妹祐巳。她和祐巳的關係，只有她仍留在學校的兩年。畢業之日，她將與祐巳分開。故事中的「sœur」，簡直就是明治年間日本女子學校流行的御目關係。

《聖母在上》直接而明確地，把戰前 S 文學的故事傳統繼承過來，為後來的同類百合作品如《瑪莉亞狂熱》、《百合熊嵐》、《Citrus》、《終將成為妳》等等樹立了模範，像女子學校、學生會、姊妹、聖母瑪莉亞像、聖母念珠等審美意象，把一百年前的日本少女文學與當代百合動漫聯繫了起來。

一百年前，少女文學由少女雜誌讀者自下而上所建構。當代百合動漫也非業界專利，讀者參與創作，非常積極，以百合為主題舉辦的同人誌即賣會參加者眾多。Girls Love Festival 專門展出百合和 Girls Love 作品，規模雖然沒有 Comic Market 那麼大，但 Girls Love Festival（第 9 屆）參展同人社團也多達 263 家，參展企業 3 家，能以一個作品類型獨立搞成一個即賣會，殊不簡單。

自 1990 年代起，不少男性讀者加入百合粉絲的行列（熊田：76）。踏入 21 世紀，日本人家意識已淡薄，但這只是一般國民的情況，日式傳統家族主義離開了家庭，但並沒有完全消失，而是進入了政商界。日本的政治界和巨型企業，仍然奉行傳統家制度的很多原則，以保持企業和政界關係的有效運作。政商界豪族的女性，為了保持企業和政界關係，她們仍然活在傳統家制度的陰影之下。豪族「大小姐」，是動漫作品常有的角色，也是一種萌屬性。「大小姐」總是飽受家族掣肘，缺乏自由，無法像尋常女生那樣生活，與日常的快樂無緣。父權制度的影子仍然殘留，深深印在日本人的心中，為日本民眾所忌諱。

經過長時間的演化，現在百合動漫已發展出更多的子類型，例如魔法少女百合、日常系百合、女子學園百合等等。2011 年，一個魔法少女類型的原創百合動畫，為日本動畫界創下了一個經濟奇蹟。這個作品就是《魔法少女

小圓》。《小圓》在日本國內外接受情況都相當理想，榮獲多種獎項，並在日本政府牽頭的「酷日本」計劃名義下創造了400億日圓的經濟奇蹟，產生出所謂「小圓經濟圈」的說法。接下來，筆者試以《小圓》為例，說明百合作品在全球的接受情況，並討論其審美價值。

走進《魔法少女小圓》的世界

▲菓子魔女之使魔·作者藏品攝影

▶《魔法少女小圓》劇場版廣告，MEGAMI MAGAZINE，DEC 2012（学研）·作者藏品掠影·Setting桌燈照明

作品：

魔法少女小圓（中文）/ 魔法少女まどか☆マギカ（日語）/ PUELLA MAGI MADOKA MAGICA（拉丁語）

接受情況：

1. 日本電視放送期：2011年1至4月（全12話），因311地震影響，4月21日深夜凌晨02:40連續播放最後三集，錄得關西地區2.3%收視，佔有率22.6%。據說有人在網上表示自己當天特意請假收看；

2. 日本BD及DVD於2012年10月2日錄得銷量60萬枚；

3. 4 種動畫關聯商品入選 amazon.co.jp 最佳 2012 年玩具及趣味商品前十名;

4. 日本國外播放地區 [網路 / 有線電視]:台灣、韓國、意大利、美國、加拿大、英國、澳洲、紐西蘭;

5. 2011 年 6 月 18 至 21 日間,日本與台灣兩地區 NICONICO 生放送(網路播放),收看人數接近 100 萬,留言評論帖數達 186 萬;

6. 劇場版《新編》由 2013 年 10 月 26 日至 12 月 31 日於日本放映票房突破 20 億日圓(入倉);同一作品隨後於海外九個國家放映。

獎項(節錄):

1. 第 16 回動畫神戶賞作品賞(電視組別)[日本]

2. 第 15 回文化廳媒體藝術祭動畫部門部門大賞 [日本]

3. 第 43 回星雲賞媒體部門 [日本]

4. 第 11 回 Sense of Gender-Sisterhood 賞 [日本]

5. Licensing of the Year 2012 in JAPAN 選定委員特別賞 [日本]

6. 第 32 回巴黎書展第 19 回動漫畫格蘭披治大賞最優秀希望賞 [法國]

從女性主義視角看《小圓》

《小圓》主角為五名魔法少女,除了主角鹿目圓父親和弟弟之外,劇中幾乎沒有男性登場。然而,少女的人生並沒有因此擺脫父權的干涉,故事中的父權象徵,是一隻名叫丘比的可愛寵物。牠為五位主角少女帶來希望,也帶來絕望。在傳統的魔法少女故事中,寵物是少女的忠心助手,從不加害少女。丘比的設定,完全顛覆了魔法少女故事的傳統。

丘比坦言,牠來自外星文明,自己前來地球,是為了尋找少女,與之訂立契約。只要少女許願成為魔法少女,她們的願望就能實現,並且她們將擁有魔法,可與魔女對抗。

然而,真相並非如此美麗,當少女成為魔法少女後,其靈魂即進入一枚寶石,每次使用魔法,寶石都變得混濁,須要淨化,如無法淨化,魔法少女便走向絕望,最終變成魔女。換句話說,魔法少女的對手——魔女,曾經都

是跟她們一樣充滿希望和夢想的少女。

　　隨着故事發展，丘比不再隱瞞目的，牠對小圓表示，宇宙能量不斷減少，但地球少女擁有強烈的感情，當少女由充滿希望走到絕望，會釋放出巨大感情能量，可以維持宇宙能量平衡，並邀請少女們為宇宙能量的平衡而獻出自己，成為魔法少女。

▲ 靈魂寶石．作者藏品攝影

　　丘比續說，歷史中很多光輝一時的女性，例如埃及艷后（Cleopatra）和聖女貞德（St. Joan of Arc），都曾經是魔法少女，最後因靈魂寶石無法淨化而成為魔女，走向其悲慘的結局。

　　埃及艷后與聖女貞德都在政治鬥爭中失勢而亡。傳說埃及艷后落入屋大維手中，以蛇毒自殺。聖女貞德則是成為英法戰爭中的棋子，最後被國家遺棄，遭英軍以魔女罪名處以火刑。

　　父權社會，素來把女性視為工具，從屬於男性，用完即棄，強調其工具性，無視女性自身的主體性。丘比象徵父權，在牠眼中，少女自身、少女的眼淚、少女的希望和少女的絕望感情，都是單純為了獲取宇宙能量的工具。按照丘比的算盤，小圓、小炎、麻美、杏子和沙耶加的遭遇，亦將像貞德和埃及艷后的命運一樣，被人用完即棄。丘比的想法，與日本傳統父權思想同出一轍，前者為了獲取宇宙能量，後者為了獲得女性的生育力與忠貞，兩者都是把少女當作達成一己目的之工具。

▲鹿目圓與丘比．作者藏品攝影．Setting 謀算與不屈

　　小圓問：「好過份，難道你沒有感情嗎？」丘比答道：「我們是沒有感情的生物，如果有，我們早就拿自己來製造能量，毋須來地球找你們了。」丘比續道：「魔法

少女的犧牲不是沒有價值，假如你想通了，願意為這個宇宙犧牲，就告訴我吧！」

福柯（Foucault）在《規訓與懲罰：監獄的誕生》一書，論述了人類進入啟蒙時代之後，以現代理性和人道主義之名展開了知識權力的統治，把一切置於科學的眼之下。丘比的話語就是一種知識權力統治，把地球上的少女全部當成研究對象和可資利用的客體。

西蘇在分析父權制的二元思維，指出在父權統治之下，「頭腦－情感」、「概念－感覺」和「理念－哀婉」三組對立關係中，男性都被定位在左方，女性在右方（Cixous：115）。丘比的說話充滿理性，站在這三組對立關係中的左方，是男性的位置，少女感情波動，不重視理念，位於右方。在丘比充滿理性和雄辯滔滔的說話面前，少女失去話語權，無法反駁，但心裏卻無法接受這種以理性架空一切的話語。在本作中，丘比代表了以全新現代理性姿態出現的父權形象，比封建時代的父權更難擊破。

少女自己的選擇

故事另一名魔法少女曉美炎，多次阻止小圓接受丘比的契約。小炎來自未來，她曾經受恩於小圓，她知道丘比的目的和魔法少女的最終命運。在故事中，小炎毫不猶疑地開槍射殺丘比，但丘比殺不死，牠死了之後，新的丘比又會出現，並把先前自己的身體吃掉，然後繼續實行一直以來的計劃。這樣的丘比，象徵

▲ 圓與炎．作者藏品攝影
＊只有處境相同的少女們，才能無條件互相依託。

了社會的父權制度和理性話語無法消除。小炎對丘比的不死屬性心知肚明，她對丘比開槍，大概只是為了把丘比和小圓暫時分開而已。

起初，小炎是最弱的魔法少女，連戰鬥的方法也不會，但她曾經許願，

渴望回到過去保護小圓，因此獲得操作時間的魔法。小炎在終末之日無數次目睹小圓變成魔女或戰死，然後一次又一次讓時間逆流，回到過去，阻止小圓變成魔法少女，卻一次又一次失敗。她變得成熟、富有經驗，同時愈來愈絕望、孤單。她這麼做，只因為小圓是第一位給她溫暖的朋友。她說：「救出小圓，是我在迷失時空裏的唯一路標。」小炎曾把真相告訴大家，但沒有人相信她，直到麻美戰死，沙耶加陷入絕望，變成魔女。於是，她決定單獨戰鬥，不再倚賴他人。

　　故事的終末，小圓選擇成為魔法少女，她的願望，是讓歷史上所有魔法少女免於絕望，在成為魔女前就得到救贖。丘比評價，這個願望違反邏輯，

如果願望達成，小圓將會變成主宰世界的一個邏輯理念，不再是人類。最後，小圓改寫了歷史，自己成為理念而消失。她讓所有少女們生活在一個毋須為絕望折磨的世界，因為小圓把自己變成了一個定理，保護着世界裏的每一名少女。這是一個少女以自己的存在，取代父權，換取歷史管理權的大膽故事。

▲《魔法少女小圓》劇場版，MEGAMI MAGA-ZINE，DEC 2012（学研）·作者藏品掠影·Setting 隨意工作桌

《小圓》與《花物語》

　　《魔法少女小圓》故事所採用的藝術意象，與百年前的少女文學《花物語》異常相似，可說是繼承了少女文學的衣缽，以動漫形式將之發揚光大。

▶ 保護·作者藏品攝影·Retouch & Setting 焦點曉美炎

少女意象

　　《小圓》與《花物語》所呈現的少女意象，是相通的。少女意象的主要表現，是女孩子不願長大，不想接受成人後的現實生存，渴望永遠停留在最美的少女時光，因為與姊妹一起的時光最快樂自由。在《花物語》故事裏，少女不願畢業，不願嫁人成為人妻。在《小圓》故事裏，小炎不斷使時間逆流，無數次回到過去，迴避絕望結局。至於小圓，則為了所有的少女，自願化為理念，永遠保持少女的姿態。兩人都拒絕接受丘比的安排，不願成為工具為宇宙能量犧牲自我。其實，宇宙能量論與良妻賢母論同出一轍，都是父權代言人單方面為少女所決定的命運，這種命運對少女來說，沒有未來。無論是一百年前的《花物語》少女，還是如今的魔法少女，都不願讓時間前進，拚命迴避父權社會為少女訂造的絕望人生。

少女愛意象

　　《花物語》幾乎排除了女性與男性的所有關係，因為在父權社會的安排下，少女無法與作為婚姻對象的男性溝通、相愛，他們只是負責在家裏轄管自己的另一個可憐人而已，只有在處境與自己相同的女性，才值得依託感情。在《小圓》故事裏，五名魔法少女面對相同的絕望處境，只有同為

▲ 學園少女愛．PUBLIC DOMAIN/ パブリックド メイン Q

魔法少女的另一個人，才能明白自己，彼此扶持。在故事中，除了小炎與小圓之間不渝的愛，還有杏子和沙耶加殉死的愛，並有麻美因為孤單而渴望得到學妹支持的感情。

表九　《魔法少女小圓》的超越性意象

意象	超越對象	超越形式
少女（魔法少女）	功利計算下只有特定用途的女性角色規範（提供宇宙能量）	拒絕讓時間前進、自己成為理念、哀嘆命運難以迴避，否定只講工具理性的父權制度。
繭（少女間共享的美好時光）	絕望之日、美好時光結束的日期（魔女之夜）	讓自己一直留在與姊妹相交的愉快時光。
少女同性愛（百合）	無法以感情溝通只講工具理性的社會（丘比與魔法少女之間的工具關係）	向處境相同的女性夥伴尋求慰藉與交流，表示對只講工具理性的社會的否定。
傷感（魔法少女的悲傷命運）	無感情的理性論述（丘比的科學理論）	父權社會以工具理性為一切關係的評量準則，是一種主客對立關係，理為主，人為客。相對地，少女在工具理性之外用傷感溝通，成就彼此同為主體的主體間性關係。

繭意象

在《花物語》裏，包圍少女的繭就是學校，學校是少女成為良妻賢母之前，得以自由編織美夢的地方，女子教育使她們獲得了一段延期償付、可以暫時忘記現實社會責任的寶貴時光。在這段有限時光之中，她們暫時獲得了自由，這也是她們不願意長大和畢業的原因。在《小圓》故事裏，五名魔法少女相遇的時光，也構成了繭。這段時光，在敍述上，是由小炎在醫院醒來開始，終結於魔女之夜戰敗之時，是魔法少女們僅有的自由時光。魔女之夜，是極為強大的魔女。丘比説，只有擁有特殊天賦的小圓成為魔法少女，才可能戰勝魔女之夜。換言之，魔女之夜是丘比誘使小圓變成魔法少女的皇牌。相對地，對小炎和小圓來説，魔女之夜即是殘酷的畢業禮，是絕望的結局。

故事結末，小圓又把自己封入另一個繭，她祈願魔法少女免受絕望，自己成為了「圓環之理」，不再受時間拘束，隱藏在宇宙之中守護朋友，連宇宙也成為了繭。所謂繭，就是讓少女迴避現實與絕望的地方。

悲劇與傷感

在《花物語》裏，作者用眼淚和敍情性美文表現傷感，作為對現實命運的否定。在《小圓》故事裏，麻美死在魔女手上，沙耶加靈魂崩潰淪為魔女，杏子殉死，小圓與小炎不斷迎來絕望結局，悲劇情節接二連三，故事中段情

節被評為高度致鬱，令粉絲特別難受。悲劇推動反思，使人開始對丘比口中那種不可辯駁的理性論述心生質疑。無論如何，少女故事愈是傷感，觀眾讀者愈是不離不棄，原因只有一個——觀眾讀者在少女身上看到自己的命運，而少女在故事中的掙扎，為觀眾指出了超越人生困局的可能性。

除了以上四個主要意象之外，在《花物語》裏，父權沒有被形象化，有如《哈里波特》故事裏的「那個人」一樣被忌諱着。那個無法逃避的婚姻和規範森嚴的家，依然等候着少女的長大。相對地，《小圓》製作人把父權理性話語形象化，將之幻化成寵物丘比，使少女在故事中直接地與父權力量對話，經歷受騙、覺醒、威脅和掙扎，最後堂堂正正地超越它。

由於時代改變了，《小圓》不再像《花物語》那樣針對良妻賢母、婚姻等父權形式，但這不代表父權消失了。在故事中，父權以無可辯駁的理性形式，在故事中化為一隻不死的外星生物登場，牠雖然擁有可愛的外表，卻是支配少女的命運的存在。時代改變了，少女的命運沒有被改變，於是《花物語》所揭示的少女愛，跨越了一百年時光，以另一種形式登上《小圓》的故事舞台，為我們指出超越當代全新形式父權束縛的方向。

無論是《花物語》還是《小圓》，故事所帶來的悲哀，是對父權制度形而上的否定，不是現實上的否定。值得注意，少女雖然拚命掙扎，拒絕現實社會賦與的枷鎖，但她們並沒有破壞社會的規則，使少女得以與現實社會並存。到了結末，小圓找到了超越對立的第三方案，就是自己成為圓環之理，規定所有魔法少女化為魔女之前必然回歸於她，不再產生能量。這個做法，把丘比獲取宇宙能量的手段無效化。奇妙地，世界改變了。丘比失去了獲取能量的手段，少女的工具性隨之消失。丘比暫停了所有計劃，不再與魔法少女對立，產生了小炎與丘比繼續共同作戰的世界線。原來，只要少女的利用價值消失，工具關係消失，少女與父權即毋須繼續對立，甚至可能成為夥伴。所以，《小圓》故事最終所否定的，其實是那種形而上的主客對立關係，而不是父權。故事中的審美，超過了世上任何一種僵死的意識形態。

可惜，在後來的電影版中，丘比知道了圓環之理的秘密，再次扭盡六壬，想法子利用少女，對立又再發生。

新生審美理想

　　筆者把《魔法少女小圓》故事的審美意象及其功能特性列於表九。基本上，作品中的意象在結構上與《花物語》幾乎相同。唯一不同處，是超越對象的改變。《花物語》的超越對象十分具體，少女讀者心裏都清楚知道那是甚麼。具體來說，就是當時父權制度為女性安排的婚姻制度和良妻賢母角色規範。然而，《小圓》的超越對象，在現實社會沒有特指，現實社會不存在所謂的宇宙能量平衡問題，而丘比的理性說辭無可辯駁，卻剝奪人的自由。這樣的一種理性壓迫，是大家都經歷過、卻難以說出來的遭遇。這種共同遭遇，來自流行於社會的、無處不在的、怎樣都無法抹消的工具理性。「我不理，按照某個原則，你必須……」這樣的說法沒有誰不曾聽過，也總是讓人無法反駁。而且，這種權力所約束的，也不再限於女性，而是社會上的多數人。筆者相信，這是兩性受眾都為《小圓》所吸引的原因。

　　為了稍稍確認《魔法少女小圓》在兩性之間的接受程度，筆者曾於 2015年 3 月 10 日在日本動畫公開評論網站《動畫收集》的《魔法少女小圓》條目留言版檢查了首 33 名留言者的性別，發現其中 19 名報稱男性，8 名報稱女性，2 名報稱其他性別，4 名沒有標示性別。報稱男性的留言者約佔 57.6%，男女比例約六比四（あにこれ a）。可見《魔法少女小圓》之核心粉絲包羅了男女兩性，似乎稍微偏向男性，但性別偏向情況不算突出。

　　當代日本青年男性的生存處境，本書在第四章討論過。社會強調男性必須參與功利的競爭，長時間勞動，他們一但進入社會工作，就要長時間參與

▲ 五人之魔法少女・作者藏品攝影・Setting 戰鬥之姿

301

少女審美

伍之光

異化勞動。為此，看見動畫中少女拚命地與理性世界抗爭，即使是男性觀眾，也會產生共感，感受到自己的命運與五位魔法少女相同。

父權制度從來沒有消失。今日，父權制度變貌，變得比以前更加抽象、無形、難以辨識，只有以哲學的語言才能將之揭示。德國法蘭克福學派學者哈貝馬斯（Habermas）指出，我們的生活世界被系統侵蝕。他所講的生活世界，其實就是人的自由生存領域，在其中人們自由交談，自由建立關係，只要彼此認可，就是合理。系統則是只講工具理性、不講人情的現實生存領域，系統總是合理的，但總是對個體的自主想法視若無睹、置之不理，束縛並壓抑着人的個性，使人喪失主體性，淪為客體。系統奉行的理性，不是來自人們彼此商議而獲得之理，因此往往只是片面有理。此理雖然片面，卻往往被認為是至高唯一之真理。

來自少女文學的百合，在ACG文化裏建構出一種逸脫

「出會」，然後互相理解……

在動漫中，達致理解的其中一種常見方式，出乎意料是戰鬥。

日本人有一個詞語，稱為「出會」（出会い），漢語中最接近的翻譯是為「邂逅」。日本人有一種想法，認為只有經過「出會」，才能真正達致人與人之間的理解。所謂「出會」或「邂逅」，重點是親自經歷、親自感受，若非如此，人與人之間的認識算不上深刻。正因為「出會」是深刻的人情，富有文學價值，以「出會」為名的日本語小說，不在少數。

翻查日本語詞典，可見「出會」有多重意思。在男女情人的場合，「出會」解作密會，密會之男女雙方通過親密接觸，能夠互相理解。然而，「出會」也有用於戰鬥的場合，意思是兵刃相向，決一勝負。換做漢語，就是所謂「不打不相識」。正因為互相攻擊，雙方都用身體，在傷痕中強烈地感受到了對方的戰鬥意志，因而達致了互相的了解。

在動漫中，「戰鬥」的美少女，為甚麼那麼吸引人呢？純粹因為她們很帥？相信不止如此。「戰鬥」的美少女，能讓人感受到她們不屈的意志。在戰鬥中，她們也能體會到對手的意思。除了《美少女戰士》，《魔法少女奈葉》是另一個有名的戰鬥美少女系列故事。故事中的少女們，每一位都傾盡全力磨煉自己的魔法和武術，以便在戰鬥中與他人「出會」，然後互相理解。在激鬥過後，在痛苦與眼淚之中，達致理解、愛與歡笑，是始終貫徹《魔法少女奈葉》的主題。

在現實中，社會強調「和平非暴力」，

少女歷史
日本 ACG 萌文化
哲學筆記

這是對的。但在文藝世界，卻不一定是對的，因為「和平非暴力」對人構成理性約束，奪去了人與人之間通過戰鬥感受他人內心意志的機會，不利於人與人互相理解。「和平非暴力」之道德要求，保障了民眾在現實中的人身安全，在現實中必須高度尊重。然而，文藝不同於現實，文藝宛如一個沙盒，在其中發生的戰鬥，宛如虛擬的戰鬥實驗，不會為人帶來現實的傷害。反而，讀者能通過想像世界的戰鬥來體驗深刻的「出會」，達致人與人之間的更充份理解。當然，要獲得這個好處，前提是觀眾們須先學會尊重現實與想像世界之間的界線。若有人不知好歹，把藝術想像不加思索搬到現實，必定釀成災禍。

於現實社會理性束縛（當代理性父權制度）的理想空間，這個空間是我們的生活世界，容許人與自己處境相同的夥伴一起相交往。在這樣的自由空間裏，人才能以自己的方式彼此理解，並為自己的生存賦與意義。走進這種審美理想之中，我們意識到，我們毋須永久受制於現實社會理性的無名束縛，我們的生命，還有選擇。

五、腐女子 Yaoi 文化的審美理想

在第四章，我們提到腐女子。所謂「腐女子」，簡言之就是愛好二次元男男同性愛故事的女子。這一類故事，有各種品類名稱，包括「Yaoi」、「耽美」、「June」、「Boy's Love（BL）」。腐女子群體人數不少，在御宅族圈子中十分活躍，除了閱讀，她們也很積極創作，互相傳閱分享作品。由是，她們也像明治—大正少女文學族群那樣，親自建構了一些只屬於自己的審美標準和理想，說她們形成了一個當代的「腐女子共同體」，並不為過。

前方高能反應……

「前方高能反應」是當前中國宅宅的網絡語言，意謂接下來即將會有激動人心、或恐怖獵奇、或超級雷人、或逆轉性內容的情節畫面，提前提醒讀者，勸喻觀眾做好心理準備，迎接衝擊。講解腐女子文化時，「前方高能反應」這一句提示語十分合用，因為腐女子文化所產生的東西，是脫離了大眾常識

範圍的東西，性描述相當多，而且尺度大膽，必然讓非圈內人士受到衝擊。自問內心比較脆弱的讀者，對於腐女子的東西，迴避一下較佳。若不迴避，在繼續以先，至少也得先戴個頭盔。

▲ BL 通道．作者攝於某腐之領域

＊腐女子東西是自覺的邊緣裏文化，腐物不會置於隨處可見的地方，她們的領域只招待同好，必須迂迴地走進去。

　　一般人走進腐女子世界，所受到的心靈衝擊，是典型的文化衝擊（Culture Shock），又是道德層面上的衝擊。這種衝擊來自文化差距。中日兩國雖然鄰近，兩地文化有相近之處，但相異處也不少。在第一章，筆者曾指出，中日兩地文化劃分自由社會領域的方式不同。在華人社會，公開談論性享樂是禁忌，受到較嚴格的社會道德規範制約，不屬於自由社會領域，但日本人社會接受性享樂，也不太介意公開談論，道德規範較少，因此性享樂屬於自由社會領域。相對地，日本人把較多規範放在家庭，使家變得不自由，但華人社會的家規範卻較少，自由度較高。

　　再者，華人文化素來着重文以載道，關乎性享樂的文學一般歸類於通俗文學，比如《金瓶梅》，不登大雅之堂。但在日本人文化裏，沒有文以載道的包袱，規範較少，故此日本人普遍接受以文字記述性享樂的內容，不會隨便地低貶關於性愛的文學內容。腐女子喜愛的 Yaoi 和 BL，尺度雖然大膽，但在日本人本地文化中，卻是被「默許」的，是屬於自由社會領域的內容。再者，腐女子圈內人都明白自己喜愛的東西，外人未必接受，所以很少公開自己的興趣。她們這樣做，不是因為自卑，也不是因為道德上受到社會的責難，而是為了與他人保持融和關係而已。畢竟，腐女子愛好的東西，有可能讓男生覺得尷尬。

　　基於文化包容的原則，對於關乎腐女子的話題，讀者宜暫時放下自己的道德觀點，抱持海納百川的胸懷來理解。這份包容，是出於異文化之間的互相尊重，是入鄉隨俗式的，是暫時性的，並不等於我們須放下自己原有的道

德標準。另一方面，一直以來，腐女子族群相當自律，她們自己的愛好，並不會走出她們的小圈子境界線，也不會由腦內想像走進現實。基於這種自律，腐女子文化之傳播屬於有序、有節制、含蓄、低調的傳播，不太可能對主流道德文化造成干擾。用大自然事物來比喻，我們大可以把腐女子文化看為如同七星瓢蟲一樣的存在，是一種無害、奇特、可愛的昆蟲。

BL 初體驗

筆者並非腐女子。要理解腐女子，只能先盡量接近她們和她們甘之如飴的東西，借助文獻，特別是腐女子在網絡上親自留下的文字記錄，包括她們創作的小說、繪畫、評論、討論留言等。

為了體驗何謂 Yaoi 和 BL，筆者試讀了網路上一篇由雲乃著作的 BL 日語小說 Blindfold 的初章，獲得以下的初步理解：

1. 作品涉及色情內容；

2. 作品涉及直接的性愛感受描寫；

3. 主角在故事中由異性戀轉向同性戀，感受到不安；

4. 主角為「受」；

5. 故事描述就如一般人對 Yaoi 和腐女子的理解，傾向把人分類為 S（虐待狂／攻）及 M（受虐狂／受）；

6. 第一章描述主角（我／男性）受到年長男性的性愛侵犯；

7. 主角與女朋友有例行性愛關係。

8. 截至 2015 年 3 月 10 日，該篇章的累計閱覽數達到 3,273,446，讀者相當多。

所謂「攻」和「受」，是腐女子的愛用語，「攻」對應 SM 的虐待方，「受」對應受虐方。當然，BL 的攻受性行為可以含有虐待成份，但也可與虐待無關。區分攻受，是作為腐女子的基本常識，也是腐女子樂此不疲的話題。一般來說，攻方在性行為上採取主動，受方被動。腐女子之間有一習俗，就是經常為故事中的男生誰是攻、誰是受而引起爭論，並樂在其中。

大體上，除了主角是兩名男子之外，Blindfold 的內容跟一般的小黃書小

説差別不大，同樣有很多關於性愛行為的描述。不過，雖然 BL 是男男性愛故事，但 BL 並不等同於 Gay（男同性戀）。

BL ≠ GAY

Yaoi 和 BL 是腐女子特有的興趣，它跟百合有點不同。百合愛好者，有女有男，但 Yaoi 和 BL 的愛好者基本上只有女性，在男性讀者之間並不普及，因此腐女子的興趣並不屬於男性，亦不屬於男同性戀者之族群。 雖然愛讀腐女子東西的男生也是存在的，這些男生稱為腐男子，但腐男子並沒有形成可觀的族群。

基本上，Yaoi 和 BL，是女性自己為同類女性創作的內容，兩者都只以女性為主體，是腐女子腦內關於男男同性愛的想像，這種想像不被現實中的男同性戀者所認同。

1992 年 5 月，男同性戀者佐藤雅樹（Satou Masaki）去信女性主義雜誌 Choisir，批評 Yaoi 愛好者在男同性愛漫畫中扭曲男同性戀者的形象。佐藤說：「男同性戀者形象在公眾領域愈是混淆，男同性戀者要把這些形象和自己的生活調和就愈加困難，他們所受到的壓迫就愈大。」他直指腐女子窺視男同性愛，就像骯髒老頭看着女同性愛的繪畫流口水一樣難看（Lunsing）。其實，這位佐藤先生對腐女子的指控，並不能改變腐女子的愛好。因為，從她們愛上 BL 的第一天開始，她們早已明白並承認了自己的無藥可救。正因為如此，腐女子才把自己戲稱為「腐」女子。所謂「腐」，意思就是「我們愛好這種東西，還感到興奮，我們腐朽了」。

腐女子東西

第四章提過，腐女子興趣的前身，可追溯至花之二十四年組的少年愛漫畫，例如竹宮惠子的《風與木之詩》和萩尾望都的《托馬的心臟》。基於各種因緣際會，經過演化，日本坊間出現了 Yaoi、BL、JUNE、耽美、少年愛作品並立的情況。專門研究腐女子文化的大坂理惠提出，這些腐女子東西各

少女歷史
日本 ACG 萌文化
哲學筆記

自屬於不同的文類。

少年愛主角多為思春期少年，中性特徵身體，故事舞台多是西方男子寄宿學校，幻想性高；BL 多描述職場男性上司下屬或學校男性教師學生之間的關係；Yaoi 主要是對既有少年動漫畫作品的改編，在腐女子想像中把故事中男孩友誼升級為超友誼的攻受關係，例如把《足球小將》故事中史奈達和林源三想像為一攻一受的伴侶（ふくろう）。

無論是 BL 還是 Yaoi，主角都不是中性，而具有相當明顯的男性特質，故事舞台也較接近腐女子身近的現實世界，因此腐女子所閱讀的 Yaoi 和 BL，縱使與花之二十四年組少年愛漫畫有源流上的關係，但已經演變成一種新的類型，意義或已與前者有所差別。至於 Yaoi 和 BL 之間，縱使兩者性質有點不同，實際上腐女子社群常把兩者相提並論。例如，腐女網誌《柘榴之月》自稱「C 翼の BL・801・女性化等を扱っています」，即「專注於足球小將之 BL・801・女性化等等」。801 是 Yaoi 的諧音別稱，《柘榴之月》把 BL 和 Yaoi 緊密並列，反映 BL 和 Yaoi 之間具有很大的相似性，卻又不完全相同。

Yaoi（やおい）奧義～三無

BL 即 Boy's Love 或男孩愛。作為文類標籤，BL 已經很充份說明了腐女子的愛好。那麼，腐女子為何仍然捨不了另一個標籤 Yaoi 呢？明明 Yaoi 和 BL 並沒有很大的差別，兩者都是腐女子想像中的男男攻受故事。

腐女子無法捨棄 Yaoi 的標籤，原因在於只有 Yaoi 一語，才能真正點出腐女子喜愛 BL 的真正理由。這個理由，跟 Yaoi 一語的來由有關。Yaoi 日語原詞為やおい，目前並沒有恰當對譯之漢詞。やおい一詞，可追溯至 1979 年坂田靖子等人的漫畫同人社社刊《らっぽり～やおい特集号》（Rappori～Yaoi 特集号）（《やおい／801 その語源と定義》，同人用語）。やおい是該刊作者自創的新詞，又是合成詞。や（Ya）即是山（高潮），お（O）即是落ち（結局），い（I）即是意味（意義）。三個假名合起來是やおい（Yaoi），取的是反面意思，代表「沒有高潮（やまなし）」，「沒有結局（おちなし）」，「沒有意思（いみなし）」，筆者姑且譯之為「三無」（意譯）。換言之，

Yaoi 含有自嘲的意味，相當於周星馳電影的「無厘頭」。

雖然有的 Yaoi 作品並不是真的三無，但這個自嘲還是被腐女子沿用下來。說到自嘲，「腐女子」這一稱謂本來也是 BL 愛好者給自己起的自嘲式稱謂，意思是「為這樣的興趣感到興奮的我們腐朽了」。可以這樣說，Yaoi 一語是腐女子的自我認同，是重要的生存策略，所以不能捨去。

採用一般常識，無法說明 Yaoi 和無厘頭為何受歡迎，因為 Yaoi 和無厘頭都是審美體驗，只能以哲學或美學的語言說明。Yaoi 和無厘頭不但是審美體驗，而且屬於肯定性的審美範疇，態度是最高的包容。為何這樣說呢？就連無厘頭、沒有高潮、沒有結局、沒有意義的東西都能接納，讓人心情舒暢，無拘而自由，開懷大笑，這不是包容又是甚麼呢？高雅藝術，通常要求故事「有厘頭」、「有高潮」、「有結局」、「有意義」，十分強調理性。高雅藝術雖好，但要求太多，也會在不經意之中給人造成了束縛和壓迫，使人透不過氣。Yaoi 和無厘頭恰好相反，對理性提出質疑，加以解構，較為靠近幽默、詼諧、喜劇等審美範疇，屬於通俗藝術。通俗藝術與高雅藝術相反，特色是拒絕規範，使人作為審美主體獲得釋放，感受到舒暢自由，再而開懷大笑。

腐女子幻想 BL 的故事時，不要求高潮，不要求結局，不要求有意義，這樣的 BL 擺脫了任何藝術規範。沒有規範，就沒有專家。沒有專家，就沒有人能對腐女子的愛好指指點點。換言之，Yaoi 和 BL 是解構的審美體驗，自帶權威抗性，是絕對自由、不受約束的幻想世界。在 Yaoi 內，唯一被滿足的只有腐女子自己。

曾經寫過 Yaoi 小說的日本女性科幻小說作家大原真理子曾在一個訪談這樣說：

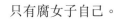
◀ 左：大空翼（戴志偉）／陳列品，作者攝於香港；右：《足球小將》卡牌，作者藏品攝影

＊男子與男子之間的友情故事，在一般男孩子觀眾和腐女子眼中，有着截然不同的色彩。男兒勵志故事，像《足球小將》，往往是 Yaoi 愛好者的靈感泉源。

我開始寫作 Yaoi，不是模仿他人，而是作為一種敍述的需要（那些日子，我們只把這種小說稱為同性戀小說），把我想像裏的性愛描寫出來。也許，我無法享受約定俗成的色情作品，那是為男人寫的；我對它的父權形式感到不耐煩。這是為甚麼我禁不住創作一種新風格的性愛。而我不是唯一一個這樣想的人。是女性的急切需求在日本和其他國家同時產生了 Yaoi 小説。（McCaffery）

　　大原真理子的講法，解釋了為何腐女子愛好的是男男而不是男女的性愛，因為在父權至上的日本社會，男女性愛故事已是男人的專利，男人把過多自己的想法注入了男女的性愛故事之中，令腐女子難以認同那是屬於她們的東西。腐女子知道，社會上現有的那些男女色情的故事，不是自己的東西，所以她們自己創作自己的色情東西，也就是 Yaoi 和 BL。女性創作 Yaoi 和 BL 故事，源於女性對性愛想像的自由表述需求，這種需求簡明而直接，毋須有章法、劇情，毋須有意義，只要能想像兩名帥哥玉帛相見互相纏綿，一攻一受，時而攻受互換，那就可以了。

腐女子是長大的少女

　　腐女子族群的形成，大約在 1980 年代末。大坂理惠指出，Comiket 同人誌的 Yaoi 作品於 1988 年起急增（10-11）。1980 年代末，日本社會轉入消費年代後期、互聯網開始普及、動漫作者、內容和受眾開始泛化。

▶ 王室教師海涅・月刊 G FANTASY，AUG 2019（Square Enix）・作者藏品掠影・Retouch & Setting 浴室

＊日本人愛好共浴，男子共浴十分平常，但在腐女子眼中，男子共浴插畫絕對是恩物。

其時，原本那一批愛讀花之二十四年組少年愛少女漫畫的讀者，往哪兒去了呢？答案——她們長大了。換言之，不願長大的少女，始終得面對長大了的自己，包括面對自己成熟後的性需要。不過，年代改變了，家制度不再在民間流行（上流社會例外），女高中生畢業後，其中不少選擇遲婚，先做幾年 OL 享受一下自由生活，她們比明治—大正少女擁有更長的延期償付自由時光。我們可以想想，這些拒絕立即結婚的成熟少女，會怎樣享受自己的 OL 自由時光呢？毫無疑問，她們其中有一些人，選擇了腐女之道。少女時代所讀之少年愛漫畫，曾經向她們啟示了生存的另一種可能性，如今她們可以全心全意往腐的方向繼續享受了。

1990 年代，日本社會晚婚化、少子化。據日本厚生勞動省資料，日本女性 1975 年平均初婚年齡 24.7 歲，至 2000 年平均年齡延至 27 歲（男女共同參畫局）。再看看 Comiket 同人社團的主要年齡層，據大坂理惠資料，剛好是 20-30 歲間的女性（10-11），可以推斷腐女子多為畢業後暫時不結婚的日本女性。

在腐女子浮出社會面的 1988 年前後，比少女漫畫有更多色情描寫的女性漫畫突然增加。1980 年，日本市面僅兩份女性漫畫雜誌流通。1991 年，女性漫畫雜誌增加至 48 份。大城房美說，少女漫畫雖然能讓女性挑戰社會既定的社會性別角色，但少女漫畫無法觸碰少女的性慾，女性漫畫則沒有這個限制。女性漫畫能讓讀者直接面對自己的身體和性慾。一般色情漫畫為男性而設，女性被描寫成客體，無法給與女性滿足。但在女性漫畫的性愛描寫中，女性反過來成為主體，男性成為客體。不過，女性漫畫始終是異性戀的東西，無法逾越那個像魔咒一樣的結局——結婚。因為是異性戀的故事，女性漫畫故事中的性愛對手，依然是男性。當故事推進至結局，一般是戀愛成功，男女主角結婚收場。然後，女性的處境又回到家庭主婦（良妻賢母）的原點（Ōgi）。我們記得，少女文學、少女漫畫的出現，本是為了超越父權制度的良妻賢母規定。女性漫畫的一切內容都非常貼合女性讀者的口味。可惜，結局例外。女讀者漸漸發現，女性漫畫不是她們所渴求的那一杯茶，於是她們開始自己畫漫畫，自己製作了 Yaoi 和 BL，並因此腐起來了。這一些男男性愛故事，不會有結婚的結局，保證不會讓她們走回頭路，可以讓她們永遠地

忘記「良妻賢母」的咒縛。

　由此，我們可以把少年愛少女漫畫、女性漫畫和 Yaoi ／ BL 的出現，視為一個發展過程的各個階段，其主體不是別人，而是活在 20 世紀末的日本女性。

　整幅歷史圖畫是這樣的。首先，步入 1990 年代，第一代少女漫畫讀者長大了，步入 20 至 30 歲之年，無論她們如何憧憬少女漫畫的審美理想，她們自己的身體和處境在現實中已經不再是少女，她們需要比少女漫畫對自己有更切身意義的東西，少女漫畫開始無法滿足她們。

　於是，她們嘗試在女性漫畫尋找性愛的想像，奈何女性漫畫是異性愛的東西，女性漫畫總是在結局部份把她們出賣，把她們送回婚姻的現實裏去。雖然戰後日本婚姻已經比戰前的婚姻自由，而且家庭主婦有權支配全部家用，但家庭主婦的責任仍然很大，並不自由。結果，長大的少女認為，既然別人不能畫出我所需要的漫畫，就自己來畫。她們又決定，這種漫畫一定不能有結局，結婚的結局她們受夠了。除此以外，這種漫畫也毋須有意義和高潮，因為她們受夠了所謂有意義、有高潮的故事，那些意義都是男人的想法，高潮是男人的高潮，不是她們能夠充份享受的高潮。故事中也不要有自己存在，即毋須有女性角色，把女性角色放進故事，只會讓她們想起女性在別的故事中，是如何被男人們胡搞，一點也不好受。最後，日本女性再次憑着自己的幻想，用自己雙手建立了一種不屬於他人、只屬於她們自己的藝術形式。儘管這種藝術有點古怪，外人也不明白，但這種藝術卻是她們自己經過幾十年的摸索所獲得的至寶，十分貴重。這個至寶就是 BL 和 Yaoi ！

腐女子的邊緣自覺

　腐女子以自嘲作為生存策略，是為了調節自己與主流社會的關係。她們自稱「腐」，又指自稱其愛好「沒有意義」，反映她們強烈意識到自身的邊緣性。她們明知，外頭的人必定認為她們有點不正常。不過，這份愛好雖然不正常，但卻為日本社會所「默許」，同時又能滿足她們的心靈追求。

　腐女子的邊緣意識，可見於腐女子網誌上常見的免責文。前面提過的腐

女子網誌《柘榴之月》，免責文這樣寫道：「意味のわからない方、嫌いな方は読まないことをお勧めします。」（如果看不懂，或者感到嫌惡，請不要讀下去。）另一個腐女子網誌《貓頭鷹之城》清楚寫明：「男性同士の戀愛描寫がございます

▲ 年齡限制，作者攝於某腐之領域
＊年齡限制之封條，是一道二次元境界線。

ので，苦手な方や、そういった嗜好で無い方は御遠慮ください、お好きな方は、楽しんで行ってくださいね☆」（含有男同性戀愛描寫，不喜歡者，或沒有這個嗜好者，敬請止步，同好請進入享受）（ふくろう）。在這些免責文背後，彷彿有一道界線，劃分了兩個世界，逾越這條線，就是另一個嶄新而令人意想不到的世界。網誌主人心知肚明，世人對自己這份興趣的觀感，是兩極化的，要麼是同道中人，好東西可以一同分享，要麼是嫌惡自己的人，謝絕參觀。嫌惡腐女子興趣的，一般會是哪類人呢？最有可能是男性訪客，看着腐女子幻想自己肛交，一般男性都會不舒服吧？

Yaoi 有所謂的男男配對，以「×」為記號，例如「史奈達 × 林源三」（《足球小將》），即是史奈達攻，林源三受。Yaoi 慣常的性愛場面流程是，攻方引導受方射精，然後插入受方肛交（中島：28）。不過，性愛關係可以有多種變化或可能性，如果較年輕一方做主動，稱為年下攻，如受方強作傲慢，稱為女王受（堀：222，236）。《現視研》描寫一群大學御宅族的日常生活，當中幾名腐女子主角，興趣就是「妄想」，身邊男社員無不成為她們的妄想對象。作為腐女子的男性友人，必須包容她們這種興趣，明白她們不存惡意。

腐女子很小心地保持自己與主流社會的距離和關係。她們不介意被視為邊緣，正因為位於邊緣，她們才能找到自己的自由王國。換言之，Yaoi 之於腐女子——長大後的少女，是繭的延續，這個繭容許她們以另一種方式編織自由之夢。

Yaoi 並非復仇

關於腐女子為何喜好 Yaoi，在論者間有兩種說法。第一種說法指，腐女子想要借助 Yaoi 創造男性身體，成為她們的慾望對象，把男性置於客體位置（Russ）。第二種說法指，男同性愛作品能讓讀者實驗各種性愛的可能性，可以扮演主動的情人，也可以扮演被動，或者兩者一同扮演，她們可以自由敍述故事，建構或解構性別，讓文本開放，加入女同性愛角度的新詮釋，讓女性能夠從父權制度、性別二元論和異性愛規範中解放出來（Welker 2002；Welker 2006 Spring）。第一種說法，似乎是認為 Yaoi 是對男性的復仇，要男性身體反過來變成客體，任由女性玩弄，報復一般父權色情刊物把女性當作客體玩弄。第一種說法則主張 Yaoi 只是自由的想像，故事中的男性身體只是女性想像的延伸。女性在享受 Yaoi 的同時，時而成為攻方的男性，時而成為受方的男性，完全擺脫社會上約定俗成的異性愛規範，讓女性主體的性慾意向隨意流動，不受任何限制。

存在主義哲學家薩特曾對人的性愛行為做過反思。他說，情慾使他人的身體肉身化的企圖，把他人的身體化為己有，但愛撫的關鍵不在於獲取別人的身體，而是把自己的身體靠上，自己的胳膊變成沒有生命的東西一樣靠在女子一側。他注意到，為了讓對方的身體肉身化，自己的身體也得肉身化（490-491）。換言之，人類的性愛行為，本來雙方皆互為主體，又互為客體，不存在主客之別，是主體間性的關係。所謂互為主體，意思是雙方皆呈現出自己的慾望。所謂互為客體，即是雙方都必須像客體那樣為對方所把握。不過，日本社會的一般色情故事出於男性視角，大多過份強調男性的主觀慾望，忽視了女性的慾望，又過份強調了女性身體的客體性，忽略了男性身體在性愛中也具有客體性。這種色情故事的套路，並不適合女性受眾。反而，在腐女子的 Yaoi 幻想中，兩名男角色的攻受關係可以自由變化，互相交換，反而在形而上的層次更加接近人類性愛的本來面貌。

第一種說法把 Yaoi 男同性愛視為主客關係，因為有關的論者已在觀念上深陷在傳統異性戀色情故事常有的主客對立套路之中。在性愛中把對方的身體肉身化，並佔為己有，只是性愛的其中一面，不是全部。這種套路，永遠

只有一種劃一的模式——男性射精，女性被征服，然後完結。然而，Yaoi 的性愛超越了這種單一模式，脫離傳統異性愛常規，男男攻受關係在腐女子的自由想像裏，有無窮變化。攻與受，並非單純的主客對立，無論是攻方的慾望表述，還是受方感受和反應的表述，都具有充份的主體性。SM 的 M，不是單純代表受虐，而是代表渴望受虐，兩者不可同日而語。單純受虐者，意志被無視，是客體。渴望受虐，渴望自己的身體為對方擺弄，則是一種主觀的慾望，具有強烈的主體意志，是主體。然而，渴望受虐者不一定如願似償，因為對方可以拒絕施虐，或回以無視與冷漠，使渴望受虐者失落。因此，渴望受虐者雖是主體，卻不是至高之主體，而與對方互為主體。總之，在自由想像的性愛故事中，人可以好好體會人與人之間的主體間性關係。

筆者認為，第二種說法較為可取。在 Yaoi 故事裏，男性的身體只是女性想像的延伸，女性並非要為了復仇，把現實中的男性反過來搞成客體。腐女子在網誌上貼上「敬請止步」的免責文和提示語，對訪客提出勸喻，表示腐女子顧慮他人的想法，反映了她們對男性訪客的尊重。

一方面是社會默許，另一方面腐女子自身保持邊緣自覺，小心而認真地對待妄想與現實之間的界線，反映日本社會中主流文化與邊緣文化之間互諒共在，構建了一種暫時的主體間性關係。

腐女子東西的審美理想

說到底，腐女子東西裏的審美理想是甚麼呢？

腐女子的愛好很奇特。日本人社會容許色情話題，色情從來不是禁忌，但主流的色情故事是由男性定義的，充滿了男性權力。腐女子在 Yaoi 和 BL 中追求的審美理想很簡單——超越男性社會所定義的色情，參與一種由她們自己親自建構的自由色情想像。

六、當代日本少女可愛文化之審美理想

百合、男裝麗人、Yaoi 等等，是日本女性在父權主流文化下產生的審美形式。沒有日本式的父權文化，這些審美形式也許就不會出現。

不過，日本少女自身有另一種獨特的審美形式，與父權社會壓迫關係不那麼大，那就是「可愛」。日本少女對「可愛」

▲鬆弛熊家族 / 陳列品・作者攝於香港・Retouch 色彩增強

事物之狂熱，已然形成了主流的消費文化，又融合在 ACG 文化之中，通過全球化傳播到海外。

ACG 文化最中心的審美範疇是「萌」，「萌」主要用來形容「可愛」的少女。因此，「萌」與「可愛」關係非淺。然而，「萌」和「可愛」的歷史起源並不相同，因此它們也不完全是相同的東西。「萌」產生於御宅文化，「可愛」則直接來自日本少女文化。可以這樣看，「萌」和「可愛」是海上兩股遙相呼應，卻又保持若干距離的強力低氣壓，互相牽引，兩者間沒有清晰界線。它們各有自己的中心，既獨立，又互相相連，甚至局部地重疊着。

「可愛」全球化

「可愛」是日語「かわいい（Kawaii）」的漢

▶美少女戰士西粉 Cosplayers・CC BY-SA 2.0-2014 ActuaLitté/WIKIMEDIA COMMONS

＊《美少女戰士》西傳為西方人士帶來了萌之啟蒙。

語意譯，音譯則可寫成「卡哇伊」，在英語「かわいい」一般對譯為「Cute」。

　　日本國內和西方很多論者，早就注意到日本少女可愛文化的全球化風潮。下面是兩位日本論者的觀察和想法。

　　　　包含日本的可愛文化的潮流文化，因為互聯網及 Youtube 等的普及，一瞬間超越國境，在世界中廣布，抓住了年輕人的興趣和關心。～會澤まりえ、大野実

　　　　如果不是美少女水手服戰士世界大熱，猜想今日「可愛」概念可能不至於如此輕易地滲透到世界各地的女孩身上⋯⋯～櫻井孝昌（94）

　　　　另外，一位西方論者如此評價日本的可愛文化：

　　　　可愛。因為這詞幾乎出現在日本女孩的每句說話裏，這通常是（海外）動畫粉絲學會的第一個詞語。這可能是日本最常見的一個單詞，女孩之間恆常發出「卡哇伊！卡哇伊！」的尖叫，為了形容幾乎所有事物，有時令人嘔心。～ Galbraith（116）

　　通過以上論說，我們大概可以認識到關於可愛文化的幾個情況。第一，日本少女的可愛文化已傳播到西方社會，已經全球化了。第二，可愛文化先融合在 ACG 文化內。第三，可愛文化直接體現於當代日本少女的日常審美生活，日本女孩對各種各樣的可愛事物產生瘋狂反應，形成一種讓西方人士感到詫異和驚奇的城市景觀。

甚麼東西算得上「可愛」？

　　在日本少女文化中，並非任何東西都能稱為「可愛」。根據《無論如何想用英語傳達的日本事情 100》一書的說法，「『可愛』的語義接近英語的『cute』與『pretty』，常用於形容小狗、

▲可愛忘我．PUBLIC DOMAIN/GAHAG．Retouch 日語設計對白

嬰兒或細小的花，對女孩來説，任何可愛或對她們特別的東西都可用『可愛』來形容」（山久瀨等：245-246）。另一個説法是，「凡細小之物、有些地方感覺親愛、或者幼小之物，皆稱為『可愛』」（四方田：18）。由小狗、嬰兒與細小的花這三種事例去理解，「可愛」具有弱小的特質，而且因為弱小，女孩們可以去愛它，因而感到可愛。

從事服裝配搭研究的古賀令子，著有《可愛之帝國》一書。她從少女服裝文化的角度講述了少女文化中「可愛」的內涵，認為「可愛」有如下素質：

1. 「可愛」是把「未成熟」作為愛好的審美意識；
2. 「可愛」時裝具有裝飾指向性；
3. 「可愛」是日本文化對迷你事物產生興趣的那一部份；
4. 「可愛」是女孩子特別的價值觀；
5. 「可愛」是日本高度消費文化的象徵建構物；
6. 「可愛」是「去敬」的平面價值觀；
7. 「可愛」是逸脱重視效率理性的「大人社會」規範的價值觀。

（古賀：203-210）

此外，古賀令子又引述了一些文化工作者的看法，甚具參考價值（13-17）：

可愛的形象，像布偶那樣，又圓，又柔軟的東西，令人感到治癒和安心……～大森美香（劇作家）

人類的 DNA 內，覺得應該保護的東西是可愛的……～石田衣良（小説家）

古賀令子對少女可愛文化的説明，全面、深入而

◀ 忍野忍／西尾維新《物語》系列陳列手辦．作者攝於九州小倉

＊參考古賀令子對於可愛的説明，作者想起了化身成為幼女、原為近 600 歲高齡的吸血鬼姬絲秀忒．雅賽勞拉莉昂．刃下心。吸血鬼公主能力遭削弱，卻取得了「未成熟」的幼女身體，取名忍野忍，獲得了「可愛」屬性。

又獨到。她提到，可愛是女孩子的價值觀，是用來抗衡「大人社會」的價值觀。日本人的大人社會，強調效率、理性、人際間的垂直等級關係。對少女來說，大人社會容不下弱小。大人容不下的東西，她們萌生一種想要保護的母性之心，並稱之為可愛。

在古賀的說法中，有一個特別的詞——「去敬」的「平面」價值觀。由於少女對弱小者的愛護，不分高下等級，因此不是「垂直」而是「平面」的價值觀。又因為這種愛超越了輩份階級，不要求對上級者表示恭敬，所以是「去敬」的價值觀。因此，「去敬」和「平面」不是貶語，甚至是愛的本質。在這一層意義上，可愛文化與百合、男裝麗人和 Yaoi 一樣，是對嚴格的父權社會階級規範的抗衡。不過，可愛文化的抗衡形式比較溫和。感覺上就是，對於弱小事物，大人當嚴父，少女願當慈母，給與保護。

再者，可愛文化根源於傳統日本文化對迷你事物的濃厚興趣。自古以來，日本人不分男女老少，都喜愛細小的東西。時至現代，日本男兒繼承了刻苦、嚴苛、求勝的傳統。那麼，出於兩性分工，日本人傳統上對於細小事物的愛情，就只能留給女孩子來繼承了。

◀ 酣睡中的伊貝／陳列．
作者攝於香港

連醜陋也能包容的母性

一般認為，能被稱為「可愛」的東西，可以很細小，但必然是正面的、漂亮的、可親愛的。不過，日本少女文化的「可愛」，在特殊的情況下，偶然連這個漂亮的框框也一併打破，把愛的對象延伸至需要保護的醜陋之物。

宮元健次曾在《日本的美意識》一書中，指出日本中的「かわいい」一

詞（可愛・可愛い・kawaii），語源上與另一詞語「可哀想」（かわいそう・可哀想・kawaisou）關係密切。「可哀想」意思是「看起來很可憐的樣子」，讀音與「看起來很可愛」完全相同。宮元説，「可哀想」產生「可愛」之情。保護可憐弱小，成為正面的美（宮元：212）。

對於「可愛」的這個意義，1996 年《美術手帖》雜誌 2 月號有以下大膽的表述：

"かわいい"の世界はさかさまの世界だ。
弱い者が力をもち　強い者を従わせる。
"かわいい"世界では　醜いものが美しくなる。
小さいものが大きくなる　恥ずかしいものが大切なものになる。
恐ろしいものが愛おしいものになる。
死んだものが生を受ける。
筆者譯：
「可愛」的世界是倒錯的世界。
弱者擁有力量，讓強者順從。
在「可愛」的世界裏，醜者變為美。
小者變為大，羞恥者變為重要。
恐怖者變為可愛者。
死者獲得生命。

▲ 3X3EYES/ 書攤・作者攝於香港

《美術手帖》對「可愛」的詮釋，讓筆者想起高田裕三漫畫《3×3EYES》裏的一個情節。《3×3EYES》是 1987 至 2002 年的奇幻作品，故事環繞人神妖之間的爭鬥，少女主角名叫佩，具有二重人格，她既是普通的日本少女，當第三隻眼張開，她又化身為印度女神佩爾巴莉。高田裕三在故事中描畫了各種各樣形象奇特的魔物。這些魔物，形象多異樣醜陋，沒有人會認為美。

然而，在少女佩的眼中，無論魔物如何醜陋，只要牠沒有傷人的意圖，心中畏懼，佩也把牠們稱為「孩子」（日語「このこ」〔這孩子〕），將之看成可愛之物。故事有這樣的一幕，佩在異空間旅行，遇到一隻醜陋衰殘的魔物。魔物求助：「救命……我長得醜陋又沒用……所以要被殺死……這裏安達卡的女神討厭醜陋的東西……」轉瞬間，魔物就被殺害。佩質問女神使者：「你怎麼能夠這樣對付一個懼怕的孩子？」

當時筆者還沒有接觸美學，不懂任何美學概念，無法表達心中所感受到的震撼，但我確實深深地被打動。硬要說的話，我應該這樣說：「少女不因牠的醜陋而嫌棄牠，反而理解了牠內心的恐懼，把牠視為可憐的孩子，這樣的少女非常——」到底是非常甚麼呢？當時我說不出，無論說是「了不起」或「偉大」，都無法準確表達我的感動。

換言之，當代日本少女文化的「可愛」，是少女們的母性表現，一種想要保護弱小事物的感情。一般來說，可愛之物是細小、弱小、可親、可憐憫、需要保護之對象，但這種母性感情有可能深化至一個境界，能超越一般的美醜觀念，連醜陋但弱小之生命也能包容。

日本少女的可愛文化產生了很多大賣的可愛形象商品，例如 Sanrio 公司的「梳乎蛋」（蛋黃哥），把雞蛋黃擬人化，化為弱小易破的小生物，形象我見猶憐，反而受到女性消費者的青睞。這個商業奇蹟，其實出於蘊藏在少女內心的強大母性，這種母性在審美消費中獲得了昇華。這一類的商業奇蹟，採用任何功利的現實學說和法則，都無法預測。

作為原始範疇的母性

在美學理論中，人類的審美活動，與人類的原始經驗密切相關聯（楊春時 2004）。可以這樣說，審美活動之所以能帶來強大的情感反應，只因為審美把人類長期積澱在無意識的原始感情全部誘發出來，並將之昇華。像犧牲、狂歡、恐懼、流淚、自卑、性慾、食慾、好奇、獨處等等，都是人類的原始經驗，是在遠古文明未發生以前就有的經驗。母性也是人類的原始經驗的其中一種。

然而，文明以理性之名，要求人約束自己的原始感情，換取社會穩定和

經濟發展。這些被壓抑了的感情不會消失，只是積澱到集體無意識之中，平日不被察覺，像泉水一樣蓄在深處。審美對於人的最大意義，就是以一種社會可以接受的形式，也就是所謂的昇華，讓人能把藏在心底久久不能釋放的原始感情能量發放出來。

每一種原始經驗，經過長期積澱，就在群體的集體無意識中形成了各種原始範疇。每一種審美範疇，都必與其中一種原始範疇相對應，因為這些原始範疇內的經驗和感情，就是審美經驗的能量泉源。作為審美範疇，悲劇對應的流淚和犧牲，喜劇對應狂歡，醜對應自卑，逍遙對應獨處，而「可愛」所對應的原始範疇，就是母性。

▲ 同人誌即賣會．作者攝於香港

＊萌與本能有關，但本能不一定是性本能，也可以是保護幼小的母愛本能。

「可愛」是一種屬於少女的審美範疇。通過「可愛」的感受，少女的原始母性以一種符合社會規範的方式獲得了舒解。從少女高聲尖呼「卡哇伊」的狂熱程度看來，日本少女的母性能量積蓄甚巨，一遇到可愛事物，即如掘到溫泉源頭那樣，感情如泉水一樣，源源不絕噴發而出。

現代社會有了先進的避孕技術，我們沒有留意到，跟遠古人類女性相比，避孕除了為我們換來了經濟效益，也在不知不覺中減少了女性撫育孩子的機會。另外，現實的大人社會要求人成為強者，淘汰弱者，一方面製造了大量惹人憐愛的弱者，也製造了很多無情的強者，使社會失去了應有的憐憫。也許，少女的「可愛文化」就是為了彌補這許多的遺憾而產生的東西吧。在這一層的意義上，「可愛」指向一種審美理想——少女渴望像母親一樣自由地去愛護弱小的東西，毋須受到任何大人口中的理性原因所阻攔。

Hello Kitty 因無口而可愛

日本少女可愛文化最具代表性的象徵物，也許非 Sanrio 公司的 Hello Kitty（吉蒂貓）莫屬。

造型上，Hello Kitty 只是一隻線條簡單、穿人類服裝、耳朵旁戴着一個大蝴蝶結的白色小貓。與其他當紅動漫角色不同，她受歡迎，並不因為任何動人的故事劇本。然而，Hello Kitty 產品全球市場達到 50 億美元規模（Tabuchi），讓無數商家欣羨和困惑。商人不明白：「為甚麼如此簡單的小貓形象可以如此大賣？」至今為止，沒有多少人能複製 Hello Kitty 的成功方程式。事實上，Sanrio 公司創作的吉祥物非常多，例

▲ 歡迎來到日本 / HELLO KITTY 大使 / 宣傳．作者攝於九州豪斯登堡

如布丁狗、PC 狗、花兔、雙子星、美樂蒂、肉桂狗等，這些 Hello Kitty 的兄弟姊妹跟 Hello Kitty 同樣可愛，但牠們都及不上 Kitty 姊姊那麼受歡迎和長青。

一位西方論者認為，Hello Kitty 突圍而出，因為 Hello Kitty 具有一種「禪式可愛」，簡潔和缺乏被提升至美學層次（Botz-Bornstein：116）。

問到 Hello Kitty 缺少甚麼，每一個孩子都懂得回答：「她沒有嘴巴！」在香港，小朋友之間流行一種名為「IQ 題」的解謎遊戲。「IQ 題」要求的答案，往往是出乎意料的，脫離教科書常識的。其中有一道題目關於 Hello Kitty。「Hello Kitty 是怎樣死的？」小朋友給出的答案是「餓死」，因為 Hello Kitty 沒有嘴巴，所以無法進食。

Hello Kitty 的魅力是多方面的。例如，她取了貓與少女的形態。不過，最重要是，她沒有嘴巴。缺少嘴巴，讓 Hello Kitty 看起來人畜無害，讓女孩子覺得可愛，平易近人。為甚麼沒有嘴巴，反而顯得「可愛」？「大人世界」

的理性要求，都是用嘴巴來表述的。沒有嘴巴，就不會像大人那樣罵人和講「偉大」道理。沒有嘴巴，Hello Kitty 就成為孩子最佳的傾訴對象，因為不會插嘴。沒有嘴巴，她被人罵了，也不能還口，十分可憐。萌文化中有所謂「無口」的萌屬性，Hello Kitty 天生無口。無口令少女覺得可愛，超乎常識。

創作 Hello Kitty 的 Sanrio 公司曾經指出，Hello Kitty 不是貓，而是一位女孩子。其實，在少女消費者的心中，Hello Kitty 是貓，也是少女，她本來是甚麼，並不重要，最重要是，女孩子認為她「可愛」。

正太控的啟示

少女的可愛文化與 ACG 文化在泛化中融合時，產生了另一個挺特別的審美意象——正太。

正太與蘿莉相當。蘿莉指幼女，正太則是幼年的男孩。日本 ACG 文化素來把狂熱愛好者稱為「控」（日語：コン/ 讀音 Con，英詞 Complex 的縮略語）。例如，喜愛百合者，稱百合控；喜愛幼女者，稱蘿莉控；戀慕兄長者，稱為兄控；喜愛正太者，稱正太控。這些說法多與「腐女子」的稱謂一樣，或多或少帶有自嘲的意

▲《蠟筆小新》單行本・作者攝於香港
＊蠟筆小新 5 歲，是較為幼齒、肆無忌憚、童歡較旺盛的正太。

味。「正太控」一般為女性，相信與日本女性的可愛文化相關。

「正太」這個稱謂，據說來自橫山光輝《鐵人 28》裏的男主角金田正太郎。正太郎是一名年幼男童，通常穿着短褲（《ショタ / ショタコン ロリショタ / 女顏ショタ》，同人用語）。同樣具有正太特徵的動漫人物還有《勇者王》的天海護和《名偵探柯南》的主角柯南。此外，萩尾望都《托馬的心臟》，主角形象都與正太相近。

正太符合了弱小、年幼、需要年長女性保護的特點，所以對日本女性來

説，正太是人世間至為「可愛」的雄性生物。一方面，正太年紀幼小，雖然是男性，但他還未受到父權的大人社會所「污染」，因此他仍然是純潔無邪的，不會以無情的父權理性看待女性。另一方面，正太快要長大，大人世界即將把成年男性的重責加給他，使他難於承受。弱小、純潔、易受傷害等素質加起來，更容易激發少女的母性。正太控的存在，反映日式父權社會讓人難受，但日本女性並沒有因此憎恨男性。她們對正太少年懷有愛護之心，表明她們未對男性絕望。日本女性在「正太審美」之中，尋求與男性建立自由、互愛、互相理解的主體間性關係，而不是對男性復仇。在她們的審美理想之中，沒有不可調和的對立。她們所求的，只是擺脫現實中嚴苛的父權約束，在自由的前提之下，與男性重建主體間性關係。

太陽折射，彩虹有七色。我們已經討論過六種少女審美文化及其各自的審美理想，下一節起探討第七種——ACG 萌文化，也就是本書的主菜。

七、ACG 萌文化的審美理想

萌是一種真菌

「萌」文化，是整個少女審美文化和 ACG 文化的表層，有如一朵花或一朵菇菌。一朵花、一朵菇，是那朵花和那朵菇的本體嗎？不，搞錯了。

一朵花的本體是整株花樹，包括了種籽、樹幹、樹枝、樹葉、樹根、花苞這些全部的東西。一朵菇，確認無毒，摘出來吃了，我們以為自己吃了那朵菇的全部。其實不然，那朵菇只是整

▲ 抬頭盡是萌．作者攝於東京秋葉原

個菇菌在地面的一小部份，菇菌在泥土下有菌絲，延伸至遠處，每節菌絲都可長出另一朵菇。據說，世界最大的生物是一個名叫蜜環菌的菌絲體，它的菌絲覆蓋了 9.7 平方公里的面積。那麼，哪個才是蜜環菌的本體呢？是冒出來

的那朵菇？還是地底下連綿不斷的菌絲母體呢？

　　既然菌絲是相連的，那麼只有它們在一起的全部，才是它的本體吧？少女文學、「萌」文化和 ACG 文化也是一樣。它們是相連的文化，它們的全部愛好者，就是菌絲。沒有這些藏在泥土裏的愛好者支持，泥土上漂亮的菇菌不可能長出來。

萌的語源

　　一般認為，「萌」作為常用語，起於 1980 年代末。當時，日本民間開始有了互聯網，也有了網民，對應網民的通信需要，服務業者開發了日語輸入法，能支援輸入漢字和假名。輸入法設有變換鍵功能，只要按一下鍵，就能把一組讀音，轉換為另一組同音漢字。「燃え燃え～」（音 moemoe；熱血的意思）這一組字，剛巧跟「萌え萌え～」同音，網民很容易把「燃え燃え～」變換成「萌え萌え～」，促使了「萌」

▲ 巨大敵人 /《機動戰士高達》·作者藏品攝影·Retouch 花火宇宙
＊說起「燃え」，老宅必記得元祖高達，因為主題曲的起頭，就是連唱兩次的「燃え上れ」（燃燒起來吧！）。如此說來，由「燃」變「萌」，與 Girls Beat Boys 的進程吻合。

這個詞的普及（ササキバラ：20）。至於那個時代的網民為何常說「燃え燃え～」，就很好理解。原因是日本動漫發展，是由男孩子趣味過渡至少女趣味的歷程。首先流行起來的男孩子趣味，主要就是熱血機器人動漫，而表達熱血感情的用語就是「燃え燃え～」。

▶ 前代手機·作者藏品攝影·Retouch 日語印象
＊智能手機的演進與普及，是御宅文化與萌文化發展起來的先決條件。

另外，也有一個説法，指「萌」來自一位動畫人物角色。1993 年 NHK 教育電視節目《天才電視君》，曾播出一齣兒童科幻動畫《恐龍惑星》，女主角名叫鷲沢萌。也許鷲沢萌太受歡迎，網民突然流行發言後以「萌～！」作結。不明所以的人問道：「萌是甚麼啊？」網友回答：「喜歡這樣的角色。」除了鷲沢萌之外，也有人認為《美少女戰士》的土萌螢和少女漫畫《撞向太陽》的高津萌（男）與「萌」的普及有關（窪田：275-279；《萌え…その語源と定義》，同人用語；斎藤：60-61）。

起初，「萌」的對象主要是動漫人物或偶像，經過 2005 年「萌」入選 U-CAN 新語・流行語大賞十大之後，「萌」的使用範圍進一步延伸，但凡對可愛或有魅力之事物傾注感情，都可稱為「萌」（井手口）。

萌反思由經驗開始

「萌」是位於 ACG 文化最核心的審美體驗，討論「萌」有點不容易。雖然「萌」的歷史大概只有二、三十年，但萌文化發展勢頭強勁，愛好者熱烈討論，甚至為了「萌」爆發論戰，更有論者把「萌」提升至哲學和社會學的高度來討論。經過這許多的討論，「萌」作為一個當代新興的審美範疇，漸趨成熟。

本書討論「萌」、「少女審美」，亦用上不少哲學術語，這是無可避免的，甚至應該説，研究萌該當如此，因為美學研究就是哲學研究，美學從來都是哲學的其中一個重要分支。

美學研究的對象，是人類切實的審美活動和體驗。因此，討論「萌」，必須以我們最切身的審美體驗作為各種判斷的出發點。要判斷一個理論是否站得住腳，若不回歸文化族群自身的集體審美經驗，是無從談起的。

暫停吃藥，先萌起來～

筆者是個雄性生物，出乎意料地，曾有同門師妹用「萌萌噠」來形容我，證實了「萌」確如《萌娘百科》所説，除了用於人類女性外，也可以用於形

容討人喜歡的男性、甚至非人類、非生物等。

「萌萌噠」這個詞語，出於中國宅宅們對「萌」一詞的延伸應用。據知，它起源於豆瓣用戶「髏髏宮歌留多」於 2014 年 2 月 12 日在豆瓣小組的發帖：「今天出來沒吃藥＜（￣▽￣）＞感覺整個人都萌萌噠 p（#￣▽￣#）o」（《萌萌噠》，萌娘百科）。後來，這句話就在網絡上火起來了。「沒吃藥」的梗跟「萌」原本的意思相關聯。吃藥控制自己的情緒，是一種現代人的理性社會行為，沒吃藥表示自己情緒將不受控，自己將受「極端喜好」的情感支配，變得「萌萌噠」。大概，「萌萌噠」就是一種放開社會理性枷鎖、坦率地用感情來生活的一種狀態吧。

呼喚心中的萌娘

討論「萌」，建議先由切身體驗開始。讀者可以回想一下，自己曾經萌上了哪一位動漫角色？

筆者所喜愛的萌角色，有巴麻美、閻魔愛、北方醬等。以筆者所知，御宅圈內最受歡迎的萌娘，有御坂美琴、初音未來、SABER、春日野穹、雷姆等。甚至國內動漫也開始陸續產生萌娘，例如洛天依、馮寶寶等。

▲ 四方巴麻美·作者藏品攝影

說出自己喜歡的萌角色名稱，即可重新喚起自己過去的「萌」體驗，喚起內心的一種按捺不住的喜愛之情。正如《萌娘百科》所說，萌角色不一定是女孩子，也可以是性別不明的非人類。家中女兒萌上的，不是人類，而是圓球形粉紅色生物——星之卡比，以及《Undertale》的骷髏頭 SANS。兩個角色都不是人類。萌超越性別與物種，性別和物種界線甚麼的，可以用萌力將之融化掉。換言之，你的萌對象可以是任何東西，即使你還未成為名義上的 ACG 愛好者，世上仍必然存在能讓你萌上的東西。比方說，去旅行時在機場商店邂逅了手信包裝上的可愛小生物，並萌上了 TA！

由「他」、「她」、「牠」、「它」走向「TA」……

　　女性主義論者其中一個夙願，是找尋一個沒有性別偏向的代名詞。或者應該說──建立一個這樣的代名詞。性別歧視內嵌於日常語言。法語自不待言，連死物都得分男女，才能講得出法語。在英語裏，he 是男性代名詞，she 是女性代名詞，但一般人沒注意到，原來 he 更是泛指一個人類時的代名詞，例如英諺「He that would eat the fruit must climb the tree」中的 he，是泛指任何人，包括男女，這令 he 在英語中享有與 she 不太一樣的待遇。在語言學上，he 屬於非標記（unmarked），she 屬於標記（marked）。非標記者具有默認的地位，即毋須特別解釋，是優先的。相對的，標記者被特殊對待。性別歧視內置於英語的 he/she 對立之上。為了去除語言內的性別歧視，有人千方百計尋找中性代名詞，包括 one 和 they。One 挺不錯，但使用範圍有限。採用 They 則是藥石亂投。確實，they 是中性，但也是複數代名詞。然而，為求一中性詞去除歧視根源，有論者不惜改變 They 的詞性，勉強當作 Singular They 來使用。如此違逆人們的語言習慣，這個做法當然不能普及。今日，當我們寫信，要提及對方的性別時，專家教我們，最好不要亂用性別代名詞，也不要亂猜收信人的性別，最好事先確認收信人的名字、性別，在信中直接以名字稱呼對方。不過，世事無完美，總有難於避開 he 之時。

　　中文的「他」，雖然有如 he 一樣，是男性代名詞，也是非標記的、可以泛指任何人的代名詞，因而存在內嵌的性別歧視，但「他」畢竟是寫字時才與「她」有區別，說話時一律唸作「TA」。如此，在中文求取中性代名詞，只要還原基本步，直接寫讀音便可。目前，去除了性別歧視的「TA」，已經是中國內地挺流行的一個中性代名詞，普及率相當高，常用於淘寶這一類的非正式的、親切待客的網購文體。當筆者想要物色一個通用於非生物、非人類與少女的代名詞的時候，筆者發現，非「TA」莫屬。

▶ 卡比，作者家屬攝於東京墨田天空樹

＊粉切黑的非人類萌生物。粉切黑是特殊萌屬性，意謂粉紅色，但埋藏着深不見底的黑暗。卡比的黑暗在於其無止境的胃納，能把所有事物吃進肚子，有如黑洞。

少女歷史

日本 ACG 萌文化

哲學筆記

由「萌」到「萌屬性」

確認了屬於你自己的萌對象之後，心中想起 TA，內心被萌到的時候，那種「萌」感受、「萌」衝擊，就是我們研究「萌」的起點。讀者大可比對一下，自己心中的「萌」感受與《萌娘百科》、《同人用語》所描述的「萌」有多大程度的吻合？

「『萌』就是對某個喜歡的人物懷抱着極深的愛情時，用以表達自己情感的用語，該用語的定義仍然很複雜，但似乎是一種不伴隨勃起但到了瘋狂程度的愛情。」（《萌え…その語源と定義》，同人用語）

「御宅族和其他的 ACG 喜好者們把『萌』這個詞用於形容極端喜好的事物。最初，該詞通常只是對於女性而言，即用來形容可愛的年輕女性（女孩、少女等）……現在『萌』對應的性別、年齡、物種等都擴大了。除了應用於人類女性外，也可以用於形容討人喜歡的男性、甚至非人類、非生物等，而『萌』指個人因着人物的某些特徵而由內心萌生出一種像燃燒般的共鳴感覺，每個人心中都有各自的『萌』。」（《萌》，萌娘百科）

兩個說法，都把「萌」指向一種強烈的愛的感情，《同人用語》把這種感情聯繫到性慾，但又指出「萌」不一定伴隨勃起，承認「萌」超越性慾。日本人素來不把性視為社會禁忌，因此日本人能很直接地考慮和談論「萌」背後作為感情動力的性慾。《萌娘百科》則強調了「萌」的多樣性和個人化特質，指出每個人心中都有各自的「萌」，而引起「萌」反應的角色特徵，並沒有被指定，可以是各式各樣。

這些多樣性和個人化特質，即是各種不同的「萌點」或「萌屬性」。例如，魔法少女巴麻美具有「御姊」屬性，地獄少女閻魔愛具有「無口」、「黑長直」和「大小姐」屬性，超能力女高中生御坂美琴的萌屬性是「傲嬌」，初音未來是「雙馬尾」「虛擬」「歌姬」，Saber 是「女王」。星之卡比不是萌娘，也有「粉切黑」這種特殊的萌屬性。再者，萌角色往往都集合了多個「萌點」或「萌屬性」於一身。根據《萌娘百科》，雷姆的萌點多達 25 個（《雷姆（Re:從零開始的异世界生活）》，萌娘百科）。

由此看來，「萌」並非單一的審美經驗，而是全部 ACG 愛好者的各種

審美經驗的集合，共通表現是強烈的喜愛感情。「萌」概括了多種審美體驗，是一個概括性相當高的審美範疇，只要它帶出的感情達到「極深愛情」和「極端喜好」的水平，即可歸納為「萌」。在「萌」之下，還可細分為數不清的「萌屬性」，每種萌屬性各有各的審美超越性。每個角色有自己的「萌點」，令人狂熱喜愛的原因不盡相同。例如，Hello Kitty 的萌點是無口。因為無口，她不插嘴，不辯駁，但眼在看、耳在聽，心中在判斷。因為無口，她不詐欺，超越了現實中令人生厭的言語理性，令人感覺可以親愛。

「萌」包羅各種「萌屬性」，是 ACG 圈中常識。各大 ACG 文化的百科網站，總是把各類公認的萌屬性詞條收錄齊全。日本《NICONICO 大百科（仮）》在其「萌要素・屬性的一覽」頁面中，即收錄了逾 500 個萌屬性詞條（《萌え要素・属性の一覧》，ニコニコ大百科）。中國《萌娘百科》的「萌屬性」頁面，則收錄了逾 600 頁萌屬性資料（《分類：萌屬性》，萌娘百科）。

由此可見，少女審美文化的泛化無遠弗屆，讀者泛化，媒體泛化，受眾泛化，作品題材泛化，就連最核心的審美體驗都泛化，產生出多樣化的萌屬性。泛化是有如植物開枝散葉的過程。一人有一種審美，一人有一種超越，但各人的審美和超越，又殊途同歸，盡歸於「萌」。萌屬性數以百計，但每種萌屬性皆具有共通的萌特徵，能喚醒粉絲們的「極深愛情」。ACG 萌文化可以如此興旺，反映現實理性社會讓人窒息。社會要求凡事合理，若沒有合理原因，連愛也不被允許。比方說，人愛好音樂，出於本能，但理性社會以功利價值衡量音樂教育。因此，音樂家必須獲獎，才能獲得社會認可。為了獲獎，曲子不能隨便彈，只能按本子像機器一樣彈奏。這種社會氛圍，讓人難以自由地去愛慕任何人或事物，迫使人轉向二次元世界尋找「萌」的生存方式。其實，「萌」的最基本超越性，在於它容許我們自由地愛一個人或者事物，毋須提供任何合理原因。

前方高能，我們將進入一個較深入的哲學討論階段，請讀者適當選讀或跳過。

東浩紀的萌文化動物論

筆者認為，每種萌屬性都具有超越性，是 ACG 愛好者的寶貝。粉絲把萌對象當成另一個主體來愛慕，是出於自己的主體意志，對象是主體，自己也是主體，當中沒有物化，沒有客體化，是一種主體間性的關係。這種關係不同於傳統色情的男女關係。傳統色情單方面依據男性的想像，把女性物化，變成性玩偶，女性擺出的所有姿態，都由男性的意圖所決定，因而女性在其中只是客體，不具有主體性。因此，萌雖然可能涉及情色，但萌與傳統色情不可同日而語。

不過，日本評論家東浩紀不這麼看，他在 ACG 圈內提出了有名的「萌文化動物論」，寫成了頗具影響力的專著《動物化的後現代：從御宅看日本社會》。東浩紀認為，御宅族的所謂「萌」是動物性的，意思是御宅粉絲只是被自己的動物本能所驅使，因而萌上某位動漫人物。換言之，他認為「萌」只是低級的動物本能，既然是低級的動物本能，就談不上主體性，也談不上美。東的說法，否定了「萌」的全部價值。

由這一點開始，筆者將深入說明東的觀點、其哲學基礎，引例指出他的觀察只是片面正確，他未能充份理解 ACG 受眾的整全的審美體驗及價值，因而誤把寶物當作了雜草。

東的立論，根基是哲學家科耶夫的慾望論。他這樣說：

> 動物化是甚麼。科耶夫的《黑格爾導讀》以獨特的方法定義人與動物的差異。關鍵是慾望與慾求的差異。根據科耶夫，人擁有慾望。相對，動物只有慾求。所謂「慾求」，意思是擁有特定對象，而想要滿足與它的關係的單純渴望。（151）

由慾望論出發，東把御宅文化的產生歸因於在日本出現的美式消費文化，因而達致御宅動物化的結論。他這樣形容美式消費文化：

> 美國式消費社會，自 50 年代（1950 年代）以來一直擴大，現在已

覆蓋整個世界。現在的消費社會操作化、媒體化、廣泛流通管理，消費者的需求，盡可能不假手於人，盡量以機械方式來滿足，且逐漸改良。過去只能通過社會溝通才能到手的東西，例如每日的飲食和性伴侶，現在有快餐和性產業，毋須進行麻煩的人際溝通，就可以輕易到手。（127-128）

對東來說，美式消費文化通過技術達致信息碎片化，產生了「資料庫消費」（131）。所謂資料庫消費，意思是商人把消費者需求分解為複數的碎片化需求，然後以機械方式把碎片重組為消費者最渴望獲得的東西，向消費者提供。

東指出，日本御宅過去消費的是「大物語故事」，最典型的「大物語故事」，自然就是 1979 年誕生的《機動戰士高達》。《高達》系列故事大多建立在同一個架空歷史之內，以 UC 曆計算，其中有聯邦軍、自護軍、新自護軍。那個年代，動漫粉絲酷愛研究架空歷史。然而，自從 1995 年《新世紀福音戰士》放映之後，御宅把興趣焦點移至人物和機器人，不再考究故事世界（58-62）。《新世紀福音戰士》開播時設定了一個龐大的架空世界，設定繁多，計有「人類補完計劃」、「使徒」、「地底東京」等許多點子，但到故事結末，焦點落在人物心象描寫，把各樣謎一般的設定丟在一旁，讓故事在不明不白的狀況下迎來結局（前島：106-107）。這個轉變，是御宅不再追求宏大敍事，轉而在萌角色身上找到意義。比起宏大的世界設定，觀眾更加關心無口的凌波麗，還有那個暴走生物機器人「初號機」。按東的說法，御宅萌上的，甚至不是凌波麗和初號機，而是「無口」和「暴走」這兩個抽象的萌屬性。

東認為，御宅文化發展出「萌要素」（萌屬性），是把角色分解為一些能讓消費者狂熱起來的元素，例如「呆毛」（頭上會動的一根頭髮），然後放入資料庫讓人選擇和消費。東把這種消費方式稱為「資料庫消費」。他認為，這種消費是在封閉的關係中獲得滿足，把「萌」從關係割離開去，讓人只對自己喜歡的符號化萌要素發生性興奮，就像藥物倚賴者的脊髓條件反射那樣，變成單純的動物化性行為。這種行為不以他人的慾望為對象，只需要一個自我圓滿、滿足慾求的回路（75-78；125-141）。

少女歷史
日本 ACG 萌文化
哲學筆記

為了説明資料庫消費論，東提出了 1998 年 Broccoli 公司出品的可愛貓娘角色 Di Gi Charat 作為例子。他説，Di Gi Charat 推出時不設故事背景，角色只由「呆毛」、「鈴鐺」、「貓娘」、「女僕」、「幼女」等萌要素組合而成（63-66）。其後，他指 Vocaloid 虛擬歌手初音未來，也屬於資料庫消費（東［ほか］）。

總括而言，東指御宅文化的「萌要素資料庫消費」是動物性慾求的表現，立論基礎有二：

（一）哲學家科耶夫對慾望與慾求的區分；

（二）御宅萌上的對象，只是機械式地按市場分配的萌要素符號。

他的意思是，像傲嬌、貓耳、呆毛，這些「萌要素」不具有生命，不具有主體性，御宅族只是對着一些「無生命」的物件發生性興奮，這種性興奮出於動物性的「慾求」，不是出於人性的「慾望」，因此御宅族的生存，淪落至動物的層次。

東這個説法有如地圖砲，ACG 愛好者幾乎人人躺着中槍。

確實，我們萌上的人物對象，總是具有某種萌屬性，例如「呆毛」、「無口」、「雙馬尾」、「御姐」、「路癡」、「女王」、「傲嬌」等等。然而，我們的愛與感情被説成動物性的「性反應」，我們能接受嗎？萌屬性真的不具有生命，不具有主體性？

筆者已經指出，美學的研究對象，是人切身的審美活動和經驗，理論不能離開人切身的審美體驗而成立。我們的切身審美體驗、感受、愛情之意義與價值，我們自己能判斷，並不由理論家們憑空説了算。我們應為自身的「萌愛」是否屬於動物性，做出屬於自己的公正判決。理論家要為我們代言？可以，前提是他必須先理解我們整全的審美經驗。

東的理論，第一個誤區，是脱離了人第一身的審美經驗而下定論，這是美學研究方法上的錯誤。審美涉及人的主體性以及人與審美對象之間的主體間性互動關係。若不深入理解御宅族在審美活動中的主觀意識變化，即如瞎子摸象那樣，根本摸不到大象的正體。惠子説得好：「子非魚，安知魚之樂？」若要理解魚，自己得先成為魚。理解御宅族的萌反應也是一樣，研究者必須先使自己成為御宅族，親身經歷萌的衝擊，只有通過理解、體驗，一個理論

家才有資格談論別人的審美。

深入科耶夫哲學——主奴辨證

東的論述，第二個誤區，是他未有充份地深入理解科耶夫的哲學理論，輕率隨意地拾起科耶夫提出的一兩個概念，便妄下結論。科耶夫哲學是當代哲學，以慾望為其理論的邏輯起點，滿滿是對人的主體性的強調，東偏偏倒行逆施，在其論述中直接就無視了御宅族作為人的主體性。

為了看清「萌文化動物論」的謬誤，讓我們花點時間，深入東所引用的科耶夫哲學吧！

話說，科耶夫是生於俄羅斯的法國哲學家，1902 年出生，1968 年歿，他擅長糅合馬克思、海德格爾、尼采等人的思想來闡述黑格爾哲學，據稱近當代學者如拉康、福柯、德里達也曾受到科耶夫學說的影響。

科耶夫強調人存在的基礎，就是慾望。對於科耶夫來說，人與動物的基本分別，在於動物的慾望以自然物為對象，出於生存要求，但人的慾望指向另一個人的慾望，出於獲取自我意識的要求。為了肯定自我，人必以他人的慾望為自己的慾望對象，慾望他人的慾望。換一個簡單易明的說法，就是人渴望別人的意志屈服於自己，渴望別人承認自己的位置和價值。相反，動物不具有這種慾望。基於這種原因，科耶夫說人必須群居，若不群居，人就找不着對象滿足自己慾望（Kojève；仰海峰）。

東浩紀批評，御宅族的消費，是把「萌要素」當為慾望對象，「萌要素」不是另一個人的慾望，是自然物，所以御宅族的慾望是動物性的慾望。「萌要素」是不是自然物，御宅族萌上「萌要素」，是否出於動物本能，都可堪細味。但無論如何，在這個基礎上判斷御宅族動物化，太過妄斷，因為科耶夫的話還沒說完。事實上，科耶夫這個哲學解說相當有名，但不是稱為「動物論」或「慾望論」，而是「主奴辨證」。科耶夫的焦點也不是人與動物的區別，而是主人和奴隸的關係。科耶夫指出，人為了獲得自我意識，而試圖使他人屈從自己，並為此冒上生命危險，發生戰鬥，但勝者不能殺死敗者，敗者死了，勝者所渴望的屈服就沒有了，因為死人無法屈服於他人，所以勝

者必須留下敗者的性命。至於敗者，則怯於死亡而選擇屈從。如此，人的慾望爭鬥結果，產生了兩種人——主人和奴隸。主人以奴隸的慾望為慾望，所以是完全的人，不是動物。至於奴隸，科耶夫一度這樣評價——「拒絕在鬥爭中冒上生命危險換取純正的尊嚴，他沒有上升超過動物的水平」（Kojève：16）。筆者相信，這一句話就是東浩紀判斷御宅族動物化的基礎。不過，科耶夫的話尚未說完，這說法只是主奴辨證的第一階段，並不是科耶夫對奴隸的最終判決。人身為奴隸，還有更多後續發展，使他不同於動物。

科耶夫續說，奴隸屈服於主人後，為主人工作，不是出於自己的慾望，而出於主人的慾望而工作，工作改變自然，這反過來使奴隸從自己的自然和本能中釋放出來，因為奴隸為主人預備可消費的東西，但自己不能享用，為了讓主人享用工作成品，他必須暫時壓抑自己的本能，不讓自己享用那個自己親手預備的成品。懾服於主人的恐怖之下、為主人勞動並改變世界的體驗，諷刺地反而使奴隸把自己實現為人，而不再是動物。奴隸和主人的不同之處，是奴隸在主人的意志下，通過工作親手改變了世界。在後續的論述中，科耶夫甚至歌頌了奴隸，指未來和歷史都屬於他們（Kojève：22-25）。

說到這兒，東浩紀指摘御宅族消費萌屬性，是動物化表現，已難成立。現代化理性社會是幾乎人人為奴隸的世界，主人站在一般人看不見之高處，以金錢、制度、理性支配着多數人，迫使社會內多數人服從社會規範，成為像奴隸一樣的存在。奴隸的特質，是為了主人而在壓抑自身慾望的情況下工作。這種處境，正是本書所講的現實生存。在日本社會，無論是明治—大正少女，還是當代御宅族，男也好，女也好，都在現實中選擇了服從，女的屈從於男性成為良妻賢母，男的屈從於上級而從事高強度勞動。換言之，少女文學和御宅文化之愛好者，即使現實中不是奴隸，但在科耶夫哲學框架中，基本上都屬於奴隸的位階。按照科耶夫的講法，奴隸也是人，不是動物，因為在現實中他們出於順從而工作，改變了世界。不過，科耶夫終究也只把一般人看為奴隸，沒有注意到人能夠通過審美活動，超越現實中的主奴對立關係。

科耶夫哲學，對我們來說，最大意義是說明了現實社會約束之必然性。東的論述，只停步在人的動物化，科耶夫的論述走得遠一點，但止步於現實

的對立關係。他們沒有觸碰到的，是「奴隸」在審美世界中超越現實束縛而獲得自由的饗宴。

屈從於現實約束的體驗、挑戰社會但反被打倒的體驗，是社會上大多數人的主要體驗。屈從為奴的體驗，使人能夠體會戰鬥、冒險、自由的價值，並使他們在心底裏渴求自由。這種渴求，在現實中因為屈從而被壓抑起來，但這渴求不會消失，並在自由的審美世界之中獲得最大的發揮和昇華。這種自由的審美世界，往往是由人親手所創造，或者因為人的積極參與而形成。對明治—大正女孩來說，日本少女文學就是那個她們親手創造而渴求的自由審美世界。對腐女子來說，BL、Yaoi 和同人誌就是她們自己親手創造而渴求的自由審美世界。對御宅族來說，那個世界就是萌文化。

萬萌有靈

接下來，我們斟酌束的理論所陷入的第三個誤區——「萌要素」真的是無生命之自然物嗎？

先不說「傲嬌」是一種主觀的感情反應，根本不可能是無生命之自然物，就是一條「呆毛」，也難言只是一個無生命之自然物、符號或消費品。

日本人普遍抱有一種非自覺的宗教意識，相信着萬物有靈（山折）。在日本人的宗教觀念中，神靈並不完全等同西方宗教中的至高神或上帝。在日本神話中，有 800 萬神祇的說法，神祇之間沒有誰是至高，神祇不一定漂亮、美麗、善良，神祇可以是妖怪，妖怪也可以稱為神。重點是，日本人認為物件也可以有靈性。日本人傳說中，有付喪神或九十九神之說，指器物放置不理一百年，吸收天地精華、積聚怨念或感受佛性能成妖怪，概念類似華人文化所講的成精。付喪神傳說，可見於《付喪神記》、《百器徒然袋》、《百鬼夜行繪卷》等日本古書和畫冊中。其實，東作為日本人，把動漫形象、萌要素當成無生命之物看待，是否因為他太過沉醉於西方思想，以致揚棄了日本人自己的信仰傳統？

這是呆毛！

◀乙姬睦美·純情房東俏房客·作者藏品攝影

＊呆毛與具有天然呆屬性的萌娘特別配襯。它會怎麼動，連主人也不知道。

　　在動漫裏出現的一條「呆毛」，雖然只是長在人物頭上的一束頭髮，但它會自己動起來，而且沒有人能猜到它要擺向哪個方向，又出於甚麼原因而擺動起來，彷彿有自己的生命和意志一樣，甚至說它擁有自己的慾望，慾望他人的慾望，也無不可。難道「呆毛」動起來，不是因為它注意到觀眾在看着它嗎？渴望觀眾注意它，讓觀眾為了它動了幾下而覺得可愛，其實就是對觀眾的慾望有所求的表現，用科耶夫的說法，「呆毛」擁有人性，因為它慾望着觀眾的慾望。如果「呆毛」擁有人性，那麼「呆毛」就不是無生命之自然物，而喜歡「呆毛」的御宅族，就不是因動物本能而產生萌的愛情，而是因為人性而產生萌的愛情了。至於物理上為何「呆毛」會動？答案也簡單，動漫師用自己的手工手藝，把心思、想像灌注於「呆毛」，讓它動了起來。換言之，「呆毛」之生命力來自活生生的動畫師的想像力，並不是無生命的自然物。

　　西方人把科學捧為至高。盲目借用西方理論的評論家，認為「呆毛」沒有生命，並不稀奇，但日本人素來懷有萬物有靈的宗教意識，相信在多數日本人眼中，「呆毛」並非無生命、無意志、無靈性的自然物，尤其是在狂熱的御宅族眼中，更是如此。日本人相信萬物有靈，御宅族把這種宗教意識發揚光大，所造就的是一種「萬萌有靈」的次文化。前方繼續高能，筆者打算以美學和符號學把「萬萌有靈」的概念加以說明，術語說明較多。

萌要素是審美符號

在美學上，有所謂「現實符號」和「審美符號」的區別，而講到符號，必先知道符號的基本概念——形（能指／Signifier）和義（所指／Signified）（Saussure）。一個符號，由它的形和義構成。有形而無義者，如一些潦草的鬼畫符，又比如「§」這個記號，在沒有人知道其意思的情況下，算不上符號。有義而無形者，即人心中有某種想法，例如一個記憶朦朧的噩夢，或者某種焦躁的情緒，人只知存在着某東西，但因為那東西沒有實在的形象，所以無法表達出來，這也不是符號。只有齊集了形和義，才算得上是一個符號。符號之形，不限眼看之形，以眼看之形構成的符號，包括標誌、文字、包裝、衣着等等，屬於視覺符號，簡稱視符。除此之外，聲音、觸感、時間，只要人類能夠區別的，都能夠成為符號的形。語言中的詞語發音、跑步時的起跑槍聲等，就是以聲為形的符號，簡稱聲符。讓人先等三小時再允許謁見，或者立即出迎客人，這當中的時間差別，象徵了雙方友好度的高低，讓人等待多久，作為一種形，被賦與了意思在其中，也是符號，可稱為時間符號。為了盲人能夠閱讀，人類設計了凹凸文字，讓盲人能夠以手指頭的觸感閱讀，可稱觸符。一般，在學術討論中，學者都習慣採用現代語言學之父索緒爾所創立的說法，把符號之形稱為「能指」，把符號之義稱為「所指」。

一名動漫少女人物，物理上是視覺形象，且有聲優為她配音，有動畫師為她製作動態，有齊了視、聲、時三種要素，其形象的鮮活度十分之高。問題是，那一位少女象徵了甚麼樣的意義？如果她沒有意義，她就不是符號，東指御宅族消費符號的說法，就不成立。那麼，設想她的存在有某種意義，可是我們說不出是何意義。比如說，虛擬歌姬初音未來，是個萌文化符號，我們堅持她有某種意義，但說不出她的意義是甚麼。如此，初音有形有義，算得上是符號，但她卻是一個不尋常的符號。為甚麼說她不尋常呢？因為我們知道，人類最常用的符號是語文，詞語有形有義，其意義總是說得出來的，是有規範的，有定義的，能在字典上查出其義，比如「姬」這個字，可以定義為「公主，國王之女，具有皇族血統」。

初音未來和「姬」這個字都是符號，但「初音未來」沒有定義，人無法

為她下定義，而「姬」有確確實實的定義。這個區別，決定了「姬」是個現實符號，初音未來是審美符號（楊春時 2004：137）。

現實符號之形，都受一個定義所束縛，所以現實符號的可能性是有限的。「姬」是公主，她只能是公主，不能變成平民、女僕、歌者、學者、商人、探險家、女英雄，也不能公開地自由戀愛。「姬」的詞義約束了所有獲得這個身份的女孩。當一名女孩誕生，被證實具有皇族血統，被定義為「姬」的時候，諷刺地，她成為了「姬」的另一個符形，而不是「姬」的符義。她代表了公主這個名份，而不是公主這個名份代表了她。公主名份才是符義，公主本人變成那個符形，形為義所定義，到頭來受到與符義相關的一切行為規範所約束。「姬」不能自由地離開皇宮，不能像一般人那樣交朋友，任何時候都必須受到名為「保護」的監視，沒有自由。這就是對一切「姬」來說的殘酷現實。「姬」，是一個現實符號。

相反，初音未來作為符號，粉絲認定了她有意義，但沒有人說得出她代表甚麼。換言之，初音未來沒有定義，因此是很不尋常的符號。沒有定義，那麼初音未來雖然是一個符形，但這個符形卻沒有可以約束她的符義，因此初音未來是一個非常自由的符號，她的義可以自由地遊戲和變化。她一時可以成為魔法師，一時可以成為女高中生，一時可以談戀愛，一時可以百合，一時可以去到未來，另一時回到過去。審美就是這樣的一種自由境界，把一切形和義的固化關係解構，然後再重構，又再循環地解構、再重構，變化無窮。假如硬要說初音未來代表甚麼，我們只能說，初音就是初音，初音只能代表她自己。用符號學術語去講，初音未來身上發生了一個特異變化，我們說初音就是初音，即是說形等同於義，能指與所指統一起來。正常來說，一個符號，必然是形受制於義，初音擺脫了符義之制約，成為一個自由自在、恍如有自己靈性一樣、一個有自己生命、自己意志、自己渴望的人物。在粉絲眼中，她確實是有靈性的人物，而不是一個無生命的自然物。在這一層意義上，初音未來是一個審美符號，而不是現實符號。

那麼，萌要素又怎麼說呢？我們說初音未來有生命，我們可以照樣說初音頭上紮的「雙馬尾」具有生命和靈性嗎？這牽涉了符號的多重指涉過程。當粉絲收看初音擺着「雙馬尾」進行演唱會累計幾十小時，又收看各種動畫，

其中「雙馬尾」少女角色在故事中經歷了好多生死、冒險、鬥智、愛情、靈異、解謎、愉快、幻想、爆笑、吐槽、戰鬥、痛苦、憤怒、哭泣之後，「雙馬尾」仍然只是「雙馬尾」嗎？這些更深更長的審美經驗，都作為新的含義加在「雙馬尾」之上，「雙馬尾」代表了少女，萌文化少女則在動漫工作者的努力下，織出了很多可歌可泣的故事，而且「雙馬尾」少女的含義仍沒有被完全固定下來，還可以繼續更新意義。換一個說法，讀者會認為自己的手臂不是自己嗎？再換一個說法，讀者會認為自己的髮型不是自己嗎？我們的手臂和髮型，常時因為我們的主體意志而變化，滿滿地灌注了我們自己的主體意志。一個怕生的女孩，總是把劉海留得長長，讓頭髮遮擋他人的視線。她的髮型，灌注了她自己的主觀想法。人與人自己身體之間的關係密切，無人可以否定。再者，假如我們能夠接受，寡婦把亡夫留下的戒指當作亡夫本人，人們把護士帽視作白衣天使的象徵，那麼我們也必定能夠接受御宅把萌要素如「雙馬尾」當成萌少女本人來看待了。人是一種特別的生物，擅長把自己的個性灌注在自己擁有之物身上，使物件滿滿的沾染了自己的色彩和個性。看見一個亂七八糟的房間，就知道這個房間是某宅宅的房間了。看見貼滿了大頭貼的手機，就知那是某位女高中生的手機了。用哲學的語言來講，人的主體性延伸到這些擁有物之上，使這些擁有物成為了那個人的一部份，有了那個人的主體性。換言之，雙馬尾和各種萌要素，都不是單純的自然物，而是另一個有生命、有意志、有慾望的人類的延伸，因而都是有生命、有意志、有慾望之存在。東大概沒有想過，為甚麼「雙馬尾」是萌要素？這是因為某個人物設計師，想要讓粉絲覺得他創作的少女人物很可愛，這是一種試圖影響他人慾望的慾望。至於粉絲萌上了「雙馬尾」，甚至有兩方面的慾望，第一是把「雙馬尾」少女當成了真實的人物來看待，慾望着她做點甚麼，第二則是通過消費行為，渴求獲得御宅圈內同好和社會的認同。無論是哪一方的慾望，都是渴望着影響他人的慾望的慾望，因此按科耶夫的論說，都是人，不是動物。

　　東對日本美式消費文化的判斷，筆者是認同的，但東指御宅族的萌屬性資料庫消費是自我圓滿，不以他人的慾望為慾望對象，因此是動物化表現，並不成立。

少女歷史
日本 ACG 萌文化
哲學筆記

萌之愛情

▶ 雷姆與拉姆 / 陳列．作者攝於香港．Re-touch 肌膚美白

▼ 水着 LOVELIVE/ 陳列．作者攝於香港．Retouch 肌膚表現

＊水着為日詞，即泳裝。由於三點式水着最能釋放少女的性感美，而萌文化是對情慾的昇華，水着在少女動漫中頗為常見。不過，萌不一定涉及勃起，水着並非萌的必然元素。

　　如果少女文化的「可愛」對應女孩子的「母愛」原始本能，那麼御宅文化的「萌」，對應的就是「情慾」和「愛情」兩種原始本能。

　　「美」之所以美，因為所有人類審美，都對應某種原始本能。不過，審美並非本能的原始野蠻發洩，而是昇華，使原始本能變成人人覺得可喜、可接受的形式，表現出來。

　　「情慾」是人類動物性的本能，情慾使人想要與異性交合。現代社會人口充裕，我們很難理解「情慾」本能的重要性。試想像史前某個冰河時期，人類總數徘徊在 2,000 前後，比現在熊貓在全世界的總數還少的時候，如果人類沒有情慾，相信人類早就不存在於地球了。換言之，情慾使人出於本能，而不是只出於自己的意志，繁衍後代，並使人類作為地球物種得以保存，度過了歷史中對人類存續最不利的日子。由於情慾是與生俱來的，不是自我決定的，因此情慾本身是自然生存活動，而不是自由生存活動，單純地順從情慾而生存，在科耶夫等哲學家眼中，只能算是動物性的生存。

　　但是，「萌」作為審美經驗，雖然以情慾為原始的感情力量發動，但它

不是單純地順從情慾，涉及了主體與主體之間的互動、交涉，造就了情慾的昇華。

　　強暴異性，與愛情故事，是兩樣不同的東西。性暴力是情慾的原始發洩，是一種罪行。在一個愛情故事之中，兩性經過多次忍讓、爭執、理論、一起經歷難處，在互相理解中推倒對方，同時又為身邊的人所接受和祝福，則是情慾的昇華。前者單純受動物本能支配，人的主體意願被抑壓，為動物本能所凌駕，當中並沒有愛。後者涉及溝通、交往、理解，也許過程有衝突，但衝突過後必定是滿滿的相互理解，人自願抑制本能，只以彼此接受的方式表達自己，找到了合適的表達形式之後，愛情本能即如湧泉一樣，以更美的形式噴灑出來，讓人達至連理。

　　審美的「萌」，雖然感情動力源於原始情慾本能，但經過動漫故事形式的長期積累洗練，最終反把原始情慾本能昇華、轉換為一種美的感情形式。這種美的形式之所以是昇華，因為它經過了各種嘗試、議論、對話、變奏、進化，已然磨合了審美主體、主流社會、各方群體的想法在其中，不是單純地對本能的被動順從，而是對本能的主體間性引導。當然，這個磨合過程永遠不會完結，仍然是進行式中的磨合。

　　2018 年春番動畫《比翼之吻》（Darling in the FRANXX）是個說明情慾昇華的最佳例子。《比翼之吻》講述一個未來幻想世代。在那個時代，科技延長壽命，人類毋須再繁衍後代，性愛被強制取締，人不知性為何物。不過，世界異變，受到叫龍的威脅，只有仍擁有繁殖基因的男女一組少年少女，能以機械人將叫龍擊退。在首兩集，男女機師在機械人駕駛艙，宛如男女交合老漢推車的姿態，充滿性含意，在一些地區放映時一度被評為低俗。

　　然而，故事展開，科技剝奪兩性關係的世界愈

◀鶴望蘭機艙／比翼之吻・作者速寫習作

見殘酷，科技使世界失常，少年少女在失去了生存意義的世界，重新找到男女交合、繁衍新生命的意義。如此，觀眾對情慾就有了很不一樣的體會，覺得情慾一點也不低俗。情慾變得不再低俗，超越了動物本能的層次，是因為經過故事鋪陳，在情慾之上，有着互相體貼、追尋共同生存的美好願望。到了這個階段，才揭示了最初那個交合體位的情節，被評為低俗，只因故事未充份展開。其實，情慾是否低俗或者異化，不在於情慾本身，而在於在其過程中，人的角色是甚麼。在互相體貼的互動之中，各方都是主體，情慾被昇華。但當人異化為工具，失去了自主性，情慾沒被昇華，這種情慾就不那麼美了，被評為低俗也是該當的。

▶ 18 禁封條・作者攝於香港
＊ 18 禁是法律上的判斷，有沒有愛卻是美學上的判斷。在愛之判斷面前，沒有專家，也沒有權威人士，有資格做判斷，只有讀者自己。再者，此世代「愛」字被嚴重濫用，此「愛」不同彼「愛」，唯誠者得察之。

異化的愛情

當情慾作為動物本能凌駕於人的意思，人即成為像動物一樣的存在，失去主體性。當現代社會基於各種功利現實考慮，例如提升生育率、消費等外在目的，對人的情慾本能加以控制，例如鼓吹良妻賢母、性消費，把情慾異化，同樣使人失去主體性，不由自主。這樣，人雖然擺脫了動物本能的操控，卻又淪落為技術社會的奴隸。

科技、理性抬頭，父權社會追求單一目的，把「情慾」、「性愛」、「女人」都當成工具。當目的落在「提升生育率」與「家產繼承」之上，社會鼓勵「良妻賢母」，並強調女性「貞操」的重要性和「家庭」價值。當目的變成「減少人口」時，社會推廣「節育」、「避孕」，也不再譴責「離婚」，對「同性戀」變得寬容。當目的落在鞏固政治力量的時候，皇室貴族的女兒作為「人質」被嫁出，婚姻變成「籌碼」。當商品賣不出，目的換成刺激消費，社會

又把「情慾」、「性愛」和「女人」浪漫化，並與消費拉上關係，鼓勵情人節送贈玫瑰、巧克力，推崇情侶燭光晚餐。總之，人類步入現代社會之後，「情慾」就由動物性的本能活動搖身一變，成為達到各種經濟目的之工具。人在這些外在目的下，恍如棋子一樣被任意擺佈，成為工具。

對於作為原始本能的情慾，「萌」作為一種審美體驗，把本能昇華為社會可接受的狀態，然後給與釋放。對於被外在目的異化了的現代情慾，「萌」作為一種審美體驗，則是把意義固化了的現代情慾解構、揉碎、瓦解，使人得以在各種故事和創作想像之中，用自己的情慾和情感，替自己重新建構一個新的情慾與愛情世界。

戀愛的本真

「萌」是對原始情慾本能的昇華，又是對現實社會異化愛情觀的超越，可達致戀愛的本真。所謂戀愛的本真，不是指戀愛的固有本質，而是戀愛這回事未為人所揭示出來的各種可能性，因而是未然的、複數的，總是指向審美主體所追求的戀愛理想。本質是不可變的、規範性的，本真卻擁有無窮可能性、未被定義的、非規範性的，因而是自由的。「本質」與「本真」，兩者在哲學上意義相去甚遠。

日本著名宅男小説家與評論家本田透，對「萌」有另一種體會和演繹，啟發我們對「萌」和「戀愛」的領會。

本田透著有《電波男》、《萌男》等書，在日本御宅文化圈子和評論界，有一定影響力。本田透曾自稱喪男，又以電玩偽娘角色名字「宮小路瑞穗」自稱，主張二次元戀愛的「萌」，優於現實世界三次元的「戀愛」。他批判主流社會所鼓吹的戀愛觀，是「戀愛資本主義」。他自己身體力行，貫徹自己的主張，在現實世

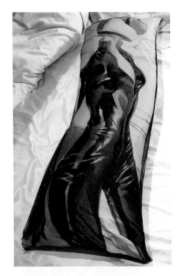

▲宅抱枕・作者攝影

界迴避與女性戀愛，通過御宅想像，把戀愛遊戲《ONE～光輝季節》裏的女角川名美咲當成自己的「腦內妻」，再加上「腦內妹」，組成屬於自己的「腦內家族」而生活（a：296-306）。

根據本田透在《萌男》一書中所做的定義，「萌」就是腦內戀愛。他指出，沒有去到戀愛程度的「萌」也有很多，但他在書內把「萌」鎖定為腦內戀愛。他把御宅族的一部份稱為「萌系御宅」，認為這一類御宅性格是女性的，具有少女一般的感性，他們收集女孩子插畫、人像、抱枕、動物布偶的行為，與前代少女趣味相同，所以萌系御宅不單會愛上萌系動畫，也會與兒童動畫和少女小說內的人物墮入腦內戀愛，例如《光之美少女》和《聖母在上》中的角色（b：81）。

本田透的立論引起了一些爭論。四方田犬彥認為，「萌」只是對架空角色的偏狹感情移入，希望接近本來不存在的東西，就算擁有了該東西所有複製品，也絕對無法得到該東西的實體（154-155）。事實上，四方田仍陷入了與東浩紀一樣的誤區，沒有認識到審美活動是主觀精神活動，而非物理性質的活動，沒有從審美中的人們的主觀體驗去理解審美文化，因而未能準確地評論萌文化。

回顧本田透的生平，可讓我們更深入地從本田透的第一身體驗出發，來理解他作為「萌系御宅」之「腦內家族」生活是如何形成的。

本田透在《電波男》一書中自述成長經歷。本田透，1969年出生於神戶，父親早年失蹤，自小飽受母親虐待。父母不是自由戀愛婚姻，婚後互相憎恨。小小的本田透得不到愛，吃得不好，交女朋友又不順利，考進名校，母親卻以貧困為由拒絕供讀，只能就讀普通公立中學。升上高中之後，本田透在校內受到欺凌而退學。直到母親去世，他獲得一筆遺產，才得以入讀早稻田大學。他曾經在大學先後修讀過哲學和家族社會學（a：394-399）。

考慮本田透在成長期所遭遇的坎坷，我們可以理解，他何以把感情都投入在二次元世界，並身體力行，實踐他所提出的腦內戀愛。對本田透來說，現實無情，不斷對他造成傷害。這些傷害是人際關係異化所帶來的結果。強制婚姻、金錢考慮、校園暴力等等，把他的幸福都奪去。幸而，二次元戀愛遊戲的故事，給他帶來了救贖。在二次元戀愛故事裏，現實社會僵化的人際

關係被解構。在二次元的想像中，人際關係得以在想像中自由重構，使本田透找到了不再受現實社會邏輯制約的理想生存方式，得以重建真正美好的家庭關係。一個二次元戀愛 H-GAME，竟然為本田透展現了比現實世界更美好的生存方式，這正好就是萌文化所帶來的奇蹟。

在現實中，本田透無法獲得理想的戀愛關係，父母的婚姻一塌糊塗，無論在家庭還是學校裏，都只有傷害，但在虛構的二次元世界裏，他卻邂逅了川名美咲這位值得他投入愛情的女性人物角色！

「腦內戀愛」這個概念，也許讓人覺得標奇立異，但其實「腦內戀愛」素來存在，而且是多數青少年在婚前單身時期、排解感情抑壓的一種不明文實踐。這是動漫少女抱枕大賣的主要原因。只是，在本田透之先，沒有人能以一個學術概念將事實説出來而已。本來，不論男女，人類身體大概在 10 歲之後自然進入思春期，適合生育下一代，但現代化使人類社會發生翻天覆地的改變，其中一樣就是以教育之名，把青少年的適婚期推遲了至少十年，使幾乎所有青少年都必須經歷一個單身的青春期。這個時期，情慾特別難以排解，是最需要本能感情獲得昇華的時期。

由於日本社會對色情內容較為寬容，因此在電玩普及後不久，就已發展出戀愛體驗類型的電玩遊戲。這類遊戲按市場需求，分為 18 禁與全年齡兩類。全年齡戀愛遊戲在性愛的表現上相對含蓄自肅，18 禁戀愛遊戲直接地、沒有保留地表現性愛關係，又稱為色情遊戲、工口遊戲（EROTIC GAME）或 H-GAME（HENTAI GAME）。本田透自身實踐的腦內戀愛，就是建立在一個 18 禁戀愛遊戲所帶來的想像之上。

◀源氏物語（歌川広重）·
PUBLIC DOMAIN/LOC

＊在《源氏物語》故事中，宮室內把男女隔開的屏風，宛如理性防線，但這道防線，總是擋不住公子與仕女之間的激情。

少女歷史
日本 ACG 萌文化
哲學筆記

色情的戀愛遊戲是否含有審美元素，是一個充滿爭議的課題。一般人缺乏美學訓練，沒有參與美學討論所需的哲學語言，所以無法適當地對這個課題做出判斷，因而帶來爭議。其實，色情內容，既可能是異化的延續，帶來壓迫，也可能超越異化，帶來自由的審美體驗。到底色情是異化還是超異化，關鍵並非是否裸露或含有性描述，而在於文本所揭示的主客關係。男性單方面意淫女性，女性被物化，這不是審美而是性剝削，因為其中的關係只有主客對立。相反，當色情內容揭示出主體與主體間的互動關係（主體間性），表述出雙方的主體意識，而讀者內心認同，那就必須考慮那是超越了異化、超越了主客對立關係的藝術內容，而非性剝削內容（彭卓鋒 2018）。換言之，色情與否，與是否審美，並無直接關係。社會上，既存在着低俗的色情，也存在着能稱為審美的色情，比如《紅樓夢》、《源氏物語》，都是含有色情描述的文學作品，富有審美價值。不過，這並不是說，只要富有審美價值，色情內容便可以隨意自由出版和展示。色情涉及生育，也往往涉及道德和宗教，生育背後的社會責任、道德規範和宗教意義，往往要求色情內容以限制的方式在社會上流通。即便在日本，雖然社會對色情相對寬容，但色情內容還是得打上 18 禁的印記，才能公開販售或播放呢。

接下來，筆者借用一名御宅對色情遊戲的反思，進深一步討論「色情」與「萌」之間的界線。

一名御宅對色情遊戲的反思

《貓箱只有一個》是一個御宅網誌，作者自稱「ぺるん」（貝倫），其名取自同人電玩遊戲《暮蟬悲鳴時》角色古手梨花的別名。貝倫明言，他寫網誌，是為了記錄自己欣賞動漫、玩電玩所得的體驗和感情，為「所思賦與形式」，假如有人讀過自己的筆記，令思想感情「再生」（重新播放），他就感到開心。他強調，他不想讓讀者「停止思考」。他評論「色情遊戲」，並提出了一個有趣的看法，指色情要素在色情遊戲中並非必要（ぺるん a）。

▲ 左上：《初音島》專題·Replicant，Spring 2004（竹書房）；左下：《KANON》產品廣告·
MEGAMI，NOV 2012（学研）；右：《CLANNAD》廣告·NEWTYPE，DEC 2008（角
川書店）·作者藏品掠影·Retouch & Setting 花飾襯托 & 光影增強
＊《初音島》、《KANON》與《CLANNAD》是御宅公認之幾個經典「泣 GAME」，各種色色的想
像是「腦內戀愛」和「腦內婚姻」中的一部份。在遊戲中，大家所經歷的，是應然的想像人生。

　　貝倫與本田透是同類的人，兩人均以電玩遊戲角色為自己起別名，也喜
歡對自己的動漫、遊戲經驗進行反思。貝倫渴望他人因為自己的文字產生感
情、思想，反映他絕對不是動物化的御宅族，因為他的慾望對象是讀者的慾
望。貝倫的思想，反映東提出動物論時，缺乏了對御宅族的深入理解。

　　貝倫把色情遊戲列為網誌主要內容，反映色情遊戲在御宅文化中有相當
份量。色情遊戲體驗含有性愛情節，能使玩者直接面對自己的原始本能。

　　在大量色情遊戲出產的情況下，日本色情遊戲自成一大類，發展出一
個獨立而龐大的資料庫系統。點入日本的色情遊戲入門網站，可以找到各種

各樣的色情遊戲要素，就像萌要素一樣，比如一個名為《スノーレイン 2》（Snow Rain 2）的遊戲，就兼有冒險、視覺小說、溝通、角色為主、幻想、歷史、插畫、獸化、角色扮演等多個要素標籤（美少女ゲーム総合サイト）。說到動物化，色情遊戲愛好者比其他萌文化愛好者嫌疑更大。

貝倫寫了一篇文章，名為《高坂桐乃明明是女孩子，為甚麼那麼喜愛「色情遊戲」？！》。這篇文章揭示了色情遊戲對御宅族來說意義何在。

其實，高坂桐乃並不是實存的女性，而是一個動漫架空人物，來自伏見司的輕小說作品《我的妹妹哪有這麼可愛！》，人物設定上，面向社會，她是優才女學生，但內裏她是一名重度女性御宅族，其主要興趣是妹系色情遊戲，換言之，她萌上「妹妹」角色。一般認為，「妹妹」是以男性為對象的萌要素，高坂桐乃的人設，反映社會普遍對御宅族存在誤解。基於種種誤解，高坂桐乃不敢公開自己的興趣，但她無法壓抑內心的感動，於是她強迫哥哥高坂京介私下傾聽她的興趣，美其名「人生相談」。為了使哥哥明白妹系色情遊戲對她如何重要，高坂桐乃要求哥哥玩她所喜歡的 18 禁戀愛冒險遊戲。

貝倫嘗試代入了高坂桐乃的視點，以過來人的身份，為高坂的愛好辯解：

▲ 18 禁電玩專欄．A-STATION，12 月號，2006（Uploadsynergy）．作者藏品掠影．Retouch18 禁強調

> 數着買入的色情遊戲，玩的時候展現微笑，咧嘴而笑。因角色的可愛弄得痛苦暈倒，不停踢腳甚麼的，只是家常便飯。她就是那樣的色情遊戲玩家——桐乃。

……沒有玩過色情遊戲的人，聽到「色情遊戲」，心裏總是浮現出色色的想法。是《癡漢電車》這樣的東西吧，又或者《讓人看內褲，那是……大宇宙的驕傲》、《變身～！變成內褲抽抽舔舔》之類。的確，這些是色情遊戲中被稱為「拔遊戲」

伍之光　少女審美

的東西，即為了把白色液體從身體拔出來的遊戲。

　　但是，在色情遊戲裏，稱為「哭遊戲」、「萌遊戲」、「鬱遊戲」等細緻作品也很多。很多人認識的《ONE～光輝的季節》、《KANON》、《AIR》本來也是色情遊戲。

　　桐乃買入很多妹系遊戲，對那些妹妹角色說着「～～醬可愛啊～噢嘻嘻～」在轟炸之下露出令人不寒而慄的咧嘴笑容。看見那樣的她，「色情」是有的，但這不是在玩「色情遊戲」吧！玩着色色的遊戲，不是想要搞得嗄～嗄～的，只是單純想要玩有趣的作品吧，我想。……要說為甚麼，看到有趣的作品，男女之間的性別差距是沒有關係的。「色情遊戲」很有趣很快樂，所以能夠感動人，這才是高坂桐乃那麼喜歡色情遊戲的原因吧。

　　為高坂桐乃辯解之後，貝倫細說了色情遊戲與動畫、輕小說之間的差別，指出色情遊戲讓角色在畫面交替出現，讓人一邊聽着聲音，一邊讓心靈浸入，一邊閱讀，跟動畫與小說大有不同（ぺるんb）。

　　日式的戀愛冒險遊戲雖然多半含有色情要素，有性愛情節的表現，但文字量也極之豐富，而且要求玩者做選擇，按照玩者的選擇，讓玩者掉進多重結局中的其中一個，這些結局多為 BAD END，即不幸結局，HAPPY END即幸福結局，往往只有一至兩個。除此之外，遊戲也設有插圖收集與及隱藏愛情度之變數。想要提升戀愛對象的好感、進入性愛情節、集齊插圖、達至HAPPY END，就必須在數不清的選項做出選擇，這些選擇往往引起無法預知的後果，可能讓對象生氣，可能讓對象傷心哭泣，也可能讓對象報復。換言之，對於玩家來說，在遊戲選項的對面，不是一個自動性愛機器人，而是能被想像為擁有生命、擁有自我意志、擁有自己的想法、擁有自己的慾望、能按自己的想法和感情行動的人物。遊戲設計者刻意把主體性注入遊戲中的每位角色身上，營造一個玩者無法完全把握的世界，使玩者得以充份體驗主體與主體之間的邂逅、溝通和感情交流，並在故事中承受自己選擇所帶來的因果報應。

人人都是高坂桐乃

在《我的妹妹哪
有這麼可愛！》動畫版
第九集裏，有一幕描寫
高坂桐乃因為無法成功
「攻略」遊戲中的妹妹
而懊惱不已。所謂「攻
略」，也就是讓遊戲角
色喜歡自己。一名御宅

▲高坂桐乃黏土人偶．作者藏品攝影．Retouch 裏面目

把高坂桐乃玩遊戲的多變表情反應截圖放在自己的網誌裏，並如此評價：

> 會對遊戲內的角色難攻略而生氣
> 會對走錯路線而懊惱
> 會對選對選項走對好事件而興奮
> 會對遊戲內的萌聲萌到高潮。
> etc. ...（奧斯特）

高坂桐乃的感情變化，反映她把遊戲角色視為擁有自我意志、慾望的人
物，並因為遊戲角色的回應情緒大起大落。為了得到虛構角色的愛，她努力
地推敲對象的慾望是甚麼，想法子使這個虛構人物喜歡自己。雖然角色虛構，
只存在於二次元，但她認為虛擬妹妹有自己的慾望，並為了使妹妹認同自己，
而認真地去找出妹妹的願望。由此可見，高坂桐乃並不是動物化的御宅族，
而是富有人性的人。

高坂桐乃作為一個虛構人物，是現實世界御宅族的映射，並獲得了御宅
動漫畫受眾的認同。認同高坂桐乃是自己寫照的御宅族，有多少人呢？據知，
《我的妹妹哪有這麼可愛！》小說版非常暢銷，至 2013 年 6 月為止日本銷量
達到 500 萬部之多（Ascii Media Works）。再者，這個數字僅僅是該作品小
說版在日本的銷售數字而已，還未把動漫版本、小說在海外的接受情況計算

在內。可想而知，不少御宅族認同高坂桐乃是自己的同類，認同她的審美感受與自己審美感受相通。

像高坂桐乃，在御宅眼中，他們所萌上的對象，並非無生命、無意志的機械人，他們在各自的故事世界中，都擁有自己的意志、慾望、感受和想法。在知識論上，這些虛構角色是虛構的，但在存在論上，這些角色在玩者心目中是應然的「真實」存在。在遊戲中，玩者渴望改變遊戲角色的想法、意志和慾望，使她喜歡自己，當角色對自己說「再見」或者拒絕自己時，玩者感受如同真實失戀一樣。正因為玩者無法支配自己所萌上的對象，玩者才能把對象當成自己以外的另一個主體，並且萌上對方。我們發現，沒有生命和自我意志之物，不可能成為萌的對象。

固然，電玩遊戲有所謂的攻略指南。當玩者依賴這種指南來通關的時候，其實就是承認了自己無法支配故事結局和對象人物，同時表示玩者願意改變自己，放棄自己的執著，來遷就對象角色和故事設定的命運。出於己意而屈從於對象和遊戲世界的主體性之下，以求取對象的認同，這顯然是主體間性的關係。玩者為角色改變自己，是愛。這種愛兼顧了自己的主體性，又是對角色主體性之承認。

遊戲角色，明明只是虛構，何以能夠表現出如此強的個性呢？也許，我們都忘記了，戀愛遊戲故事中的各種選項與後果，背後都由遊戲作者經過用心推敲，為他所創造的虛構角色而設定的。遊戲既出於作者，角色自然能夠繼承作者的豐富想像、個性和心意。

◀ 福袋 H 物．作者攝影
＊宅文化寬容色情，但這都是二次元世界的事。色情受到一道無形防火牆的阻隔，一般不會被搬到現實世界。

少女歷史
日本 ACG 萌文化
哲學筆記

貝倫對色情遊戲做出了一個重要的區分——「拔遊戲」與「泣遊戲」。

「拔遊戲」又稱官能遊戲、實用系遊戲，拔的意思是拔出精液，實用即有助於射精。「拔遊戲」單純以滿足性慾為目的，是主客對立的遊戲，人物工具化，只有利用的價值，不具有自己的意志。

「泣遊戲」又稱「萌遊戲」或「鬱遊戲」，超越了單一的功利目的，非單為滿足性慾而有，具有主體間性，玩者把對象人物視為擁有自己生命、意志、慾望之另一個主體，而不是工具和無生命之符號。在遊戲中，玩者為角色對象投入了滿滿真摯的感情，時而哭泣，時而喜悅。

值得注意，東指御宅族動物化，並非完全無的放矢。貝倫作為御宅族的代言人，他見證了「萌遊戲」的存在，也見證了「拔遊戲」的存在。「拔遊戲」的玩者選擇簡便直接的性慾滿足，放棄追求進一步的主體間性愛情關係，顯然是動物化表現。不過，世界上萬事萬物都有種類上的變化，有良幣有劣幣，有蝴蝶也有飛蛾，這是每一個生態系統共有的特質。市場上流通色情遊戲，當中有萌的，也有拔的，這是無論如何也無法排除的情況。再者，一名玩者玩過拔遊戲，不表示他以後仍然樂此不疲。反之，拔使人失去人性意義，玩者體驗過意義荒疏的拔遊戲，遇到萌遊戲時，相信更能體會萌遊戲的價值。事實上，在色情遊戲的歷史裏，能成為經典話題作的，大多數都是萌遊戲。

「萌」是御宅族親手建立的審美範疇

由 1980 年代末「萌」這個詞語誕生和流行開始，御宅族沒有停止過對「萌」的反思。「萌」是御宅族的親身審美體驗，審美體驗本為無形，難以傳達，但御宅族不滿足於停止在單單的體驗之上，他們更希望能夠以自己的語言，把自己的審美體驗說出來，與人分享。為此，像本田透、貝倫這樣的御宅，甚至著書、寫網誌，矢志向人說明何謂「萌」，那份對「萌」體驗反思的努力讓人致敬。再者，這些努力，不是個人的努力，而是集體努力，積極論說何謂「萌」之人，不在少數，有專家學者，也有一般之宅民。輕小說作家谷川流，借用自己作品的角色台詞指出，面對萌對象自慰之後，是否對對象仍抱有持續的愛情，是判斷「萌」與「色情」的條件（60）。藤山哲人

曾記錄了 ASCII 及 ITmedia 兩家公司代表的對談，以日式瓶裝乳酸菌飲料可爾必思的味道來比喻「萌」，指出色情過重的「萌」不能算為「萌」，就像原味的可爾必思那樣太過濃烈。這些説法，基本上與《同人用語之基礎知識》所講不謀而合，反映御宅圈子經過幾十年的實踐、議論和反思，對「萌」審美的性質獲得了比較一致的意見。

當一群同好者通過集體反思、集體議論來反覆思量、説明自己的審美經驗之時，大家便會發現，那種審美經驗並不單單屬於個人，而是屬於更多的人。此時，這種共有的審美經驗，便開始形成全新的審美範疇——「萌」！

日本御宅族雖然有順從自身動物性的一面，但他們更努力追求超越自身的動物本能，並積極反思自身的審美體驗。這些反思作為一種集體主體意識，就像明治—大正女孩形成「少女共同體」一樣，可説是形成了一個「萌文化御宅共同體」。在萌的審美實踐和反思過程中，他們的審美文化不斷更新，現實束縛被超越，動物性的原始本能獲得昇華。

「可愛」與「萌」的互換性

少女文化的「可愛」對應原始範疇的「母愛」。御宅文化的「萌」對應原始範疇的「情慾」。似乎，「可愛」是純粹屬於女性的審美文化，「萌」是屬於男性的審美文化。實際上，在泛化趨勢之下，「可愛」與「萌」的界線已變得模糊，很難説「可愛」單純屬於女性，「萌」單純屬於男性。筆者於 2015 年 7 月 30 日以日本動畫公開評論網站《動畫收集》的資料做了一點計算，發現最多訪客判斷為萌的動畫作品是《請問要來點兔子嗎？》。在該等訪客內首 45 名留言者中，30 名為男性、11 名為女性、1 名其他性別及 3 名沒有性別記錄。在 30 名男性留言者中，15 名使用了「可愛」一詞來形容該作品，6 名使用了「萌」來形容。在 11 名女性留言者中，6 名使用了「可愛」來形容該作品，2 名使用了「萌」來形容。此外，其中一名女性如此留言：「かわいかったよ～。かわいい女の子たちに萌え萌えしまくりました♪笑」（翻譯：「可愛喔～。對可愛的女孩子們萌萌的停不下來♪笑」）（あにこれ b）。這些留言，反映在御宅圈子裏，無論男女，都習慣把「可愛」和「萌」混合

使用。「可愛」和「萌」，起源也許不相同，但它們並非互不相關，也不能簡單區分為女性東西與男性東西。

5. 二次元境界線

▶《中二病也想談戀愛》，MEGAMI MAGAZINE，FEB 2013（学研）·作者藏品掠影·Retouch & Setting 概念增強

＊《中二病也想談戀愛》是其中一部明確述及境界線的動漫作品，境界視不可視，但對日本人來說，境界線存在於每個角落，把此岸與彼岸之世界區隔開來。

在《中二病也要談戀愛》故事裏，女主角小鳥遊六花相信死去的父親住在「不可視境界線」對面的平行世界。在《刀劍神域》故事中，完全潛行讓主角桐人等進入恍如現實的虛擬遊戲世界。在《命運石之門》故事中，男主角凶真在不同時間線之間跳躍，尋找讓助手不用死去的命運石之門。《地獄少女》的三途川，就是隔開了人世和地獄的境界線。

在日本動漫畫中，各種各樣把世界區隔的境界線，無處不在。

其實，御宅文化本身，即與日本人現實世界隔着一條線──二次元境界線。御宅有這樣的潛規則，二次元就是二次元（動漫），三次元就是三次元（現實），兩個世界互不干涉。二次元的妄想，不會搬到三次元現實世界。三次元世界的繁瑣規則，在二次元世界被宣告為無效。這條境界線，確保了二次元世界的自由，也保證二次元世界內發生的無節制幻想，不會擾亂三次元現實的社會秩序。

刻印在靈魂內的境界線

◀ 鳥居·作者攝於九州別府·Retouch 異世界入口

　　在歷史長河中，日本人一直在自己的民族靈魂上刻印着一條無形的境界線。

　　《菊與刀》作者潘乃德告訴我們，日本人容許八歲前的孩子無節制地自由自在，八歲後開始嚴厲教化他們。八歲童歡是日本兒童童年終結的境界線，把一念天國、一念地獄的體驗深深刻在每一名日本孩子的靈魂之上。

▶ 日本兒童與鴿子·作者攝於東京

　　明治—大正年間，每名女孩子注定畢業後迎向無盡頭的命定婚姻，在父權當道的世界，婚姻象徵失去全部自由。於是，高中畢業，對明治—大正女孩來說，成為了一條無形的境界線。

◀ 昭和時代·作者攝於日本台場

少女歷史
日本 ACG 萌文化
哲學筆記

二戰後，日本社會經歷了重建、混亂、消費社會興起、經濟騰飛、泡沫爆破、社會網絡化等等的階段。在這個期間，日本人把動漫、遊戲、舞台發展成一整個一支獨秀的文化產業，稱為 ACG 文化，在精神層面上支撐着日本人渡過每一個難關。動漫、遊戲世界雖然是平面的，通稱二次元世界，但由於每個日本人都在兒童階段享受過幻想的自由，他們特別擅長幻想、空想、妄想，在二次元世界中把自己的審美理想賦與可見的形象，於是二次元世界的住民不斷增加，富有超越性的審美意象層出不窮。這些意象，包括了幸福少女的想像、男裝麗人的想像、百合姊妹的想像、腐女子的 BL 想像、可愛生物的想像、萌化愛情的想像等等。

　　不過，這些想像太過自由，全是對現實社會束縛的超越，充滿對現實世界秩序的解構，要求有一條二次元境界線作為氾濫幻想的堤防。縱然日本人認為享樂是一種人情，是應當允許的，屬於自由的社會領域，但日本人也總是強調，享樂應適可而止，不可干擾人生的重大事務。也就是說，二次元世界的妄想作為一種享樂，是日本社會所默許的，條件是不能擾亂現實社會秩序。於是，二次元世界的妄想和三次元現實世界的重大事務被區隔開來。那一條二次元境界線，森嚴不許逾越。

　　八歲童歡終結的界線、女高中生畢業定人生的界線、日本櫻花花開花落產生的花期界線、每個小市內由鳥居劃定的神明結界，這許多長期積澱下來的界線，作為一種集體無意識，每個日本人都可以將之輕易地召喚出來，易如反掌，因為這條界線一早就刻印在每個日本人的靈魂之中。

▶ 粉紅落櫻・作者親屬攝於日本河口湖

ACG 文化的境界線

ACG 萌文化誕生的時候，這一條二次元境界線，再次在日本人的靈魂中被召喚了出來，維持着妄想與現實兩個世界之間的平衡。

在腐女子身上，這條界線設定得十分漂亮。她們以自嘲宣稱自己是腐掉了的婦女子，又以自嘲的方式宣稱自己的興趣是三無（Yaoi）──沒有高潮、沒有結局、沒有意義，還警告每一名打開了她們秘密的網站的訪客──前方高能，不喜勿進。為了使自己的腐女子興趣與現實社會保持充份的距離，她們享受興趣的方式，普遍低調而不張揚。

腐女子享受腐女子興趣的方式，也與《我的妹妹哪有這麼可愛！》女主角高坂桐乃的行徑不謀而合。高坂桐乃是女性御宅族，雖然不是腐女子，同樣很努力不讓外人知道自己的特殊愛好，在人前人後表現出兩種性格面貌，不願被人知道自己是御宅族。我們還記得，日本 NHK 節目《真劍 10 代講場》曾邀請一名 18 歲御宅族少年出鏡，少年表示，不願被人知道自己是御宅族。在御宅族心靈裏，這條二次元境界線，總是清晰可見。

唯一毋須介意自己興趣被知道的，也許要算當代日本少女的可愛文化。不過，日本人社會早就為男女兩性劃定了界線，男性被要求競爭、無情擊敗對手，女性被允許愛護弱小可愛的生命。其實，同樣的一條境界線依然清晰，只是可愛文化不會對現實社會秩序構成干擾，所以被允許更公開地表現出來，毋須隱藏。

在御宅文化中，有另一個説法，清晰揭示了二次元境界線的存在。日本網路論壇 2ch 有一個大學生活版，稱為「現實充實組」，簡稱「現充」。2005 年，「現充」這個稱呼為御宅族所挪用，當作了自己的對立詞。所謂「現充」，指那種毋須依賴動漫和遊戲，就能在現實生活過得充實的人（澤田、加藤）。「現充」被認為是人生的贏家，在現實世界中學業有成，戀愛幸福，交遊廣闊，朋友很多，財力雄厚，擁有權力。「現充」作為詞語，曾獲得 P-NEST 2011 年度女子中高生的「手機‧網路流行語大賞」之金賞（webR25）。

維持境界線的條件

「現充」明確映照出二次元與三次元之間的疆界。本田透主張的腦內戀愛和腦內家族生活，其實也是建立在這條二次元境界線之上。二次元世界恍如明治—大正的女學校一樣，是審美主體賴以進行自由精神生產的繭。這個繭，就是從現實社會中

▲ 粉紅現充．PUBLIC DOMAIN/ パブリックドメインQ

劃分出來的一個被默許的自由社會領域。這個自由社會領域，有限定的時空。在二次元境界線內，人人可以自由構築夢想。主流社會默許御宅族的自由「妄想」，有兩方面的考慮。第一，這些「妄想」不干擾現實社會的秩序。第二，這些「妄想」可以化為商品或服務，產生經濟效益。只要這兩個條件獲得滿足，「妄想」內容是甚麼，就不致被追究。這些條件，是二次元境界線成立的基礎。

劃界是日本人的民族本能。在二次元境界線內，每個人都享受着至高的絕對自由，在二次元境界線外，也就是踏進三次元現實世界之後，每個人都甘心高度自肅自律，形成一個紀律森嚴的秩序社會。二次元境界線是日本社會使幻想與現實人為地分工的巧妙文化設計，能最大化地協調兩個世界，把兩個世界之間的矛盾輕易地統一起來，使日本人既能在想像世界中獲取最大的自由，又能在現實世界追求最大的工作效率。

一方面，ACG 文化需要境界線，好讓它能夠獨立於現實經濟社會來運作。另一方面，境界線需要標識，而 ACG 文化具有豐富的象徵符號系統，與現實世界構成強烈對比，使人能夠輕易地把境界線識別出來。同一樣的審美內容，不一定採用動漫風格來表現，以電視電影表現，同樣可以。然而，電視電影中的人物跟三次元人物太相似了，很容易讓人把兩者混淆。二次元動

漫風格的符號，色彩鮮明、人物形象與三次元世界的人物形象維持了明確的區別，特別適用於境界線的辨識和鞏固。也許，這才是日本人 ACG 文化高度繁興、甚至形成強勁文化產業的主因。日本人的劃界本領，源於長期的集體社會實踐，若任何社會有意把這樣的二次元文化吸收過來，絕對不能忽略把二次元境界線的文化建設做好。簡言之，要讓讀者觀眾習慣，動漫歸動漫，現實歸現實，不隨便把兩個世界混為一談。

安全的「妄想」

▲《非公認戰隊秋葉原連者》玩具 · 作者藏品攝影 · Retouch & Setting 橙藍妄想

二次元與三次元之間的界線雖然分明，但在二次元世界作品中，往往帶有三次元世界的影子，這是因為在審美活動中，超越的對象總是現實的束縛，二次元世界作品不可能不對三次元世界有所描述。即使二次元世界對三次元事物有所影射，基於日本人普遍尊重境界線，二次元想像不會干擾現實世界的秩序，主流社會對御宅文化活動干涉也不算多。

二次元世界的構成，恍如沙盒裏的熱帶氣旋，它不干涉沙盒外的世界。說它像熱帶氣旋，因為它有着激烈的運動。外在世界的人、物、事被複製成為鏡像，然後被捲入沙盒的風暴之中，發生超乎想像之爭鬥、對話、互動。而且，日本動漫不同於典型的西方故事，它似乎不願允許任何一個人物、事物充當永遠的配角，在萬物有靈的思想下，所有事物都必須作為主體參加故事的發展，在其中說話，與其他人物對話。人物淪為客體的情況，在日本動漫中，非常少有。與其說少有，倒不如說 ACG 觀眾、讀者、作者、製作人普遍不願忽略任何一個角色。即或有這樣的作品，這種作品也不會受歡迎。

就筆者的經驗來看，被他者化較多的角色，一般是日本社會中的男性不良少年，但在某些劇本中，不良少年也有機會成為故事主體。另外，即使是代表主流父權社會、掌握政經實權的老頭角色，在故事中也能成為主體，與其他角色充份對話，就如《元氣少女緣結神》第二季第九集天狗篇之中，天狗鄉老頭子僧正坊流淚講出自己的無奈——他身為家督，受家規所限，必須公平對待每一位少年天狗，因此他無法在眾人眼前愛護年幼的親生兒子鞍馬，最終讓鞍馬離家出走。這一節自白，展示了老頭的主體性，使老頭的立場也獲得理解和體諒。

二次元動漫作品中的老頭角色，往往代表了現實社會中與青少年對立的大人。把老頭帶進故事裏去，就是為了把老頭子找來，在安全的二次元空間，讓青少年與之來一場大辯論，好使兩者之間的矛盾在故事中獲得化解。通常，故事開場鋪陳老少之間的衝突，並在衝突後迎來互相理解、和解、合作。為此，通過主體間性的審美，二次元文化具有化解現實世界對立關係的作用。

有了二次元境界線，御宅族有了可以安全進行「妄想」的自由空間。御宅族或 ACG 文化愛好者社群，是通過二次元世界結成的社群。他們以御宅相稱，只為忘記大家各自的現實身份，毋須使用拘束的敬語，暢快地交流二次元世界的話題。在這一層意義上，「御宅」作為一個身份使成員獲得了安全感、歸屬感，毋須擔心交談影響了他們在現實社會的工作。反之，假如大家都亮出現實身份，基於現實社會規範，他們就必須按身份高下來決定使用何種程度的敬語來說話，不能再暢所欲言。

「妄想力」的泉源

ACG 文化愛好者，一般很能享受自由「妄想」。雖然，在外人眼中，「妄想」是自帶貶義的行為，但日本御宅族不這麼看。2012 年，東映曾拍攝並播出一齣富有御宅味道的戰隊作品——《非公認戰隊秋葉原連者》。該故事強調主角們的力量來自「妄想力」，主角們戰鬥的地方是「妄想世界」，把御宅族動漫興趣的內涵表現得淋漓盡致。

為甚麼「妄想」能形成 ACG 文化的強大力量呢？

撇除其貶義，「妄想」相當於「不受任何道德規範約束」的「自由想像」。在華人文化中，「不受道德規範約束」有點麻煩，因為社會上和諧的人倫關係建立在道德規範之上。華人社會的道德教育自嬰兒階段便已經開始。相對地，日本人容許孩子在八歲前享受至高的自由，容許他們暫時「不知恥」（毋須顧慮道德規範）地快活度日。《菊與刀》指出，這段「不知恥」的成長階段是日本人重要的回憶，令他們毋須為未來描繪天堂，因為他們在幼兒期已享受了天堂（潘乃德：278）。由是，幾乎每個日本人，長大時雖然受到社會強力的約束，但因為他們都曾經在幼兒期體驗過絕對的自由，所以他們都擅長「不受任何道德規範約束」的「自由想像」，亦即是「妄想」。奇妙的是，日本人現實生活高度規範，文藝上的想像則高度自由而脫規範，一冰一火，一剛一柔，形成了一種非常特殊的人文素質，想像上很放得開，辦起事來又高度規範。然而，基於二次元境界線的烙印，當代日本人非常尊重現實和想像之間那一條不可逾越的境界線，在正常的社會狀況下，他們甚少把「妄想」的內容化為「現實行為」。

▶ 舊照片展覽．作者攝於小倉
＊日本人容許孩子在八歲前享受至高的自由，容許他們暫時「不知恥」地快活度日。

煉妖壺比喻

　　幼兒期的自由，培育了日本人的主體性，使每個日本人都擁有充份的自由想像，但單方面的主體性發展，容易使個人與社會對立起來。日本多發校

園欺凌事件，相信與此不無關係。總的來說，日本人步入成年期之後，社會作為一個更大的主體，開始對個體施加強力的約束，這種約束雖然令個體受到較大的生存壓力，但也有效地維持了社會的平衡和穩定。

在日本社會，個人和社會的主體性都相當強，社會的主體性是陽性的，是公共領域的主體，個人的主體性則是陰性的，是私人領域的主體。在公共領域，個體表現為屈從於社會的客體，但個體內裏都有一顆不屈的心未被消磨，有如被「封印」在身體軀殼之內。這一種富有主體性的靈魂，時刻伺機突圍，多數人把反骨藏在內心終其一生，也有人趁社會混亂的時機發難。ACG 文化的出現，與日本其他文學藝術一樣，為這些不屈、主體性過剩的靈魂，提供了另一種出路，使其本能精神獲得昇華。審美是主體間性的人性活動，動漫遊戲作品如同一個沙盒，讓人參與其中，以主體的姿態邂逅其他主體，讓人盡情在其中自由體驗各種主體與主體之間的相交、相搏、相害、相愛、相依與對話。各種充滿笑與淚的故事、故事中完不了的對話，把人間的主客對立關係融化為你中有我、我中有你、不分彼此的主體間性關係。最終，欺負人的，了解到自己並非世上唯一的主體，素來被欺負的，了解到自己並非客體。個體體會到人外有人，天外有天，人間有情，天也有情，漸漸找到與其他主體相處之道，適應共存共在，從此過剩的主體性被化為充份的主體間性。換言之，ACG 文化有如一個煉妖壺，二次元境界線是其壺壁，其內是劇烈的主體間性審美運動，是社會矛盾在安全領域內發生急激對立統一之根據地。

煉妖壺比喻出於電玩《軒轅劍》，是遊戲故事中設定的一種上古神器，傳說由女媧所造，內有壺中世界。煉妖壺的概念通《西遊記》太上老君的八卦爐、佛祖的五指山，又通《水滸傳》封印 108 個英雄的伏魔殿，象徵人性中自由與約束的對立統一。筆者以煉妖壺為喻，當中無貶義，反而含有褒義，因為這比喻強調了人可以在主客關係、主體間性關係中穿梭變換，在人生歷練中成長轉化。「妖」強調人的自由性。在日本文化和中國一些傳說如《白蛇傳》裏，「妖」是超越善惡的存在，可以使人喜愛。對於過份自由的「妖」，有人主張「伏妖」。然而，只「伏」而不「煉」，到尾一場空，因為「煉」的過程讓自由的主體性轉化為自為而又為他的主體間性。孫悟空離開五指山

後自發護衛唐僧往天竺取經，就是最佳例子。在這一重意義上，筆者自己也屬於煉妖壺壺中的住民。

性犯罪減少的世代

對於二次元「妄想」是否影響日本人在三次元的「現實行為」這個議題，日本社會其中一個熱話，就是動漫經常以幼女為題材，有否助長幼童被強姦的惡劣趨勢？對於這個議題，有論者據日本警方的數據製成了統計圖表，發現女性幼童遭強姦的高峰期是 1960 年代，最嚴重時一年發生 458 宗案件，但往後數字一直滑落，至 2012 年跌至年內 45 宗案件的水平。考慮到少子化的影響，有關人士又把數字轉為比例，發現每 10 萬名小學生強姦被害比率在 1963 年達至峰值 4.37，自此之後該比率輾轉下跌，至 2012 年降至 0.67（管賀江留郎 ab）。另外，參照日本警察廳編製的《警察白書》，日本總體強姦犯罪數字於 1960 年代中到達最高峰，隨後一直由高峰期的按年近 7,000 宗滑落。至 1990 年代，有關數字已降至平均每年 2,000 宗以下（警察庁 a）。在 2007 至 2017 年之間，該數字一直維持在每年 1,500 以下，甚至在 2016 降至 1,000 宗以下（警察庁 bcd）。以上資料反映性犯罪數字下跌之趨勢。1960 年代，

日本人才剛開始發展動漫產業，至 2010 年後 ACG 文化發展成熟。換言之，ACG 文化在過去五十多年的發展，與日本性犯罪減少的世代重合。雖然，性犯罪數字的變動，可以有各方面的原因，經濟上的、公安上的、教育上的，但

◀《鋼之煉金術師》愛德華陳列手辦．作者攝於香港

考慮到審美昇華本能，ACG 文化發達與性犯罪減少兩者之間的關係，相信是正面的。

《鋼之煉金術師》是一齣受歡迎的動漫作品，故事提出凡事都有「等價交換」，想得到甚麼，就得付出自己身上等價的甚麼東西作為代價。筆者相信，日本御宅族在「妄想」中的豐富收穫，是通過付出「對境界線的絕對尊重」這個等值代價交換而來的。

然而，有些時候，付出代價，不代表交易總是能夠無風無浪完成。2010年，日本右翼政壇曾試圖向御宅文化開刀，這個事件就是東京都青少年健全育成條例的修訂案爭議。

青少年健全條例爭議

《東京都青少年健全育成條例》是 1964 年通過的一條地方政府律法，它限制 18 歲以下青少年接觸有害印刷物，保障青少年的健康發展。過往，此例約束力不大，主要透過出版業的自我審查完成。然而，在東京都知事石原慎太郎推動下，東京都廳於 2010 年 2 月 24 日提出修訂，建議把 ACG 領域非三次元作品納入管制範圍，並創立了「非實在青少年」一詞，指明作品中如有「非實在青少年」進行不健全行為，即標記為「青少年性視覺描寫物」，並賦與東京都廳權力去監管，要求全體業界、市民盡責防止青少年購入、觀看。所謂「非實在青少年」，就是任何虛構人物「看來」未滿 18 歲，或者其衣着、佩戴物、學級、背景、聲音等給人未滿 18 歲的「感覺」。

ACG 作品的魅力在於天馬行空的想像，既然萌對象可以是非人類，那麼就算是外貌像人類，有關角色也可以是超人類，又超越現實世界的「年齡—外貌」關係，西尾維新《物語系列》的忍野忍，就是典型例子。在故事中，忍野忍原名姬絲秀忒・雅賽蘿拉莉昂・刃下心，曾為人類貴族女性，約在六百年前成為吸血鬼，遇到主角阿良良木曆之後，因為吸血鬼力量被吸收，外貌變成 8 歲女童。忍野忍外貌雖然只有 8 歲，但實際年齡卻是 600 歲，而且她的外貌不是恆久的 8 歲，而是隨故事發展變化，有時像八歲女童，有時回復成熟女性的外貌。就這樣的一個例子，便超越了石原慎太郎「非實在青

少年」規定的現實構想。同類的例子還有很多。比如《名偵探柯南》的工藤新一和《魔法禁書目錄》的月詠小萌便是外貌看起來未滿 18 歲，但實際上已是成人的角色。石原慎太郎試圖以現實社會常識來規範超越社會常識的文藝想像，可以預期必定招致 ACG 業界的反彈。

石原慎太郎這個做法，代表三次元世界試圖干涉非實在的二次元世界，而二次元世界的住民們，無論是 ACG 業界，還是 ACG 文化愛好者，素來尊重二次元境界線，並小心翼翼地保持二次元與三次元世界之間的距離，避免二次元的事情擾亂三次元世界的秩序。

石原慎太郎修訂案提出以後，很快便引起文化界、動漫畫界和遊戲業界、日本劇作家聯盟和日本律師聯合會等的熱議和強烈反對。起初，媒體沒有報道這個爭議。最初感覺到不對勁的，是文化評論家藤本由香里。當年 3 月 8 日，藤本由香里在網路撰文評論是次修訂，引起了社會和業界廣泛關注，她的文章一日之內錄得超過二萬次的點擊率。與此同時，另外，現京都精華大學漫畫學部長、前二十四年組漫畫家竹宮惠子獲知事件後，立即要求展開校內討論，收集學部教授會的意見書。3 月 15 日，反對者在東京都廳召開記者會，出席者有重量級業界人物如永井豪，也有業界巨企的代表（樋口；東京都議会）。

3 月 18 日，東京都議會審議修訂案，贊成修訂者主要是自民黨和公明黨，民主黨、共產黨和生活者網路要求繼續審議。結果，這一輪修訂案於 6 月 16 日遭到否決。然而，以石原慎太郎為代表的政壇力量沒有停止行動，同年 11 月，石原再度提交新的修訂案，移除了爭議最大的「非實在青少年」字眼，但維持賦與都政府管制「不健全圖書」的權力。在出版商的反對下，石原慎太郎一方增加了附帶條款「顧及作品表現出的藝術性及社會性優點，審慎運用此條文」。同年 12 月 13 日，修訂案在民主黨改為支持的情況下通過（日本経済新聞）。修訂案於 2011 年 4 月 1 日實施以後，立即禁止了六部作品的販售，其中包括了糸杉柾宏的《秋日天空》。糸杉柾宏説，這個修訂無可避免地影響作品的表現，實際上受害的是所有作家和讀者（biac_ac）。修訂案通過後，日本各家主要出版社，包括角川書店、集英社、小學館和講談社，均宣佈退出由石原慎太郎主催的東京國際動漫博覽會，以示抗議。全國最大

的四家出版社退出，意味着該動漫博覽會不可能開幕（Gigazine）。然而，世事充滿巧合，2011 年 3 月 11 日日本發生海嘯，福島核電廠發生核意外，癱瘓了整個日本。無論四大出版社是否參展，是年東京國際動漫博覽會都無法開幕，保存了主辦方的顏面。

是次事件，是 ACG 文化作為日本自由社會領域的爭奪戰。東京作為日本首都，是日本御宅文化和 ACG 業界的活動中心，不論是最大的 Comiket 同人誌即賣會，還是東京國際動漫博覽會，都在東京舉辦。再者，東京都秋葉原已然成為御宅文化聖地，虎之穴等主要 ACG 商店都把旗艦店設於秋葉原，秋葉原有如御宅族的另一個家鄉一樣。

地震過後，業界對於東京都廳的抗議，很快由三次元世界退回二次元世界，一如往常，業界不再糾結於現實層面的權益得失，轉而在故事中消化這場論爭。2011 年 7 月，Media Factory 漫畫家水安里開始新連載《電器街的漫畫店》，故事描寫秋葉原漫畫店的職員生活，劇中即有一名女性擔當「東京都青少年健全育成指導員」角色，經常巡視書店，一發現不健康圖書，即要求封書或貼上警告標籤。隨着劇情發展，揭露該名女性檢查官私下是一名腐女子。一次，書店舉辦的書籍介紹會，調酒師（書籍介紹員）為她介紹了一部 BL 作品，劇情把她感動得流淚。現實的論爭，也許因為現實社會的限制，無法繼續展開。然而，ACG 能把現實社會未能解開的矛盾兼收並蓄，放在像沙盒一樣的虛構故事之中，以文藝形式，使現實世界的各方主體化身為劇中人物，繼續未完的對話，直至矛盾得以化解為止。

這一場政治上的爭議，反映二次元境界線雖然無形，但又確實存在，而這一條境界線，亦並非客觀存在，而是主流社會（三次元世界）與 ACG 文化（二次元世界）雙方在對立統一的歷史進程中共同畫出的一條界線，是主流文化與次文化在主體間性對話下所產生的產物。由於它是主體間性互動的產物，因此它不會一成不變，而是在社會歷史運動中持續變化。

6. 自由運演的少女審美意象

少女審美包括明治—大正少女文學以及當代 ACG 文化。由前者發展到後者,是一個泛化的過程,載體由簡單的少女雜誌、小說泛化為多樣化的媒體,包括了網路通信、漫畫、動畫、同人誌、電玩遊戲、玩具、咖啡館、博覽會、Cosplay 服飾扮演等等。這些媒體都承載着同一個共同象徵系統,這系統包含了一系列互有關聯的審美意象,包括了少女、學校、高中生、校服、冒險、可愛、萌、BL 等等。

早在 1970 年,法國文學批評家羅蘭巴特便曾著書《符號帝國》,宣稱日本將是符號生產和消費的終極國度(巴爾特)。觀乎日本 ACG 文化在當代的發展,巴特可謂獨具慧眼,有先見之明。經過幾十年的發展,ACG 文化已建立了少女、男裝麗人、BL、百合、萌、可愛等多種以少女為中心的審美意象和審美範疇。本來,確立審美範疇是文藝批評家的工作和責任,但 ACG 文化愛好者的積極性,超越了這種機械式的分工,受眾往往也參與創作、評論,又成為了作者、評論家。ACG 文化的審美反思,並不是倚賴學術圈子來完成,可以説是在自己的文化圈內形成。因此,ACG 文化是一個相當成熟的審美文化。

ACG 文化持續泛化,意味着 ACG 文化的共同象徵系統一直保持新鮮的意象運動。一個不會移動的熱帶氣旋,並不是熱帶氣旋,只是一團靜止的空氣而已,沒有動力,沒有活力。ACG 文化不是靜止的空氣,它的符號不會僵化,雖然動漫人物、萌要素、少女意象都是符號,但它們並非僵化的現實符號,而是具有主體性的審美符號。具有主體性的審美符號,象徵着一種主體性的存在,可讓人通過移情作用代入其中,使人參與故事文本中的主體間性對話,在其中不斷變化,發現新的意義,這就是所謂的意象運演,是主體間性的,是互動的,變化的,非本質化的,不像現實符號那樣是僵化的、本質化的。審美符號富有變化,意義源源不絕。現實符號則是僵化的,不允許變化,很快就用盡自身的全部意義。審美符號在運演中超越對立,化解矛盾。現實符號卻總是與社會上的其他力量對立起來,發生難以迴避的矛盾。

審美符號的意象運演是主體間性的,它的變化並非無序。它的變化雖不

可預測，卻總是指向各個存在的主體。不管它如何變化，這個變化總是朝向滿足社會各個主體的需要和個性而發展，既是自為的，又是為他的。它不可被預測，因為每個主體本身的變化都不可預測。

　　一支寶劍，不可能是一團既硬且脆的金屬塊，它總是剛柔並濟，既鋒利又柔韌，不易折斷。一個健康的社會，總是有鋒利的一面，也有柔韌的一面。鋒利的一面就是社會現實的經濟生產制度，柔韌的一面就是那個總是超越社會現實規範的審美文化。ACG 萌文化，正是社會柔韌的那一部份，其作用舉足輕重。

陸之實

百萬萌娘

動漫文化是千年古樹的果實，古
樹不由人所種，而是自己跨越歷史在
泥土中成長，其根深及地底，盤根錯
節，不知伸延幾里之外。

明治—大正少女文學作為種籽，落在歷史的土壤裏，有了養份、水和陽光的滋養，在順境中自然萌生新生命，新生命又朝着陽光生長。為了更接近光之理想，主幹展開了枝幹，枝幹長出葉子，開花結實。枝、葉、花、果，呈現為當代 ACG 萌文化。

審美理想是光，各樣的「萌」是果實。ACG 百科網站有多少頁，這個萌文化就有多麼的豐富。由 1960 年代的藍寶石王子開始，直到今日，從這個萌文化所誕生的萌娘，總數有多少呢？實在說不清。既然某遊戲能宣稱亞瑟王有 100 萬名那麼多，百萬萌娘的說法，應該也不過份！當然，萌不限於少女，在百萬萌娘之外，相信世上還有數以萬計的萌男與萌生物存在着。

人由基因構成。萌屬性並非如東浩紀所講，只是一些無生命的符號，而是萌娘、萌男和萌生物的基因，是生命的基礎。本章以果實命名——陸之實，意思是萌娘與萌屬性，都是產生自萌文化的生命果實。具體上，本章將要剖析、深入考察萌娘的基因，要把萌要素當作果實摘下來，切開，然後檢查裏頭的成份。只有深入研究，才知其中有何乾坤。

萌屬性的總數，多得驚人，一個百科網站可以採用數百個頁面來記載。其中一些，筆者在書中已討論過，例如少女、百合、BL、無口、正太、呆毛、雙馬尾、男裝麗人、魔法少女等等。每一種萌屬性，都具有某方面的超越性，並不是像東浩紀所說，只是單純的消費符號。以下，筆者特選出七類較為人所熟知的萌屬性，加以討論，然後以地獄少女閻魔愛為例，說明複數萌屬性如何在一名角色身上共同發生作用。

1. 作為基因的萌屬性

一、無口

「無口」指寡言、不愛說話，即使說話，語句短，語調無起伏，不引人注目。在動漫作品中，經典無口角色通常也伴隨着「無心」、「無表情」的萌屬性，不但少說話，而且樸克臉，不愛表現情緒，又稱為「三無」。

經典動漫作品中的無口人物包括了《新世紀福音戰士》凌波麗、《緣之空》春日野穹、《CLANNAD》一之瀨琴美、《彈丸論破》霧切響子等。《高分少女》

▲《新世紀福音戰士》凌波麗／陳列手辦．作者攝於香港
＊凌波麗，典型無口少女，不但無口，更是無我。

大野晶是完全無口，播放了兩季動畫，沒有半句對白。《悠哉日常大王》的越谷卓是兩位女主角的哥哥，也是一個完全無口的角色，存在感低，在故事中雖見身影，也參與主角們的活動，但卻幾乎沒有對白。

萌娘百科如此說明「無口」：

> ……作為一種萌屬性的無口，卻並非是單單的默不作聲，事實上則是一系列以「沒有需要，便不會說話」為核心的外在行為和複雜的心理活動聚合而成的性格特質的綜合體……更多時候都表現為一種反差萌，它的萌力的大爆發通常會是在無口的特性迅速降低，出現無口而不無口的瞬間……使人眼前為之一亮，迅速為其所俘擄。（《无口》，萌娘百科）

不說話就沒有衝突

　　無口表現為寡言，寡言角色為甚麼能讓御宅萌起來，產生強烈的愛情呢？憑現實常識，是無法解釋的。經過反思，御宅認為無口「非是單單的默不作聲」，而是「沒有需要，便不會說話」，當中包含「複雜的心理活動」。

◀左：亞妮《反逆之魯魯修》；右：蒼星石《薔薇少女》‧作者藏品攝影‧Retouch 無口同盟

＊亞妮和蒼星石，出自不同作品，同為無口。無口自我觀念貧乏，但也因此較不易為我執所纏擾，往往能做出超常的判斷。

　　無口表現為寡言。其實寡言是青少年的普遍社會體驗。在現實社會中，大人總是以權威、地位以及專家的身份，君臨於青少年面前，對青少年提出各種意見、要求和評價，並要求尊重。然而，大人的論述也有出錯的時候，當青少年被誤解，想要還口，為自己辯護，大人往往以滿口似是而非的道理還擊。這些時候，出於社會的道德要求，青少年為了表示尊重長輩，只能默不作聲，久而久之即形成了無口的習慣。初時，無口是為了避免與他人發生衝突。逐漸，青少年對大人失望，認為理性討論、平等交換想法是不可能的，就會選擇以無口為自己的生存策略。除了大人常以權威要求青少年服從之外，在青少年朋輩圈子中，總有一些朋友模仿大人說話的權威口吻，用以壓服身邊的朋友。除了應付大人之外，無口也是應對這類朋輩友儕的有效社交策略。青少年被批評，起因往往是自己某個言行受到他人注意。通過不作聲（無口）而讓自己看起來不那麼注目，成為了青少年避免批評的一種手法。

　　在無口角色身上，青少年看見了自己的身影。無口角色的處境，正正就

是自己的生存處境。由此，無口成為一個審美意象。萌娘百科指，無口人物讓人萌上的時候，在於反差萌的爆發，也就是無口角色突然開口說話，不再無口，並轉為坦率勇敢地表達自己的想法。這個反差，正是青少年受眾在無口角色身上找到的審美理想。「請說話吧！」「你明明有自己的想法！」這些是青少年受眾的心聲，是無口作為一個萌屬性所指向的審美理想。

其實，無口角色的反差萌，並不只發生在她們說話的那一刻。隨着故事發展，當無口角色的想法循各種途徑被揭露的時候，反差萌一樣可以爆發。重點是讓受眾看到，她們無口，但她們是有自己想法，有自己的主體性。她們不說話，並不是因為她們是一塊木頭，而是她們考慮到他人的態度，自己選擇不說話。

兩種無口

《高分少女》的大野晶，由始至終沒有說過半句話，幾乎毋須有聲優為她配音。在故事中，她喜愛電玩，而且是高手，但她是大家族的千金，家教甚嚴，萌美老師不許她偷偷外出打電玩。那麼，她的想法是怎樣被揭露的呢？導演安排同樣喜愛打電玩的男主角矢口春雄、接載她出入的司機叔叔揣摩她的內心世界，替她把心中的說話都說出來，從而形成了她的反差萌。喜愛無口角色的人，心目中都有一個願望，就是渴望自己的想法被人理解。萌上無口角色，是出於對沉默者的體貼和愛，並出於對人際充份溝通的熱切渴望。

《悠哉日常大王》的越谷卓，是另一種性質的無口人物。越谷卓與姊妹住在鄉下，他總是追隨着姊妹而行動，但作為男孩和哥哥，他從不說話。在傳統父權社會，年長男性是判斷一切家事的主體。越谷卓的無口表現，其實脫離了日本人的傳統。作為男性而不說話，放棄判斷事情的權力，給予身邊的女孩子最大的自由，這成為了女性受眾在這名男角色身上找到的審美理想。

與越容卓無口屬性相類的萌屬性，出現在男角色身上的，還有「正太」和「老好人」兩種。

二、絕對領域

「絕對領域」是服裝上的萌屬性，指女性穿着迷你裙與過膝襪時，大腿露出來的部份。《萌娘百科》解釋這個萌屬性時，劈頭先一句戲

▲ 裙下襪上·作者攝於香港
＊前方高能，視線受不明引力牽引……視線，停在哪兒呢？

謔的警告語：「請注意本篇萌值已爆錶，請做好下列工作……」。所謂工作包括了「心靈改革」、「戴護目鏡」、「洗眼」等，以防被「萌死」（《絕對領域》，萌娘百科）。換言之，這是一個關於「萌」的重點議題，御宅圈子視之為萌文化審美的重中之重，圈內人也心知肚明，這個萌屬性的效力，是訴諸於男性凝視女性身體的慾望。為此，「絕對領域」自帶「男性凝視」的原罪，討論這個萌屬性的審美價值，有相當難度。假如動漫對於「絕對領域」的表現，只求滿足男性觀眾凝視女體的本能愉悅，而把女性形象置於客體位置，很難證明絕對領域是一種「合法」的審美。

男性凝視的原罪

筆者曾經撰文深入討論了「男性凝視」或「女體凝視」在審美上的問題（2018）。歷史上，「男性凝視」臭名遠播。充斥於大眾媒體的選美、廣告、商業色情影像，基本上是把女性身體貶為滿足男性視線的工具。素來被認為是古典藝術的歐洲油畫，也有這種問題（艾曉明）。不過，這類文本經不起女性主義者的指控，並非因為「色情」，而是它們只為商業利潤服務，絲毫不考慮觀眾和女性兩方面的主體性。觀眾，可以是男是女。凝視，是人的基本生存行為，不分性別。筆者認識喜歡欣賞少女插畫的女性。女體凝視並不限於男性。

在商業「色情」之中，作為被凝視的女性，只為了商業利潤而不是出於自發的原因，擺出了撩人姿態，讓女性降格為純粹的工具。另一邊廂，在商業考慮下，觀眾也被商人當作只受動物本能支配的消費者、刺激消費的工具。無論是觀眾還是被凝視者，都沒有被當成具有人性、意志、自己想法和判斷的主體來看待。因此，大眾媒體出於純商業考慮的選美、廣告、色情內容，其真正罪名是「異化」，即把人當成了工具，對人的主體性視而不見。

事實上，除了商業性的「女體凝視」，社會上也存在着非異化的「女體凝視」文藝活動，比如戲劇、舞蹈、女子體操。除了商業性的「性表現」或「色情」，也存在着被認為具有超越價值的「性表現」，比如《紅樓夢》小說中言情言性的情節。換言之，「女體凝視」、「性表現」和「色情」，並不是判斷審美價值的關鍵條件，「異化」才是。只是，在商業社會，「女體凝視」和「性表現」為異化目的被過度使用，才讓這兩者沾上了污名。

從美學角度來看，審美是一種主體間性的、非異化的體驗（楊春時2004：55）。換言之，判斷「絕對領域」是否具有審美價值，關鍵是判斷人物角色和受眾的主體意志有沒有被表現出來，又或者是不是被遮蔽了。「絕對領域」是異化，還是審美，應該按照這個準則來判斷。

「絕對領域」之詞源

「絕對領域」一詞，最早出於 1995年的科幻動畫《新世紀福音戰士》。當時，「絕對領域」只是科幻術語，指一種名為「AT 力場」的防護罩，表示任何實體皆無法侵入。至 2001 年，「絕對領域」才第一次被用來指代女性動漫人物的身體部位。其時，一位作者在自己網誌發表新創作角色「真由良（まゆ

▲英莉莉《路人女主》·作者攝於香港

ら）」，用文字表述了她的魅力：「迷你裙與過膝襪之間的空間是無敵的，說是神之絕對領域也可以吧⋯⋯」（《絕對領域》，同人用語）。自此之後，「絕對領域」在 ACG 文化中的意思就確定下來。《萌娘百科》評價：「對於死肥宅而言，少女裙下露出的一截大腿根部確實是絕對不可侵犯的領域。」（《絕對領域》，萌娘百科）值得注意，《萌娘百科》作為宅民的代表，採用了跟腐女子一樣的敍述策略——自嘲，把受不住「絕對領域」魅力的宅民稱之為「死肥宅」，另一方面又説明了女性身體上的「絕對領域」，在御宅族眼中被認為是神聖不可侵犯。

瞬時主體間性心理活動

對於作為凝視者一方的宅民來說，這是怎樣的一種體驗呢？首先，自己被迷住了，這是一種難以抗拒的、動物本能的感情反應。如果停在這兒，宅民如東浩紀所言與動物無異。但是，宅民對自己的這種感情反應，作出了進一步的判斷，承認在自己身上發生了動物本能反應，這種判斷超出了動物意識水平。假如宅民的意識只停在這兒，那就是為女性主義者所鄙視的「男性凝視」，成為了男性單方面建構出來的男

▲ 初音未來 / 陳列・作者攝於香港

女主客對立關係，是把女性當為工具的異化關係。但是，宅民意識到自己萌上的女性角色是自己以外的另一個主體，她能夠肯定或否定自己的凝視，也預期自己將被否定，為此準備了開脫的説法：「對，我們因你如此着迷，真是個死肥宅！」、「我禁不住凝視，但我告訴自己，你是神聖不可侵犯的。」這就是宅民在「絕對領域」一語之下閃過的全部心理活動。整個過程可以如

此抽象地描述：（1）本能反應→（2）自我判斷→（3）判斷對象的主體反應
→（4）自我抑制。在這樣的心路歷程中，宅民把虛構角色當成了應然而真實
的主體來看待，並在內心與對象對話。這種心理活動，已經超出了單純的動
物性男性凝視，是一種很典型的主體間性活動，是主體對主體的對話，而不
是凝視者單方面把對象視為客體。確實，動物本能是除不掉的，因為人擁有
動物性的身體，才能活着。然而，人超然於動物，可以按自己的主體意志，
為自己、他人、社會而抑止、延遲、調整、昇華自己出於本能的慾望。宅民
在「絕對領域」上的經驗，並不單單由動物本能所決定，他們意識到自己和
對象都擁有主體意識，
因而轉化了整個體驗，
使之昇華為審美經驗。

▶ 迷你裙與過膝襪 · PUB-
LIC DOMAIN/ パブリック
ドメイン Q

　　以上的討論，還只是討論了凝視者一方的審美經驗。那麼，處於被凝視
一方的日本女高中生（動漫萌娘多是女高中生）的立場又如何呢？觀乎日本
本地關於服裝演變的資料，過膝襪在女孩子之間一直受歡迎。至於裙的長度，
自 1960 年代至現在，曾經歷多次標準變化，長裙在 1980 至 1990 年代一度成
為不良女高中生的服裝標記，1990 年代中之後再次流行短裙（《ニーソック
ス》/《ミニスカート》，ウィキペディア）。換言之，「絕對領域」所指
的那種打扮，是日本年輕女性自己建構出來的服裝審美文化，本來就出於她
們自身的主體性。「絕對領域」在日本社會裏，基本上一直作為一種非異化
的審美文化而流行着。

讀者服務被看穿了！

筆者猶記得，大概在1980年代，漫畫家安達充常在他的青春體育漫畫中，加插一些特別畫面，讓微風把女高中生裙子吹起，不經意地露出內褲，稱之為「讀者服務」或「殺必死」（SERVICE 音譯）。經過多幾十年的發展和討論，ACG圈內對於過份刻意、無理、純粹為功利目的而賣弄的「讀者服務」有了戒心（《殺必死》，維基百科）。有說法指，單為提升銷量的賣弄，是對動畫人物「無愛」的表現（《愛》，同人用語）。換言之，「讀者服務」可以存在，但受眾的品味改變了，他們厭倦了「無愛」的「讀者服務」，而「愛」即是把動漫中的虛構人物當成真實、有人性、有自己感受的主體來看待。這反映ACG愛好者在動漫中所追求的，超過了動物本能的滿足。由1980年代的「讀者服務」發展至2001年起產生的「絕對領域」，並非偶然。受眾逐漸清楚意會，「讀者服務」是出版社刻意為提升銷量而安排的畫面，只是單純地針對他們的性本能渴求，這種策略漸為受眾所嫌棄，人氣下跌。至於後來的「絕對領域」，並非出版社基於商業考慮而推出，而是由ACG愛好者自己建立的概念，包含了受眾與對象兩方的主體間性對話，含有滿滿的審美同情。通過ACG的文化對話，日本青少年兩性之間，似乎得出這樣的不明文的共識——「凝視？既然是死宅，沒法子，但請把視線換個位置，並要記住，絕對領域，不可侵犯」。

在動漫作品中，具有「絕對領域」萌屬性的角色相當多，比如《灼眼的夏娜》之夏娜、

◀ 女僕咖啡店・作者藏品攝影・Retouch 粉紅視角

＊女僕咖啡店之女僕店員，服裝上多有絕對領域屬性。

《FATE系列》的遠坂凜、虛擬歌姬初音未來等。在動漫作品中，「絕對領域」總是調整着動漫故事劇中的兩性關係，它象徵了少男少女在動物性本能束縛下的掙扎、反思與對話，這種掙扎不是出於異化的兩性關係，反而是出於對雙方主體性的承認，因而是主體間性的，它對青少年來說意義尤其深重。

三、兄（歐尼醬）／正太／老好人

兄長（哥哥）、正太和老好人三者，都是屬於男性角色的萌要素。雖然萌通常用於形容少女角色，但萌實在不限性別，也不限物種。既然連外星生物或機器人都可以萌，男性也不例外。

萌多用於女性人物，原因是在當代日本社會裏，男性被賦與了過多的社會規範和責任，一般男性不能按自己意願而生活，女性雖然被奪去了在職業階梯向上流動的權利，但在生活上獲得比男性稍多的自由，在高中畢業以前尤其如是。

▲《鬼滅之刃》兄妹陳列手辦．作者攝於香港

男性的萌要素

萌是對主體間性生存的嚮往，即人在其中自己能夠自由自在，也能憑自己意願與他人自由交往。可是，當大多數男性都被社會牢牢規範，萌男便變成稀有生物。萌男雖然稀有，但理論上還是可能存在的。經過幾十年的演進，ACG萌文化至少已發展出三個類別的萌男——兄長、正太和老好人。

《萌娘百科》如此說明 ACG 文化中的「哥哥」（兄長）：

> ……年齡比自己大並且和自己擁有同樣親生父母的男性；這一基本含義下的哥哥又特稱為「實兄」。也有沒有血緣關係的哥哥……父母雙亡的稍年長的燃郎收養了比自己年齡稍小的孩子，後者就會認前者為哥哥；這些統稱為「義兄」。推而廣之，在平時生活中，即便沒有血緣關係，對同輩份並且較年長的男性也是可以稱呼其為「哥哥」的……擁有「哥哥」屬性的角色，多半是作品的男主角，且經常會同時擁有「父母雙亡」的屬性。（《哥哥》，萌娘百科）

《NICONICO 大百科》有一個「お兄ちゃん」（音歐尼醬）條目。「歐尼醬」是日語中女孩子對兄長親暱的稱謂。該條目指出，兄長也可能成為萌的對象，雖然程度及不上「妹萌」，女性之間也存在着「兄萌」，很多故事設定了有血緣關聯的兄長，沒有血緣和戶籍關係的鄰家男孩，也可能成為被萌上的兄長。「歐尼醬」總是溫柔地守護着妹妹。（《お兄ちゃん》，ニコニコ大百科）

兄長的溫柔

現實三次元世界的男性，受到社會規範約束，必須嚴厲處事，不能隨意對女性表現溫柔，因此一般不具備萌的素質。可是，兄長卻是在日本社會重重規範中的例外。第一，兄妹關係建立於孩提時期，日本父母對孩子的社會規訓大概始於八歲前後，這意味着，在八歲前

▶《反逆之魯魯修》主角兄妹・作者藏品攝影

的兄妹，能夠無拘無束、自由自在地玩耍，建立出非常深厚的兄妹感情。第二，日本人傳統家庭的內部權力，集中在父親一人身上，其次是母親。兄長是父母規管的第一對象，兄長自己本身沒有約束妹妹的責任，反而被賦與了協助大人守護家庭的責任。由是，兄長保護妹妹，就變得既理所當然，又自然而然。對作為妹妹的女孩子來說，兄長的溫柔，是屬於超宇宙級別的溫柔，沒有其他男性可以比擬。

對於沒有血緣關係的義兄妹，第一條件雖然不成立，第二條件仍然成立。而且，正如《萌娘百科》所講，以兄妹關係為軸線的動漫故事，主角多設定為父母雙亡，而且比例超乎尋常。同類設定還有父母海外工作、離異、夜歸等等。這一類「父母不在家」的故事設定，意味深長。一方面，在日本社會，父母是代替社會執行家規的主體，因此總是嚴厲對待將要長大的孩子。因此，只有父母不在家，孩子、兄妹才能擺脫束縛，在家中自由地探索自己的人生和人際關係。另一方面，父母不在，兄妹二人失去倚靠，就得互相照顧。在這種狀態下，兄妹二人互相保護，沒有家規規範，是一個自由的處境。可以這樣說，青少年在動漫兄妹關係中所找到的，就是這樣的一個天國。這個天國不保障富裕，卻保證男女主角能自由自在地互相愛護，在自由的愛之中，兄妹往往願意為了對方而非常努力，並改掉自己很多任性的習慣。

兄妹的雙向關係

「兄萌」和「妹萌」往極端發展，有可能成為「兄控」和「妹控」。「控」是日語「コン」（KON）的漢語音譯，「コン」（KON）則是英語「Complex」的日語縮略音譯，意思是情意結，表示一個人某種偏執的心理狀態。「兄控」主要指弟妹對兄長有情意結，「妹控」多指兄長對妹妹有情意結。「兄萌」和「妹萌」在動漫作品中往往並存，因為它們本是同一種關係的兩面。單方面發生的話，就是一種不穩定的矛盾狀況，是推進劇情的強大力量。由於「兄萌」和「妹萌」都存在於萌文化之內，理論上兩者互為表裏，是一體的，指向相同的審美理想。有「兄萌」的粉絲，也有「妹萌」的粉絲。這情況不同於腐女子的「BL」。「BL」是純粹女性單方面的想像，不被另一方的男性薔

薇族所認同，因此腐女子低調處理自己的「BL」興趣，避免公開。「兄萌」和「妹萌」則可以在 ACG 文化圈子內公開地講論，毋須低調。

《我的妹妹哪有這麼可愛！》、《情色漫畫老師》、《魔法高校劣等生》和《反逆之魯魯修》等，都是以兄妹關係為故事主軸的經典動漫作品。前二者描寫現實家庭兄妹，講哥哥扶持和保護妹妹的故事。後二者以大家族和皇族為故事舞台，講述兄長如何在權力鬥爭中保護妹妹。在《反逆之魯魯修》故事中，兄長魯魯修和妹妹娜娜莉小時候被帝國送到敵陣中當政治人質，哥哥背負着雙目失明、不良於行的妹妹徒步走上長長的梯級，那一幕所表現的兄長愛令人難忘。故事到了後半段，兄長愛延伸至弟弟，創造了一個願為兄長赴死的弟弟角色，反映兄長愛超越性別，不限於妹妹，對弟弟同樣重要。

兄妹的故事，來到華人社會的受眾群之中，往往一樣的受用，只是故事多換成武俠、仙俠、現代華人社會背景。如果是武俠或仙俠，兄妹關係一般轉為師兄妹關係，例如《笑傲江湖》、《從前有座靈劍山》等，就有相當豐富的師兄妹關係情節。

尋找理想的男性

兄長的萌，象徵着女性對理想男性的渴求。理想的男性在現實世界中十分稀缺。單純給與金錢的男性，並不是理想的男性。能與自己溝通、互相保護、時而爭執、時而和解，把自己當一個人來認真看待的男性，才是理想的男性。兄長在 ACG 文化中成為了理想男性的象徵，有其先天的社會原因。對女性

▶ 正太大集合 / 日本少年漫畫紀念郵票（已蓋章）·作者藏品攝影

少女歷史
日本 ACG 萌文化
哲學筆記

來說，另一種理想男性原型，則是正太。正太是未長大的男孩，未長大的男孩還未沾染大人的文化，因此在女性的眼中是無瑕的存在，而且他們年紀小，需要保護，最能觸動女孩子的母性，讓女性覺得可愛而萌上。名偵探柯南和蠟筆小新，就是例子。

老好人總是來自異世界

　　除了兄長和正太之外，《萌娘百科》亦把「老好人」列為一種萌屬性。所謂老好人，特徵是有求必應，富有同情心，不管對錯，甚麼事都願為他人去做，主動幫助人（《老好人》，萌娘百科）。日本 ACG 並沒有特別把「老好人」當作萌要素來討論，但卻有「一級插旗建築士」、「正義味方」、「自我犧牲」等說法，與「老好人」意思接近。所謂「一級插旗建築士」，即是隨故事發展，不知不覺與所有人物發生瓜葛的人物。老好人插旗士，往往能使所有人變得友好，連敵人也不例外。至於「正義味方」，也就是正義的朋友，總是為了正義而主動出手助人、拯救世界，甚至不惜「自我犧牲」。「老好人」不限男女，但一般以男角為多，多為主角。典型「老好人」

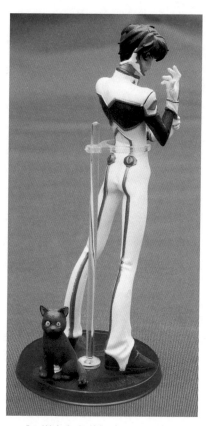

▲《反逆之魯魯修》老好人朱雀．作者藏品攝影

例子包括《刀劍神域》的桐谷和人、《FATE 系列》的衛宮父子、《反逆之魯魯修》的樞木朱雀、《魔法禁書目錄》的上條當麻、《約會大作戰》的五河士道等等。通常，老好人角色作為理想男性，多出現在科幻、奇幻、亂世等等的平行世界或異世界。原因很簡單，在現實日本社會，男人都被賦與了指定社會責任，不可以隨便對人溫柔，但進入異世界或亂世，所有現實規範

立時消失，也只有在另一個時空，尤其是社會秩序崩潰了的時空之中，人才能自己憑自己的意志自由地行善。這不是說，現實社會不許人行善，而是說，現實社會要求人按照社會指定的方式行僵化了的善，因此並不自由，也沒有愛。只有在故事中「老好人」角色的身影裏，才能讓人重新發現自由的「善」為何物。

四、傲嬌

我才不是為了你！

「笨蛋，我才不是為了你而寫這本書呢～」

「千萬別誤會，我是沒有辦法才陪你到這裏來～」

「難得來到這兒，順便幫幫你吧～」

「我出手幫你，因為我要親手打倒你～」

所謂傲嬌，大概就是這種感覺。在數不清那麼多的「萌屬性」之中，論萌值，相信「傲嬌」與「絕對領域」並列十大。與「絕對領域」一樣，《萌娘百科》「傲嬌」詞條頁面劈頭就來一句「萌值爆錶」警告！

▲《青春紀行》加賀香子之傲嬌，作者藏品攝影

《萌娘百科》如此描述「傲嬌」：

表面上對陌生人／喜歡的人很冷淡或趾高氣昂，即展現出「傲」的一面，而一旦關係突破某一好感度／恥度界限後，或者遭遇某種契機（特殊事件）的時候，就會突然變得害羞、嬌俏可人，即表現出「嬌」的一面……大部份傲嬌們心地善良，樂於助人，但他們一般不善於表達內心的想法，想要幫助別人，卻又不肯承認，於是一邊強氣的說着高傲的話，

一邊又做著和所說的完全不同的事情。（《傲嬌》，萌娘百科）

《同人用語之基礎知識》指出，粉絲迷上「傲嬌」那種「時而冷淡刻薄，時而羞答答」的反差萌，又熱切討論「傲」和「嬌」之間是否有最佳的黃金比。多數人認為，最佳比率是「九分傲，一分嬌」，最低限度是六四比，因為如果「傲」比例太少，就不再是「傲嬌」了（《ツンデレ》，同人用語）。

◀《新世紀福音戰士》惣流明日香之傲嬌·左：作者藏品攝影 / 右：作者攝於香港

傲嬌的類型

《NICONICO 大百科》指「傲嬌」一詞曾在 2006 年被提名參加流行語大賞，同年被收錄在集英社的年度《IMIDAS》，反映「傲嬌」一詞在當時已相當流行。再者，「傲嬌」可區分為四大類別：

1. 無法坦率——明明喜歡對方，想表現嬌羞，卻不知怎的在喜歡的人面前表現出冷淡刻薄；

2. 因人而異——對周圍一般人表現高冷，在特定的人面前被發現嬌羞的一面；

3. 情愫漸生——初時態度高冷，但與對方相處多了，開始在意對方，漸漸變得嬌羞；

4. 純反差萌——平時說話嚴厲，偶然表現溫柔。

（《ツンデレ》，ニコ
ニコ大百科）

《PIXIV 百科事典》甚
至把「傲嬌」區分了等級：

1 級：嬌的時候很易被發
現，是為雛型；

2 級：的時候表現生氣，
時而失控發怒；

3 級：嬌的時候表現平
常，細心看可發現正在嬌羞；

4 級：嬌的時候基本上仍
保持傲的狀態，會以高傲語
氣來讚揚，又有點微笑，很
難識別；

5 級：表情具有堪稱鐵壁
的防禦力，除了領會話中深
意之外，沒有其他方法判斷
其嬌羞反應。

（《ツンデレ》，ピク
シブ百科事典）

「傲嬌」一語，一般認
為源於 2001 年一位網友對戀
愛遊戲《願此刻永恆》女角

▲《魔法禁書目錄 III》卡牌・作者藏品掠影
＊傲嬌與角色地位密切相關，戰力愈強的少女，愈是容易
有傲嬌屬性。

大空寺亞由的評語，當時一位網友把大空寺亞由的性格形容為「傲傲的嬌嬌
的」，後來就被縮略使用，變成「傲嬌」一詞，並流行起來。跟「絕對領域」
一樣，「傲嬌」是在互聯網普及之後才產生的流行語。大概在 1990 年代至
2000 年代，網絡產生御宅族，然後御宅族決定了動漫的審美標準，這些萌屬
性詞語的起源和普及，就是證據。

晴雯黃蓉皆傲嬌

「傲嬌」一詞雖起源於 2001 年，其實 1960 年代手塚治虫漫畫《藍寶石王子》內已出現傲嬌角色，常常幫助女主角，但總是不肯承認。另外，《NICONICO》提及一種「傲嬌」，特徵是起初高傲，慢慢在意對方，最終變成嬌羞，這類型的角色，在華人愛讀的武俠與愛情小說中，其實常常出現，即所謂「漸漸情愫暗生」，比如《紅樓夢》晴雯、《射鵰英雄傳》黃蓉、《神鵰俠侶》陸無雙，都明顯具有這種傲嬌屬性。換言之，「傲嬌」本來就有其審美上的原型，而且由來已久，只是過去沒有互聯網，受眾的互動有限，受眾之間缺乏討論，才沒有使這個審美體驗升格為獨立的審美範疇。

傲為束縛

那麼，「傲嬌」具有何種超越性呢？答案：超越「傲」而達致「嬌」。《萌娘百科》指出，「傲嬌」角色常兼有大小姐、金髮、紅髮等屬性。千萬別小看這些特徵符號，全都有意思。大小姐即大家族千金小姐，金髮、紅髮或端莊黑髮作為象徵，暗示角色有大家族背景或一定的社會地位。換言之，「傲嬌」少女出於顯赫地位、階級，完全是因社會規範而被迫對人表現高冷，也無法自由地對人表達好意。此外，曾經被異性欺騙的女性，也會採用高冷態度待人接物，與人保持距離，保護自己不再受傷害。無論出於哪個原因，表現「傲」都是出於現實考慮，是一種生存策略，是被迫的，是權宜之計，「嬌」才是角色的終極願望，她熱切地想與人自由建立友誼。由「傲」過渡至「嬌」，剛好就是一個由現實束縛過渡至主體間性自由交往的歷程，跨越了三次元世界與二次元理想之間的鴻溝，其超越性和審美理想都是自明的。

二次元世界「傲嬌」角色十分之多，最具人氣的傲嬌角色，包括《超電磁砲》女主角御坂美琴，她來自名校，又是精英中的精英，在校內受到晚輩和同學的尊敬，地位過高，使她無法不表現為「傲」，但正因為「傲」是被迫的，「嬌」自然流露時就特別容易使人着迷，把粉絲萌倒。另外，聲優釘宮理惠配音的角色多為「傲嬌」，例如灼眼之夏娜、逢坂大河、緋彈亞里亞

等等，這使她成為「傲嬌」的象徵，在 ACG 文化圈內誘發了所謂的「釘宮病」。患上釘宮病，意思就是聽不到釘宮的聲演就不舒服。

嬌才是理想

最典型「傲嬌」故事也許要算是《輝夜大小姐想讓我告白～天才們的戀愛頭腦戰～》。女主角四宮輝夜，受到自己的大家族千金身份束縛，被迫表現為「傲」，男主角白銀御行也因為其天才學生的身份，使他不能示弱，這就造成兩人雖然互相喜歡，但兩人都無法向對方自然示好的僵局，是「傲」對「傲」的格局。故事主題點明，誰先表白愛意，誰就是敗者。從這故事看來，「傲嬌」屬性不限於女性，也適用於男性。而且，非人類也可以「傲嬌」，《關於我轉生變成史萊姆這檔事》把一條傳說中強大又長壽的龍描寫成「傲嬌龍」，「傲嬌龍」長年被封印在無限牢獄之中，非常寂寞。「傲嬌龍」遇見主角史萊姆，有了說話對手，內心欣喜，卻又因為自身的強大地位被迫裝成高冷。最終，龍突破了自己的「傲」，表現出「嬌」，終於成功與史萊姆結為摯友。

「傲嬌」角色深受歡迎，並不是無緣無故。現實的上流社會地位，看來顯赫，實際上如牢籠一樣束縛着人，使人無法自由地與他人交往，也不能隨意向人示好。「傲嬌」少女們與一切「傲嬌」人物，不論男女或異世界生物，都比一般人勇敢和幸福，因為她們全部都能突破「傲」的強大封印，前進到「嬌」的理想彼岸。這是一般人在三次元世界中難以做到的。

五、病嬌、暴走與黑化

「無口」、「絕對領域」、「兄萌」、「正太控」、「老好人」、「傲嬌」等等，是比較大眾化、肯定性的萌屬性，適合喜劇作品，但正如古典藝術有喜劇，也有悲劇，在萌文化之內，也有傾向於悲劇性質的否定性萌屬性。「病嬌」、「暴走」和「黑化」，就屬於這一類。肯定性的萌屬性，比較大眾化、可以面向全年齡觀眾，但悲劇式萌屬性，視乎其表現程度，有的大眾可以接受，也有的過度致鬱，不是人人適合，其作品須限制流通。

▲《新世紀福音戰士》初號機‧作者攝於香港‧Retouch 暴走

觸發審查限制的萌屬性

在日本，有映畫倫理委員會（簡稱映倫）、CERO 等機構為作品進行內容評級。以映倫為例，影片分為四級，G 為普遍級，PG12 為保護級、R15+ 為限制級、R18+ 為成人級，標籤內的數字為年齡標籤，如 PG12 即建議未滿 12 歲青少年或兒童不宜接觸。映倫規範電視，CERO 規範電玩，日本電視台和出版社則按照行業的自律審查標準處理。一般來說，電視台在黃金時間播放大眾化作品，午夜時段播放限制級作品。出版社則在尺度敏感的出版物包裝上，加上識別標籤。

視乎表現方式，「病嬌」、「暴走」和「黑化」有可能劃入全年齡級別，也可能入成人級別，即只適合心智較成熟之成人收看。舉例說，《收穫星的小子們》女主角阿琳喜歡諸星當，阿當花心，阿琳即施以電擊，但作品以喜劇形式表現，諸星當受到電擊不會受傷，很快回復正常，適合全年齡觀眾，因此在 1980 年代，它被編在富士電視台週三晚上 7:30 黃金時段放映。《未來日記》女主角我妻由乃，有嚴重的病嬌屬性，電玩版推出過 CERO 全年齡版本和 12 歲以上對象限制版。戀愛遊戲《School Days》，因為在其 20 個結局中，有三個 Bad End 含有過激、極端的病嬌、黑化暴力表現，成為最具話題性和爭議性的 18+ 遊戲。曾為日本創出 400 億日圓經濟收益的《魔法少女小圓》，由於部份內容致鬱，有領便當（中途死去）、黑化和暴走情節，雖然結局是

溫馨的 Good End，令人非常感動，但在初放送時，電視台仍安排於深夜時段放送。《魔法少女小圓》的例子反映，高濃度悲劇式萌屬性含有巨大萌力。

失控之萌

《萌娘百科》如此說明「病嬌」：

▲黑化 SABER 人形・作者攝於香港同人活動

> 有部份人會因為望文生義而誤解病嬌的含義，但病嬌並不是「體弱多病的弱嬌」（病弱）的意思。
>
> ……（病嬌）指那些對愛人持有好感處於嬌羞的狀態下產生精神疾病的患者所表現出來的性格特徵……病嬌這種性格特徵的人物通常會對某一現象產生常人無法理解與認同的強大情緒、執念，並以此為動力做出過激的示愛、排他、自殘、傷害他人甚至捨棄自己等極端行為，且通常會造成悲劇性後果……在女主角因為主角懦弱的行為造成心理因素的痛苦時，只要壓力源消失就能解除病嬌的狀態。（《病嬌》，萌娘百科）

《萌娘百科》又如此描述「黑化」：

> 所謂的黑化，動漫的男女主角因為某些驚嚇或者是精神受到刺激後陷入了恐怖的癲狂狀態的簡稱。黑化者視一切為障礙會引發一系列血腥

的衝動……平常看上去像優等生,隨着故事的進行出現向精神上崩壞的女性角色,有時也稱作黑化,壞掉。（《黑化》,萌娘百科）

不過,黑化不一定由驚嚇或精神刺激引起。在《Fate/stay night》的其中一條故事路線裏,女主角 Saber 被偽聖杯黑影吞噬而改變了立場,發生了黑化而無法控制自己,成為敵人。又或者說,成為了另一個人……。

◀《約會大作戰》精靈降臨／動畫主題咖啡店‧作者攝於香港
＊在《約會大作戰》故事中,精靈本來就很容易暴走,需要男主角約會她們,使她們穩定下來。

至於「暴走」,ACG 圈內較少視之為萌屬性,它來源於日本飛車黨的稱呼——暴走族,專指不守交通規則的駕駛。不過,「暴走」是「黑化」人物常有的表現,「暴走」場面在動漫作品中十分常見,讓人留下深刻印象。

按照《萌娘百科》的說法,黑化後人物往往陷入「暴走」、發狂的狀態。換言之,暴走是黑化的主要表現。在動畫史上,最經典的「暴走」場面是《新世紀福音戰士》碇真嗣所駕駛的生物型機器人初號機失控暴走。此外,按照《NICONICO 大百科》的用例,電腦失控、失控亂說話、腐女子控制不了自己的 BL 妄想,也可以用暴走來形容（《暴走》,ニコニコ大百科）。

「病嬌」、「暴走」和「黑化」儘管不完全相同,但總的來說,這三種萌屬性的共通特徵就是「脫離理性控制」。只是,「病嬌」多涉及愛情,例如因所愛之人花心、對自己過份殘忍而失控。「黑化」和「暴走」則不一定與愛情有關。

陸之寶
百萬萌娘

悲劇價值

　　為甚麼「脫離理性控制」可以引起萌的愛情反應？三次元的現實世界，是由父權、理性、制度所主宰的世界，其特徵是束縛，通過理性約束，它建立了某種社會秩序，而二次元世界是虛構世界，是以想像超越現實理性約束的世界，因為它是虛構的，在它裏面，即使脫離了理性約束，也不會衝擊現實世界的秩序。三次元世界的束縛，雖然建立了現實社會所需的秩序，但它也構成壓力，限制了人的個性和自由。可以想像，人是一個壓力鍋，每個壓力鍋都有它可承受的壓力上限。當理性約束為個人帶來過大的壓力，無法舒解的時候，失控是可以預期的。動漫中的「病嬌」、「暴走」和「黑化」人物，其實就是觀眾自己或然的寫照。忍受着生活壓力的時候，任何人都免不了想像自己受不了的時候，會變成何等模樣──我會暴走嗎？我會黑化嗎？動漫中「病嬌」、「暴走」和「黑化」人物的際遇，為我們揭示了理性約束過大時可能產生的悲劇結局。正如希臘悲劇使人流淚、慨嘆、惋惜，達到淨化人心的功效，使人哀嘆「生存不應該如此」，「病嬌」、「暴走」和「黑化」同樣令人惋惜，領悟到「生存不應該如此」，激發人思考和尋找更理想的生存方式，避免悲劇的重演。

傷心反應

　　2015 年，筆者接觸到一個典型的黑化恐怖類手機遊戲，名為《狂氣的 Psychopass 育成》。遊戲有 17+ 的警示標籤，據知現已停止更新和配信。該遊戲表現極端，講述一名女高中生，面對嘮叨的老師與嘲笑她的同學，感覺不舒服，認為這是噪音，結果為了消除噪音，少女選擇把發出「噪音」的人都捅了。

　　為了考察受眾的接受反應，筆者特意翻查了多名玩者的留言評價。出乎意料，留言多強調自己的感情反應，較少強調恐怖、獵奇（血腥／殘酷）。以下是例子：

- 「歌聽起來好傷心」

- 「聲音美，人物很可愛」
- 「歌和畫風都很棒」
- 「我越聽越想哭 嗚嗚」
- 「越大越可愛！而且歌好好聽哦」
- 「萌萌噠，但有虐心成份」
- 「病嬌蘿莉」

　　下載這個遊戲後，由於捅人行為過不了自己內心一關，筆者很快就把遊戲移除了。不過，其他玩者的反應不容忽視。當時我這樣想，能夠接受這種遊戲的人，相信內心有一道防火牆，認為現實不等於虛擬，所以沒問題。我問自己，為甚麼如此恐怖的遊戲，會讓人內心產生出「傷心」、「美」、「萌」、「可愛」等等的審美反應？很明顯，這樣的故事，與遊樂場的萬聖節活動和鬼屋是很不同的東西。走進鬼屋只是狂叫而已，不會讓人覺得「傷心」、「美」、「萌」和「可愛」。

　　其實，西方電玩也有不少以戰爭和驚慄為主題、讓人不停開槍和砍敵人的遊戲，例如砍魔物、敵軍、敵將、喪屍。但是，這些遊戲設定跟病嬌遊戲不同，戰爭砍人，為的是某種理性上的正義或經濟上的利益，喪屍設定是非人類，讓人砍起來不覺得有罪咎感。實在，這些遊戲的操作與病嬌遊戲是一致的。病嬌的特質在於非理性，砍人不是為了獲取或維護利益，也不是為了某個道德價值，它承認人的非理性、病態，揭示了理性社會有束縛過度，令人難受的一面。面對社會上「合理」的「不合理」要求，病嬌象徵了反抗，但反抗必然帶來悲傷，玩者心裏明白，如此反抗的人不會被社會接受，將要被視為異類，失去了身為正常人的資格，因此它讓玩家感到「傷心」。「傷心」是悲劇所帶出的典型審美反應，背後隱含的信息是「世界不應如此，只是我不知道可以怎樣」。

◀ 病嬌醬 Cosplay・作者攝於廈門

Bad End 與 Happy End

在這個遊戲裏，病嬌少女不是為了錢、權力和主張而行動，而是求取她一直無法獲得的安靜。據知，其中一個 Bad End 是少女像梵高一樣割下自己的耳朵。因此，她的行動並不是功利的，如果是功利的，就不可能迎接自殘的悲劇結局。自殘或犧牲，是悲劇回應理性矛盾的常見方式。既然他人發出聲音是必然的，我受不了噪音也是必然的，要消去這兩個必然之間的矛盾，就只能犧牲些甚麼。沒有了耳朵，不能再聽見，不就可以把矛盾化解了嗎？

極端的「病嬌」終究是「病」，這是合乎理性的判斷，正因為極端，才會演變為悲劇。不過，悲劇式的故事也讓人領悟，「不理會他人死活」的非理性是病，「不理會他人死活」的過度理性同樣是病。哈貝馬斯（Habermas）提出，當社會過度強調工具理性，人與人之間溝通只求達到功利目的，不再求取相互理解，人的生活世界就無法再生，引致異化、迷亂、認受性危機、身份認同失效、精神病症等社會問題。

「病嬌」之病，在於缺乏人性的交流與認同。如果有續集，希望「病嬌」角色可以通過人性的溝通、對話、相互理解而脫離 Bad End，讓悲劇化為溫情，迎向如此的 Happy End：在少女面前老師和同學把她當成一個人來看待，噪音化為甜蜜的言語和音樂，少女展現出笑容，毋須捅人，毋須自殘，自然而然融入群體，因人際間的會心交談而取得心中的平靜。

六、黑長直 / 雙馬尾

不止是裝飾性符號

「黑長直」和「雙馬尾」，是 ACG 被討論最多的兩種女孩子髮型，而且都是公認的萌屬性。「黑長直」是指直垂過肩的黑髮，雙馬尾是把頭髮分為兩半，往左右兩邊梳過去，左一束右一束紮起，形成兩束馬尾狀的髮型。

無口、傲嬌、病嬌、老好人等萌屬性，是就角色性格和精神狀態而言的萌屬性，兄妹是就家族關係而言的萌屬性。這些屬性的審美價值相對明確。

然而，黑長直和雙馬尾是女性外表上的特徵而已，而且像時裝一樣有各自的流行周期。它們也不像絕對領域那樣，與異性的情慾反應密切相關。換言之，這兩種萌屬性表面看來相當接近東浩紀所說的消費符號資料，而且好像可有可無，僅僅是裝飾性的點綴，審美價值一般。它們能成為萌屬性之一，看來只是巧合。

▲《我的妹妹哪有這麼可愛！》黑貓與大正時代迷你道具‧作者藏品攝影

＊黑長直，是古典、優雅的女性象徵，不可輕慢褻瀆。

不過，筆者並不願意接受巧合論。ACG 文化是經過至少半個世紀發展而來的文化，一路走來，繼承它的實踐者和粉絲已有好幾代，而且跨進互聯網時代之後，它的愛好者每天都在議論着、品評着作品的價值，從沒停止。它今日所形成的一切，必然是幾代人的共同選擇。《NICONICO 大百科》列出了黑長直動漫角色合共 412 名（含男角色），雙馬尾角色合共 253 名（《黑髮ロング》/《ツインテール（髮型）》，ニコニコ大百科），而且尚未窮盡，數量之多，難說偶然。一般人說不出這兩種髮型因何而萌，只因審美並非純粹理性計算之事。

有一點，東浩紀是對的，黑長直和雙馬尾作為萌要素，它們的而且確是符號。只是它們具有超越性，不是純粹的現實消費符號，而是審美符號。

符號的三重意義

一個符號，就其現實價值和審美價值而言，有三個層次。首兩個層次是外延（Denotation）和內涵（Connotation）。外延是一個符號的第一重意義，是字面上的意義，是相對客觀的。以玫瑰為例，以「玫瑰」作為能指，指涉所有世界上作為植物而存在的客觀的玫瑰，這些客觀存在的玫瑰作為所指，

就是「玫瑰」的外延意義。不過，法國文評家羅蘭‧巴特發現，符號按照一個社群的需要，往往發展出超過了外延的第二重意義，那就是內涵意義。內涵不同於外延，內涵不是客觀的，它總是主觀的，而且往往反映那個社群所崇尚的意識形態（Barthes 1957；1968）。在西方現代消費社會，「玫瑰」象徵具有消費價值的「浪漫戀愛」。顯然，「玫瑰」原初並不具有這個內涵。作為第二重意義，「浪漫戀愛」是後來加上去的所指和意義。不過，由於它受到社會人士廣泛接受，這個新的內涵意義也就成立了。

不管是外延還是內涵，這兩種意義都有相似的地方，就是能指（形）和所指（義）的關係被鎖定了，不能隨意更改。「玫瑰」作為能指，必然而且必須指涉客觀的玫瑰或者以消費為第一目的之「浪漫戀愛」。巴特的分析，是對既有文化結構的批判，他認為符號的意義應該是因人而異的，是多重的。他的這個主張傾向於解構主義。不過，他並未站到主體間性美學的高度而提出符號的第三重意義。筆者認為，中國當代美學家楊春時提出的「審美符號」，作為主體間性的符號（2004：137），就是具有第三重意義的符號。審美符號的特點，是能指（形）與所指（義）之間的關係，並非固定的，而是按照全部參與其中的主體的主觀意志而自由遊戲的。所謂自由遊戲，也就是自由變換。以「玫瑰」為例，此一時可以按一般人的想法表示「浪漫戀愛」，彼一時可以按故事人物的主觀想法變換意義，變成表示「超越美醜的愛情」，例如《美女與野獸》和《史力加》。到了另一個處境，「玫瑰」也可以根據宅民的想法，變成表示「現充用來炫耀愛情的道具」、「傷害單身狗感情的邪惡東西」。這種讓符號的形義關係不斷變換的遊戲，是一種社會性的主體間性對話，人人都可以為符號賦與新的意義。意義變換下去，「玫瑰」甚至可以在各方主體的爭議和對話之中，被剝奪象徵「真愛」的資格，讓位給新的能指，例如少女的「眼淚」。事實上，「玫瑰」對應「浪漫戀愛」，主要是西方社會消費文化慣用的符號，它在 ACG 文化裏幾乎沒有地位。

燈子只要像燈子就好了！

▲《終將成為妳》漫畫第三冊（仲谷鳰／台灣角川 2017）・作者藏品掠影・Retouch & Setting 速遞百合

＊《終將成為妳》延續了自《聖母在上》開始就有的日本女子學校學生會故事設定，溫婉能幹的學生會會長，必定是一名表現成熟的黑長直少女。

▲《終將成為妳》劇情之讀者反應（微博，2019-06-26）・Retouch 意見彈幕

＊黑長直是規範，百合是釋放與救贖，這是讀者從《終將成為妳》故事中感受到「甜」的原理。

　　在 ACG 故事之中，有一句常見對白，十分溫暖窩心——「〇〇只要像〇〇就好了！」「〇〇」可以替換成任何人的名字。在《終將成為妳》故事裏，女主角七海燈子是一名典型的黑長直女高中學生會會長。把「〇〇」換成燈子，整句句子就變成「燈子只要像燈子就好了」！

　　這句話非常治癒，因為它賦與了對方最大的自由，免除對方所有現實束縛。在故事中，燈子本人並不認為「燈子只要像燈子就好了！」，反而受到「我只要像姊姊就好了！」這個想法所約束。

　　然而，「燈子只要像燈子就好了！」又是甚麼意思呢？在這句話之下，燈子失去了自己以外的參照，自己就是自己的參照，燈子也許很驚慌，因為失去了行為典範，無典範可從，但相對而言，燈子也變成了絕對的自由身，可以隨時改變想法，完全隨己意而活下去。這是一個極其特殊的生存處境。燈子自己作為自己的能指，自己又變成了自己的所指，即能指與所指同一。在這一刻，人的存在的最大主體性給全力地爆發了出來。但是，人總是與其他主體共存，不可能自己獨自存在。於是，隨己意而活，又變成隨己意而為自己最在意之人而活，形成了主體與另一主體相交的主體間性關係。這就是

符號第三重意義——在審美符號之下，能指與所指自由遊戲。

筆者主張，ACG 愛好者萌上一種萌屬性，並不是因為萌屬性所具有的第一和第二重意義，而是出於萌屬性所具有的第三重意義。

束縛之魔力

在《終將成為妳》故事中，七海燈子的姊姊因交通意外去世，在葬禮上，周遭的人囑咐她連同姐姐的份兒活下去，令她一直執着地模仿姊姊。因為姊姊當時是學生會會長，品學兼優，因此她也以此為目的，努力成為了學生會會長，不許自己在人前丟臉。模仿姊姊是燈子的唯一生存目的，但這種生存方式非常吃力，為了疏解壓力，她向一位學妹告白了。只有在學妹小侑面前，她才會表現自己軟弱的一面，經常向小侑撒嬌。小侑接受了燈子，容許她盡情撒嬌，在自己懷中享受「燈子即是燈子」的時光。

這個故事之萌點，起點是「黑長直」所象徵的規範。作為學生會會長，最佳的打扮自然是充滿和風、端莊優雅、為所有學妹欣羨的黑長直水手服裝扮。不過，「黑長直」只是起點，是約束，是為了凸顯萌爆發超越力量的前設而已。在最大的現實約束之下，實現最大限度的超越性自由，才是「黑長直」作為 ACG 文化萌屬性的力量所在。如果故事停留在「黑長直」所象徵的規範，「黑長直」將帶來悲劇式的審美體驗，讓人感受「生存不應該如此」，並憧憬一種解放的生存方式。不過，作為百合代表作的《終將成為妳》，為燈子預備了一位自願為她而生存的學妹小糸侑，使燈子得以超越「黑長直」的束縛，達到片刻百合式的自由，就在故事中消解了「黑長直」的悲劇性。除了《終將成為妳》之外，《魔法少女小圓》也是一個同類的典型「黑長直」百合故事。「黑長直」的曉美炎認真面對魔法少女的詛咒，但沒有同伴能夠理解，只能獨自作戰，「黑長直」象徵了她的束縛。最終，粉紅色的女主角小圓把「黑長直」的束縛完全消去，以百合之愛實現了「黑長直」咒詛的解放。

歷史上的黑長直

　　《PIXIV 百科事典》把「黑長直」髮型連繫上日本平安—室町時代成人女性的髮型，指出那時候日本成人女性基本上都讓長髮垂下，又指「黑長直」髮型給人和風美人與大和撫子的感覺（《黑髮ロング》，ピクシブ百科事典）。《NICONICO 大百科》直指黑色直髮是日本人天生的特質，是繼承自古代的萌要素，讓黑色直髮不加修飾自然留長，給人「素之素材」之感覺。又提到，日本語「神」與「髮」的讀音相同，古來日本人就有頭髮寄宿著魔力的觀念。「可以的話盡量讓頭髮長得長長的，可以的話讓頭髮盡量地保持烏黑」，基於這樣的觀念，侍奉神明的巫女的最適髮型，就被認為是黑長直了（《黑髮ロング》，ニコニコ大百科）。無論是和風美人、大和撫子還是巫女，「黑長直」都成為了一種給女性身份定型的標記，既美麗，又帶有束縛性。外人覺得該名女性是柔和順從的，但從該名女性角度出發，她自己的人生屬於他人，不屬於自己，因而不是自由的。父權世界男人求於「黑長直」的，是屬於第二重意義的「女性順從」。在 ACG 文化世界內，自然也有人迷倒於「黑長直」的第二重意義，但讓更多 ACG 愛好者跪倒的，並不是這個第二重意義，而是第三重的超越性意義——代入「黑長直」的主觀世界之中，在萌爆發情節中與對象角色一同超越「女性順從」規範，一起獲得自由和幸福。

◀《侍魂》娜可露露 · 作者藏品攝影
＊格鬥電玩遊戲中的阿伊奴族黑長直女戰士。

雙馬尾就是自由

至於「雙馬尾」，在日本 ACG 文化內流傳一個梗，說「雙馬尾」是《超人奧特曼》系列其中一隻怪獸，碰巧該怪獸因其頭上長有兩條尾而被稱為「雙馬尾」。《PIXIV 百科事典》指出，「雙馬尾」一般被認為比起「馬尾」更適合年幼的女孩

▲《魔法老師》神樂坂明日菜之盒蛋人偶．作者藏品攝影．Setting 擁抱幸福的雙馬尾

（《ツインテール》，ピクシブ百科事典）。《NICONICO 大百科》指出，「雙馬尾」髮型源於歐美，在早期動漫作品中作為幼年女孩的髮型而定型，至《美少女戰士 Sailor Moon》成為了女高中生主角月野兔的髮型，給人很大的衝擊。同期，安室內美惠等偶像梳「雙馬尾」髮型進行表演，使「雙馬尾」成為了日本女孩流行服裝文化的一部份（《ツインテール》，ニコニコ大百科）。一方面，參照潘乃德的日本人 U 型生涯論，兒童期是典型日本人所能擁有最自由的黃金歲月，「雙馬尾」既是年幼女孩的專屬髮型，它就成為了自由自在的象徵。另一方面，「雙馬尾」也與歐美文化連上關係，象徵免除傳統日本文化的規範。美少女戰士月野兔兼有「雙馬尾」和「金髮」，這方面的象徵就

◀ 初音未來演唱會展覽．作者攝於香港

＊虛擬偶像初音未來，以其綠色「雙馬尾」髮型加上「絕對領域」君臨 ACG 樂壇。

更強了。總的來說，「雙馬尾」位於「黑長直」的正對面。「黑長直」偏向象徵悲劇式的束縛，超越性在於突破束縛，進入自由。「雙馬尾」剛好相反，它是肯定性的萌屬性，象徵像兒童一樣的自由自在，是 ACG 受好者的憧憬。

七、水手服 / 女僕裝 / 哥德蘿莉

世界征服

「水手服」特徵是衣領寬大，延伸至後背。19 世紀英國海軍採用了這種設計作為水兵服裝，據說為了方便水兵掉進水裏容易脫下，游泳逃生。後來，由於英皇愛德華七世小時候穿水手服的樣子

▲《美少女戰士》水手服裝飾．作者攝於東京涉谷

太可愛，讓水手服在歐洲貴族之間流行起來，成為童裝，輾轉在明治年間，因日本人仿效西方辦學而傳入日本，成為學校女生的主要校服款式。把水手服作為女學生制服，大概是日本人獨有的做法。及至 1990 年代，武內直子創作《美少女戰士 Sailor Moon》，女主角們的水手制服再度衝擊了全世界，讓世人再一次感受到了水手服之可愛魅力。

在日本，因為諧音關係，有這樣的一個梗：

「地球にセーラー服を着せた」
と解く　その心は

▲《美少女戰士》玩具陳列．作者攝於香港

＊從《美少女戰士》的全球風潮看來，說水手服征服了世界，確實難以反駁。

「世界制服（世界征服）」

なーんちゃって

～單曲《日本笑顔百景》，2012

大意是──「讓地球穿上水手服」，就是「世界制服（世界征服）」。

《日本笑顔百景》是混入了落語元素（日本傳統笑話表演）的歌曲。在這首歌曲的落語部份，「水手服」（SE-RA-FUKU）音近「世界制服」（SEKAISEIFUKU），即世界校服，又與「世界征服」（SEKAISEIFUKU）同音。換言之，這是個關於水手服全球化，然後又把日本女生校服全球化當成征服世界的妄想。最重要還是最後一句，「說笑而已」。不過，雖說這只是一個梗，日本女高中生水手制服，在全球 ACG 文化界確實造成了很大的影響。在世界各地舉辦的大型動漫活動，總有人 COSPLAY 穿上日本女生水手服在場內巡遊。筆者見過最誇張的一張水手服 COSPLAY 照片，是一名法國中年男性胖子粉絲把自己扮成水手服戰士。

▲女高中生水手制服‧作者攝於東京秋葉原

▲水手服‧PUBLIC DO-MAIN/ パブリックドメイン Q

來自西洋

「水手服」、「女僕裝」和「歌德蘿莉」皆是萌文化內以服裝為記號的熱門萌屬性。無獨有偶，這三種服裝，都有一個共通處，就是來自西洋。日本人是在甚麼時候全面接觸歐洲這些服裝元素呢？答案就是明治維新時代，亦即是產生了日本少女文學的那一個歷史時期。自 1871 年起，日本就派出了很多本國精英到歐美國家進行考察訪問，然後把很多西方世界的事物、概念帶回日本。在那些精英中，就包括了隨岩倉使節團出發、回到日本後積極

推動女子教育的津田梅子女士（預定2024年成為5,000日圓鈔票人物）。

明治—大正年間的女學生，把各種各樣西洋事物、語言概念作為意象，放入自己的文字中，建立了少女文學，也把自己建構成為少女，形成了川村邦光所講的

▲ 古典西洋服裝娃娃‧作者攝於香港同人活動

少女共同體。當時的日本年輕女性，因為西化政策得以在女子高中唸書，但她們意會到自己時日無多，一旦畢業就要告別作為少女的女子高中生生活，然後步入看不見盡頭的良妻賢母生涯。良妻賢母對當時的女子來說是絕對的束縛，這種束縛由日本傳統父權制度所建構。由是，日本傳統的一切都成為了束縛的象徵。相對地，福澤諭吉這一類開明派知識分子從西方帶來了自由家庭的觀念，讓女孩子滿心憧憬。由是，西洋世界的一切就成為了超越束縛的象徵，西方元素大量用於當時的少女文學之內。今日，我們在ACG文化內再次看到西洋服裝款式成為強大的萌屬性，就知道ACG文化完全繼承了明治—大正少女文學的精神遺產。無論是「水手服」、「女僕裝」還是「歌德蘿莉」，它們所象徵的都是擺脫傳統的那一份自由渴望。

「水手服」是女學生制服，直接地繼承了明治—大正女學生的全部超越精神，因此百合故事總是少不了水手服。「水手服」標記了少女的學生身份，告訴世人這名女學生仍未畢業，仍受學校的保護，還不適合被男人「享用」。

兩種主人

「女僕裝」則是另一種擺脫傳統女性命運身份的幻想。在筆者得知日本少女明治時代的故事之前，筆者不明白為何「女僕」如此受歡迎。明明「女僕裝」象徵僕役級的服務職業，地位接近奴隸。女僕咖啡店的女僕裝服務生，還得按規則對每位客人說：「主人，歡迎你回來～。」然而，深入了解日本傳統式「良妻賢母」的含義之後，想法就改變了。對比起「良妻賢母」，同樣是服務他人，「女僕」毋須 24 小時受命於家中稱為丈夫的那一位旦那大人，沒有為旦那大人生孩子的責任，有更合理的工作休息時間，有更合理

▲ 手辦店廣告．作者攝於東京秋葉原
＊女僕娃娃，與廣告中的江戶婦人形成強烈對比。哪邊的女兒比較自由、愉快？

的服務範圍，而且客人並非只有一位。「主人」容易取悅，家中的旦那大人很難取悅。「主人」們最橫蠻的刁難，總及不上家中那位旦那大人的刁難。而且，在店子裏，總有懂得體貼女僕的「主人」，也有懂得體貼自己的同儕

如「店長」、「執事」和「女僕」姊妹。簡言之，在傳統日本家制度，丈夫與妻子非對等關係，而是變種的主奴關係。客人與女僕之間的關係，雖然好像是主奴關係，但實際上相對平等。就是在這種對比之上，好些日本女性迷上了歐洲式的女僕生活。

◄ 上：《艾瑪 維多利亞導讀本》（村上リコ、森薰／台灣角川 2007）；下：《艾瑪》漫畫第 10 冊（森薰／台灣角川 2009）．作者藏品掠影．Setting 瓷磚前

東京出身的女性漫畫家森薰，本身就是一位英式女僕迷，喜歡繪畫英國維多利亞時代關於女僕的一切。在 2002 至 2006 年間，她以英國女僕生活為背景，創作出英國女僕戀愛故事《艾瑪》，甚受好評。「女僕」的生活方式，讓日本女性意識到畢業後脫離「良妻賢母」命運的另一種方式──繼續工作，成為另一種僕人。這種生存方式的潛台詞是：「我正在服務他人，請恕我暫時不接受婚姻。」

▲ 女僕咖啡店宣傳・作者攝於東京秋葉原

戰鬥少女

根據《NICONICO 大百科》，「歌德蘿莉」是發祥於日本的一種服裝文化，大量裙褶、蕾絲，還有以筐架隆起的裙子，以黑色為基調，設計上充滿十字架、蝴蝶、玫瑰等富有呪術意味的符號，是一種少女趣味的設計（《ゴスロリ》，ニコニコ大百科）。筆者喜歡的一位歌手 Ali Project 擅長歌德蘿莉風格的音樂演出，不但服裝，連音樂也充滿歌德蘿莉風格的逼力，可說是《下妻物語》深田恭子以外的另一位最佳歌德蘿莉代言人。Ali Project 的寶野亞里加女士說：「對她們來說，說服裝是武裝的戰鬥服並不為過，戰鬥的對手是充滿偽善和惡意的世界、凡庸的他者、靈魂醜惡而顯現貧相的大人。至少希望成為特別的美的存在，祈願成為那樣。這種的

▲ 歌德蘿莉風格・PUBLIC DOMAIN/ パブリックドメイン Q

▲《薔薇少女》真紅・作者攝於東京秋葉原
＊《薔薇少女》是「歌德蘿莉」風動漫的代表作。

硬派精神，強大得連男子也無法匹敵」（《ゴスロリ》，ピクシブ百科事典）。寶野女士說得很清楚，「歌德蘿莉」象徵的是女性以女性自己美麗的方式變強的願望，強得連男人也無法匹敵。如果「水手服」、「女僕裝」是女性迴避父權的憧憬，「歌德蘿莉」就是女性在文化層面正面與父權世界周旋、並公開宣揚父權之腐朽凡俗的象徵。

形式上，歌德蘿莉採用了極為複雜繁瑣的服飾設計，服飾細節極多，超乎尋常，具有歌德蘿莉萌屬性的人物，在動漫世界常與吸血鬼這類存活年數甚高的傳說人物有關，其生存經驗超乎一般凡人，是超凡的存在。崇高，可以說是與歌德蘿莉最接近的一種古典審美範疇。康德認為，崇高具有無限的形式，是理性觀念與有限形式衝突所產生的情感，它先帶來生命力的阻滯感受，然後是更強烈的生命力爆發，使人克服阻滯，帶來超乎尋常的精神力量（101）。就這些特徵而言，歌德蘿莉也是一種崇高的表現，但它展現的是女性的崇高，而不是男性的崇高。《薔薇少女》是「歌德蘿莉」風最有名的一個動漫作品，堪稱代表作。

2. 作為屬性集合體的萌少女

一、萌屬性組合

萌屬性是萌角色的基因，擁有共同萌屬性的一群角色，就好像擁有共同基因的人一樣，屬於同一種族。物種通過交換基因進行繁衍，誕生出擁有更強適應性的新生命。通過讓各種萌屬性洗牌、重新組合，即有可能讓萌力更強的人物角色誕生。

在萌屬性之間，有好些基本的傳統配搭，例如「雙馬尾—金髮—傲嬌—絕對領域」的配搭，非常典型，《路人女主》之英梨梨就是代表人物。不過，「雙馬尾」不一定要配「金髮」和「傲嬌」，也可以配「黑髮」和「無口」，然後誕生出完全不同的萌生命體，例如 Black Rock Shooter，引發出不一樣的萌超越性。事實上，單一種萌屬性無法產生健全的萌角色，各種萌屬性有如

人類的細胞基因，總是互相組合孕育生命。基因決定了人的基本品賦，但基因不會取代人的自主性。擁有相同基因的人，能活出不同的人生。萌角也是如此——萌屬性決定了角色的基本品賦，但萌屬性不會取代角色的自主性，擁有相同萌屬性的角色，能在故事中引發不同的奇蹟。

《萌娘百科》之「初音未來」詞條顯示，初音未來之萌屬性（萌點），包括雙馬尾、歌姬、藍白、蔥、絕對領域、貧乳、公主、長髮、領帶、素足履、髮飾、蘿莉音等十二種。「桐谷和人」詞條顯示，《刀劍神域》桐谷和人之萌屬性，包括孤兒、心理創傷、網癮、吃貨、偽娘、惡意賣萌、老好人、爸爸、哥哥、妹控、美少年、後宮王、龍傲天等十三種。「霧雨魔里沙」詞條顯示，《東方 Project》魔里沙之萌屬性，包括金髮、魔法少女、口癖、魔炮、麻花辮、魔法帽子、魔法杖、元氣、強氣、金瞳、藍瞳、盜竊癖等十二種。這些組合，其實相當於人類左撇子、黃皮膚、黑髮、高䠷、力氣大、鳳眼、薄唇這些身體特徵的人種組合，各種組合適應世界不同地域的氣候和環境。萌屬性的組合原理也相同，各種組合化為不同萌角色人物，各有各的審美超越形式，能讓社會上不同處境之苦命人，找到最能讓自己共鳴起來的萌對象，在萌角色對象身上感受那種獨特的生命超越。

《地獄少女》閻魔愛，是筆者非常在意的一個動漫少女角色。下一小節，筆者試以小愛為例，深入說明萌屬性組合如何在特殊處境中產生的特殊的審美超越。

二、地獄少女
　　閻魔愛與她的萌屬性

小愛，閻魔愛，又稱地獄少女，萌屬性包括了黑長直、姬髮式、三無、和服、水手服、萬年蘿莉、撲克臉、鈴鐺、大和撫子、大小姐等十種（《閻魔愛》，萌娘百科）。要說的話，她還有一個特殊屬性——已經死去。

▲《地獄少女》宣傳畫報．作者攝於東京

小愛的工作

在故事中，已死去的小愛，接受了地獄少女的職份，在四名助手協助之下，無了期地藉地獄通信聆聽人類的怨恨，為任何願意付代價之人雪恨。任何人只要接受契約條件，她就為那人雪恨，把怨恨對象流放到地獄去。

小愛的四名助手皆非人類，生前各有自己的故事。四位助手分別是骨女、一目蓮、輸入道和山童。他們總是把小愛稱呼為大小姐。平時，小愛住在一個永遠黃昏、附近長滿了彼岸花的郊野小屋，與一位從來看不見樣貌的祖母一起生活。小愛的衣服，包括一套黑色的女高中生水手服和一襲彷彿具有魔力的傳統和服。在調查委託人心意的時候，小愛總是以水手服姿態示人。然而，當委託人下定決心接受契約，小愛便即沐浴更衣，換上傳統和服，戴上佛鈴，搖出象徵審判的鈴聲。然後，輸入道化為火焰車，把小愛送到現世，由小愛與助手們以地獄幻覺對流放對象提出罪之質問與判決。

小愛的公式

小愛的工作有很多規範和儀式。同時，小愛具有三無之萌屬性，即無心、無口、無表情，說話很少，幾乎僅僅限於說明契約、問罪與判決、宣佈工作完成這三組公式流程。縱然話少，劇中所有意義都蘊含在小愛

▲地獄少女・作者藏品攝影 /
Setting 鏡與契約草人

的這三組說話之中，而為小愛配音的聲優能登麻美子，也因為小愛的問罪發言充滿逼力而為人所熟悉。

以地獄通信向小愛求助之人，甚麼人都有。早期的求助者，大多數是受人欺凌，生不如死，心中冤屈無法去除之人。後來，出現了一些人，地獄契約視為兒戲，濫用地獄通信。無論是誰，小愛總是不厭其煩地把契約內容說完，特別是講明流放他人到地獄，自己也得付代價。然後，小愛把詛咒人偶

交給委託人，然後消失。詛咒人偶身上，綁着一條小紅線，是確認契約的憑證。小愛消失前，要求委託人確認委託：

> 如果你真的想消除怨恨的話，解開（人偶上）那條紅線。
> 一旦解開紅線，就正式與我締下契約，你所怨恨之人將會馬上被流放地獄。
> 一旦消除怨恨之後，你自己亦將付出代價。
> 害人終害己，在你死後，你的靈魂也將墜入地獄。
> 無法升入極樂淨土，你的靈魂將飽嘗着無盡的痛苦，永遠徘徊。
> 不過這是你死後的事了。

在故事前期，委託人總會猶疑一番，因為契約指明，委託人自己也必須下地獄。然而，幾乎沒有例外，壞人總是變本加厲，令委託人無法忍受，最終紅線被拉下，小愛出現。這時，小愛與四名助手以幻覺向流放對象問罪，使對象領會自己的罪孽：

> 困惑於黑暗的可悲之影啊
> 傷害他人、貶低他人
> 沉溺於罪惡的靈魂
> 想死一次試試嗎？

然後，下一幕，流放對象已被綁在小船上，由小愛撐着小船，經過三途川送到地獄裏去⋯⋯

小愛的身世

《地獄少女》於 2005 年起至 2008 年間於東京 MX 電視台分三輯播出，漫畫原作作者為永遠幸，屬恐怖懸疑類型少女作品。

隨着故事發展，小愛生前的事蹟逐漸被揭開。原來，小愛生於安土桃山

時代，住在六道鄉，曾為村民選為祭品生葬。被活埋時，小愛最後所見的人，是她所愛的表兄柴田仙太郎。仙太郎受不住村民的壓力，把最後的一坨泥土倒在小愛身上。大約四百年之後，小愛在地獄通信的工作上遇到仙太郎的後人柴田一和柴田鶇（父女），燃起本已忘卻了的怨恨。為了報復，小愛嘗試煽惑鶇對父親的怨恨，想要讓鶇委託自己流放柴田一。最終，柴田父女互相原諒、認罪、贖罪，使小愛受到感動，放棄報復。

總括而言，小愛的故事及其萌屬性組合，在小愛身上觸發了一連串的萌爆發。

七種萌屬性變奏

無口的變奏

小愛已死，無口，忘記自己的怨恨，做着替他人雪恨的工作。世人總是以理性巧言把自己的罪孽正當化。小愛死時，她無從辯駁，死後依舊寡言不辯駁。人世間無法辯明之罪惡，就在小愛的工作中，在人們相互怨恨之中被揭穿，無所遁形，無須多言。

方程式：不言＋揭露→萌

絕對領域的變奏

小愛是水手服配短襪，然而在彼岸花叢中休息的時候，小愛總是穿着和裝，天真無邪地、自由自在地擺弄雙腿，小嘴玩弄着櫻桃。雖然不是萌文化公認的絕對領域，但色氣與無邪互為作用，對於觀眾帶來視覺衝擊——小愛之色氣誘發情慾，無邪導引自制，形成另一種形式的「絕對領域」。

方程式：情慾＋無邪→萌

兄萌的變奏

一般，兄長是妹妹的憧憬。小愛對兄長的憧憬存在於過去。在小愛被活埋之前，仙太郎總是保護着小愛。可惜，在小愛的故事中，兄妹愛敗給了現實世界那些理不盡的人世俗見。小愛死後，小愛的兄萌化為怨恨，然後又再

仙太郎後人身上獲得和解。

方程式：兄萌＋兄怨＋原諒→萌

傲嬌的變奏

小愛沒有傲嬌屬性，因為她是逆傲嬌。生前，小愛把心中的愛戀放在仙太郎一人身上，但現實使仙太郎背叛小愛。死後的小愛不再思念仙太郎，把怨恨的記憶封鎖起來，防止自己怨恨仙太郎。本來，傲嬌是由高冷的傲走向可愛的嬌。但小愛的悲劇命運把這個過程逆轉了，使她由可愛的嬌走向死後高冷的傲，把令人愉悅的萌屬性，化為一個令人悲傷的萌屬性。

方程式：戀心（嬌）＋封鎖（傲）→萌

黑化的變奏

輸入道說，大小姐把自己的怨恨遺忘了，永久地為他人雪恨而工作。小愛選擇了忘記怨恨，並因此獲得無口屬性。然而，前世的怨恨並沒有消失，只是被封印了起來而已。觀眾萬萬沒有想到，當小愛重新記起仙太郎的事，小愛的怨恨竟然壓倒了一切的溫暖記憶，使小愛黑化和失控，罔顧地獄少女的工作規範，參與了人間的怨恨循環，主動誘使鶫怨恨自己的父親。

小愛由無口頃刻轉入黑化，把一直以來埋藏着的感情，愛戀的、怨恨的，一次過在失控之中爆發出來，令觀眾感受強大的萌爆發衝擊。為甚麼呢？因為那一段埋在前世記憶裏的感情，一直沒有處理，只是就那麼樣被封印起來。小愛還沒有跟她愛着又怨恨着的仙太郎好好說話，然後和好。

最後，讓小愛回復正常的，不是地獄少女的身份規範。讓小愛獲得救贖的，是柴田父女之間互相原諒的愛。原諒成為了小愛消解怨恨的路標。而這個轉化，是出於各個人物的自主意志，是主體間互相影響的結果，並不是對現實規範和束縛的屈從。

方程式：感情封鎖＋黑化（解封）＋原諒→萌

黑長直的變奏

小愛的黑長直髮式，配合和裝，賦與了小愛大和撫子、巫女的印象。黑

長直髮式是日本傳統而封建的女性髮式，既象徵着力量，也象徵着束縛，由此至終作為小愛身份的標記——受命運所束縛，但又被賦與了神魔之力的女性。

黑長直，從來都代表現實力量，萌值總是來自觀眾對於後續突破、變化和超越之期待。在劇中，當小愛卸下工作，天真無邪地休息着的時候，還有小愛黑化的時候，在小愛身上，黑長直所象徵的束縛被突破與超越，從而發動了萌爆發。

方程式：

束縛＋自由休息→萌

束縛＋黑化失控→萌

水手服的變奏——永遠少女

小愛是死者，死者之水手服，是複合的萌屬性，使萌力更集中地獲得爆發。

死者之水手服，是明治—大正少女文學精神的高階體現。

明治—大正少女文學所建構的審美範疇，是「少女」，而且不是暫時性質的少女，而是永遠性質的少女。少女是高中畢業前的女性，最直接的象徵物是校服，在日本，也就是水手服。不過，明治—大正少女們的終極理想，並不僅僅限於畢業前作為少女而生存，而是成為永遠的少女。如果她們只憧憬和滿足於畢業前的自由，少女文學就不會充滿眼淚。眼淚象徵她們渴望能夠超越畢業禮的自由，但這個理想在現實社會不可能實現，所以用眼淚來否定這個現實。明治—大正少女文學的超越，屬於悲劇性的超越。然而，《地獄少女》作為悲劇幻想故事，以宗教式的想像，以一種特殊方式使少女超越了畢業界限——死後世界。小愛作為已死去的少女，不會再長大，永遠住在黃昏世界、彼岸花的花間、地獄通信的彼端，以地獄工作者的身份，永久地取代了良妻賢母的身份，達至少女們的終極理想——「永遠少女」。

方程式：少女 × 死後（時間停止）→萌（永遠少女）

彼岸花之象徵

地獄少女，是永遠少女，是少女審美的終極審美理想。當然，這個終極

審美理想之所在，不在此岸，只屬於彼岸。幸而，人類能夠在自己的審美活動之中，例如閱讀小說、漫畫，通過文學藝術的想像，時常造訪彼岸。在我們閱讀故事的那一刻，我們就已經能瞥見彼岸，看到人類的理想。為此，《地獄少女》故事設定了一個長滿了彼岸花的世界，可謂意味深長。

三、瑰麗之寶物

在地獄少女小愛的身上，深入故事之中，可見出每一個萌屬性，總是與角色的另一些感情、束縛互為表裏，有一些束縛、渴想，聯繫到多個萌屬性，比如小愛在前世遭村民殺害獻祭，遭所愛之表兄仙太郎所背叛，與此背景相聯繫的萌屬性，是黑長直、無口、兄萌、黑化、逆傲嬌等等，這些萌屬性互有關聯，指向了小愛本人，也指向了小愛所在世界的整個社會面貌。

御宅族、ACG 愛好者、腐女子，各種的二次元觀眾萌上一個人物角色，或者一種屬性的時候，他們不是在抽離的世界萌上那一位對象或萌屬性，人們總會在無意識之中，體會到對象與自己所認識的世界之間的差異，在數不清的違和感、驚嘆、笑聲與眼淚之中，在其萌上的對象身上體悟了超越現實生存束縛的可能性，因而獲得感情上的抒發、引導與昇華，並且因此對生存重拾信心。

無論是在哪個面向，萌屬性皆非獨立而抽離之事物，總是與其他主體緊密相連。御宅文化圈出現把萌屬性拆分出來的根本原因，並不是為了搞資料庫消費，那是沒有深入理解御宅文化而得出的妄斷結論；而是 ACG 愛好者開始對各種萌審美經驗進一步分享、討論、抽象、反思、互相印證審美經驗的自然結果。ACG 愛好者先確立了萌為最抽象的審美範疇，但他們也察覺在萌之下，還有千百種萌的形式。他們覺得，不能把這種寶貴的感情衝動說出來，心裏不舒服。於是，他們討論、反思、互詰，然後集體地得出了結論——好幾百種甚至更多的萌屬性，亦即是歸屬於「萌」之下的子類型審美範疇。換言之，每一種萌屬性，都是 ACG 文化愛好者共同努力而得出之集體精神生產產物，每一個都是非一般的、瑰麗的、閃亮的和溫暖的寶物。

撒花
少女的條件

Photo by Anders Jildén on Unsplash

　　筆者曾經從同人網站那兒學會了這個詞——完結撒花。「完結」可免，但整本書確實告一段落，值得「撒花」慶賀。

《地獄少女》宣傳畫報．作者攝於東京

1. 不願完結

最後一節文字的標題，讓筆者苦苦思量。

一般專著，來到這裏，有的貼上「結論」，有的直接寫成「第七章」，但這本書講歷史，講故事，講小說文學。筆者讀故事，打電玩，最不喜歡完結。「結論」是我最不想寫出來的兩個字，但虎頭蛇尾地結束，又不願意。

文學理論家巴赫金提出過一個概念，就是不完結性（Unfinalizability）。在他來看，文學是對話，對話永不完結（Bakhtin: 252）。這本書也許寫

▲ 櫻花‧作者攝於天空樹

完了，但筆者可以添續集，換入新觀點、新材料，後人可以駁斥此書論點，又或者有人以此書內容引申、回應，又寫出其他作品，甚至把此書內容吸收，轉化成音樂、廣告等其他東西，又或者在社交媒體上添一則小帖文，引起一場小爭論，這些都是對話不完結的可能性。

在 ACG 動漫史上，擁有超過三十年歷史、仍然受大眾歡迎的動漫人物比比皆是，像多啦 A 夢、藍寶石王子、魔法天使、機動戰士高達、Hello Kitty、魯邦三世等，TA 們的故事一直沒有完結，只要粉絲還在，故事就會繼續講下去。筆者打電玩，最不願意玩的部份，就是遇上最終 BOSS 之前的那個部份，那種感受，有如女高中生不願畢業嫁人。所以呢，就算西尾維新以《終物語》結束他的物語系列小說，我一則不相信他的小說真的完結了，二則老大不願意仿效他使用「終」字結束一切。幸好，筆者曾經從同人網站那兒學會了這個詞——完結撒花。「完結」可免，但整本書確實告一段落，值得「撒花」慶賀。

2. 源起

感謝讀者追隨筆者的思路，一直閱讀，直到「撒花」。原諒筆者瞞着讀者，讓各位在不知不覺中讀了很多哲學、美學、符號學、媒體學、語言學、社會學、婦女史、女性主義批評的東西。其實，筆者從頁首至此，一直沒有報上自己學術上的流派，吾師林丹婭教授是性別研究與當代文評的專家，門下人才濟濟。假如不是老師點化，本書今日不可能面世。老師給的第一份書單，至今歷歷在目，上面寫滿了女性文學先鋒的名字，例如伍爾芙夫人、弗里丹女士、莫依女士等等（林丹婭）。研究 ACG 文化，如果沒有了以女性為主體的視角，大概只能寫出機器人進化史、H 遊戲點評、東浩紀動物論這一類的東西，無法發現女性之眼在整個文化中所起的支柱作用。記得多年前，還在大學校園的時候，我曾對老師說：「日本動漫裏的性別觀念，變化多得嚇人（根本不像西方社會）……。」老師輕輕一句，把我導入了這個大坑：「那不如你論文就寫這個。」我問：「可以嗎？」老師答道：「可以～。」隨後，我在老師的鼓勵下，分別在學術期刊發表了兩篇關於日本少女文學和動漫的文章（彭卓鋒 2014；2015）。只是，為了先做好理論建設，當時的畢業論文未能收錄全部的研究心得。而這些心得，現在全放在此書中與同好分享。不過，論文與專著寫法很不同。下筆的時候，幾乎每粒字都重新再寫。在書寫的過程中，也有新的思考、自己給自己的新要求，結果新增內容也有不少。

3. 史觀

本書的內容，基於筆者博士論文的婦女史理論——女性生存樹狀歷史（彭卓鋒 2016）。西方女性主義思想，總是傾向把女性歷史寫成壓迫史，也就是女性單方面被男性父權壓迫的歷史。當然，父權壓迫從沒有間斷過。問題是，這種做法把歷史上女性自主突破父權壓迫的一切努力都抹殺掉了。像日本明治—大正女孩那樣，她們受到非常大的父權壓迫，但她們以自己的方式掙扎過了。這種掙扎不是制度上的，而是在文化上的、精神上的、審美上的，而

且寫在紙上了，可以流傳下去。奈何，西方女性主義好些理論家陷入了線性歷史的窠臼，只寫壓迫。女性逸脫了壓迫的歷史，統統不寫。於是，日本明治—大正女孩親手建構少女文學的努力和成果，沒有受到西方論者應有的重視。所謂女性生存樹狀歷史，意思是女性歷史不是一直線的，不是只有一種形式的，除了受到壓迫，也有女性反抗、掙扎，並結出甜美果實的歷史。

簡單來説，人類史前歷史屬於原始自然生存，是巫術性的，是樹的泥土，泥土裏有着各種積澱下來的集體無意識，例如人類初民的恐懼、狂歡、犧牲、吼叫、狩獵、性衝動。這些集體無意識的社會行為，仍可見於當世的社會暗角，又或者被文明的幌子包裝着，不為人所注意。

人類的文明歷史，有如一株巨木的主軀幹，那是由文明、經濟、法律、技術、教育、宗教的成就建成的部份，但這一部份的歷史產生很多規範，使人類個體的原始本能和渴求受到很大限制，難以紓解，屬於現實生存。女性被集體地灌輸不嫁人不行的「良妻賢母」觀念的歷史，屬於這個部份。大多數女權主義婦女史學者寫的，都是這部份的歷史，亦即是壓迫史，所強調的是兩性之間的矛盾和對立。然而，這個部份的人類歷史，只能調整、改善，引導它向健康融和的方向發展，不可能整個部份砍掉，硬要砍掉就是世界毀滅。

那麼，人類是否注定無法逃離現實的約束？答案既是肯定的，但又是否定的。若要在現實生存中逃避約束，那不可能，因為約束是構成現實社會的基礎。沒有約束的社會必步向滅亡或衰退，產生更多人間悲劇。不過，人類在審美活動中，使自己的意識超越現實約束，卻是可能。

人類的審美活動，構成了外在於現實生存的自由生存歷史，是歷史巨木的枝葉與果實部份，它的表徵是文學、文化和藝術。在文化藝術中，人類脫離了現實，在想像世界中盡情探索人類各種可能的歷史發展，並把自己的審美理想灌注在其中。明治—大正年代的日本少女文學，以及當代的 ACG 文化，就是屬於這個部份的歷史。

由於自由生存的歷史，以非現實的想像為載體，它與人類現實的文明史，並不完全在同一次元發生，因而它們並不是處於同一條歷史線上的東西。素來，文人治史，治的多數是文明史，亦即是只關於現實生存的人類文明史，

是一種單線式的線性歷史。若要把人類的原始自然生存、現實文明生存和自由審美生存一併考慮，那就已經超越了線性歷史的局限，使歷史的本相獲得還原——像巨樹一樣的結構——樹狀歷史。

印度裔史學家杜贊奇（Duara）最先使筆者注意到歷史的多向性。杜贊奇提出的複線歷史史觀，指出歷史往往由普世大同和民族對立兩種思維交織而成。當孫中山號召驅除韃虜時，強調的是民族對立。當孫中山號召五族共和的時候，強調的就是普世大同。兩種歷史都是正確的，沒有哪個為對，哪個為錯，兩者總是交錯地被論者提出。然而，杜贊奇的複線歷史，仍然取決於今人的觀點，它以今人為歷史的判斷主體，把歷史的判決權從歷史人物手上奪走。樹狀歷史不一樣，它是主體間性的歷史觀，既響應了「把婦女還給歷史，把歷史還給婦女」的號召（Kelly-Gadol），又繼承了馬克思的唯物史觀，說明了經濟基礎和上層建築的相互作用。在本書的語境之下，樹狀歷史的價值，體現為「把歷史還給少女」和「把歷史還給每一位 ACG 愛好者」。日本少女文學和 ACG 文化的歷史，各有自己的主體。同時，孕育出這兩類人的現實社會，也是一個重要的主體。這個現實社會主體，雖然有時顯得過於傲慢，但所有的自由生存、文藝審美活動，都以現實社會所提供的社會環境資源為基礎。而且，現實社會受到自己的運作規律制約，而這些規律往往是必需的，無可奈何的，受經濟模式主宰的，不以人的意志為轉移的。寫樹狀歷史，必須努力讓歷史中的每一個主體親自說話，參加對話，不應該讓今人恣意地扭曲他們的想法和意志。

4. 對立統一

薩特的存在主義名言——存在先於本質。這話點出，人的精神意志是最高的，世上沒有甚麼可以束縛人的主體意識。不過，馬克思的唯物史觀指出，不能忽視經濟基礎所產生的作用。假使一個人自主決定不吃不喝，行使出自己最高的自由，超過了自己的生理本能需求。他那一刻很自由，但也許一星期之後，他的自由也就完結了，因為他死了，支持他維持自由意志的物質身軀撐不下去了。人類的歷史也是如此的矛盾。想要在文藝上結出最自由的果

實，必須先有一個結實的經濟基礎維持它，它才可以持續下去，問題是這個結實的經濟基礎，往往諸多規範，使人的個性受到限制。

本書一直貫徹這樣的一個主題——審美是一種超越，是由現實生存出發，突破對立和規範，達到自由生存的彼岸。有趣的是，我們在審美中極力逃離現實，尋找理想。偏偏我們用以逃離現實的力量，全部來自現實世界。愈是遠離現實，我們所獲得的支援就愈少，愈難生存。因此，只有在完全非現實的二次元想像世界之中，我們才能了無牽掛地不住往前跑，而不會因為失去現實的補給而被迫止步。為此，現實與想像，此岸與彼岸，二次元與三次元，這些彷彿是對立，實際上對立中暗藏聯繫。是對立，其實又是統一。既是統一，卻又弔詭地必須維持對立。二次元和三次元世界之間的界線很重要，不可以不尊重。然而，二次元世界與三次元世界之間互有關聯，這些關聯，我們也不可以無視。

5. 自由的基礎

少女文學的自由生存、ACG 愛好者的審美生活，都是有條件的。只有滿足了這些條件，自由生存才可能持久。這些先決條件，筆者稱之為「自由生存的現實基礎」，包括了兩個方面：

1. 自由社會領域的劃分
2. 交互性媒介的使用情況

一、自由社會領域的劃分

本書在第一章討論日本人的人情時，就已經提出了「自由社會領域」的概念，並以各國文化為例，特別是日本，說明了「自由社會領域」（及現實社會領域）的劃分方式，每個民族，每個社會，皆可能不同。對於華人來說，工作必然屬於現實社會領域，要求較多規範，家庭屬於自由社會領域，規範較少。奇妙地，日本人文化把家庭當成了像工作場所一樣嚴苛的現實社會領

域，又把性愛、睡覺、洗澡、兒童期、老年期等等劃進了自由社會領域，給與較大的自由。日本人這一種現實／自由社會領域的劃分方式，總是令外來人嘖嘖稱奇，甚至有時覺得匪夷所思，難以接受。其實，這是所謂的文化特殊性，放眼世界，多些旅行工作閱歷，讀讀不同地區的民族誌，就能體會各種各樣的文化差異實屬平常，重點是入鄉隨俗，回鄉歸俗。不過，無論是哪個社會，哪個民族，都必須在自由／現實社會領域的劃分上，做出決定。不論是自由領域，還是規範的現實領域，都是社會存續與發展所必需的，兩者宛如呼與吸的關係，人不可能只呼氣不吸氣，也不可能只吸氣不呼氣，而是必須一呼一吸，才能生存。

「自由社會領域」，是自由生存的必要條件。人類的精神生產，要求一個高度自由的空間。正如女性主義文學先鋒伍爾芙所主張，女人寫作，需要一個自己的房間。那個房間，就是自由社會領域。這個領域，可以是任何形式的領域，但它必須把現實規範減到最少。假如把家劃為現實領域，使家庭充滿規範，就必須給人開放另一個領域，作為自由的空間。在歷史上，日本人確實這樣做，他們把家劃進現實領域，卻把性愛開放為自由領域。至於，該開放哪兒，該封鎖哪兒，那是一個高端的社會工程，要求整個民族、整個社會共同參劃。

從日本少女文學與 ACG 文化的歷史看來，日本青少年善用了 TA 們僅有的自由社會領域，創造了一個文藝奇蹟，而且持續了一個世紀。TA 們所做的努力不容小覷。少女創作、閱讀、流淚、寫信交心，掏出小錢買自己喜歡的少女雜誌。青少年上網，追看動漫，找朋友傾談，自稱御宅，辦同人誌，參加 Cosplay。為了讓外人接受，他們自嘲，低調處理自己的興趣。為保持社交生活的平衡，他們小心翼翼對待二次元境界線。他們努力消費，使作者維持生計。同一個作品，他們至少買三份，一份自用，一份留底，一份分享，甚至更多，儘管打工薪水微薄，他們依然維持消費，振興了業界經濟。無論在哪個年代，他們專心一意地，在社會賦與自己的自由領域內，自由地編織自己的腦內想像。為了這份自由，他們願意犧牲自己在現實社會領域的自由。

無論如何，世事常變，我們過去擁有的，不代表能永遠擁有。人是使歷史改變的主體。二次元與三次元之間的境界線，能否維持下去？沒有一定，

一切取決於兩個世界的人們——合作還是對立？慵懶還是努力？尊重對方還是輕視對方？筆者相信，在各個選項之中，輕視他人是最愚昧不智的一個選項。

二、交互性媒介的使用情況

有了自由社會領域，人就可以在現實生存中締造短暫的自由生存時光。自由生存雖然短暫，稍縱即逝，但自由的體會將一直留在人心，不會消失，使人能夠在異化的現實世界中，懷抱着理想生存下去，內心不受侵蝕。

日本人酣睡，雖然自由，但畢竟是一個人的活動。少女寫出美好的日記，如沒有分享，日記中的美麗文字，只能對一個人發生作用。少女文學之所以成為少女文學，除了自身具有超越性，更重要是女孩子們形成了少女共同體，而要形成審美的共同體，需要另一個現實基礎發生作用，那就是交互性媒介。

對明治—大正時代的少女來說，容讓使她們形成少女共同體的，是少女雜誌投稿欄、校園生活和少女小說。二戰之後，日本動漫在 1990 年代以後長足發展，靠的是互聯網。一種能使作者與受眾走在一起的交互性媒體，能使一種審美文化發生質與量兩方面的飛躍變化。

少女小說是傳統印刷媒體，漫畫是印刷，動畫則是廣播。無論是印刷還是廣播，都是一對多的媒體，容許一名作者向廣範圍的讀者或受眾傳達作品，讀者只與故事中的人物和作者進行精神交流，卻與其他讀者、受眾沒有交集。然而，少女雜誌的讀者投稿欄，以及互聯網論壇，使被分散的受眾得以互相認識、邂逅，形成特殊的共同體。

在明治—大正年間，少女雜誌的編輯大人們也許認為，投稿欄只是給讀者的小福利，沒有甚麼大不了。但這只是單方面的主觀想法，對少女讀者而言，投稿是與未知朋友交流的難得機會，十分可貴。可以這樣說，讓少女讀者建構出少女共同體的，就是少女雜誌編輯釋放出來的這個小福利。關於這個發展，本書第二章已有詳述。關鍵是，投稿欄讓少女讀者發現另一名少女讀者的存在。在那之前，每一位少女讀者都被迫獨個兒閱讀，無法想像世上另一名少女的存在。

當代 ACG 文化的情況也是一樣。在 1990 年代以前，互聯網尚未在日本普及，受眾只能獨個兒閱讀，不易設想世界上存在另一個自己。早期的動漫雜誌同樣設有投稿欄，但篇幅不多，讀者之間的交流空間不大。然而，互聯網把讀者的世界翻天覆地改變了，使讀者受眾發現，在網絡的彼端，原來有跟自己想法相近的人，也有意見不同、卻想着同一件事的人，可以與之交鋒議論。於是，御宅族誕生了，他們躲在家中不外出見人，不是因為自閉，而是為了在網絡上私會彼此心意相通的另外一些御宅。如此看來，像少女共同體那樣，御宅族也形成了共同體。

讀者投稿欄與互聯網，都是具有交互功能的媒介，突破了上一代傳播模式的藩籬，提供了多對多溝通的可能性，也就是多向的交互溝通。過去，讀者以為世上理解作者和故事人物的，只有自己一個，因此無法形成集體意識。如今，讀者通過交互性媒介聯絡在一起，形成了集體意識。從本書描述的歷史看來，這種共同體意識，具有很強的集體主體性，能夠決定自己的文化審美標準，甚至超越所謂專家對文化話語權的壟斷，能夠通過評論，建立自己的審美文化。

交互性媒體和自由社會領域，都是精神生產建設、文化產業、自由生存所需要的現實社會基礎，也是文明技術水平到位，才能實現的東西，得來不易。在手的，宜加珍惜。未到手的，宜努力追求。

6. 價值

在此刻撒花之際，筆者感謝廈門大學三位老師的指導。林丹婭老師是我的主任導師。她指導我從性別研究的視角出發，抱持性別意識，把世界重新看一次。楊春時老師是我的美學老師。他所建立的當代中國美學理論體系，為本書的內容提供了重要的理論框架。他的理論總結了由柏拉圖開始發展至今的美學歷史，走出了主體性美學的框框，把我們帶進主體間性的美學理論世界。還有黃鳴奮老師的新媒體研究，從技術面揭開了動漫文化在 20 世紀末發生質變的奧秘。

在撒花之時，筆者特意提出少女的條件，是為了點出如何維持如此美好之審美文化。一個橫空出世的審美文化，總有其起點，也必有其終結之時。它既是歷史的必然，也出於人的努力，包括了少女們與 ACG 愛好者之努力。假如我們不努力地享受它，參與它的創作、閱讀、評論，或者不再尊重這個文化的一些規範，特別是二次元境界線，這個文化也總有消失的一日。維持這個文化得以存續之條件，就是給與我們自己繼續享受它的自由空間！延續它還是使它步向毀壞，一切把握在我們自己的手上。

本書是一本理論化的歷史書。本書的要旨，不是要給任何人派甚麼重要使命。ACG 文化是少女審美文化，是甜美的文化果實。筆者完成此書，才不是為了你，只是碰巧有些研究成果，可以與剛好揭開了此書的你分享一下而已（傲嬌）。此書如同紀錄片，詳細說明了一個甜美果實，如何從地裏生長出來，以及嚐過它果實的人變成怎樣。只有好好了解果實如何長出來，又親身嚐過它，人們才知道它的味道，懂得它的價值，並珍惜它的一切，GXZ（請看成顏文字）！

▶ 花之祈願·諺語·作者攝於河口湖附近
＊無論哪一朵花，都懷抱着各自的願望而開花～（作者譯）

參考文獻

百科網站

萌娘百科，https://zh.moegirl.org/。

同人用語の基礎知識，http://www.paradisearmy.com/doujin/。

ニコニコ大百科，https://dic.nicovideo.jp/。

ピクシブ百科事典，https://dic.nicovideo.jp/。

維基百科，https://zh.wikipedia.org/。

ウィキペディア，https://ja.wikipedia.org/。

日語文獻

菅聡子（編）：《「少女小説」ワンダーランド：明治から平成まで》，東京：明治書院，2008。

東浩紀：《動物化するポストモダン：オタクから見た日本社会》，東京：講談社，2001。

東浩紀［ほか］：《初音ミクと未来の音 同人音楽・ニコ動・ボーカロイドの交点にあるもの》，ユリイカ2008（12月臨時増刊号）：152。

高橋保：《明治・大正期の女性労働政策（四）》，創価法学，2006，36（2）：51-69。

本田透a：《電波男》，東京：三オブックス，2005。

本田透b：《萌える男》，東京：筑摩書房，2005。

前島賢：《セカイ系とは何か：ポスト・エヴァのオタク史》，東京：ソフトバンククリエイティブ，2010。

中島梓：《タナトスの子供たち：過剰適応の生態学》，東京：筑摩書房，2005。

日下翠：《少女・女性漫画にみる女性文化》，比較社会文化，1998（4）：21-34。

玉城肇：《家族論》，東京：三笠書房，1947。

豊田武：《武士団と村落》，東京：吉川弘文館，1963。

大塚久：《政略結婚と武将の家庭》，東京：雄山閣，1929。

星野通：《民法典論争史》，東京：日本評論社，1944。

谷川流：《閉じられた世界：絶望系》，東京：メディアワークス〈電撃文庫〉，2005。

田中桂：《それはマンガの変化に似て》，アニメーションノート，2008（11）：88。

鬼頭宏：《明治以前日本の地域人口》，上智経済論集，1996，41（1-2）：65-79。

鬼頭宏：《人口から読む日本の歴史》，東京：講談社，2000。

堀あきこ：《慾望のコード：マンガにみるセクシュアリティの男女差》，京都：臨川書店，2009。

吉屋信子：《憧れ知る頃》，東京：ヒマワリ社，1948。

吉屋信子：《花物語》，新學社，1968。

吉屋信子：《花物語（下）》，東京：河出書房新社，2009。

高田瑞穂：《青鞜》，新潮日本文學辭典，東京：新潮社，1988。

福沢諭吉：《西洋事情 外編》，マリオン・ソシエ，西川俊作編，福沢諭吉著作集，第 1 巻，東京：慶応義塾大学出版会，2002。

安藤良雄：《近代日本經濟史要覽》，東京：東京大學出版社，1981。

川村邦光：《オトメの祈り：近代女性イメージの誕生》，東京：紀伊國屋書店，1993。

荷宮和子 a：《少女マンガの愛のゆくえ》，横浜：光栄，1994。

荷宮和子 b：《手塚漫画のここちよさ―ヅカファン流手塚論》，横浜：光栄，1994。

村岡花子：《少女文学について》，書窓，1936，2（4）。

嵯峨景子 a：《『女学世界』における“投書”の研究》，東京大学大

学院情報学環紀要——情報学研究，2009（77）：95-110。

　　嵯峨景子b：《『少女世界』読者投稿文にみる「美文」の出現と「少女」規範：吉屋信子『花物語』以前の文章表現をめぐって》，東京大学大学院情報学環紀要——情報学研究，2011（80）：101-116。

　　嵯峨景子c：《『女学世界』にみる読者共同体の成立過程とその変容——大正期における「ロマンティック」な共同体の生成と衰退を中心に》，マス・コミュニケーション研究，2011（78）：129-147。

　　宮元健次：《日本の美意識》，東京：光文社，2008。

　　浜野保樹：《日本のメディア芸術》，文化庁月報，ぎょうせい，2008（通巻472）：10。

　　樋口大二：《ミクシィ、ツイッターで拡大：漫画の性描写規制案》，asahi.com，2010-03-25〔2015-03-17〕，http://book.asahi.com/clip/TKY201003250286.html。

　　大滝晶子：《明治期のキリスト教主義女学校に関する一考察》，教育学雑誌（日本大学教育学会），1972（6）：52-70。

　　本田和子〔ほか〕：《少女論》，東京：青弓社，1988。

　　本田和子：《異文化としての子ども》，東京：筑摩書房，1992。

　　大塚英志：《少女民俗学：世紀末の神話をつむぐ「巫女の末裔」》，東京：光文社，1989。

　　家永三郎［ほか］：《家族観の系譜》，講座家族8，東京：弘文堂，1983。

　　伊藤公雄：《「男」が「少女マンガ」を読むということ》，世界のコミックスとコミックスの世界——グローバルなマンガ研究の可能性を開くために（會議論文集・ジャクリーヌ・ベルント編），京都精華大学国際マンガ研究センター，2010：165-172。

　　藤山哲人：《萌えは「薄めたカ○ピス」だ——ASCII×ITmedia対談》，ASCII.jp x デジタル，2008-07-31〔2015-03-15〕，http://ascii.jp/elem/000/000/153/153944/index-2.html。

　　大坂理恵：《「腐女子」の社会史——女性による女性のための男性同

性愛小説の社会史》，2009 年度卒業論文，慶應義塾大学経済学部矢野久研究会，2009。

　　古賀令子：《「かわいい」の帝国：モードとメディアと女の子たち》，東京：青土社，2009。

　　田川隆博：《オタク分析の方向性》，名古屋文理大学紀要，2009（9）：73-80。

　　樫村愛子：《日本の「オタク文化」はなぜ世界的なものとなったのか》，愛知大学文学論叢，2007（136）：356-336。

　　江種満子：《女性文学の開展》，岩波講座日本文学史，第十二巻，東京：岩波書店，1996：298-302。

　　神谷哲司：《育児期夫婦における家計の収入管理に関する夫婦間相互調整》，東北大学大学院教育学研究科研究年報，2010，58（2）：135-150。

　　高群逸枝：《日本婚姻史》，東京：至文堂，1963。

　　秋枝蕭子：《良妻賢母主義教育の逸鋭と回収——大正・昭和前期を中心に》，鬩ぎ合う女と男——近代，女と男の時空——日本女性史再考 5（奥田睦子編），東京：藤原書店，1955。

　　若林弘吉：《近世村落における寺子屋の設立・発展の要因：先行研究に胚胎する諸問題と新たな観点の提示》，東亜大学紀要，2006（6）：93-102。

　　和辻哲郎：《新稿 日本古代文化》，東京：岩波書店，1951。

　　貝原益軒：《日本思想大系 34：貝原益軒・室鳩巣》，東京：岩波書店，1977。

　　大伏春美：《女房三十六人歌合の研究》，東京：新典社，1997。

　　秋山正美：《少女たちの昭和史》，東京：新潮社，1992。

　　井沢元彦：《封印された「倭」の謎》（逆説の日本史：古代黎明編），東京：小学館，1993。

　　八鍬友広：《近世社会と識字》（〈特集〉公教育とリテラシー），教育學研究，2003，70（4）：524-535。

　　田辺聖子：《ゆめはるか吉屋信子：秋灯机の上の幾山河（下）》，東京：朝日新聞社，1999。

熊田一雄：《男らしさという病？：ポップ・カルチャーの新・男性学》，名古屋：風媒社，2005。

櫻井孝昌：《日本はアニメで再興する：クルマと家電が外貨を稼ぐ時代は終わった》，東京：アスキー・メディアワークス，2010。

高木聡司：《「ライトノベル」「少女小説」ジャンルの再検討：両性一元的文学史観点からの再整理》，Core Ethics コア・エシックス，2011（7）：385-392。

増田弘道 a：《数字から読み解く日本のアニメ産業》，講演記録テキストシリーズ ビジネス編⑤，文部科学省・アニメ・マンガ人材養成産官学連携コンソーシアム，2013-03〔2019-03-01〕，http://amecon.jp/h24/common/img/pdf/anime_curriculum05.pdf。

増田弘道 b：《アニメ産業解説シリーズ～アニメ産業における人材育成概況》，アニメ産業解説シリーズ 12，アニメ・マンガ人材養成産官学連携コンソーシアム，2013-03〔2015-02-07〕，http://amecon.jp/h24/common/img/pdf/anime_curriculum12.pdf。

島貫泰介：《新しい「ルパン三世」山本沙代監督インタビュ》，CINRA.NET，2013-02-06〔2015-02-17〕，http://www.cinra.net/interview/2013/02/06/000000.php。

佐々木隆：《オタク文化論》，那須：イーコン，2012。

小田切博：《今川泰宏「まっとうな」古典主義作家》，ニュータイプマーク II，001，東京：角川書店，1997。

高橋佑輔〔ほか〕：《ジャパニメーションの海外展開：アニメを世界に誇れる産業に》，ISFJ 政策フォーラム 2012 発表論文（日本大学 豊福建太研究会 国際産業分科会），2012-12-1 ～ 2。

安形麻理［ほか］：《日本における読書畫像と読書史》，2008 年日本図書館情報學會春季研究集會発表要綱（東京大學），2008-03-29〔2015-02-14〕，http://user.keio.ac.jp/~ueda/papers/reading2008.pdf。

森末義彰〔ほか〕：《生活史》，体系日本史叢書，東京：山川出版社，1990。

赤枝香奈子：《近代日本における女同士の親密な関係》，東京：角川学芸出版，2011。

杉浦由美子：《腐女子化する世界：東池袋のオタク女子たち》，東京：中央公論新社，2006。

横川寿美子：《初潮という切札：「少女」批評・序説》，東京：JICC出版局，1991。

横川寿美子：《吉屋信子「花物語」の変容過程をさぐる－少女たちの共同体をめぐって－》，美作女子大学短期大学部紀要，2001（46）：1-13。

大久保利謙：《森有禮全集》，第 1 巻，東京：宣文堂書店，1972。

岡田斗司夫：《日本に戀する米國のオタク》，AERA，朝日新聞社，1995-10-02〔2015-02-01〕，www.netcity.or.jp/OTAKU/okada/library/single/AERA.html。

岡田斗司夫：《オタクはすでに死んでいる》，東京：新潮社，2008。

上野千鶴子：《近代家族の成立と終焉》，東京：岩波書店，1994。

上野千鶴子：《私のおすすめ（「i feel」出版部 50 週年記念号より）》，《「オトメの祈り―近代女性イメージの誕生」》内容説明，紀伊國屋書店，n.d.〔2019-01-03〕，https://www.kinokuniya.co.jp/f/dsg-01-9784314006064。

今田絵里香：《少女雑誌にみる近代少女像の変遷：『少女の友』分析から》，北海道大学大学院教育学研究科紀要，2000（82）：121-164。

今田絵里香：《「少女」の社会史》，東京：勁草書房，2007。

藤本由香里：《私の居場所はどこにあるの？少女マンガが映す心のかたち》，東京：学陽書房，1998。

杉浦由美子：《腐女子化する世界：東池袋のオタク女子たち》，東京：中央公論新社，2006。

細井和喜蔵：《女工哀史》，東京：岩波書店，2009。

大森郁之助：《考証少女伝説――小説の中の愛し合う乙女たち》，東京：有朋堂，1994。

森川嘉一郎：《オタク文化の現在（1）「日本」と「アニメ」の関係》，ちくま，2007（432）：32-35。

少女歴史
日本 ACG 萌文化
哲學筆記

森川嘉一郎：《オタク文化の現在（15）大学で漫画・アニメ・ゲームを教えるということ》，ちくま，2008（446）：28-31。

井手口彰典：《萌える地域振興の行方——「萌えおこし」の可能性とその課題について》，地域総合研究，2009，37（1）：57-69。

山久瀬洋二、ダニエル・ワリーナ：《どうしても英語で伝えたい日本の事情100》，東京：IBC パブリッシング，2010。

四方田犬彦：《「かわいい」論》，東京：筑摩書房，2006。

ササキバラ・ゴウ：《「美少女」の現代史：「萌え」とキャラクター》，東京：講談社，2004。

會澤まりえ、大野実：《「かわいい文化」の背景》，尚絅学院大学紀要，2010（59）：23-34。

吉野諒三，二階堂晃佑：《アジア・太平洋価値観国際比較調査——日本2010調査報告書》，《統計数理研究所調査研究リポート》，No.103，東京：統計数理研究所，2011-05:59，64，〔2015-08-08〕，http://ismrepo.ism.ac.jp/dspace/bitstream/10787/902/1/kenripo103.pdf。

趙賢廷：《西鶴作品の中の女性像について：悪女をめぐる考察》，人間文化創成科學論叢，2007（10）：4-1〜8。

申蓮花：《日本の家父長的家制度について－農村における「家」の諸関係を中心に》，地域政策研究（高崎経済大学地域政策学会），2006，8（4）：99-104。

ダヴィンチ：《萩尾望都の解体全書》，ダヴィンチ，1996（8）：184-189。

河出書房新社：《家族インタビュー両親・姉妹が語る萩尾望都の素顔》，文藝別冊総特集・萩尾望都：少女マンガ界の偉大なる母，東京：河出書房新社，2010：80-102。

実業之日本社社史編纂委員會：《実業之日本社百年史》，実業之日本社，1997。

雲乃みい：《BLINDFOLD》，Mobile Space，2014-11-21〔2015-03-10〕，http://mbbook.jp/t.php?ID=natubl。

ふくろう恵：《ふくろうの城へようこそ》，ふくろうの城，n.d.〔2015-03-10〕，http://owl.cside.com/。

柘榴の月，n.d.〔2015-03-10〕，http://tubagen.blog.fc2.com/blog-category-5.html。

コンドル：《今の結婚制度は徹頭徹尾男が不利じゃありませんか？》，発言小町，Yomiuri Online，2014-01-03〔2014-07-11〕，http://komachi.yomiuri.co.jp/t/2014/0103/636316.htm?o=0&p=1。

橘涼香：《宝塚歌劇『ベルサイユのばら』動員 500 万人突破！ セレモニーレポート》，宝塚ジャーナル・演劇キック，2014-06-30〔2020-03-13〕，http://takarazuka-j.blog.jp/archives/1811304.html。

たつ子：《女学生同士の愛人「お目さん」の流行》，ムラサキ，1910（10）：6-10。

高田学也：《世界のオタク魅了 インテルが人気アニメとコラボ 400億円市場作った「魔法少女まどか☆マギカ」》，日本経済新聞，2013-07-09〔2018-11-16〕，https://www.nikkei.com/article/DGXBZO57114430Y-3A700C1000000/。

中森明夫：《『おたく』の研究 街には『おたく』がいっぱい》，漫画ブリッコ（セルフ出版），1983（6 月〜8 月）。

平塚らいてう：《元始女性は太陽であつた。――青鞜発刊に際して――》，作家秦恒平の文学と生活，〔2018-11-30〕. http://hanaha-hannari.jp/emag/data/hiratsuka-raichou01.html。

入倉功一：《劇場版「まどか☆マギカ」が興収 20 億円突破！新規上映館決定でロングラン！》，シネマトゥデイ，2014-01-07〔2015-07-30〕，http://www.cinematoday.jp/page/N0059407。

桜乃彩葉：《花物語》，白百合の杜〜あさかな日誌 asamina-kanasama diary，2014-04-12〔2020-02-23〕，http://kujo-eina.sblo.jp/article/92917348.html。

週刊ポスト：《江戸の SEX》，週刊ポスト，2012，44（23）：13-20，170-176。

Hatena Keyword：《腐女子》，Hatena Keyword，n.d.〔2015-02-21〕，http://d.hatena.ne.jp/keyword/%C9%E5%BD%F7%BB%D2。

美術手帖：《特集「かわいい」》，美術手帖，1996（2月）：14-15。

ZOOT：《三原山自殺事件 死の立会人富田昌子の真相とは？ニッポンお騒がせ人物伝で明らかに》，ZOOT，〔2019-01-15〕，http://zoot.blue/news20151019-3-2/。

ホークの部屋：《【ジャンル別】絶対に見たほうが良い人気アニメランキング！（おすすめ）》，ホークの部屋，2015-02-15〔2015-08-12〕，http://ameblo.jp/subaryu23/entry-11735752298.html。

日本偶像劇場：《變身（蜥蜴女孩）》，日本偶像劇場，n.d.〔2015-03-08〕，http://dorama.info/drama-342.html。

にゃん＾＾：《にゃん＾＾の評価》，あにこれ，2015-08-03〔2015-08-12〕，http://www.anikore.jp/review/1222431/。

ぺるんa：《サイトを紹介します！（ver3.3）》，貓箱ただひとつ，2013-07-09〔2015-08-12〕，http://eroge-pc.hatenablog.jp/entry/2013/07/09/174308。

ぺるんb：《高坂桐乃は女の子なのに、なぜ「エロゲー」をあんなにも愛しているのか？！》，貓箱ただひとつ，2013-07-04〔2015-03-15〕，http://eroge-pc.hatenablog.jp/entry/oreimo_eroge_kirino。

biac_ac：《あきそらは、近親相姦をモチーフとしていたがゆえに重版禁止のお達しを受ける》，togetter，2010-12-15〔2015-03-17〕，http://togetter.com/li/126497。

澤田晃宏、加藤勇介：《東京・秋葉原殺傷事件の深層：モテ至上主義の残酷》，AERA（朝日新聞出版），2008-06-30：25-26。

IICP：《放送コンテンツの海外展開に関する現状分析》，総務省情報通信政策研究所，2014-11〔2015-01-27〕，http://www.soumu.go.jp/main_content/000324498.pdf。

農商務省：《職工事情》，光生館，1981。

日本法務省：《我が国における氏の制度の変遷》，法務省，n.d.

〔2013-06-20〕，http://www.moj.go.jp/MINJI/minji36-02.html。

東京都議会：《平成二十二年東京都議会会議録第二号》，東京都議会，2010-03-02〔2015-03-17〕，http://www.gikai.metro.tokyo.jp/record/proceedings/2010-1/d5210201.html。

国書刊行会：《ジャンル一覧》，国書刊行会，n.d.〔2015-01-20〕，http://www.kokusho.co.jp/np/genre.html。

宝塚歌劇団：《Back to the 宝塚歌劇 1962-1982》，宝塚歌劇，n.d.〔2015-03-09〕，http://kageki.hankyu.co.jp/history/1962.html。

第一コンサルティング株式會社：《明治民法：民法第四編第五編（民法舊規定、明治三十一年六月二十一日法律第九號）》，2012-12-29〔2020-01-31〕，http://www.ichicon.com/old2_5.htm。

警察庁a（編）：《平成12年警察白書》，（日本）国家公安委員会警察庁，〔2019-04-04〕，https://www.npa.go.jp/hakusyo/h12/h120101.pdf。

警察庁b（編）：《平成24年警察白書》，（日本）国家公安委員会警察庁，〔2019-04-06〕，https://www.npa.go.jp/hakusyo/h24/toukei/01/2-04.xls。

警察庁c（編）：《平成27年警察白書》，（日本）国家公安委員会警察庁，〔2019-04-06〕，https://www.npa.go.jp/hakusyo/h27/toukei/02/04.xls。

警察庁d（編）：《平成30年警察白書》，（日本）国家公安委員会警察庁，〔2019-04-06〕，https://www.npa.go.jp/hakusyo/h30/toukei/toku/04.xls。

経済産業省：《クール・ジャパン戦略》，経済産業省，2012-06〔2015-01-27〕，http://www.meti.go.jp/committee/kenkyukai/seisan/cool_japan/pdf/report_01_00.pdf。

総務省統計局a：《25- 1　学校教育概況　（エクセル：32KB）》，総務省統計局，〔2018-11-15〕，https://www.stat.go.jp/data/nihon/zuhyou/n182500100.xls。

総務省統計局b：《25- 8　高等専門学校・短期大学・大学・大学院の学科別学生数（エクセル：35KB）》，総務省統計局，〔2018-11-15〕，https://www.stat.go.jp/data/nihon/zuhyou/n182500800.xls。

総務省統計局c：《我が国の推計人口（大正9年～平成12年）》，表

番號 4，總務省統計局，〔2015-02-24〕，http://www.e-stat.go.jp/SG1/estat/Xlsdl.do?sinfid=000000090264。

厚生労働省：《別添資料 1（表 1-1 ～ 7、図 1-1 ～ 4）（PDF:146KB）》，厚生労働省，2010-06-14〔2018-11-19〕，https://www.mhlw.go.jp/stf/houdou/2r98520000006kgm-img/2r98520000006ki4.pdf。

男女共同参画局：《男女共同参画白書（概要版）：第 3 章仕事と子育ての両立》，內閣府男女共同参画局，2002，2014-05-08〔2020-03-28〕，http://www.gender.go.jp/about_danjo/whitepaper/h14/1_3.html。

統計数理研究所：《日本人の国民性調査》，統計数理研究所，2014-10-30〔2015-08-08〕，http://www.ism.ac.jp/kokuminsei/table/index.htm。

矢野経済研究所：《「オタク」市場に関する調査結果 2014》，矢野経済研究所，2014-12-09〔2015-08-11〕，https://www.yano.co.jp/press/press.php/001334（http://www.yano.co.jp/press/pdf/1334.pdf）。

雑誌分類認定委員会：《「雑誌ジャンル・カテゴリ区分」最新表〈2014.08.05 更新版〉》，日本雑誌広告協会，2014-08-05〔2015-01-19〕，http://www.zakko.or.jp/subwin/genre.html（http://www.zakko.or.jp/subwin/pdf/genre.pdf）。

青森縣立美術館：《美少女の美術史：少女について考えるための 16 の事柄》，青森縣立美術館，n.d.〔2015-02-10〕，http://www.aomori-museum.jp/ja/exhibition/60/。

日本総合研究所：《「neo anime」産業のビジネスモデルに関する調査研究報告書》，日本総合研究所，2008-12〔2015-02-09〕，http://www.meti.go.jp/policy/mono_info_service/contents/downloadfiles/anime.pdf。

ウィキペディア：《Category: アニメのジャンル》，ウィキペディア，2013-04-01〔2015-02-09〕，http://ja.wikipedia.org/wiki/Category:%E3%82%A2%E3%83%8B%E3%83%A1%E3%81%AE%E3%82%B8%E3%83%A3%E3%83%B3%E3%83%AB。

楽天エンタメナビ：《アニメのジャンル一覧》，楽天エンタメナビ，n.d.〔2015-02-09〕，http://entertainment.rakuten.co.jp/animation/genre-list/。

同人用語の基礎知識：《ジャンルコード：コミックマーケットにおけるジャンルコード一覧（C 57 現在）》，同人用語の基礎知識，2000-04-06〔2015-02-9〕，http://www.paradisearmy.com/doujin/pasok4p.htm。

コミックマーケット：《コミックマーケット 78 アフターレポート》，コミックマーケット公式サイト，2010-11-15〔2020-03-18〕，http://www.comiket.co.jp/info-a/C78/C78AfterReport.html。

コミックマーケット：《コミックマーケット 83 アフターレポート》，コミックマーケット公式サイト，2013-06-14〔2015-08-11〕，http://www.comiket.co.jp/info-a/C83/C83AfterReport.html。

コミックマーケット：《コミックマーケット年表》，コミックマーケット公式サイト，2014-08-30〔2015-03-17〕，http://www.comiket.co.jp/archives/Chronology.html。

コミックマーケット：《コミックマーケット 95 アフターレポート》，コミックマーケット公式サイト，2019-01-11〔2019-03-01〕，http://www.comiket.co.jp/info-a/C95/C95AfterReport.html。

コミックマーケット準備会（編）：《コミケット・グラフイティ―マンガ・アニメ同人誌の 10 年》，東京：朝日出版社，1985。

コミックマーケット準備会，コンテンツ研究チーム（出口弘（東京工業大学）ら）：《コミックマーケット 35 週年調査調査報告》，コミックマーケット 81 カタログ，東京：共信印刷，2011-12〔2015-02-21〕，www.comiket.co.jp/info-a/C81/C81Ctlg35AnqReprot.pdf。

Girls Love Festival：《「GirlsLoveFestival9」最終〆切配置リスト（5/1 訂正）》，Girls Love Festival，2013-05-08〔2013-06-28〕，http://www.love-fes.info/girlscirclelist09.htm。

アニメージュ：《第 1 回アニメグランプリ '79 → '80 総決算 [1980 年 2 月號]》，アニメージュ，1980-02〔2015-08-12〕，http://web.archive.org/web/20141006112359/http://animage.jp/old/gp/gp_1979.html。

アニメージュ：《第 28 回アニメグランプリ [2006 年 6 月號]》，アニメージュ，2006-06〔2015-08-12〕，http://web.archive.org/

web/20150416161900/http://animage.jp/gp_new/gpx_2006.html。

ゆさアニ：《序盤戦終了！2015 冬アニメ人気調査アンケート！》，二次に恋する WEB メディア：ゆさアニ，2015-01-26 〔2015-02-11〕，http://yusaani.com/question/2015/01/26/72501/。

あにこれ a：《「魔法少女まどか☆マギカ（TV アニメ動画）」》，あにこれ，〔2015-03-10〕，https://www.anikore.jp/anime_review/2715/。

あにこれ b：《「ご注文はうさぎですか？」のレビュー感想 / 評価》，あにこれ，n.d.〔2015-07-30〕，http://www.anikore.jp/anime_review/7870/。

美少女ゲーム総合サイト：《美少女ゲーム：スノーレイン 2》，美少女ゲーム総合サイト，n.d.〔2015-03-15〕，http://chibicon.net/adlink/o0113-01/。

管賀江留郎 a：《グラフを更新したついでに、リンゴとミカンはどっちが多いかについても》，少年犯罪データベースドア，livedoor Blog，2013-07-05 〔2019-03-05〕，http://blog.livedoor.jp/kangaeru2001/archives/52482682.html。

管賀江留郎 b：《幼女レイプ被害者統計》，少年犯罪データベース，〔2019-03-05〕，http://kangaeru.s59.xrea.com/G-youjyoRape.htm。

Ascii Media Works：《「第 20 回電撃大賞」小説大賞、イラスト大賞、学校大賞の 3 部門で応募総数 7,523 作品》，株式会社アスキー・メディアワークス，2013-06-07〔2015-03-15〕，http://asciimw.jp/info/release/pdf/20130607.pdf。

webR25：《JCJK 流行語「リア充」に今さら？》，webR25，2011-12-06〔2015-08-13〕，http://r25.yahoo.co.jp/fushigi/jikenbo_detail/?id=20111206-00022241-r25&c=04。

文化政策推進会議：《「21 世紀に向けた新しいメディア芸術の振興について」（報告）》，文化政策推進会議，1997-07-30〔2015-01-27〕，http://ssk.econfn.com/bunka2/bkgk2-4.pdf。

13 歳のハローワーク公式サイト a：《漫画家》，13 歳のハローワーク公式サイト，〔2019-03-01〕，https://www.13hw.com/jobcontent/02_02_03.html。

13 歳のハローワーク公式サイト b：《記録［スクリプター］》，13 歳のハローワーク公式サイト，n.d.〔2015-02-17〕，http://www.13hw.com/job-content/02_05_19.html。

NHK：《ベルサイユのばら・愛の逆転劇・宝塚歌劇団》，プロジェクト X ～挑戦者たち～，第 185 回，NHK 総合テレビジョン，2005-12-06（TV SHOW）。

日本経済新聞：《都の性描写条例が成立　出版界など反発》，日本経済新聞，2010-12-15〔2020-04-09〕，https://www.nikkei.com/article/DGXNASDG1504P_V11C10A2CC1000/。

薔薇族：《百合族の部屋》，薔薇族，1976（11 月）：66-70。

Gigazine，《角川書店や講談社、集英社などのコミック 10 社会が東京国際アニメフェアへの参加拒否を発表》，Gigazine，2010-12-10〔2015-03-17〕，http://gigazine.net/news/20101210_comic_10sha_taf/。

歐美文獻

Abbitt, E. S. "Androgyny and Otherness: Exploring the West Through the Japanese Performative Body" *Asian Theatre Journal*, 2001,18(2):249-256.

Aoki, D."Interview: Erica Friedman", *Manga*, 2015-08-12 (2017-06-16), http://manga.about.com/od/mangaartistswriters/a/EFriedman.htm

Azéma, M., & Rivère, F. "Animation in Palaeolithic art: A pre-echo of cinema", Antiquity, 2012, 86 (332)：316-324.

Bakhtin, M. *Problems of Dostoevsky's Poetics* (*Theory and History of Literature, Volume 8*). Ed. & Trans. C. Emerson. Minneapolis: University of Minnesota Press, 1984 (1929).

Barthes, R. *Mythologies*. Paris: Éditions Du Seuil, 1957.

Barthes, R. *Elements of Semiology*. New York: Hill and Wang, 1968.

Baudrillard, J. *L'Échange symbolique et la mort*, Paris: Gallimard, 1976.

Baudrillard, J. *Simulacres et simulation*', Paris: Galilée, 1981.

少女歷史　日本 ACG 萌文化哲學筆記

Biraben, JN. "Le Point sur l'Histoire de la Population du Japon" *Population*, 1993, 48(2): 443-472.

Biraben, JN. "The History of the Human Population From the First Beginnings to the Present", *Demography: Analysis and Synthesis: A Treatise in Population*. Vol 3. Eds. G. Caselli, J. Vallin & G. J. Wunsch. San Diego:Academic Press, 2005: 5-18.

Botz-Bornstein, T. *The Cool-Kawaii: Afro-Japanese Aesthetics and New World Modernity*. Lanham, Md: Lexington, 2012.

Bureau of Labor Statistics, "May 2017 National Occupational Employment and Wage Estimates - United States", Bureau of Labor Statistics, 2018-03-30 (2018-11-21), https://www.bls.gov/oes/current/oes_nat.htm#00-0000.

Childers, J. & G. Hentzi. *The Columbia Dictionary of Modern Literary and Cultural Criticism*. New York: Columbia University Press, 1995.

Cixous, H. & C. Clément. La Jeune Née. Paris: Union Générale d'Editions, 10/18, 1975.

Copeland, Rebecca L. *Lost Leaves: Women Writers of Meiji Japan*. Honolulu: University of Hawaii Press, 2000, 113.

Derrida, J. *Of Grammatology*. Baltimore: The Johns Hopkins University Press, 1998.

Dollase, H. "Early Twentieth Century Japanese Girls' Magazine Stories: Examining Shōjo Voice in Hanamonogatari (Flower Tales) ", The Journal of Popular Culture, 2003, 36 (4): 724-755.

Duara, P. "Bifurcating Linear History: Nation and Histories in China and India", *Positions*, 1993, 1(3):779-804.

Engels, F. *The Origin of the Family, Private Property and the State*. New York: International Publishers, 1972.

Foucault, M. *Discipline and Punish: The Birth of the Prison*. London: Penguin, 1977.

Futagami, S. "Non-standard Employment in Japan: Gender Dimensions",

Discussion Paper 200. Geneva: International Institute for Labour Studies, 2010: 8-9.

Galbraith, P. W. T*he Otaku Encyclopedia*. Tokyo: Kodansha International, 2009.

Gottlieb, N. & M. McLelland. "The Internet in Japan." *Japanese Cyber-cultures*. Eds. N. Gottlieb & M. McLelland. London: Routledge, 2003: 1-16.

Habermas, J. "The Concept of the Lifeworld and the Hermeneutic Ideal-ism of Interpretive Sociology." *Jürgen Habermas on Society and Politics: A Reader,* Ch. 8. Boston: Beacon Press, 1989.

Hall, S. "Encoding/Decoding." *Media and Cultural Studies : Keyworks*. Eds. M. G. Durham & D.M. Kellner. Rev. Ed. Malden, MA: Blackwell, 2006: 163-173.

Heidegger, M. *Poetry, Language, Thought*. Trans. A. Hofstadter. New York: Harper & Row, 1971.

Heidegger M. "Die Frage nach der Technik （對 技 術 的 追 問 ）." Vorträge und Aufsätze, 3rd ed. Vol. I. Pfullingen: Neske, 1967.

Hofstede, G. "Dimensions of National Cultures", *Geert Hofstede & Gert Jan Hofstede*. n.d. (2015-08-07), http://www.geerthofstede.nl/dimensions-of-national-cultures.

Hofstede, G. *Culture's Consequences: Comparing Values, Behaviors, Institutions, and Organizations across Nations,* 2nd ed, Thousand Oaks, CA: SAGE Publications, 2001.

James, M. "So Full of Long." *Connexions,* 1983 (10): 16-17.

Kelly-Gadol, J. "The Social Relation of the Sexes: Methodological Implications of Women's History", *Signs,* 1976,1 (4): 809-23.

Kojève, A. *Introduction to the Reading of Hegel : Lectures on the Phe-nomenology of Spirit*. Ed.Bloom A., Trans. Nichols, J. H., Jr. Cornell Univer-sity Press, 1980.

Lunsing, W. "Yaoi Ronsō: Discussing Depictions of Male Homosexuality

日本 ACG 萌文化
哲學筆記
少女歷史

in Japanese Girls' Comics, Gay Comics and Gay Pornography". *Intersections: Gender, History and Culture in the Asian Context,* 2006 (12) (2015-08-12), http://intersections.anu.edu.au/issue12/lunsing.html.

Matsui, M. "Little girls were little boys: Displaced Femininity in the representation of homosexuality in Japanese girls' comics", *Feminism and The Politics of Difference,* Eds. Gunew and Yeatman, Halifax: Fernwood Publishing, 1993: 177-196.

McCaffery, L. et al. "The Twister of Imagination: An Interview with Mariko Ohara." Trans. T. Tatsumi, Center for Book Culture.org, n.d. (2015-03-11), http://web.archive.org/web/20080209112923/http://www.centerforbook-culture.org/review/02_2_inter/interview_Ohara.html.

McMillan, D. W. & D. M. Chavis. "Sense of Community: A Definition and Theory." *Journal of Community Psychology,* 1986, 14 (1): 6-23.

Ōgi, F. "Female Subjectivity and Shōjo (Girls) Manga (Japanese Comics): Shōjo in Ladies' Comics and Young Ladies' Comics." *Journal of Popular Culture,* 2004, 36(4): 780-803.

Ota, S. "The Changing Legal Services Market in Japan: On Failing Law Schools, Bar Exam Disasters, and Sex Scandal", Event Materials, University of Michigan Law School Scholarship Repository, University of Michigan Law School, 2017-03 (2018-11-21), http://repository.law.umich.edu/events/20.

Pang, C. F. "Bakhtin's Legacy: Dialogism the New Media Era." The Proceedings of the 2014 International Conference on Understanding and Dialogue: Education of Literature and Language in the Context of Globalization（理解與對話：全球化語境下語言文學教育國際研討會論文集）. Hanzhou: College of Education, Zhejiang University, 2014: 441-447.

Rivera R. "The Otaku in Transition." *Journal of Kyoto Seika University,* 2009 (35): 193-205.

Robertson, J. *Takarazuka: Sexual Politics and Popular Culture in Modern Japan.* Berkeley: University of California Press, 1998.

Rodd, L. R. "Yosano Akiko and the Taisho Debate over the 'New Woman.'" *Recreating Japanese Women, 1600-1945*. Ed. G. Bernstein. Berkeley: University of California Press, 1991: 175-198.

Russ, J. 1985. "Pornography By Women For Women, With Love." *Trembling Sisters, Puritans & Perverts: Feminist Essays*. Ed. M. Mommas. Trumansberg, New York: The Crossing Press, 1985: 79-99.

Saussure, F. *Course in General Linguistics*. New York: McGraw-Hill, 1959.

Showalter, E. "Critical Inquiry", Writing and Sexual Difference, 1981 (Winter), 8 (2): 179-205.

Showalter, E. *A Literature of Their Own: British Women Novelists from Brontë to Lessing*. Expanded Ed. Princeton: Princeton University Press, 1999 (1977).

Spolsky, B. *Language Management*. Cambridge: Cambridge University Press, 2009.

Tabuchi, H, "In Search of Adorable, as Hello Kitty Gets Closer to Goodbye." *The New York Times*, 2010-05-15 (2015-03-13), http://www.nytimes.com/2010/05/15/business/global/15kitty.html.

Toku, M. "Shojo Manga! Girls' Comics! A Mirror of Girls' Dreams", *Mechademia* 2007 (2): 27

Thorn, M. "Girls And Women Getting Out Of Hand: The Pleasure And Politics Of Japan's Amateur Comics Community.", *Fanning the Flames: Fans and Consumer Culture in Contemporary Japan*. Ed. William W. Kelly, State University of New York Press, 2004.

Thorn, M. "The Moto Hagio Interview", *The Comics Journal* 2005 (269): 138.

Valaskivi, K. *Mapping media and communication research*: Japan. Department of Communication, Research Reports 2007 (4). Helsinki: Helsinki University, 2007.

少女歷史

日本 ACG 萌文化

哲學筆記

Welker, J. "From The Cherry Orchard to Sakura no Sono: Translating Sexualities." Presentation, AsiaPacifiQueer 3, *The Uses of Queer Asia: Research, Methods and Diasporic Intellectuals,* Melbourne:University of Melbourne, 2002-12-08.

Welker, J. "Telling Her Story: Narrating a Japanese Lesbian Community." Japanstudien, 2004 (16): 130.

Welker, J. "Drawing Out Lesbians: Blurred Representations of Lesbian Desire in Shōjo Manga." *Lesbian Voices: Canada and the World: Theory, Literature, Cinema.* Ed. S. Chandra. New Delhi: Allied Publishers, 2006.

Welker, J. "Beautiful, Borrowed, and Bent: Boy's Love as Girls' Love in Shoujo Manga." *Signs Journal of Women in Culture and Society*, 2006 (Spring), 31 (3): 843.

中文文獻

福澤諭吉：《勸學篇》，群力譯，北京：商務印書館，1958。

手塚治虫：《我的漫畫人生》，游珮芸譯，台北：玉山社，1999。

中根千枝：《縱向社會的人際關係》，陳成譯，北京：商務印書館，1994。

山折哲雄：《近代日本人的宗教意識》，鄭家瑜譯，台北：立緒文化事業有限公司，2000。

百元籠羊：《中國宅宅的憂鬱》，史翟楠譯，新北：銘顯文化，2012。

藤原定家、尾崎暢殃、大阪泰之編：《小倉百人一首》，葉渭渠譯，北京：外國文學出版社，1985。

潘乃德：《菊與刀》（〔圖解〕你所不知道的日本文化之美），葉寧編譯，新北：華威國際事業有限公司，2013。

康德：《判斷力批判》（上卷），宗白華譯，北京：商務印書館，1985。

波娃：《第二性》，陶鐵柱譯，北京：中國書籍出版社，1998。

參考文獻

薩特：《存在與虛無》，陳宣良等譯，杜小真校，北京：三聯書店，1997。

巴爾特：《符號帝國》，孫乃修譯，北京：商務印書館，1994。

巴特：《作者之死》，趙毅衡編，《符號學文學論文集》，天津：百花文藝出版社 2004：509-510。

伍爾夫：《一間自己的屋子》，王還譯，北京：生活·讀書·新知三聯書店，1989。

海德格爾：《存在與時間》，陳嘉映、王慶節譯，北京：三聯書店，1987。

海德格爾：《人，詩意地安居》，郜元寶譯，上海：上海遠東出版社，1995。

麥克盧漢：《理解媒介》，何道寬譯，北京：商務印書館，2000：219。

陳壽：《三國志》（魏書三，卷三十），第三冊，北京：中華書局，1959。

李卓：《家族制度與日本的近代化》，天津：天津人民出版社，1997。

張震：《內爆：電子傳媒時代的感知、現實與文學——一種批判性的反思》，文藝理論研究，2007（1）：63-70。

葉朗主編：《中國文化產業年度發展報告》，長沙：湖南人民出版社，2006（2）。

盧斌主編：《動漫藍皮書：中國動漫產業發展報告（2014）》，北京：社會科學文獻出版社，2014。

林丹婭：《中國女性文學教研 20 年之概述》，婦女／性別研究，2016，（3）：172-190。

楊春時：《美學》，北京：高等教育出版社，2004。

楊春時：《走向後實踐美學》，安徽：安徽教育出版社，2008。

黃鳴奮 a：《新媒體與泛動畫產業的文化思考》，廈門：廈門大學出版社，2009。

黃鳴奮 b：《泛動畫百家創意》，廈門：廈門大學出版社，2009。

黃鳴奮 c：《論泛動畫企業的文化建設》，寧波廣播電視大學學報，

2009，7（3）：38-42。

黃鳴奮 d：《關於"泛動畫"及其產業意義的思考》，重慶郵電大學學報（社會科學版），2009，21（2）：89-95。

彭卓鋒：《少女們自己的文學：日本少女文學的形成及意義》，社會科學 2014（3）：186-92。

彭卓鋒、林丹婭：《少女傳承：日本動畫少女作品的社會性別意義》，吉林師範大學學報（人文社會科學版）2015（1）：37-42。

彭卓鋒：《女性生存樹狀歷史研究》（博士論文），廈門：廈門大學，2016。

彭卓鋒：《女體凝視是一種審美體驗嗎？》，婦女／性別研究，2018（5），116-125。

陳舜臣：《日本人與中國人》，劉瑋譯，桂林：廣西師範大學出版社，2009。

張根強：《「御宅族」的三重身分》，中國青年研究，2009（3）：92-95。

周致欣：《從 5W 傳播模式看我國動漫產業的現狀》，電影文學，2014（5）：58-59。

李苇然：《我國動漫產業發展現狀及對策分析》，遼寧師專學報（社會科學版），2012（4）：7-9。

艾曉明：《那一盆泡了兩千年的洗澡水──「蘇珊娜與長老」或裸女沐浴的原型及演變》，婦女研究論叢，2003（1）：40-50。

仰海峰：《「精神現象學」中的主人—奴隸的辯證法──科耶夫"黑格爾導讀"的核心理念》，現代哲學，2007（3）：38-43。

博日吉汗卓娜：《試析日本動漫語言在中國的傳播和流》，文學界（理論版），2012（11）：273-274。

王春艷、余曉泓：《中日動漫產業的發展特性比較分析》，全國商情（經濟理論研究），2008（16）：11-13，38。

葉渭渠、唐月梅著，吳元邁主編：《20 世紀日本文學史》，青島：青島出版社，1998。

加藤嘉一：《中國，我誤解你了嗎？》，北京：華文出版社，2010：第 2 章。

Bilibili：《關於我們》，Bilibili，〔2019-01-29〕，https://www.bilibili.com/blackboard/aboutUs.html。

CNNIC：《第 34 次中國互聯網路發展狀況統計報告》，中國互聯網路信息中心，2014-07-21〔2015-08-12〕，http://www.cnnic.net.cn/gywm/xwzx/rdxw/2014/201407/W020140721559080702009.pdf。

搜狐：《森麼？七夕過後我國單身人口逼近 2 億！看完這些資料，你就知道為啥了……》，搜狐，2017-8-29〔2019-2-13〕，http://www.sohu.com/a/168058755_744738。

漫客棧：《電子單行本》，漫客棧，2015-03-20〔2015-08-12〕，http://ebook.zymk.cn/。

群邑智庫：《聚焦宅世代：中國宅男宅女研究報告》，中國廣告，2008（6）:114-117。

北京晚報：《中國人婚姻數據："晚婚"現象明顯 離婚率逐年上升》，北京晚報，2018-8-17〔2019-2-13〕，https://news.china.com/socialgd/10000169/20180817/33598598_all.html。

深圳晚報：《中國人 31 年婚姻大數據：結婚率四連降，更多人選晚婚》，深圳晚報，2018-8-17〔2019-2-13〕，http://wb.sznews.com/MB/content/201808/17/content_442426.html。

極光大數據：《年年雙 11，今年哪些 app 和你一起過：2018 年雙 11 數據專題研究》，極光，2018-11。

雪嬋的舊時光：《2018 婚姻大數據：為甚麼越來越多的 90 後晚婚或不婚？》，大風號，2018-8-22〔2019-2-13〕，http://wemedia.ifeng.com/74867035/wemedia.shtml。

indy：《極萌世界》，彭彭朋友基地，2010-02-02〔2020-03-10〕，https://blog.stheadline.com/article/detail/226942/。

奧特斯：《俺の妹がこんなに可愛いわけがない 第九話》，小屋創作，2010-11-29〔2015-03-15〕，http://m.gamer.com.tw/home/creationDetail.php?sn=1178276。

少女歷史
日本 ACG 萌文化
哲學筆記